TABLEAU

HISTORIQUE ET PITTORESQUE

DE PARIS.

IMPRIMERIE ET FONDERIE DE J. PINARD,
RUE D'ANJOU-DAUPHINE, N° 8.

TABLEAU
HISTORIQUE ET PITTORESQUE
DE PARIS,

DEPUIS LES GAULOIS JUSQU'A NOS JOURS,

Dédié au Roi,

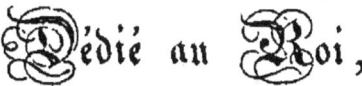

Par J.-B. de Saint-Victor.

Seconde Édition,

REVUE, CORRIGÉE ET AUGMENTÉE.

TOME QUATRIÈME. — DEUXIÈME PARTIE.

Miratur molem..... Magalia quondam.
ÆNEID., lib. I.

PARIS,
LIBRAIRIE DE CARIÉ DE LA CHARIE,
RUE DE L'ÉCOLE-DE-MÉDECINE, N° 4, AU PREMIER.

M DCCC XXVII.

TABLEAU
HISTORIQUE ET PITTORESQUE
DE PARIS.

~~~~~~

QUARTIER
SAINT-GERMAIN-DES-PRÉS.

Ce quartier est borné, à l'orient, par les rues Dauphine et de Bussy, du Four et de Sèvre inclusivement; au septentrion, par la rivière, y compris le pont Royal et l'île aux Cygnes; à l'occident, par les extrémités du faubourg et les barrières qui le terminent, depuis la rivière jusqu'à la rue de Sèvre.

On y comptoit, en 1789, cinquante-huit rues, deux culs-de-sac, une abbaye et trois communautés d'hommes, quatre couvents et deux communautés de filles, un collége, trois séminaires, trois maisons hospitalières, un pont, quatre quais, les maisons royales des Invalides et de l'École-Militaire, etc.

PARIS SOUS LA RÉGENCE ET SOUS LOUIS XV.

Pour sauver la France de ces abîmes que Louis XIV avoit ouverts devant elle, il eût fallu qu'immédiatement après lui, son trône eût été occupé par un prince qui réunît, à la fois, et la force de volonté que possédoit ce monarque et les vues supérieures dont il étoit dépourvu. Il ne s'agissoit point de rétablir d'abord, et en politique et en administration, les vieilles institutions qui avoient déjà été altérées avant lui, et qu'il avoit à peu près achevé de détruire. Ce sont là les parties périssables de la société : les refaire ce qu'elles avoient été n'étoit pas possible, et ce qu'elles avoient de bon se seroit en quelque sorte rétabli de lui-même. Un roi, tel que nous l'imaginons, eût eu pour première pensée d'aller à la source du mal : il eût reconnu qu'en séparant violemment le pouvoir politique du pouvoir religieux, son prédécesseur avoit attaqué le principe même de la vie dans une société chrétienne; et son premier soin eût été d'en renouer l'antique alliance, et de la raffermir sur ses bases naturelles. C'est-à-dire qu'au lieu de se prémunir contre les *entreprises* de Rome, il eût supplié Rome de concourir avec lui à rétablir l'ordre au milieu de cette société, dont Dieu l'avoit fait chef à la charge de lui en rendre compte, en la ramenant, de la licence des opinions qui menaçoient de la pénétrer de toutes parts, à cette unité de croyances et de doctrines que la soumission seule peut produire, puisque croire et se soumettre sont en effet une seule et même chose; d'où il résulte qu'il y a révolte et désordre partout où manque la foi.

Il eût donné lui-même l'exemple de cette soumission. La corruption qu'apportoient avec elles ces opinions licencieuses ne s'étoit pas encore introduite dans les entrailles du corps social : jusqu'alors elle n'en avoit attaqué que les superficies; et, hors des classes supérieures de la société, des parlementaires, et de quelques coteries qui croissoient sous les auspices d'un petit nombre d'évêques et d'ecclésiastiques jansénistes ou gallicans, le catholicisme étoit partout. La France avoit le bonheur de posséder un clergé puissant par ses richesses, et dont par conséquent l'influence étoit grande au milieu des peuples, sur lesquels il se faisoit un devoir de les répandre. Il étoit si loin d'avoir adopté ces maximes d'une prétendue indépendance, qui le livroient honteuseusement et sans défense aux caprices du pouvoir temporel, que ceux-là même de ses membres, et sauf quelques exceptions, qui d'abord s'y étoient laissé séduire, revenoient déjà sur leurs pas, effrayés des conséquences qu'entraînoient après elles ces maximes dangereuses. Au premier signal des deux puissances, cette milice de l'Eglise pouvoit encore opérer des prodiges : le jansénisme rentroit dans la poussière; l'impiété seroit demeurée silencieuse ou se fût faite hypocrite; l'esprit parlementaire, c'est-à-dire l'esprit de révolte, eût été comprimé, et peut-être eût-il fini par s'éteindre. S'aidant, pour atteindre un si noble but, de toutes ces ressources de civilisation et de puissance matérielle créées par son prédécesseur, et dont celui-ci avoit fait un si funeste usage, le fils aîné de l'Eglise, le roi très chrétien, pouvoit acquérir la gloire incomparable de ranimer pour des siècles, non pas seulement ce beau royaume de France, mais encore toute la chrétienté expirante. Ce moyen de salut, le seul qu'il fût possible d'employer, le duc de Bourgogne étoit, dit-on, capable de le comprendre et de le mettre à exécution; et nous sommes portés à le croire d'un élève de Fénélon, celui de tous les évêques de France qui entendoit le mieux cette politique chrétienne, et qui avoit le mieux saisi toutes les fautes du règne qui venoit de finir. La Providence en avoit décidé autrement : ce prince fut enlevé à une nation qui mettoit en lui toutes ses espérances; et au milieu des orages que tant de fautes avoient accumulés sur elle, un enfant en bas âge fut assis sur le trône d'où le vieux monarque venoit de descendre si douloureusement dans la tombe.

(1715) Louis XIV ne s'étoit point trompé lorsqu'il avoit pensé que son testament, arraché aux importunités du duc du Maine et de Mme de Maintenon, auroit probablement la même destinée que tant d'autres dernières volontés des rois, desquelles, après leur mort, on a coutume de faire moins de cas que de celles des derniers de leurs sujets (1). Ce testament, injurieux pour le duc d'Orléans, en ce qu'il sembloit, par des précautions extraordinaires prises pour la sûreté du jeune roi, réveiller les soupçons odieux élevés contre lui quelques années auparavant, attentatoire à ses droits de premier prince du sang, puisqu'il le réduisoit aux simples fonctions d'un président de conseil de régence (2), fut cassé le lendemain même de la mort du roi,

---

(1) Par cette raison toute simple que, même quand ils traitent de leurs intérêts privés, les rois stipulent presque toujours pour des intérêts publics, sur lesquels, dans un tel cas, leurs affections domestiques peuvent facilement les égarer. S'il est vrai que, de leur vivant, ils appartiennent à l'État, même dans leurs rapports de famille, il en résulte que les destinées de l'État ne peuvent être légitimement compromises par leurs dernières volontés, c'est-à-dire par eux, après leur mort.

(2) « Louis XIV y établissoit un conseil de régence, composé de M. le duc d'Orléans qui en étoit le chef, de M. le duc de Bourbon qui y devoit assister quand il auroit vingt-quatre ans accomplis, du duc du Maine, du comte de Toulouse, du chancelier, des maréchaux de Villeroi, de Villars, de Tallard, d'Harcourt, des quatre secrétaires d'État et du contrôleur général. Dans ce conseil, tout devoit se régler à la pluralité des voix; l'avis du chef ne devoit prévaloir que quand le nombre des suffrages seroit égal. La personne du jeune roi étoit mise sous la tutelle et garde du conseil de régence, et le duc du Maine chargé de veiller à son éducation et à sa conservation, avec une entière autorité sur les officiers de la garde de sa majesté. Le duc du Maine venant à manquer, le comte de Toulouse devoit prendre sa place. Le maréchal de Villeroi étoit nommé gouverneur sous l'autorité du duc du Maine. ». (AVRIGNY, t. 5, p. 320.)

par le parlement, ivre de joie, après de si longues humiliations, d'avoir trouvé l'occasion d'exercer un acte de puissance politique; attendant tout de sa position nouvelle, et déjà ne mettant plus de bornes à ses espérances et à ses prétentions. Les princes légitimés, et particulièrement le duc du Maine, n'étant plus soutenus par la main puissante qui les avoit si prodigieusement élevés, descendirent dès lors presque aussi bas qu'ils pouvoient descendre; le neveu de Louis XIV fut nommé régent de France pendant la minorité de Louis XV, et dut ce succès à la promptitude de ses mesures, à l'adresse avec laquelle il avoit su prodiguer, aux grands du royaume et aux magistrats, des promesses qu'il étoit bien résolu de ne pas tenir. Le droit de remontrance fut rendu au parlement, et peu s'en fallut que, dans cette même séance, il n'obtînt encore davantage (1); la création que fit sur-le-champ le nouveau régent, de sept conseils aux-

---

(1) Tout ce que le duc d'Orléans demanda dans cette séance mémorable lui fut accordé avec tant de facilité, que, dans le transport de sa joie, il se laissa entraîner aux promesses les plus exagérées. Un homme habile, dévoué à ses intérêts, qui observoit froidement dans la foule, et qui connoissoit l'esprit parlementaire, lui fit parvenir un billet où étoient ces mots : « Vous êtes perdu si vous ne rompez la séance. » Il le crut, et continua l'assemblée à l'après-midi. Il avoit tout obtenu avant même que le testament fût ouvert.

quels furent attribués les divers départements des affaires, lui fournit les moyens de satisfaire ces grands, si long-temps exclus du pouvoir, qui conservoient aussi des souvenirs très vifs de ce qu'avoient été leurs pères, et toutes les prétentions de leur ancienne aristocratie. Ils obtinrent les premières places dans ces conseils; et le prince trouva encore le moyen de se rendre agréable aux classes moins élevées, en y faisant entrer quelques hommes d'une naissance inférieure, mais qui lui étoient signalés par l'estime publique que leur avoient acquise leur capacité et leur intégrité. Dans ces premiers moments, plusieurs améliorations furent faites dans l'administration des affaires publiques, et l'on en fit espérer beaucoup d'autres; on pourvut à un paiement plus régulier des troupes; celui des rentes de l'Hôtel-de-Ville fut assuré; les attributions des intendants de province, qui sembloient trop étendues, subirent quelques modifications généralement désirées; une ordonnance fixa le prix jusqu'alors si vacillant des matières d'or et d'argent; et, pour combler les espérances que le peuple avoit déjà conçues du nouveau gouvernement, le régent fit publiquement connoître la disposition où il étoit d'attaquer les traitants, que les malheurs de la dernière guerre avoient multipliés et gorgés de richesses, et de faire servir leurs dépouilles à acquiter les dettes de l'État; il y eut des réformes très sensibles dans les dépenses de la cour; enfin, il parla de diminuer les impôts, et demanda même publiquement des conseils sur les moyens d'y parvenir et d'en rendre la perception moins onéreuse aux contribuables. De si beaux commencements, qui enivroient la multitude, n'étoient pas faits pour en imposer à ceux qui connoissoient le caractère du duc d'Orléans.

Ce prince étoit né avec les plus heureuses dispositions, et, dans beaucoup de parties, son éducation avoit été extrêmement cultivée. Il avoit l'esprit net et pénétrant, et ce qu'il concevoit clairement et rapidement, il l'exprimoit avec grâce et facilité; il avoit montré à la guerre une bravoure et une capacité qui en auroient fait un grand général, s'il eût eu de plus fréquentes occasions de commander les armées; ses connoissances dans les sciences physiques, dans les lettres, dans les arts, étoient étendues et variées; il avoit un fond de bonté naturelle qui le faisoit aimer encore, même après qu'on avoit cessé de l'estimer; mais il arrivoit qu'il perdoit l'estime dès qu'on avoit commencé à le mieux connoître. Jamais il n'y eut une âme plus énervée, plus corrompue par tous les vices qui prennent leur source dans le plus dangereux de nos penchants, celui de la volupté. Un homme infâme, qui avoit été son précepteur, et que nous allons voir jouer un rôle si extraordinaire et si scandaleux, l'abbé Dubois, s'étoit fait un jeu et peut-être un calcul de développer ces dispositions, malheureusement trop précoces dans son élève; et il les avoit fortifiées en y ajoutant des leçons d'athéisme, dont il faisoit dès lors secrètement profession. Cette culture n'avoit que trop profité; et tels avoient été le débordement des mœurs et les jactances irréligieuses du jeune prince, au milieu de l'austérité des dernières années de l'ancienne cour, qu'ils avoient rendus vraisemblables ces horribles soupçons que le testament du roi venoit de rappeler, et qui s'élevèrent presque naturellement contre lui, lorsque tant de morts violentes et subites vinrent désoler la famille royale; et même que, dans l'esprit de plusieurs, ces soupçons ne furent jamais entièrement effacés (1). Ces goûts voluptueux étoient devenus plus ardents encore avec l'âge, et son irréligion profonde et invétérée les rendoit exempts de trouble et de remords. Parce qu'il étoit né bon, ses vices ne l'avoient pas fait méchant, mais l'avoient jeté dans cette indifférence du bien et du mal, et dans ce mépris pour les hommes qui résulte de ce retour que fait sur lui-même un

---

(1) Ils acquirent assez de force pour qu'il se vît réduit à s'en défendre devant le roi comme d'une accusation formelle. Louis XIV, qui le connoissoit bien, l'appeloit un *fanfaron de vices.*

homme profondément corrompu et digne de toute espèce de mépris. Toute idée de devoir s'étoit effacée de cette âme à ce point dégradée; les affaires fatiguoient un prince qui éprouvoit sans cesse la fatigue des plaisirs, dont les plaisirs étoient néanmoins la principale affaire; et à peine maître de ce pouvoir qu'il avoit vivement défendu contre ceux qui vouloient le lui enlever, il cherchoit déjà à qui il en pourroit sûrement remettre les soins et les embarras.

Cependant, dès ces premiers moments de la régence, les intérêts politiques de l'Europe, renfermés dans le cercle étroit des intrigues de cour et des intérêts particuliers des princes, se compliquoient de la manière la plus étrange; et il est nécessaire d'en donner quelque idée pour bien faire comprendre ce qui se passa en France sous l'administration du duc d'Orléans.

Malgré le peu de succès des efforts que Louis XIV avoit faits pour rétablir les Stuarts sur le trône d'Angleterre, il s'en falloit de beaucoup que la branche protestante qui les avoit remplacés, y fût solidement établie. De simple électeur de Hanovre devenu souverain d'un grand royaume, Georges Ier y vivoit au milieu des alarmes que lui causoit un parti puissant qui ne voyoit en lui qu'un usurpateur, peu digne d'ailleurs, par ses qualités personnelles, de la haute et inespérée fortune à laquelle il étoit parvenu. Sur ce trône, où il chanceloit encore, ses regards se tournoient avec inquiétude vers la France, qui, dans cette disposition des esprits et en raison du pacte de famille qui sembloit devoir l'unir éternellement à l'Espagne, pouvoit plus efficacement agir pour les Stuarts, et avec de moindres efforts que ne l'avoit fait le feu roi, au milieu de tant de guerres si malheureuses dont les dernières années de son règne avoient été affligées.

L'Espagne, si long-temps gouvernée par le génie ardent et tracassier de la princesse des Ursins, après avoir reçu de la France et de la famille des Bourbons l'un des plus foibles princes dont il soit fait mention dans ses annales, avoit vu, lors du second mariage de Philippe V avec une princesse de Parme, s'opérer une révolution subite et complète dans la chambre du roi, devenue, d'après les exemples que lui en avoit donnés Louis XIV, le centre et le siége de son gouvernement. La princesse des Ursins avoit été violemment et outrageusement chassée par la nouvelle reine, dont le caractère hautain et ambitieux ne vouloit point d'un semblable intermédiaire auprès d'un époux qu'elle étoit sûre de gouverner. Le mélancolique et ennuyé monarque, cloîtré en quelque sorte dans ses appartements, où son premier et même son unique besoin étoit d'avoir une compagne légitime de sa couche, s'abandonnoit encore plus entièrement à la tutelle de sa jeune épouse qu'à celle de la vieille favorite, à qui il n'avoit manqué que de pouvoir exercer sur lui un empire de cette même nature, et qu'il lui avoit sacrifiée avec une indifférence qui alloit jusqu'à l'inhumanité. Cette nouvelle reine, haïe des Espagnols autant que l'autre en avoit été adorée (1), élevée par sa mère dans une retraite profonde et dans une ignorance entière de toutes choses, au milieu des projets qu'elle avoit formés assez intelligente pour sentir et apprécier son inexpérience des affaires, se méfiant avec juste raison de ceux qui la haïssoient et à qui elle rendoit toute leur haine, avoit cherché, parmi les Italiens qui l'avoient suivie, un homme à qui elle pût se confier, un guide qui fût capable de la bien conduire. Albéroni, alors ministre de Parme à la cour d'Espagne, lui parut être cet homme qu'elle cherchoit. Né sujet de son père et dans les dernières classes du peuple; de simple curé de village qu'il étoit, parvenu par ses intrigues,

---

(1) «Son mariage leur avoit déplu, parce qu'ils désiroient que leur roi prît une femme de leur nation; de son côté, Élisabeth Farnèse ne leur pardonnoit pas qu'ils en eussent souhaité une autre. Cette aversion réciproque s'augmentoit encore par les préférences pour les places et les emplois, que la reine, dans la méfiance qu'elle avoit des Espagnols, faisoit accorder, tant qu'elle pouvoit, aux Italiens et aux Flamands.» (ANQUETIL.)

par son audace, par l'activité et la souplesse de son esprit, à jouer un rôle brillant dans le monde, il sembloit réunir tout ce qui pouvoit inspirer de la sécurité à cette princesse ambitieuse (1); elle lui devoit d'ailleurs le haut rang auquel elle étoit parvenue (2), et elle crut avec juste raison ne courir aucun risque en livrant le pouvoir à un personnage qui s'étoit montré si dévoué à ses intérêts, que sa propre bassesse et la dépendance entière où il se trouvoit à son égard lui livroient à elle-même sans réserve. Ainsi s'expliquent, l'élévation subite d'Albéroni, son pouvoir sans bornes, son audace à tout entreprendre tant au dedans qu'au dehors, sans obstacle, sans contradiction, enfin une fortune qui étonna l'Europe et des projets qui l'étonnèrent encore davantage.

Tandis que ces choses se passoient en Espagne, une autre intrigue politique s'ourdissoit à Paris. Le principal moteur en étoit ce même

---

(1) Les enfants qu'elle avoit du roi ne pouvant prétendre au trône parce qu'il avoit des fils de sa première femme, la princesse de Savoie, elle avoit formé le dessein de leur procurer d'autres établissements, ainsi que nous le verrons ci-après.

(2) Il trompa la princesse des Ursins, qui cherchoit pour le roi d'Espagne une femme douce, timide, sans expérience, qu'elle pût gouverner en même temps que son royal époux, et lui persuada que la princesse de Parme étoit telle qu'elle pouvoit le souhaiter. Ce fut sur le portrait qu'il en fit que le mariage fut conclu.

abbé Dubois, que son élève venoit de faire entrer au conseil d'État, non pas sans quelque répugnance, parce qu'il le connoisoit trop bien et qu'il n'avoit pas encore perdu toute pudeur, mais obsédé par ses continuelles et pressantes sollicitations, et n'ayant pu imaginer d'autre moyen de s'en débarrasser que de consentir à tout ce qu'il lui demandoit. Un projet avoit été conçu par cet audacieux aventurier, dans lequel il ne s'agissoit pas moins que de changer toute la politique de la France en l'alliant avec l'Angleterre et en l'éloignant de l'Espagne, projet monstrueux et tellement contraire à ses véritables intérêts, aux rapports si naturels où le pacte de famille avoit placé les deux puissances et qui étoient le seul avantage que l'on eût tiré de la guerre désastreuse qui venoit de finir, qu'il sembloit qu'il y eût même de la folie à l'avoir osé concevoir. Dubois, consommé dans les intrigues de tout genre, et qui connoissoit à fond le terrain sur lequel il alloit manœuvrer, en jugea autrement: peu lui importoit qu'un tel projet fût utile ou funeste à la France; sa grande affaire étoit de se rendre nécessaire afin de s'élever plus haut; et déjà gagné par l'or de l'Angleterre, dont les diplomates savoient distinguer, partout et d'un œil sûr, ceux qui avoient le caractère propre à les servir, il y trouvoit le double avantage de satisfaire à la fois son ambition et sa cupidité.

Le duc de Noailles et Canillac furent les deux premiers qu'il persuada. Le duc, placé par le régent à la tête des finances, fut entraîné par de misérables vues d'économie, calculant qu'il en coûteroit fort cher pour tenter de nouvelles expéditions en faveur du prétendant. Canillac, vaniteux, indiscret, de peu de jugement, lié par des parties de débauche avec Stairs, alors ambassadeur d'Angleterre en France, flatté, cajolé par lui, croyoit se donner de l'importance en faisant le politique, et ce motif lui suffisoit. La partie étant ainsi liée, et Dubois, bien qu'il y jouât le principal rôle, n'y paroissant encore que comme agent secondaire, le duc d'Orléans fut amené graduellement dans le piége par de basses insinuations qui touchoient uniquement son intérêt personnel. On commença par lui inspirer quelques alarmes sur les dispositions du roi d'Espagne à l'égard de la régence qu'il pouvoit lui contester; on eut l'art d'en faire naître ensuite de plus grandes relativement à la succession au trône, dans le cas où la France viendroit à perdre son roi-enfant, dont la constitution étoit foible et la santé chancelante. Il suffisoit, disoit-on, des exemples du règne précédent pour faire supposer que Philippe V pourroit bien ne pas se croire irrévocablement engagé par ses renonciations; et le mouvement qu'Albéroni, qui avoit aussi ses projets (projets inoffensifs pour la France, car il étoit trop habile pour en concevoir de semblables), imprimoit alors à l'Espagne, lui fut présenté, avec une adresse non moins perfide, comme une disposition hostile contre lui en cas d'événement (1). Il trouvoit au contraire, ajoutoit-on, dans le roi Georges un prince inquiet sur la solidité d'un trône qu'il avoit trop évidemment usurpé, ayant besoin d'appui pour s'y raffermir, et prêt par conséquent à lui donner le sien, dans le cas où la couronne de France, venant à vaquer, lui seroit contestée à lui-même par un compétiteur qui, en apparence, y auroit des droits plus évidents. Tous ces raisonnements étoient d'un faux et d'une absurdité que les moins habiles auroient pu saisir. « Le duc d'Orléans, dit

---

(1) « On n'auroit pu certainement blâmer le duc d'Orléans de prendre d'avance ses précautions pour cet objet (la succession au trône); et c'est ce que reconnoissoit le maréchal de Villars parlant à lui-même dans le conseil. « Nous sommes très persuadés, » lui disoit-il, que vous désirez la vie du roi, comme nous la dé-
» sirons tous tant que nous sommes; mais il n'y a personne
» qui puisse s'étonner que vous portiez vos vues plus loin. Com-
» ment les mesures qu'il est libre à tout particulier de prendre
» dans sa famille pour ne pas laisser échapper une succession qui
» le regarde, pourroient-elles être blâmées dans un prince auquel
» la couronne de France doit naturellement tomber ? » Villars concluoit qu'il falloit se contenter de savoir *bien certainement* qu'elles étoient les vues de l'Espagne dans ses armements, et quand on se seroit assuré qu'ils ne menaçoient pas la France, lui souhaiter un bon succès, et ne pas s'en mêler. (*Mém. de Villars*, ANQUETIL.)

» Saint-Simon, avoit toute la pénétration néces-
» saire pour voir ce piége : ce qui le séduisit, ce
» fut le *contour tortueux de cette politique*, et
» point du tout le désir de régner. » Dès lors il se
livra aux Anglois avec un abandon qui effraya
tous ceux qui n'étoient pas de ce honteux complot. Un homme non moins habile que Stairs
dans la politique machiavélique de son pays,
Stanhope, alors ministre du roi Georges, vint
lui-même en France pour mettre la dernière
main à ce que l'ambassadeur, son agent Dubois,
et ses dupes avoient si heureusement commencé.
Le régent les vit l'un et l'autre dans la plus
grande intimité, traitant le matin d'affaires avec
eux, le soir les admettant dans ses orgies. Ce fut
dans ces conférences secrètes (1) et peut-être
dans les épanchements familiers de la débauche,
qu'il leur sacrifia le prétendant, que Louis XIV,
même dans ses plus grands revers, n'avoit ja-

---

(1) « Venant un jour au Palais-Royal, raconte encore Villars, je trouvai que le prince avoit été renfermé trois heures avec my-lord Stairs et Stanhope. Quand ils sortirent de la longue audience qu'il leur avoit donnée, je lui dis : Monseigneur, j'ai été employé en diverses cours, j'ai vu la conduite des souverains ; je prendrai la liberté de vous dire que vous êtes l'unique qui veuille s'exposer à traiter seul avec deux ministres du même maître. Il me répondit : « Ce sont mes amis particuliers. » Selon les apparences, répliquai-je, ils sont encore plus amis de leur maître, et deux hommes bien préparés à vous parler d'affaires, peuvent vous mener plus loin que vous ne voudriez. (*Mém. de Villars*, ANQUETIL.)

mais voulu abandonner; et telle fut la confiance audacieuse de ces diplomates anglois dans l'ascendant qu'ils avoient su prendre sur le prince que ses propres créatures lui avoient livré, qu'ils ne craignirent point, au milieu même de la France, de préparer un guet à pens où faillit tomber le fils de Jacques II, et dont il n'échappa que par la sagacité et la présence d'esprit admirable d'une femme dont il n'étoit point connu (1). Une ordonnance fut publiée à son de trompe, qui enjoignoit à tous les *étrangers rebelles* de sortir en huit jours des terres du royaume, et ces *rebelles* étoient les serviteurs du roi légitime d'Angleterre, qui l'avoient suivi dans son exil; enfin, vers la fin de cette même année, Dubois fut envoyé en Hollande en qualité d'ambassadeur extraordinaire, et avec la mission d'y conclure un traité déjà convenu entre la France, l'Angleterre, et les États-Généraux, et qui étoit entièrement dirigé contre l'Espagne, que l'on continuoit de présenter au régent comme machinant des projets hostiles contre lui (2).

---

(1) Ce guet à pens avoit été établi à Nonancourt, bourg situé à dix-neuf lieues de Paris, où le prétendant devoit passer pour se rendre en Bretagne, et de là s'embarquer pour l'Ecosse. Ce fut la maîtresse des postes qui, sur de simples pressentiments, déjoua le complot et sauva ce prince d'une mort certaine.

(2) Ce traité est connu sous le nom de la *quadruple alliance*. « Il avoit pour prétexte, selon saint Simon, 1° de réparer les troubles

Cependant, si ce prince eût voulu, ainsi que le lui conseilloit Villars, prendre, sur le but des armements que faisoit alors cette puissance, des renseignements qu'il lui étoit facile de se procurer, il se fût assuré que ces dispositions guerrières qu'on lui présentoit comme inquiétantes, n'avoient d'autre but que de reprendre à l'empereur les États d'Italie que la paix d'Utrecht l'avoit forcée de lui abandonner pour en faire des souverainetés aux enfants de la nouvelle reine, qui le désiroit passionnément; et que, pour empêcher les Anglois de porter secours à l'empereur, il entroit dans le plan d'Alberoni de les occuper dans leur île, en y faisant passer le prétendant avec une armée auxiliaire suffisante pour l'y maintenir et rallier ses partisans. Ce ministre dont les vues étoient fort supérieures à celles qui dominoient alors dans le cabinet des Tuileries, et qui, dans le gouvernement intérieur de l'Es-

---

apportés, soit à la paix conclue à Bade en 1714, soit à la neutralité de l'Italie, par le traité d'Utrecht en 1713 ; 2° de faire une paix solide, et soutenue par les principales puissances de l'Europe. Entre autres clauses, on y régloit la succession de divers États souverains d'Italie, de manière qu'après la mort de leurs possesseurs actuels, les mutations qui s'y pourroient faire ne troublassent point le repos de l'Europe. Le but réel de ce traité entre Georges Ier et le régent étoit de se garantir mutuellement, à l'un la possession d'un trône usurpé, à l'autre la succession à un trône qu'il croyoit, contre toute vraisemblance, pouvoir, en cas d'événement, lui être disputée. »

pagne, avoit déjà déployé une vigueur, une capacité, une activité qui n'alloient pas moins qu'à faire sortir ce royaume de l'inertie profonde où la foiblesse non interrompue de ses princes l'avoit, depuis si long-temps, plongé, et à lui faire reprendre en Europe le rang qu'il lui appartenoit d'y tenir, étoit loin de penser, lorsqu'il avoit conçu un semblable projet dont le résultat étoit d'abaisser les ennemis naturels de la France, que le plus grand obstacle qu'il y pourroit rencontrer viendroit de la France elle-même, et qu'une politique aussi stupide que celle d'une alliance avec l'Angleterre prévaudroit dans le conseil du régent : il devoit bien plutôt compter sur sa coopération (1). Ce fut cet obstacle si étrange et si imprévu qui, déconcertant un plan bien conçu, utile dans ses principaux résultats au repos de l'Europe, et dont le succès paroissoit immanquable, le jeta dans les mesures fausses, exagérées, qui rendirent sa chute aussi subite et aussi éclatante que l'avoit été son élévation. Il eut le tort de s'opiniâ-

---

(1) Villars l'entendoit bien mieux que le duc d'Orléans. « Eh bien, » lui disoit-il, si l'Espagne veut s'agrandir, aidez-la au lieu de la » contrarier. Plus vous contribuerez à son agrandissement, moins » elle sera tentée de vous troubler dans vos prétentions à la cou- » ronne ; et si Philippe V avoit cette tentation, il verroit toute » l'Europe s'élever contre un prince que vous auriez rendu trop » formidable en étendant sa puissance. » (*Mém. de Villars.*)

trer à suivre ses premières idées, et de ne point changer de marche, lorsque tout en changeoit autour de lui.

Telles étoient alors les intrigues qui agitoient les trois cabinets; et il a été nécessaire d'entrer à ce sujet dans quelques détails, pour bien faire comprendre les événements qui vont suivre, et surtout cette influence de l'Angleterre, qui se prolongea si long-temps et qui fut si fatale à la France.

(1716-1717) Rien n'éclata pendant deux années de ces grands projets de l'Espagne, et de ces manœuvres ténébreuses où le duc d'Orléans venoit d'être engagé. Ces deux années produisirent toutefois un événement, en lui-même de peu d'importance, mais qui, par la suite, se rattacha à toute cette intrigue. Ce fut le procès intenté par le duc de Bourbon aux princes légitimés, qu'il prétendoit devoir être exclus du rang et des prérogatives de princes du sang, que le feu roi leur avoit accordés. Il n'avoit aucun motif de faire un semblable affront à ces princes qui, réduits par un seul acte du parlement à la plus entière nullité, sembloient être assez humiliés: la duchesse du Maine étoit sa sœur, et l'outrage qu'il vouloit faire à son mari rejaillissoit sur elle; mais il haïssoit le duc du Maine, et cette haine, poussée à l'extrême, étoit pour lui un motif suffisant. Le duc d'Orléans ne l'empêcha point d'entamer cette affaire; car il avoit aussi une sorte d'aversion pour ces princes légitimés, par celà seul qu'il avoit pu les craindre un moment. C'étoit encore au Parlement qu'appartenoit le droit d'achever de dépouiller les deux bâtards de Louis XIV: le duc de Bourbon lui présenta donc requête et réclama l'intervention des ducs et pairs qui, « par ce titre de » princes du sang, accordé à des princes illé- » gitimes, se trouvoient, disoit-il, éloignés du » trône d'un degré de plus. » Les ducs du Maine et de Toulouse cherchèrent un appui dans la haute noblesse, jalouse des ducs et pairs, et extrêmement choquée de cette importance qu'ils prétendoient se donner en faisant cause commune avec les princes du sang, comme s'ils eussent formé un ordre supérieur, et qu'ils voulussent tracer entre eux et elle une ligne de démarcation. Ces misères de vanité, sous un gouvernement qui avoit succédé à toute la plénitude du despotisme de Louis XIV, firent naître une discussion fort animée et surtout de la part de ceux qui étoient attaqués; mais tous leurs efforts ne purent empêcher qu'une déclaration du roi en date du 2 juillet 1717, et enregistrée au parlement le 8 du même mois, ne privât les princes légitimés des nom, droits et priviléges de princes du sang, ne leur laissant de leurs anciennes prérogatives que le droit de séance dont ils étoient en possession dans cette cour souveraine. Ce jugement, auquel le duc de Toulouse, d'un caractère doux et paisible, se résigna sans beaucoup d'efforts, eût été probablement supporté avec patience par le duc du Maine; mais il fut entraîné par le ressentiment profond qu'en éprouva la duchesse, et nous allons voir bientôt quels en furent les effets.

Cependant le duc d'Orléans vouloit tenir la parole qu'il avoit donnée, aux premiers jours de sa régence, de poursuivre les traitants et de leur faire rendre raison des profits énormes qu'ils avoient faits dans leurs transactions avec le dernier gouvernement. Quelque scandaleux que pussent être ces profits, il est évident que c'étoit là une mesure arbitraire, tyrannique, dans laquelle la foi publique étoit violée; car enfin le gouvernement du feu roi avoit été maître d'accepter ou de refuser les marchés onéreux qui lui avoient été proposés, marchés sur lesquels avoient dû toutefois influer, et les circonstances malheureuses où se trouvoit alors la France, et les autres risques que les événements politiques pouvoient encore faire courir aux prêteurs ou fournisseurs. Mais des considérations prises dans la justice et dans la morale n'étoient pas faites pour arrêter le duc d'Orléans; et tous moyens lui sembloient bons pour réparer le désordre des finances, seule plaie de l'État à laquelle il fût sensible, parce qu'elle étoit la seule qui lui causât de véritables embarras. Il parut donc en 1716 un édit portant création d'une chambre de justice destinée à connoître de toutes exactions ou malversations en fait de finances, avec plein pouvoir de poursuivre, de taxer, d'emprisonner et même de condamner à des peines afflictives tous ceux qu'elle jugeroit comptables envers l'État, et qu'elle auroit appelés devant son tribunal (1). Les procédures furent d'abord vives, rigoureuses, et la Bastille se remplit de prisonniers. Les premières taxes rapportèrent des sommes immenses, et l'on avoit conçu, dans le commencement, de grandes espérances; mais les attributions trop étendues et trop vaguement exprimées que l'édit avoit données à

---

(1) La liste en étoit longue. Le roi rendoit justiciables de cette cour « les officiers de nos finances, disoit l'arrêté, les comptables,
» traitants, sous-traitants et gens d'affaires, leurs clercs, commis
» et préposés, et autres qui ont vaqué et travaillé, tant en la levée,
» perception et régie de nos droits et deniers de nos recettes, qu'au-
» tres levées et recouvrements ordinaires et extraordinaires, traités,
» sous-traités, entreprises et marchés par étapes, fournitures de
» vivres aux troupes, hôpitaux, munitions de guerre et de bouche
» aux villes, garnisons et armées de terre et de mer, circonstances
» et dépendances, ou en l'emploi et distribution desdits deniers,
» soit pour les dépenses de la guerre, de nos maisons royales, et
» autres charges de notre État. Ensemble contre tous ceux qui ont
» exercé l'usure à l'occasion et au détriment de nos finances, tant
» sur les papiers que sur les espèces. »

cette commission (1) répandirent bientôt l'allarme dans toutes les classes de la société, lorsqu'on le vit porter ses recherches sur tous ceux qui avoient pris quelque part aux affaires du feu roi. Des milliers de délations, vraies ou fausses, se succédèrent tant à Paris que dans les provinces, et de manière à effrayer même les plus innocents. L'argent cessa de circuler; le commerce et l'industrie tombèrent dans une langueur désespérante; enfin, après un an d'exercice, il fallut mettre fin à cette inquisition désastreuse qui produisit, presque sans aucun fruit matériel pour l'Etat, des maux très réels pour un grand nombre de familles. De cent quatre-vingts millions que l'on tira des taxes, à peine la moitié entra-t-elle dans les coffres du roi (2);

---

(1) Les fonctions de cette chambre, composée de présidents et conseillers au parlement, d'officiers de la chambre des comptes, de la cour des aides, et de maîtres des requêtes, étoient « de pro- » céder à l'instruction et jugement des procès civils et criminels » mus et à mouvoir par le procureur général de la chambre, pour » raison de péculat, concussions, exactions et malversations en » fait de finances. » On emprisonnoit une foule de gens accusés ou simplement soupçonnés; plusieurs furent gardés dans leurs maisons. Il y eut défense de donner des chevaux de poste à ceux qui voudroient se sauver, et de favoriser en aucune manière leur évasion. Il y en eut de condamnés au pilori, aux galères, à de grosses amendes, et un seul à la mort dans une province éloignée. (ANQUETIL.)

(2) Les taxes imposées sur environ quatre cents personnes pro-

la plus grande partie en fut prodiguée sans mesure aux courtisans avides, aux agents d'intrigues et aux compagnons de débauche dont le régent étoit entouré. Ce fut là la première marque publique qu'il donna de son indifférence pour ce qui étoit bon et honnête, de la légèreté de son esprit, et de la foiblesse de son caractère.

Les plaisirs, et quels plaisirs! étoient en effet sa principale ou plutôt son unique affaire. Les mémoires du temps nous ont conservé de nombreux détails des débauches effrénées de ce malheureux prince, de ses orgies dégoûtantes et chaque jour renouvelées, où il sembloit prendre plaisir à se dégrader avec des femmes perdues, des libertins souvent de la classe la plus obscure et qui se faisoient un titre auprès de lui de leur science dans les raffinements de ces honteuses voluptés, détails indignes de l'histoire, qui nous montrent le successeur immédiat du trône, le prince qui gouvernoit la France après Louis XIV, dans un délire d'impiété et dans un excès d'abjection crapuleuse, dont jusqu'à lui la race de nos rois n'avoit point offert d'exemples, et que ne surpassèrent point les

---

duisirent plus de cent quatre-vingts millions, dont quatre-vingts à peu près furent employés à retirer des billets d'État et à rembourser le capital des rentes. (ANQUETIL.)

débordements du siècle affreux qu'il étoit digne sans doute d'annoncer et d'ouvrir. Ces exemples si nouveaux fructifièrent dans sa propre famille, et les désordres d'une de ses filles (1) que suivit une mort prématurée en furent la première punition; ils infectèrent la jeunesse de la cour, et déterminèrent à jeter plus effrontément leur masque, ces vieux courtisans que les dernières années de Louis XIV avoient réduits à se faire hypocrites. Les autres classes de la société s'étonnèrent d'abord de cette extrême corruption : elle ne devoit pas tarder à les atteindre.

Un événement extraordinaire, et qui ne pouvoit arriver que sous une semblable administration, hâta le débordement de cette corruption. Les finances, telles que le feu roi les avoit laissées, étoient, nous l'avons déjà dit, une des plaies les plus profondes de l'État, et ce mal venoit de très loin. L'accroissement des impôts avoit commencé dès la première guerre de Hollande, et depuis ce moment jusqu'à la fin de ce règne, tout rempli de guerres, de victoires et de défaites, ce torrent n'avoit cessé de se grossir, non seulement de taxes nouvelles et écrasantes pour le peuple, mais encore de toutes ces ressources perfides et désastreuses qui sont le

---

(1) La duchesse de Berry.

savoir-faire des financiers, et dont le résultat le plus subtil est de se procurer des capitaux que l'on consomme comme des revenus, pour accroître ainsi ses charges, et de ces capitaux et des intérêts qu'ils portent avec eux (1). La dette étoit encore hors de toute proportion avec les ressources que pouvoit procurer un système d'impôts que d'anciens priviléges, demeurés immuables lorsque tout changeoit autour d'eux, rendoient l'un des plus mauvais de l'Europe, et désormais intolérable pour les imposés (2). La

---

(1) *Voyez* 1re partie de ce volume, p. 196 et seqq.
(2) Lorsque l'administration de l'Etat se centralisoit de jour en jour davantage, et alloit détruisant sans cesse devant elle toute action et tout privilége politique dans les diverses classes de la société, les anciens priviléges concernant l'impôt, priviléges qu'avoient autrefois justifiés certaines charges publiques exercées par les premiers ordres de l'État, certains droits honorifiques qui leur avoient été concédés, et même d'anciennes transactions avec quelques provinces, loin d'avoir été détruits, étoient défendus avec plus d'opiniâtreté que jamais par leurs possesseurs qui mettoient un certain point d'honneur à ne s'en point dessaisir. Dans d'autres temps, ces priviléges avoient eu l'avantage d'arrêter plus d'une fois l'ambition et le despotisme des souverains ; ce n'étoit que violemment qu'ils parvenoient quelquefois à vaincre cet obstacle qui se rétablissoit en quelque sorte de lui-même. — Ils étoient devenus odieux et intolérables, maintenant que les peuples écrasés par les prodigalités excessives de Louis XIV, et ne trouvant plus, dans ces premiers ordres de l'État, de protection et de garantie contre les excès du pouvoir absolu, demandoient que du moins ils partageassent avec eux le fardeau de la dette publique. Il étoit d'ailleurs nécessaire de soutenir, sur ce point, la concurrence de l'Angleterre qui venoit d'établir chez elle le seul

dépréciation des billets d'État, qui perdoient alors de soixante à soixante-douze pour cent, étoit déjà une espèce de banqueroute anticipée. La recherche des traitants, loin d'avoir apporté même un palliatif à cette détresse, avoit achevé de ruiner le crédit public par les rigueurs arbitraires dont nous venons de présenter le tableau, et par les dilapidations révoltantes dont elle avoit été suivie.

Dans ces extrémités, un Écossais, nommé Law, se présenta au régent avec un plan de finances qu'il avoit déjà essayé de faire valoir auprès des ministres du feu roi, et que ceux-ci avoient rejeté. Ce n'étoit autre chose d'abord qu'une imitation de la banque créée en Angleterre depuis la révolution de 1688; et l'on ne peut nier qu'un tel projet, renfermé dans de justes bornes, ne fût de nature à produire d'heureux effets, en rendant la circulation des espèces plus facile et plus active, en doublant par le crédit les ressources de l'État et l'industrie des particuliers. Ce fut ainsi que cette banque fut d'abord conçue : six millions en faisoient le fonds, et dans ce capital étoient compris trois millions de ces mêmes billets d'État si extraordinairement dépréciés. Ses opérations, ouvertes le 2 mai 1716,

---

système d'impôt que le matérialisme social, auquel tout tendoit dès lors en Europe, pût désormais admettre et supporter.

se bornoient à l'escompte des lettres-de-change, à l'échange pur et simple de ses billets contre l'argent, et en autres opérations de ce genre; et il existoit alors, entre ses fonds réels et l'émission de son papier, une juste proportion qui gagnoit la confiance générale et sembloit ranimer toutes les parties de l'État. En avril 1717, il fut ordonné que les billets de banque seroient reçus pour comptant dans toutes les caisses publiques, et dès lors ces billets furent préférés à l'or même, parce qu'ils avoient en effet une valeur plus invariable et un mouvement plus facile et plus rapide. « Un tel établissement changeoit la face du royaume, dit Forbonnais, s'il n'eût pas été dénaturé; et quelle que fût l'énormité des dettes, on les eût acquittées graduellement par l'augmentation successive des revenus; » mais il eût fallu se soumettre à des opérations lentes, économiques, bien enchaînées les unes aux autres : une marche si prudente et si régulière convenoit peu au caractère du régent, et nous verrons bientôt ce qu'il sut faire de ce moyen de salut. Avant d'en rendre compte, d'autres événements appellent notre attention.

Malgré ces heureux commencements de la banque et les espérances qu'elle faisoit concevoir, un mécontentement sourd agitoit les esprits. Héritier temporaire du pouvoir de Louis XIV, nous avons vu que le régent avoit voulu poser lui-même des bornes au despotisme de l'ancienne cour, en créant des conseils d'administration où les grands de l'État avoient obtenu quelque part du pouvoir; en rendant au parlement son droit de remontrances, et recréant ainsi l'ancienne opposition populaire. Mais bientôt entraîné par ce dégoût invincible qu'il avoit pour les affaires, il s'ennuya, et des lenteurs qu'y apportèrent les délibérations de ces divers conseils, et des résistances qu'il y rencontroit quelquefois dans l'exécution des projets que lui suggéroient les intrigants politiques dont il étoit entouré. Ceux-ci lui persuadèrent peu à peu de se dégager des entraves qu'il s'étoit lui-même imposées; et bientôt les conseils d'administration furent moins écoutés, et le droit de remontrances rendu au parlement, sans être entièrement aboli, fut renfermé dans des bornes plus étroites, et tant pour le fond que pour la forme, soumis à de certains réglements. Dubois, le plus actif, le plus audacieux, et sans contredit le plus habile parmi tous ceux qui obsédoient ce foible prince, entreprit de le pousser plus loin dans ces voies de pouvoir absolu, qui seules pouvoient le conduire lui-même au but où tendoient ses desseins ambitieux; et ce fut d'après ses instigations que de nouveaux affronts furent préparés au duc du Maine, et qu'un nouveau coup fut porté au parlement.

(1718) On avoit su persuader au régent que ce prince étoit à la tête des mécontents, et qu'il devoit se méfier de ses dispositions. Au moment où ces insinuations calomnieuses commençoient à faire sur lui quelque impression, il arriva que le parlement ayant fait, au sujet d'un édit fiscal sur les monnoies (1), des remontrances qui n'avoient point été écoutées, rendit à ce sujet un arrêt auquel il donna de la publicité, et qui, le même jour, fut cassé par le conseil de régence. De nouvelles remontrances, faites à l'instant même par cette cour, furent encore plus mal reçues que celles qui les avoient précédées, ce qui l'entraîna à rendre un second arrêt plus violent que le premier, par lequel elle prétendoit tracer à la banque, dont les accroissements commençoient à devenir alarmants, les limites dans lesquelles devoient se renfermer ses opérations, et proscrivoit en quelque sorte l'étranger qui l'avoit

---

(1) Il s'agissoit d'une refonte d'espèces dont on ne se croyoit point obligé de lui faire connoître ni le titre ni les motifs. Louis XIV, qui avoit employé trop souvent cette ressource ruineuse et frauduleuse, avoit fini par y renoncer, les variations continuelles dans ce taux des monnoies ayant été une des plus grandes calamités de son règne. La perspective d'un bénéfice assez considérable y fit revenir, et ce bénéfice, qui étoit d'un cinquième par louis d'or, rendit en effet soixante-douze millions; mais la plupart des espèces, et il étoit facile de le prévoir, au lieu d'être échangées, passoient à l'étranger qui les fabriquoit au nouveau titre; et ainsi s'appauvrissoit et se discréditoit la France.

créée, et à qui le régent en avoit confié l'administration. Law fut effrayé. D'Argenson, qui venoit de remplacer d'Aguesseau dans la dignité de chancelier, craignit qu'un triomphe du parlement ne fût le signal de sa disgrace, et tous les deux se réunirent à Dubois pour obtenir du duc d'Orléans ce qu'ils appeloient un acte de vigueur. Ils achevèrent de l'y déterminer, en lui persuadant que la partie étoit liée entre le duc du Maine et les parlementaires; qu'en sa qualité de surintendant de l'éducation du jeune roi, il lui étoit facile de s'emparer de ce prince, de le mener à l'improviste au parlement, de l'y faire déclarer majeur, et d'anéantir ainsi la régence; que ce plan avoit été arrêté, et qu'on n'attendoit qu'un moment favorable pour le mettre à exécution.

Il fut donc convenu qu'il seroit tenu un lit de justice aux Tuileries; et toutes les précautions furent prises pour y avoir raison du parlement, s'il se montroit récalcitrant. Cette cour, qui s'attendoit à quelque chose de sinistre, s'y rendit à pied, « dans l'intention, dit Saint-Simon, d'*émouvoir le peuple.* » Elle y fut reçue au milieu d'un appareil armé qui avoit quelque chose de menaçant : ce qui s'y passa, acheva de la consterner. Ses arrêts furent cassés; le garde des sceaux l'admonesta avec aigreur sur sa conduite, lui rappela sévèrement ses devoirs, et ensuite furent lus les édits qui devoient être portés au lit de justice.

L'un défendoit au parlement de prendre connoissance des affaires d'État; l'autre déclaroit que, dès qu'un édit lui auroit été présenté pour être enregistré, l'enregistrement seroit censé fait huit jours après la présentation; enfin un troisième édit ôtoit aux princes légitimés, et ce, disoit-on, à la sollicitation des pairs, le rang de préséance qui leur avoit été accordé par le feu roi, ordonnant qu'ils ne prendroient place désormais au parlement que selon leur rang d'ancienneté. Il y eut exception pour le comte de Toulouse dans l'exécution de cet édit, mais uniquement par faveur particulière, et il dut avoir son entière exécution à l'égard du duc du Maine; et pour mettre le comble aux outrages dont ses ennemis se plaisoient à l'accabler, on le dépouilla, dans cette même séance, de la surintendance de l'éducation du roi, que le duc de Bourbon réclama, et qui lui fut accordée.

Le régent ne s'arrêta pas là : il voulut prévenir jusqu'aux murmures; et trois conseillers qu'on lui signala comme moins dociles que les autres, furent enlevés dans leurs maisons, et conduits dans des prisons d'État. Les mêmes violences furent exercées à l'égard de plusieurs autres parlements, ce qui fit fermenter à la fois Paris et les provinces. Enfin, comme s'il se fût fait un jeu d'abattre tout ce qu'il avoit d'abord élevé, ce prince, de plus en plus fatigué des conseils d'administration et de cette opposition si foible qu'il y rencontroit encore quelquefois, trouva plus expédient de les supprimer tout à fait, pour y substituer une administration par département, à la tête de laquelle il mit des secrétaires d'État qui étoient plus dans sa dépendance. Les grandes familles et les cours souveraines, dont les chefs ou les principaux membres formoient, en grande partie, ces conseils, et qui se considéroient ainsi comme ayant quelque part au gouvernement de l'État, en conçurent un vif ressentiment. Ainsi le pouvoir avoit repris toutes ces formes tranchantes et despotiques qui déplaisoient à la nation ; et les ennemis du régent devinrent bientôt plus nombreux que ses partisans. Cette mauvaise disposition s'accroissoit encore du mécontentement que causoit généralement l'alliance impolitique, et de jour en jour plus intime, qu'il avoit contractée avec les Anglois, et de la dépréciation de jour en jour plus grande des billets d'État, auxquels le succès de la banque de Law avoit porté le dernier coup, dépréciation dont le fisc s'enrichissoit aux dépens de ceux qui en étoient porteurs (1).

---

(1) « Les billets d'État perdoient jusqu'à soixante-dix-huit et demi, pendant que les actions de la banque gagnoient quinze pour cent ; on recevoit les premiers au trésor royal sur le pied de leur perte, et on les payoit en actions sur le pied du gain de celles-ci.

Cependant Albéroni, dont la main ferme et habile avoit rétabli l'ordre dans les finances d'Espagne, et rendu à ce royaume languissant et épuisé une partie de sa vigueur première, poursuivoit, dans sa politique extérieure, l'exécution de ses plans, avec toute l'activité de son esprit et toute l'ardeur de son imagination (1). Il se faisoit des alliés jusque dans le Nord, où le romanesque Charles XII, avide de tous les genres de gloire, adopta comme une bonne fortune le projet de se mettre à la tête de l'armée qui devoit aller en Angleterre rétablir un roi exilé sur le trône de ses pères; les Turcs qu'ils avoient su gagner s'engageoient à déclarer la guerre à l'empereur et à l'occuper par une puissante diversion, tandis que l'armée espagnole opéreroit en Italie; enfin, une flotte considérable, chargée de troupes de

---

Ainsi l'État les retiroit à peu de frais et s'enrichissoit en se libérant, et les particuliers se ruinoient en se dépouillant de plus des deux tiers de leur bien. » (ANQUETIL, *Mém. sur la Rég.*)

(1) Saint Simon jette de grands cris sur les projets d'Albéroni : « Ils n'avoient, dit-il, d'autre fondement que sa folie, ni d'autres » ressources que les seules forces de l'Espagne contre celles de la » France, de l'empereur et de la Hollande. » C'étoit n'y rien entendre, et imputer à ce ministre la folie des autres. Il ne pouvoit prévoir le parti que prendroit le régent de s'allier aux Anglois et à l'empereur contre le roi d'Espagne, parce qu'il est des absurdités qui semblent impossibles, et que, par conséquent, on ne peut raisonnablement faire entrer dans le calcul des chances contraires au succès d'une entreprise.

débarquement, que l'on vit sortir, par une sorte d'enchantement, des ports d'un royaume dont on croyoit la marine anéantie, avoit envahi la Sardaigne et fait la conquête presque entière de la Sicile. Un armement plus formidable s'y préparoit encore; et l'Espagne reprenoit, dans toutes les cours, la considération que depuis long-temps elle avoit perdue. On ne peut nier que ce plan ne fût bien conçu et vigoureusement préparé : le succès en étoit immanquable, si la France se fût réunie à l'Espagne; il pouvoit encore réussir, si elle eût seulement consenti à garder la neutralité; mais la quadruple alliance et les engagements impolitiques qu'on y avoit fait prendre au duc d'Orléans, étoient un obstacle qui arrêtoit tout court le ministre espagnol. Il en avoit déjà surmonté de bien grands; il se mit dans la tête de vaincre encore celui-ci.

Attentif à ce qui se passoit alors en France, il y crut l'exaspération des esprits assez grande pour qu'il fût possible d'y opérer une révolution dont le résultat eût été d'abattre le régent et de faire rentrer le cabinet des Tuileries dans les voies d'une politique plus conforme à son honneur et à ses intérêts. On ne sait point au juste comment les premiers rapports s'établirent entre lui et les mécontents; mais la maison de la duchesse du Maine, dont la fureur étoit au comble contre ce qui venoit de se passer au parlement, ne tarda point à devenir le centre d'une conspiration contre le duc d'Orléans. Les agents de cette princesse, de concert avec ceux de l'ambassadeur d'Espagne, intriguèrent adroitement dans tous les ordres de l'État et se rallièrent un grand nombre de partisans. Les mesures sembloient bien prises (1), le secret avoit été bien gardé; ce qui prouve contre ce prince une haine plus grande encore que les apparences ne sembloient l'indiquer. Sur ces entrefaites, les Anglois, qui avoient découvert, en ce qui les concernoit, quelque chose des projets de l'Espagne, crurent devoir la prévenir et commencèrent contre elle les hostilités : il devint donc urgent que la conspiration éclatât, et elle alloit éclater, lorsqu'un incident, qu'il étoit impossible de prévoir, la fit découvrir (2).

Heureusement pour les conjurés que presque

---

(1) L'Espagne promettoit de soutenir d'une armée la révolte du Languedoc, sur laquelle on comptoit, et celle de la Bretagne qui déjà étoit commencée. La guerre civile allumée, le parlement déféroit la régence au roi d'Espagne, et annuloit l'acte de renonciation de ce monarque à la couronne de France. Le duc du Maine devoit exercer en son nom l'autorité de régent. Ce plan eût eu plus de chances de succès, plutôt, lorsque le duc du Maine étoit surintendant de l'éducation du roi, et pouvoit disposer jusqu'à un certain point de la personne de ce jeune prince, ou plus tard, lorsque la chute du système de Law porta la haine du peuple contre le régent jusqu'au dernier degré d'exaspération.

(2) Il y a deux versions sur la découverte des papiers de la cons-

toutes les traces en furent détruites : toutefois le duc et la duchesse du Maine furent arrêtés et avec eux leurs principaux domestiques; la Bastille se remplit de prisonniers. (1719) Pour jeter de l'émotion dans le peuple, on annonça la découverte des plus horribles projets; mais ce fut une grande maladresse de publier en même temps quelques pièces qui présentoient un tableau énergique, et malheureusement trop vrai, de l'administration arbitraire et de la vie scandaleuse du régent (1). On affecta de pro-

---

piration que le prince de Cellamare, ambassadeur d'Espagne à Paris, envoyoit à Albéroni ; mais le résultat en est le même. Un abbé, Porto-Carero, qui en étoit porteur, fut arrêté à Poitiers ; on visita sa voiture, et ces papiers y furent saisis dans un double fond où ils étoient cachés.

(1) On y retraçoit avec énergie les promesses publiques que le régent avoit faites de gouverner suivant les lois et par l'établissement des conseils de régence, promesses qu'il avoit indignement violées; et l'on ajoutoit : « Le public n'a ressenti aucun fruit, ni de
» l'augmentation des monnoies, ni de la taxe des gens d'affaires.
» On exige cependant les mêmes tributs que le feu roi a exigés pen-
» dant le fort de ses plus longues guerres; mais dans le temps que
» le roi tiroit d'une main, il répandoit de l'autre, et cette circu-
» lation faisoit subsister les grands et les peuples. Aujourd'hui les
» étrangers qui savent flatter la passion dominante, consument
» tout le patrimoine des enfants. » On ajoutoit : « Il semble que le
» premier soin du duc d'Orléans ait été de se faire honneur de
» l'irréligion ; cette irréligion l'a plongé dans des excès de licence
» dont les siècles les plus corrompus n'ont point eu d'exemple,
» ce qui, en lui attirant le mépris et l'indignation des peuples,
» nous fait craindre à tout moment, pour le royaume, les châti-

céder, avec grand appareil, à l'interrogatoire des principaux conspirateurs, et Dubois fut du nombre des commissaires nommés à cet effet. Ces interrogatoires ne produisirent aucun résultat qui pût les satisfaire, et ils finirent eux-mêmes par en être embarrassés. Les papiers découverts n'inculpoient guères que l'ambassadeur d'Espagne; et, peu à peu, ce fut une nécessité d'élargir tous ces prisonniers que l'on avoit arrêtés avec un si grand fracas; la bonté naturelle du duc d'Orléans éclata dans cette occasion (1).

(1719-1720) Sous d'autres rapports, les suites de cette conspiration avortée furent immenses, en ce qu'elles renversèrent et les projets et la fortune d'Albéroni, dont le régent devint aussitôt le plus implacable ennemi. Tous les événements semblèrent en même temps conjurer contre lui : la flotte angloise détruisit presque entièrement cette flotte si formidable qui avoit fait la conquête non encore achevée de la Sicile;

» ments les plus terribles de la vengeance divine. » (*Mém. sur la Régence*, t. 2, p. 170-184.)

(1) Madame de Staël nous apprend dans ses Mémoires, qu'à l'exception du duc et de la duchesse du Maine, toutes les personnes arrêtées pour cette affaire furent traitées avec beaucoup de douceur. Lui-même, au bout de quelque temps, ne parut pas moins pressé que ses prisonniers d'en finir avec eux et de les mettre en liberté.

et mal établies dans cette île par les fautes et les lenteurs de leur général, les troupes espagnoles y furent bientôt réduites à la plus pénible défensive. L'empereur, que les exploits du prince Eugène venoient de délivrer de la guerre que les Turcs avoient été excités à faire contre lui, se trouva en mesure de défendre le royaume de Naples et ses autres États d'Italie. La mort de Charles XII, tué au siége de Fredericshall, rendit inexécutable le plan concerté d'une diversion en Angleterre; et le prétendant, qui étoit accouru en Espagne sur les espérances magnifiques qui lui avoient été données, n'essaya pas même de tenter la fortune avec les secours insuffisants qui lui furent offerts (1). Enfin la France, devenue ouvertement l'alliée de l'Angleterre, déclara la guerre à l'Espagne et fit marcher une armée vers les Pyrénées.

La nouvelle de ce mouvement hostile effraya peu d'abord Philippe V et son ministre; et tous les deux se firent à ce sujet de bien singulières

_____

(1) Albéroni lui avoit promis une flotte considérable et quarante mille hommes de troupes de débarquement; déconcerté sans doute par tant de fâcheux événements qui dérangeoient tous ses calculs, il ne put réaliser les promesses qu'il lui avoit faites, et néanmoins le prétendant eut tort peut-être de ne pas s'aventurer même avec le peu qu'on lui offroit. Ses véritables auxiliaires étoient dans le pays même; il ne s'agissoit que d'y aborder et d'y pouvoir tenir en abordant.

illusions. Ils se flattèrent, jusqu'au dernier moment, que des soldats françois n'oseroient jamais tourner leurs armes contre le petit-fils de Louis XIV, qu'ils avoient aidé eux-mêmes à placer sur le trône; que la haine que l'on portoit au duc d'Orléans éclateroit très probablement au milieu des camps, et que, loin d'y rencontrer des ennemis, ils y trouveroient des auxiliaires disposés à concourir avec eux à renverser une administration devenue insupportable à la France. Ce fut là la grande faute d'Albéroni, d'avoir pris, dans d'aussi graves circonstances, des probabilités aussi incertaines pour base de ses calculs politiques et de ses opérations militaires. L'armée françoise entra donc en Espagne, sous les ordres du maréchal de Berwick, sans trouver aucune résistance; elle y porta, de toutes parts, la dévastation, tandis que nos flottes désoloient ses côtes, et alloient jusque dans ses ports achever, au profit des Anglois, de détruire ses vaisseaux. Une tentative que le ministre espagnol faisoit en même temps pour faire soulever la Bretagne où il avoit des intelligences, échoua complétement (1);

---

(1) On vouloit soumettre cette province à des impôts qu'elle ne se croyoit pas obligée de payer; et, depuis 1717, sa noblesse combattoit, dans les États provinciaux, cette prétention du gouvernement. Irrités du mépris qu'on faisoit de leurs justes représentations, un

mais ce fut surtout en Sicile que les plus grands revers achevèrent de le déconcerter. Un corps de dix-huit mille Allemands y avoit abordé sans rencontrer un seul vaisseau ennemi qui s'opposât à son débarquement; et l'armée espagnole, mise en déroute par des forces si supérieures; forcée d'évacuer, les unes après les autres, les places dont elle s'étoit emparée; poussée de position en position, sans espoir de secours, n'avoit pas même celui de la retraite, puisqu'il n'y avoit plus de flotte pour la ramener. La consternation et l'épouvante s'emparèrent alors du roi et même de la reine d'Espagne; le régent, secondé par les intrigues de Dubois, en profita habilement pour exiger le renvoi d'Albéroni. Philippe V fut obligé de souscrire à cette première condition de la paix. Le ministre prévoyant avoit déjà mis en sûreté ses immenses richesses; il sortit d'Espagne avec la satisfaction de voir jusqu'à quel point il étoit

---

grand nombre de gentilshommes bretons avoient écouté les propositions d'Albéroni, et n'attendoient que l'apparition d'une flotte espagnole pour exciter un soulèvement; ce projet ayant manqué avec tous les autres, le régent crut devoir faire un exemple de sévérité dans une province où les esprits étoient plus remuants que partout ailleurs. Une chambre de justice fut établie à Nantes, à l'effet de faire le procès aux gentilshommes qui avoient trempé dans la conspiration d'Albéroni, et quatre d'entre eux eurent la tête tranchée.

encore un objet de frayeur pour les ennemis du grand royaume qu'il avoit gouverné : sa chute ne fut humiliante que pour le monarque, qui, en le renvoyant ainsi, subissoit la loi du vainqueur; et avec lui tomba de nouveau l'Espagne dans la léthargie dont il venoit de la tirer.

Philippe accéda aussitôt à la quadruple alliance, et les liens du pacte de famille semblèrent plus que jamais se resserrer par le double mariage de l'infante d'Espagne avec le roi de France et du prince des Asturies avec une fille du régent (1); mais la position devint fausse pour l'une et pour l'autre puissances: cette guerre et cette paix ne furent réellement utiles qu'à l'Angleterre qui en obtint des avantages immenses pour son commerce; elles consolidèrent la branche protestante de Hanovre sur le trône des Stuarts, et ainsi prévalut ce système d'une alliance intime avec une nation dont les intérêts étoient visiblement en opposition avec ceux de la France, qui, par conséquent, ne pouvoit user de cette alliance qu'aux dépens de son alliée, système que le simple bon sens repoussoit, et dont les premiers effets, déjà pal-

---

(1) Mademoiselle de Montpensier. L'infante n'avoit alors que quatre ans; le roi en avoit déjà treize. Elle fut envoyée en France pour y être élevée, et attendre, au milieu des événements politiques, l'âge où ce mariage pourroit donner des héritiers au trône.

pables dans tout ce qui venoit de se passer, attestoient l'absurdité (1).

Il étoit temps néanmoins que cette paix, où le duc d'Orléans avoit parlé en maître à un petit-fils de Louis XIV, vînt le tirer lui-même du plus grand embarras où il se fût encore jeté, et le préserver des suites de la plus grande faute qu'il eût encore commise. Nous avons déjà dit comment il avoit été séduit par le système de Law, et comment cette opération financière, renfermée dans les justes bornes qui d'abord lui avoient été tracées, pouvoit avoir les plus heureux résultats. Pour rendre ces résultats complets, il eût fallu les combiner avec une bonne administration des finances, à laquelle la banque

---

(1) « L'Angleterre, dit saint Simon, dont la politique ne vouloit souffrir de marine à aucune puissance de l'Europe, avoit obtenu, par la toute-puissance de l'abbé Dubois, qu'il ne se formât aucun vaisseau en France, et qu'on y laissât tomber en ruine le peu qui y restoit. Le secours que cette puissance avoit donné à Naples et à la Sicile, avoit eu pour objet la ruine de la flotte espagnole par la leur qui étoit très supérieure, plus que son attachement aux intérêts de l'empereur. La France avoit non seulement souffert que la flotte angloise, non contente de secourir la Sicile, détruisît encore la flotte espagnole; mais nous nous étions laissé séduire au point de porter les armes dans le Guipuscoa, moins pour y faire les faciles conquêtes que la France y fit, et qu'elle ne pouvoit se proposer de conserver, que pour anéantir la marine d'Espagne, donner un champ libre à celle d'Angleterre, lui assurer l'empire de toutes les mers, et lui faciliter l'empire des Indes, en y détruisant celui d'Espagne. » (*Mém.*, liv. v.)

eût fourni des ressources de crédit toujours prêtes, mutuellement avantageuses aux parties contractantes, et au moyen desquelles se fût opérée graduellement, facilement, l'extinction totale des dettes de l'État. Ce plan avoit déjà reçu un commencement d'exécution: et le duc de Noailles, qu'un homme habile et d'une probité sévère aidoit à gouverner les finances (1), seroit parvenu sans doute à achever ce qu'il avoit heureusement commencé. Mais il demandoit encore quinze années, et ces lenteurs, cette économie, cette marche régulière, nous l'avons déjà dit, ne pouvoient convenir à un homme tel que le duc d'Orléans (2). Law, soit qu'il cherchât à flatter l'impatience du prince et son goût pour les idées neuves et hardies, soit qu'il fût réellement enivré de la faveur publique dont il étoit envi-

---

(1) Rouillé du Coudray. Il étoit déjà parvenu à éteindre quatre cent millions de dettes exigibles.

(2) Il avoit fallu réduire de beaucoup les pensions; et cette opération, faite avec une rigueur nécessaire, avoit consterné ce peuple d'avides courtisans dont le régent étoit environné, et qui l'obsédoit de plaintes auxquelles il n'avoit pas la force de résister. Il n'osoit pas en même temps proroger l'impôt du dixième dont le terme fatal approchoit, et qui devoit cesser alors sans retour, suivant la parole royale que Louis XIV en avoit donnée. Cet impôt étoit odieux aux grands qui avoient la foiblesse d'en être humiliés; et qui sacrifioient ainsi le repos et la sûreté de l'État à la plus ridicule des vanités, celle d'avoir le privilége de n'en pas partager les charges.

ronné, conçut ce fatal système, dont le but étoit d'augmenter sans mesure la monnoie fictive qu'il venoit de créer, en changeant entièrement sa nature et ses garanties. A cette banque qu'il venoit de créer, il imagina donc de joindre, par une autre imitation du nouveau système financier de l'Angleterre, et à l'instar de sa *compagnie des Indes*, une *compagnie d'Occident*, dont les actions devoient être payées en ces billets d'État qui composoient la plus grande partie de la dette nationale; quant à la valeur de ces actions, elle étoit garantie par des billets de banque que la banque générale devoit continuer à échanger contre de l'argent. Il falloit une base au crédit d'une semblable association commerciale; et si la cupidité n'étoit pas ce qu'il y a au monde de plus aveugle, on auroit peine à concevoir comment le charlatanisme inepte et perfide de cet étranger ne fut pas mis à découvert à l'instant même où il fonda ce crédit sur la cession de la Louisiane, qui fut faite par le gouvernement à la nouvelle compagnie. Au lieu de vérifier si ce gage étoit en effet suffisant, on crut sur paroles les récits mensongers qu'il fit répandre sur cette terre lointaine, plus riche, disoit-on, en mines d'or, que le Mexique et le Pérou; et tout porte à croire que le duc d'Orléans, loin d'être la dupe du financier écossois, se fit complice de cette odieuse et barbare déception (1). Ce crédit étant ainsi établi sur un commerce dont les bénéfices étoient inconnus, et sur cette crédulité publique qui se plaisoit à les exagérer au delà même des bornes du possible; il devenoit facile à la banque *générale*, qui reçut alors la dénomination de banque *royale*, d'élever au dégré qu'elle voudroit ces bénéfices éventuels, d'augmenter ainsi sans mesure la valeur idéale de ses actions, et de porter aux derniers excès l'émission de ses billets.

C'est ce qui ne manqua pas d'arriver, lorsqu'on vit qu'à cette compagnie d'*Occident*, dite aussi du *Mississipi*, elle ne tarda pas à joindre le commerce du Canada, celui du Sénégal pour la traite des nègres, celui de la navigation et du négoce dans toutes les mers de l'Orient depuis le cap de Bonne-Espérance jusqu'à la Chine, la fabrication des monnoies pour neuf ans dans toute la France; les fermes-générales du royaume; en un mot, tous les revenus de l'État et tous les produits du commerce. Le peuple de Paris, ivre d'espérances, se jeta inconsidérément dans le piége qu'on venoit de lui tendre; les ac-

---

(1) Aux mensonges payés de plusieurs voyageurs qui attestoient l'existence de ces mines trouvées près du fleuve du Mississipi, on joignit la manœuvre frauduleuse de faire conduire publiquement à la Monnoie des lingots que l'on assuroit avoir été tirés de ces mines merveilleuses.

tions, qu'on s'arrachoit et qui se multiplièrent bientôt de la manière la plus extravagante, s'élevèrent, en peu de temps, vingt fois au dessus de leur valeur primitive. En raison de cet accroissement chimérique de valeur, le nombre des billets de banque représentatifs des actions, s'accrut dans une proportion non moins prodigieuse. Ils étoient supposés représenter des sommes invariables, tandis que l'on faisoit à dessein subir à la monnoie de continuelles variations. Tout l'argent de la France vint donc s'engouffrer à la banque; le gouvernement remboursa en papier tous les rentiers, tous les créanciers de l'État; et le Parisien transporté recevoit, en échange de ses richesses réelles, ces actions magiques qui, d'un jour à l'autre, triploient, quadruploient, en apparence, la fortune de leurs heureux possesseurs.

Cependant, dans ce mouvement continuel et presque inconcevable de ces papiers divers, il étoit impossible qu'ils n'éprouvassent pas, tour à tour, des alternatives de hausse et de baisse, dans leur valeur respective. Quelquefois les billets d'État reprenoient quelque faveur, et les papiers de la banque languissoient; ceux-ci se relevoient ensuite tout à coup, au détriment des billets d'État : ces variations dans leur cours firent naître un nouveau genre de spéculation, auquel on donna le nom d'*agio*, et qui consistoit à profiter habilement de cette fluctuation d'effets publics pour vendre cher et acheter à bon marché. On ne peut se faire une idée de la fureur avec laquelle toutes les classes de la société se jetèrent dans ce trafic honteux et insensé. La hausse ou la baisse du même papier, amenée successivement cinq ou six fois, dans un jour, par les manœuvres des joueurs les plus expérimentés, produisoit, comme par enchantement, des fortunes subites et exhorbitantes, des ruines affreuses et imprévues. La rue Quincampoix fut d'abord, on ne sait pourquoi, le théâtre de cette manie frénétique; elle devint bientôt trop étroite pour l'affluence des joueurs, et leur rendez-vous fut successivement transporté à la place Vendôme et à l'hôtel de Soissons. Si, de nos jours, un papier plus désastreux encore, parce que la France entière, et non pas seulement Paris, en a été la victime, ne nous avoit rendus témoins des effets prodigieux de l'agiotage, on auroit peine à croire ce qui arriva dans ces rassemblements tumultueux. On y voyoit pêle-mêle grands seigneurs, bourgeois, artisans, magistrats; les vols y étoient fréquents, la cupidité y fit même commettre des assassinats. « On » n'entendoit parler, dit Duclos, que d'hon» nêtes familles ruinées, de misères secrètes, » de fortunes odieuses, de nouveaux riches » étonnés et indignes de l'être, de grands mé-

» prisables, de plaisirs insensés, de luxe scan-
» daleux (1). »

Cependant il étoit évident que, dans ce mouvement extraordinaire imprimé aux actions uniquement par l'opinion publique, il n'y avoit point d'équilibre à espérer de la force des choses, puisqu'il n'y avoit ni garanties ni produits réels qui pussent représenter la valeur de ces actions; et qu'au moment même où cette opinion recevroit la moindre atteinte, une chute subite et effroyable suivroit immédiatement une fortune aussi prodigieuse. Law, à moins d'être tout à fait fou, pouvoit lui-même en fixer l'époque au moment où il seroit dans l'obligation de payer

---

(1) « Il seroit difficile de dépeindre l'espèce de frénésie qui s'empara des esprits à la vue des fortunes aussi énormes que rapides qui se firent alors. Tel qui avoit commencé avec un billet d'État, à force de trocs contre de l'argent, des actions, et d'autres billets, se trouvoit des millions au bout de quelques semaines. Il n'y avoit plus, dans Paris, ni commerce, ni société. L'artisan dans sa boutique, le marchand dans son comptoir, le magistrat et l'homme de lettres dans leurs cabinets, ne s'occupoient que du prix des actions. La nouvelle du jour étoit leur gain ou leur perte. On s'interrogeoit là dessus avant de se saluer; il n'y avoit point d'autre conversation dans les cercles, et le jeu des actions remplaçoit tous les autres. » (ANQUETIL.)

« Il suffisoit d'approcher de cette heureuse rue (la rue Quincampoix) pour faire fortune. Un bossu, dont la bosse alloit en pente douce comme un pupitre, en la louant à ceux qui avoient quelques signatures à faire, gagna en peu de temps plus de cinquante mille livres. » (*Mém. de la Régence*.)

le premier dividende des actions, dividende qui, d'après le taux exhorbitant qu'il n'avoit pas craint de fixer aux intérêts, auroit seul surpassé trois fois les revenus affermés à la compagnie; mais les financiers, qui avoient vu avec dépit tous les revenus de l'État enlevés de leurs mains pour passer dans les siennes, hâtèrent encore ce moment en tirant sur la Banque des sommes énormes qui l'épuisèrent. La difficulté de payer s'étant fait sentir, l'alarme se répandit partout aussi promptement que la pensée, et les porteurs de billets se précipitèrent en foule à la Banque pour convertir leur papier en argent.

Dès ce moment tout fut perdu : dans l'impossibilité où l'on étoit de payer, il parut, le 20 mai 1720, un édit qui réduisoit à moitié la valeur des actions. Ce coup imprévu acheva d'ouvrir les yeux, et tous les moyens furent désormais inutiles pour ranimer une confiance à laquelle succédoient les plus affreuses terreurs, et le désespoir profond que peut faire naître le passage subit et violent de la richesse extrême à la plus extrême misère. Vainement le régent et ce funeste étranger employèrent-ils, l'un toutes les ressources de son esprit, l'autre toutes les combinaisons de sa prétendue science financière, pour soutenir leur monstrueux et fragile édifice : il crouloit de toutes parts. On fit frapper de nouvelles espèces plus légères auxquelles seules on donna cours; il y eut ordre de porter les anciennes à la monnoie, et le public s'obstina à ne point s'en défaire. On défendit à tout particulier d'avoir chez soi plus de cinq cents livres en argent; et malgré les délations odieuses que fit naître cette mesure tyrannique, le trouble, les méfiances, l'espionnage qu'elle introduisit dans le sein des familles, elle ne produisit d'autre effet que de faire resserrer plus soigneusement les sommes que chacun avoit pu soustraire au naufrage général. On essaya de redonner aux billets leur première valeur, mais personne ne s'y laissa prendre. Law fut nommé contrôleur général, et, peu de temps après, forcé de se démettre d'une charge qui le rendoit encore plus odieux. D'Argenson, qui avoit soutenu le système tant qu'il l'avoit cru utile, dès qu'il vit l'abus qu'on en faisoit ne voulut pas se rendre complice de tant de perfidies et d'iniquités; il se démit des sceaux, qui furent rendus à d'Aguesseau disgracié d'abord pour avoir désapprouvé le système, sans qu'il résultât d'un tel changement d'autre effet que d'altérer beaucoup la haute réputation dont jouissoit celui-ci (1). Le parlement, qui déjà plusieurs fois

---

(1) Élevé, en 1717, à cette haute dignité, d'Aguesseau y porta un mélange singulier d'affections parlementaires et de principes monarchiques qui rendirent sa marche lente, indécise dans toutes

s'étoit élevé, et toujours inutilement, contre les refontes d'espèces et contre les progrès dangereux de la banque, ayant voulu faire des remontrances nouvelles, fut exilé à Pontoise, et cet exil ne fit qu'aigrir les esprits. En moins de huit mois il parut trente-trois édits, déclarations, arrêts du conseil des finances, pour fixer le taux de l'or et de l'argent, augmenter le numéraire, indiquer les moyens de partager les actions, prescrire la manière de les couper, de les transmettre, de tenir les registres, d'ouvrir et de fermer les comptes de banque, et autres manœuvres qui déceloient l'embarras et le manque absolu de ressources.

Cependant les débiteurs continuoient d'acquitter en papiers qui n'avoient plus aucune valeur, les dettes les plus légitimes, parce que

---

les opérations de son ministère, et d'excellent magistrat qu'il étoit, en firent, selon Saint-Simon, un chancelier à faire regretter les d'Aligre et les Boucherat. Le fameux président Molé nous a déjà offert un exemple de cette fausse position d'un membre du parlement devenu ministre, mais non pas à ce degré de foiblesse presque ridicule où tomba d'Aguesseau. Placé par ses préventions et ses tendresses presque inconcevables pour la magistrature, et par les devoirs de sa place entre le pouvoir et l'opposition, sans cesse occupé d'interpréter, de concilier, de composer, de subtiliser, dans presque toutes les affaires, « cet homme, ajoute le même » écrivain, de tant de droiture, de talents et de réputation, est » parvenu à rendre sa droiture équivoque, ses talents pires qu'inu- » tiles, à perdre sa réputation, et à devenir le jouet de la fortune. »

la loi forçoit encore à les recevoir; et le peuple de Paris, les mains pleines de billets de banque, ne pouvoit plus avoir de pain. Il fut ouvert une caisse où étoient payés en argent les billets de peu de valeur : on s'y porta avec tant d'affluence que trois hommes y furent étouffés, et le spectacle de ces trois cadavres fut sur le point d'exciter une sédition. La populace assiégea le Palais-Royal; Law, qu'elle vouloit déchirer en pièces, ne dut son salut qu'à la vitesse de ses chevaux, et revint ensuite chercher un asile dans la demeure du prince, qui le retint encore six mois auprès de lui, tout chargé qu'il étoit de l'exécration publique. Enfin ce trop célèbre aventurier quitta la France et alla mourir à Venise dans un état voisin de la misère, tandis que les débris immenses du système, soumis à l'opération frauduleuse et tyrannique du *visa*, furent réduits à peu près à rien (1).

---

(1) « Il fut enjoint à tous les actionnaires de venir à des bureaux établis à cet effet, prouver qu'ils avoient eu telle terre, telle rente, telle maison ou tel autre bien-fond, dont les billets ou actions qu'ils présentoient étoient le fruit. Alors on timbroit ces papiers, ce qui s'appeloit *viser*, et tous ceux qui ne purent subir cette épreuve tombèrent..... D'abord, il étoit extrêmement désagréable de se trouver forcé de déclarer qu'on avoit vendu le bien de ses pères; ensuite ceux qui s'étoient vus contraints de recevoir des billets, les uns pour des marchandises, d'autres pour des meubles, ne pouvant prouver qu'ils venoient de propriétés foncières, restoient avec des papiers sans valeur. A l'égard même des

(1720-1721) Ainsi se termina la plus grande révolution qui jusqu'alors eût jamais été opérée dans les finances, révolution qui acquitta presque toutes les dettes de l'État, si c'est les acquitter que de ruiner une quantité presque innombrable de citoyens, en leur enlevant, par artifice ou par séduction, les gages ou cautionnements des avances qu'ils ont pu faire au souverain. Elle fit sortir de leur état une foule d'hommes obscurs, en même temps qu'elle plongea dans l'obscurité qui suit ordinairement la misère beaucoup de familles honnêtes; elle gorgea de richesses quelques spéculateurs habiles, qui, se méfiant de bonne heure d'une monnoie périssable, avoient su l'échanger à propos contre des valeurs plus solides (1). De tels bouleversements dans les

---

agioteurs de profession, c'étoit une injustice de les priver, par une formalité, du prix de leur industrie, etc. (ANQUETIL.)

» Jamais gouvernement plus capricieux, dit Duclos, jamais despotisme plus frénétique ne se virent sous un régent moins ferme. Le plus inconcevable des prodiges pour ceux qui ont été témoins de ce temps là et qui le regardent aujourd'hui comme un rêve, c'est qu'il n'en soit pas résulté une révolution subite, que le régent et Law n'aient pas péri tragiquement. Ils étoient en horreur; mais on se bornoit à des murmures. Un désespoir sombre et timide, une consternation stupide avoient saisi tous les esprits; les cœurs étoient trop avilis pour être capables de crimes courageux. (*Mémoires secrets.*)

(1) Les hommes les plus puissants de la cour se montrèrent, en ce genre, les plus méfiants et les plus habiles; et personne ne sut

fortunes, en amenant le mélange de toutes les classes de la société, achevèrent de corrompre les mœurs, et ce fut là leur effet le plus funeste. Ce fut surtout dans les classes moyennes, jusque là préservées de la contagion, que le système porta le désordre, en y répandant un goût de luxe effréné, une soif ardente de richesses, qui détruisirent peu à peu tout sentiment d'honneur et de vertu. Les richesses tinrent lieu de tout et rapprochèrent toutes les distances; chacun aspira à sortir de son état, et l'on vit naître dans l'intérieur des familles, encore si régulièrement ordonnées dans le siècle précédent, des désordres jusqu'alors inconnus.

Dans cette suite rapide d'événements où dominoient toujours les conseils de Dubois, la faveur de ce vil personnage sembloit s'accroître de toutes les fautes qu'il faisoit commettre à son maître, et en même temps s'accroissoit son audace, et achevoit de se développer une ambition que rien ne pouvoit rassasier. Les dignités de l'Église étoient la seule voie par laquelle pût s'élever à une sorte de considération person-

---

mieux qu'eux faire des bénéfices énormes et les mettre en sûreté. Le duc de Bourbon, arrière petit-fils du grand Condé, est cité comme l'un des plus heureux parmi ces nobles spéculateurs. On les appeloit *seigneurs mississipiens*, et loin de rougir de ce sobriquet, ils étoient les premiers à en plaisanter.

nelle un aventurier, né dans une classe obscure, et qui n'étoit sorti de cette obscurité que par des intrigues qui l'avoient publiquement déshonoré. Dubois, l'homme de France le plus décrié pour l'infamie de ses mœurs et le cynisme de son impiété, secrètement marié (1), n'ayant de l'état ecclésiastique que l'habit, que d'abord il en avoit pris pour se procurer, à l'aide de ce déguisement, des moyens d'existence, conçut le projet criminel et extravagant de se faire nommer archevêque de Cambrai. Le régent, tout perdu qu'il étoit lui-même d'impiété et de débauche, fut d'abord épouvanté de cet excès d'impudence et de scélératesse : mais Dubois le vouloit de la volonté la plus ferme; il avoit pris un ascendant que rien ne pouvoit plus détruire, et le maître subjugué fut obligé de céder. Dubois fut donc archevêque de Cambrai (2), et ceux

---

(1) L'acte de son mariage existoit dans un village du Limousin. L'intendant de cette province, gagné par Dubois, s'introduisit, chez le curé de ce village par une véritable ruse de comédie, l'enivra, et enleva furtivement de ses registres cette pièce si importante pour l'abbé prétendu. Cet intendant se nommoit Breteuil, et ce bel exploit fut le commencement de sa fortune et de celle de sa famille.

(2) « Muni d'un bref du pape pour recevoir tous les ordres à la fois, il se rendit de grand matin, avec l'évêque de Nantes, dans une paroisse de village du vicariat de Pontoise, et y reçut tous les ordres jusqu'à la prêtrise inclusivement, à une basse messe ; puis il

qui craignoient le pouvoir des papes et les entreprises de la cour de Rome purent reconnoître, en cette circonstance, que le droit usurpé par les rois ou par ceux qui les représentent, de donner des évêchés, pouvoit avoir quelquefois ses inconvénients.

L'épiscopat françois n'avoit point encore subi une semblable honte. Cet ascendant d'un misérable dont les vices n'étoient compensés par aucuns talents supérieurs, qui n'avoit pas même pour lui cet agrément des formes extérieures qui explique du moins la séduction, en qui tout étoit odieux, ignoble et repoussant, affligeoit et confondoit en même temps tous les honnêtes gens. Le duc d'Orléans sembloit encore plus fou que son favori n'étoit effronté; et l'on peut concevoir combien une telle faveur dut alors sembler inexplicable, puisque depuis, et jus-

---

en repartit aussitôt, et fit assez de diligence pour être de retour à Paris à l'heure du conseil.

« On se récria en le voyant entrer. Le prince de Conti lui fit un compliment ironique sur la célérité de son expédition en fait d'ordres sacrés. Dubois l'écouta sans se démonter, et répondit froidement que, si le prince étoit mieux instruit de l'histoire de l'Église, il ne seroit pas si surpris des ordinations précipitées, et cita là dessus celle de saint Ambroise. Chacun applaudit à l'érudition et au parallèle. L'abbé ne s'en émut pas, laissa continuer la plaisanterie tant qu'on voulut; et quand on en fut las, il parla d'affaires. » (Duclos, *Mémoires secrets*.)

qu'à ce jour, personne n'a même tenté de l'expliquer. Cependant le duc d'Orléans avoit un esprit étendu et pénétrant ; il avoit montré dans plusieurs circonstances qu'il ne manquoit pas de résolution, et que, quand ses intérêts le commandoient, il savoit surmonter cette répugnance qu'il avoit pour l'application et le sérieux des affaires. Il ne faut point croire qu'un pareil homme se soit livré comme un enfant, ou pour mieux dire comme un stupide, au dernier des hommes, lorsqu'il est facile de trouver, dans un dessein très astucieusement combiné, l'explication d'une conduite qui semble, au premier coup d'œil, contraire à tout bon sens et à toute réflexion.

Nous avons vu qu'au moment où le duc d'Orléans s'étoit saisi d'un pouvoir qu'on s'étoit préparé dès long-temps à lui disputer, et qu'il pouvoit craindre de lui voir échapper, il avoit jugé nécessaire, pour se créer des partisans, de faire quelques concessions à la noblesse de cour, qui rêvoit deux choses, d'abord qu'elle représentoit à elle seule toute la noblesse de France, ensuite qu'elle étoit encore un ordre politique ; puis au parlement, que plus d'un demi-siècle de servitude n'avoit pas changé, et qui se retrouvoit, à la mort de Louis XIV, tel qu'il avoit été sous la Fronde, et prêt à recommencer, à l'égard du pouvoir temporel, l'opposition que l'autorité spirituelle n'avoit cessé de trouver en lui. Les fautes du régent en finances, en administration, en politique extérieure, développèrent ces deux oppositions que lui-même avoit formées, et qui n'étoient pas elles-mêmes plus réglées que le pouvoir qu'elles combattoient. Il vit, dans les grands, la prétention absurde de rétablir l'ancienne aristocratie; dans le parlement, celle de se faire de nouveau le défenseur des peuples opprimés et le tuteur des rois. Ces tracasseries l'impatientèrent d'abord, l'irritèrent ensuite. Le despotisme de Louis XIV, auquel on se persuadoit d'ailleurs, et si follement, que la nation étoit désormais et sans retour entièrement façonnée et accoutumée, lui sembloit, avec juste raison, une manière beaucoup plus facile de gouverner; et Dubois, qui y voyoit le seul moyen de faire triompher cette politique angloise sur laquelle se fondoient toutes ses espérances, l'y poussoit de toute l'activité de son esprit intrigant et cauteleux. Le régent s'y jeta donc de fatigue et d'impatience; et ce parti une fois pris, comme il ne vit dans tout ce qui l'entouroit qu'un seul homme qui, sur ce point, fût parfaitement d'accord avec lui, il devint inévitable qu'il se débarrassât sur lui seul de la plénitude d'un pouvoir qu'il étoit résolu de ne pas exercer. La corruption profonde de cet homme n'étoit pas pour arrêter un esprit aussi profondément corrompu que le sien; et il trouvoit même dans la bassesse et le néant d'un tel ministre, des garanties que ne lui eût point offertes un personnage considérable par ses alliances et par son extraction. En cela il suivoit encore le système de Louis XIV, qu'il poussoit ainsi jusqu'à ses dernières et plus abjectes conséquences; et en effet, si ce monarque, maître absolu d'un pouvoir incontesté et incontestable, résolu qu'il étoit de l'exercer sans souffrir la moindre opposition, n'avoit pas cru prudent d'en confier la moindre part à des hommes dont l'existence sociale eût une grande consistance, à plus forte raison devoit agir ainsi le duc d'Orléans, dont le pouvoir temporaire avoit déjà rencontré des partis disposés à le renverser, et qui s'étoit rendu, par ses fautes et ses scandales, odieux et méprisable à la nation. Il livra donc ce pouvoir à Dubois, parce qu'il le considéroit, parmi tous ceux qui entroient dans ses conseils, comme le seul qui fût dans l'impossibilité d'en jamais abuser contre lui; il le lui livra sans bornes, parce qu'il ne pouvoit y en avoir dans le système despotique qu'il avoit définitivement adopté. Dubois comprit parfaitement sa position, et en abusa jusqu'à violenter quelquefois le maître qui la lui avoit faite (1), sûr qu'il le pouvoit

---

(1) « Il jouit si bien de toute l'autorité, disoit Saint-Simon au

impunément, et que, dans la position difficile où ce maître s'étoit lui-même placé, il passeroit tout et accorderoit tout à l'homme qui lui en sauvoit les difficultés, cet homme étant tel d'ailleurs, qu'il lui eût été impossible de le remplacer (1).

---

régent lui-même, qu'il n'y a qui que ce soit, françois ou ministre étranger, qui ose se jouer à aller directement à votre altesse royale, bien convaincu qu'affaires, justice ou grâce, tout dépend tellement de lui, qu'on se regarde comme absolument battu, si on le trouve contraire, et on n'ose aller plus haut; mais si on le trouve favorable, le plus souvent on s'en tient à son consentement, sans que votre altesse royale en entende parler, si ce n'est pour la forme, et seulement quand le cardinal l'ordonne, ce qu'il fait quelquefois dans des cas de refus, et dans l'espérance de faire prendre le change, et de se décharger de l'odieux sur vous. »

(1) Il le lui avoit persuadé du moins. « Dubois, dit encore Saint-Simon, séduisit son maître avec ces prestiges d'Angleterre qui firent tant de mal à l'État, et dont les suites en causent encore de si fâcheux. Il le força, et tout de suite il le lia à cet intérêt personnel, en cas de mort du roi, de deux usurpateurs intéressés à se soutenir l'un l'autre; et le régent s'y laissa entraîner par le babil de Canillac, les profonds *proposito* de Noailles, et par les insolences et les grands airs de Stairs qui lui imposoient, et cela sans aucun désir de la couronne..... De là ce lien devenu nécessaire entre Dubois et lui. »

« Quand celui-ci fut parvenu à aller la première fois en Hollande, ce qui ne fut pas sans peine, ceci le conduisit à Hanovre, puis à Londres, et à devenir seul maître de la négociation, partie l'arrachant à la foiblesse de son maître, partie en l'infatuant qu'il ne s'y pouvoit servir de nul autre, parce que nul autre ne pouvoit être comme lui dépositaire du vrai nom qui faisoit le fondement de la négociation, qui étoit, en cas de mort du roi, le soutien réciproque des deux usurpateurs, trop dangereux pour M. le duc d'Orléans à confier à qui que ce soit qu'à lui. » (*Mémoires*, liv. v.)

Telle étoit la dégradation profonde où étoit déjà tombé le pouvoir despotique exercé par Richelieu et Louis XIV, avec une apparence de grandeur qui en masquoit le vice radical, et que la Providence avoit voulu laisser tomber, immédiatement après *le grand roi*, entre les mains d'un prince sans mœurs et sans religion.

L'ambition de Dubois étoit sans bornes comme son audace : ce n'étoit pas assez pour lui d'avoir été fait archevêque de Cambrai, il voulut être cardinal. Après lui avoir donné la mître, le duc d'Orléans ne pouvoit reculer à lui faire obtenir le chapeau; et tous les deux travaillèrent de concert à faire réussir ce nouveau projet, quoique le régent affectât avec ses autres familiers, d'être indigné que son favori osât prétendre à cette haute dignité. Pour y parvenir, il étoit convenable et même nécessaire de faire quelque chose qui fût agréable au pape et utile à la religion : or, depuis la mort de Louis XIV, les querelles élevées par le parti janséniste, à l'occasion de la bulle *Unigenitus*, n'avoient pas, un seul instant, cessé de troubler l'Église de France, d'occuper le gouvernement, et d'entretenir la correspondance la plus active entre le pape, le régent et les évêques *acceptants* ou *opposants*. Cette bulle que, peu de temps avant sa mort, le feu roi avoit résolu d'aller lui-même faire enregistrer au parlement, non seulement n'étoit point encore revêtue de cette formalité, mais cette compagnie se montroit, plus que jamais, décidée à en refuser l'enregistrement. Or, il est vrai de dire que c'étoit le duc d'Orléans lui-même qui avoit provoqué une résistance si obstinée, lorsque, dans les premiers moments de son administration, voulant se rendre agréable à ces gens de robe qui lui avoient, jusqu'à un certain point, donné la régence, il avoit affecté de protéger les Jansénistes, et même de leur sacrifier leurs adversaires. Quelques-uns de ces sectaires, emprisonnés sur la fin du dernier règne, avoient été mis en liberté. Nommé chef du tribunal de conscience, le cardinal de Noailles, archevêque de Paris, obtint, en même temps, la direction des affaires ecclésiastiques; le régent fit plus encore pour la secte, en éloignant du nouveau roi et même en faisant exiler le père Le Tellier. Ce fut l'abbé Fleury qui le remplaça; et ce grand partisan des *libertés gallicanes* (1), n'étoit pas fait pour effrayer les enfants de Jansénius.

Les choses restèrent en cet état, tant que Dubois et son maître n'eurent aucun intérêt à les changer. Dès qu'ils furent intéressés à ménager le pape, tous les deux se firent *constitutionnaires*; et il fut résolu que la bulle seroit acceptée. Ils espéroient pouvoir, dans cette

---

(1) Ses *Opuscules*, publiés après sa mort, font foi qu'il y reconnut, plus tard, quelques inconvénients.

circonstance, se passer du parlement, en la faisant enregistrer au grand conseil, où, bien qu'il y eût une opposition très forte contre cet enregistrement, le parti dévoué au régent étoit en majorité. Dubois avoit même formé le projet hardi de faire casser cette compagnie, dont la résistance, surtout dans l'affaire du système, avoit exaspéré le duc d'Orléans, et qui l'irritoit encore, même dans son exil, où la faveur publique l'avoit suivie. Son dessein transpira : comme on savoit que c'étoit un furieux que rien ne pouvoit arrêter, les parlementaires en furent effrayés, et, pour détourner le coup dont ils étoient menacés, manœuvrèrent avec le cardinal de Noailles qui leur étoit dévoué. Nous nous proposons de raconter, avec quelques détails, non seulement ce qui se passa en cette circonstance, mais encore tout ce qui a rapport à cette grande affaire de la bulle *Unigenitus*, et à cette lutte à jamais mémorable du parlement contre le clergé, qui se prolongea jusqu'à la fin du règne de Louis XV; et le tableau que nous en présenterons, sera, sans contredit, la partie la plus intéressante de nos récits; mais, voulant, pour le faire mieux comprendre, en réunir ensemble tous les traits, il nous suffira de dire ici que ce prélat, que, ni les remontrances du pape, ni ses menaces, ni les prières et les exhortations du corps presque entier des évêques, n'avoient pu amener à accepter la bulle *Unigenitus*, se montra disposé à céder, lorsqu'il vit la magistrature en danger; et, d'accord avec les parlementaires, promit de donner son mandement d'acceptation, dès que le parlement auroit enregistré, soutenant que l'enregistrement au grand conseil ne suffisoit pas. Il finit par le persuader : alors Dubois changea lui-même de marche, et fit aussi tourner à son gré le régent, qui d'abord s'étoit jetté, avec la plus grande ardeur, dans ce projet de le débarasser du parlement. On alloit l'exiler à Blois : son rappel de Pontoise lui fut présenté comme le prix de cet enregistrement. Il y consentit enfin, mais avec des modifications qui mettoient à couvert les *opposants* et leur doctrine; immédiatement après, l'archevêque donna son mandement et avec *la même bonne foi* : ceci fait, le parlement rentra dans Paris le 20 décembre 1721 (1).

La conclusion de cette grande affaire valut donc à Dubois le chapeau de cardinal, auquel il

---

(1) Le rappel du parlement fut le signal de l'exil de Law, qui, toujours refugié dans le palais du régent, exerçoit encore de l'influence dans ses conseils, et avoit concerté avec Dubois le plan de la destruction de cette compagnie. Quoiqu'il eût fait des bénéfices énormes, tant par une émission frauduleuse de ses billets de banque, que par le jeu de l'agiotage dont il tenoit la balance entre ses mains, il n'avoit pas su se ménager une ressource assurée pour la mauvaise fortune; et après avoir parcouru l'Italie et l'Allemagne, il se fixa à Venise, où il mourut dans un état voisin de l'indigence.

aspiroit; et quoique ce scandale fût moins grand que celui qu'avoit causé sa nomination à l'archevêché de Cambrai, l'impression qu'il produisit fut plus vive; et la lettre par laquelle le pape déclaroit au roi de France « qu'il l'avoit honoré » de la pourpre à cause des grands services qu'il » avoit rendus à l'Église, à la paix de laquelle il » étoit un de ceux qui avoient le plus contri- » bué., » enveloppa Rome elle-même dans cette indignation générale que causoit une telle profanation d'une si haute dignité. Cependant quoi de plus injuste et de plus irréfléchi ? Parce que les vices et les turpitudes de Dubois étoient publiquement connus en France, étoit-ce une raison pour qu'on en dût être exactement instruit à Rome ? Lorsqu'on disputoit au pape tout acte et à peu près tout droit de juridiction sur le clergé gallican, étoit-il en mesure d'exercer une surveillance active et sévère sur les vie et mœurs d'un ministre du roi; et n'eût-on pas trouvé mauvais qu'il se permît même d'en avoir la pensée ? En supposant que quelques rumeurs de la conduite déréglée de Dubois fussent parvenues jusqu'à lui, pouvoit-il, sur de vagues insinuations, même sur des rapports officieux, se persuader qu'un grand monarque, ou le prince de son sang qui tenoit alors sa place, s'oublieroit au point de lui présenter un homme infâme pour en faire un prince de l'Église ? Il ne le pouvoit ni ne le devoit. Dubois ne lui étoit connu qu'en raison des hautes fonctions publiques auxquelles la confiance du régent l'avoit appelé; le service qui venoit d'être rendu en France à la religion étoit réel, quels que fussent les motifs honteux et secrets qui l'avoient fait rendre : les raisons qui avoient déterminé le pape étoient donc justes, raisonnables; et l'indignité du sujet ne pouvoit être imputée qu'à celui qui, ne sachant ce qu'il étoit, n'en avoit pas moins voulu qu'il devînt membre du sacré collége. C'est ainsi qu'en se mêlant plus qu'il ne leur appartenoit du gouvernement de l'Église, en imposant, en quelque sorte, à son chef des hommes de leur choix pour les grandes dignités ecclésiastiques, les princes temporels, qui ont cru accroître les attributions de leur pouvoir, n'ont fait qu'ajouter des charges à leur conscience (1).

---

(1) Duclos raconte, dans ses *Mémoires secrets*, que le pape étant mort, au moment où Dubois intriguoit à Rome pour avoir le chapeau, l'abbé de Tencin, qui étoit, dit-il, son principal agent dans cette intrigue, offrit au cardinal de Conti de lui *procurer la tiare* par la faction de France et des autres partisans *bien payés*, si lui Conti vouloit s'engager *par écrit* à donner, après son exaltation, le chapeau à Dubois; que, le marché fait et signé, Tencin intrigua *efficacement*, et Conti fut élu pape; qu'alors Tencin l'ayant sommé de sa parole, ce pontife, *naturellement vertueux*, qui s'étoit laissé arracher cet écrit, dans une *vapeur d'ambition*, refusa d'accomplir ce marché simoniaque, et de prostituer le cardinalat à un sujet aussi indigne; que la lutte dura long-temps entre le pape et l'abbé;

(1721-1722) Parvenu à cette prodigieuse fortune, l'effronté favori n'étoit point encore satisfait. Élevé si haut par les caprices et les foiblesses de son maître, il vouloit se mettre à

que celui-ci l'ayant enfin menacé de rendre public son billet, le pontife effrayé céda, et nomma Dubois cardinal pour anéantir ce fatal billet; que la nomination faite, Tencin, qui ne l'avoit point encore rendu, demanda le chapeau pour lui-même, et y mit, pour s'en dessaisir, cette dernière condition; que le pape en tomba malade, et finit par en mourir de honte et de douleur.

Tous les genres d'invraisemblances et d'absurdités sont accumulés dans ce conte ramassé on ne sait où, par Duclos, qui, sous le rapport des doctrines religieuses, étoit au niveau de Dubois, et dont les mœurs ne valoient guère mieux. Mais fût-il vraisemblable que l'abbé de Tencin, dont les philosophes et les Jansénistes ont dit beaucoup de mal, ce qui est un grand préjugé en sa faveur, pût, à son gré, faire un pape avec de l'argent; et qu'un cardinal, *vertueux* ou non, fût assez stupide pour signer, en entrant au conclave, un pareil billet entre les mains d'un agent subalterne, on n'en sera pas moins fondé à demander à celui qui raconte un tel fait : quelle preuve en donnez-vous? sur quels témoignages l'appuyez-vous? avez-vous vu, de vos propres yeux, ce billet que Tencin n'a pas rendu? avez-vous du moins des moyens suffisants pour en constater l'existence? Rien de tout cela. Le fait est raconté sans preuves, sans autorités, sans témoignages; et comme si le narrateur eût pris à tâche d'en démontrer lui-même l'absurdité et l'invraisemblance, il ajoute naïvement, relativement à l'élection d'Innocent XIII, que probablement il eût été nommé pape, *sans aucune manœuvre*, pour sa naissance et *par la considération dont il jouissoit*; et sur la promotion de Dubois, qu'elle étoit fondée « sur la
» sollicitation de la France, sur la recommandation de l'empereur,
» redouté à Rome et que le roi d'Angleterre avoit fait agir vive-
» ment, enfin sur le crédit et le ministère de Dubois, qui pouvoient
» être utiles à la cour de Rome. »

Qu'un écrivain qui écrit des Mémoires, et surtout des Mémoires *secrets*, y jette malignement et sans réflexion de semblables sotl'abri de ses foiblesses et de ses caprices, et tellement qu'il devînt difficile au prince de détruire cette œuvre que ses mains avoient trop facilement formée. La place de premier ministre pouvoit seule offrir à Dubois de semblables garanties : il se mit dans la tête d'être nommé premier ministre; et jamais, sans doute, cet ascendant qu'il avoit pris sur le régent ne se manifesta d'une manière plus frappante et plus faite pour achever de désespérer les gens de bien. Une dispute de préséance dans le conseil lui fournit un prétexte pour en faire exclure tous ceux qu'il savoit lui être contraires, et pour plusieurs l'exclusion fut accompagnée de l'exil (1). Le maréchal de Villeroi, gouver-

---

tises, c'est ce qui se peut, jusqu'à un certain point, concevoir; mais qu'un autre écrivain, qui a la prétention d'écrire l'histoire, s'en empare comme d'une vérité historique, c'est ce que l'on conçoit plus difficilement; et c'est cependant ce qui est arrivé, dans ces derniers temps, de ce conte ridicule, digne pendant de la conversation de M. Amelot avec le pape Clément XI (*).

(1) C'étoit la prétention du chancelier et des ducs de ne pas céder, dans le conseil, le rang aux cardinaux; et par suite de cette prétention, Dubois, depuis qu'il étoit cardinal, s'étoit abstenu d'y paroître : il vouloit y rentrer, mais d'une manière convenable à sa nouvelle dignité; et prévoyant ce qui en alloit arriver, craignant encore que son manque de considération personnelle ne le fît échouer dans une telle entreprise, il eut l'adresse de persuader au cardinal de Rohan de demander d'y être d'abord

(*) Voyez la 1re partie de ce volume, p. 181.

neur du jeune roi, l'inquiétoit encore : n'ayant
pu le gagner, il sut l'attirer dans un piége où
l'excès de sa présomption le fit donner tête
baissée; puis il le fit aussitôt arrêter et exiler
par ordre du régent, qui joua son rôle dans cette
comédie, à qui il persuada qu'en cette circonstance ils avoient un commun intérêt (1). Enfin

---

admis, lui montrant en perspective, pour lui-même, la place de
premier ministre. Celui-ci donna dans le piége, obtint facilement du régent d'entrer au conseil, et Dubois s'y glissa à sa
suite. Dès que le chancelier et les ducs virent paroître les cardinaux, ils se retirèrent, et les maréchaux suivirent leur exemple.
Dubois partit de là pour faire croire au régent que c'étoit une
cabale formée contre lui, puisque les maréchaux, qui n'avoient
jusque-là rien disputé aux cardinaux, prenoient parti dans
cette affaire. Les maréchaux d'Uxelles, de Tallard et de Bezons
se retirèrent dans leurs terres, et il y eut défense de leur payer leurs
pensions. D'Aguesseau quitta une seconde fois les sceaux qui
furent donnés à d'Armenonville. Enfin le duc de Noailles, plus
redouté de Dubois parce que le régent l'aimoit plus que les
autres, fut exilé à cent cinquante lieues, et se vit, en raison de
cette amitié même, le plus maltraité de tous.

(1) Dans une entrevue dont le but étoit d'opérer entre eux une
réconciliation, Villeroi s'étoit emporté contre Dubois jusqu'aux
derniers outrages. Ce n'étoit point assez pour lui ôter les hautes
fonctions dont il avoit été revêtu : il fut décidé qu'on feroit en
sorte qu'il manquât au régent lui-même, et l'on parvint sans
beaucoup de peine, et par l'effet de son extrême fatuité, à lui
faire commettre cette énorme sottise ; puis, lorsqu'il vint en demander excuse, on l'enleva, on le jeta dans une chaise de poste qui
partit aussitôt, environnée de mousquetaires, et le porta, en
peu d'heures, à son château de Villeroi, d'où il eut ordre de ne
pas sortir.

le foible prince, si l'on en croit le duc de Saint-Simon, le nomma premier ministre, après mille hésitations et au milieu d'anxiétés qui prouvoient à quel point il sentoit l'énormité de la faute qu'il alloit commettre, et plus encore à quel point il étoit subjugué.

Quelques-uns cependant, et avec plus de vraisemblance, lui ont prêté d'autres motifs qui supposeroient que, sous cette insouciance et cette légéreté apparente, il savoit dissimuler, quand il le jugeoit convenable, des desseins assez profondément combinés; et que le dégoût des affaires, qu'avoit fait naître en lui l'abus des plaisirs, n'avoit pas banni de son âme la passion qui a peut-être le plus d'empire sur ceux qui en sont possédés, et qui presque toujours survit à toutes les autres, l'amour du pouvoir. Le roi touchoit à sa majorité; et ce pouvoir, dont le régent s'étoit fait une habitude, alloit lui échapper. Si, après cette époque fatale, il continuoit encore à l'exercer, il pouvoit craindre qu'on ne l'accusât de vouloir s'y perpétuer; tandis que le faisant passer, lorsqu'il lui appartenoit encore, entre les mains de sa créature, de l'homme de France le plus déconsidéré, le plus dépourvu de consistance, et par conséquent le moins redoutable pour lui, il écartoit ainsi, en ce qui le touchoit, et quoi que l'on pût dire sur le choix qu'il auroit fait, tout soupçon de vues ambitieuses, et tellement qu'après avoir été régent de France, consentant à succéder à Dubois dans cette place de premier ministre, il sembleroit faire un acte de dévouement. Or, cette succession ne devoit pas se faire long-temps attendre : Dubois étoit atteint d'une maladie mortelle, digne fruit de ses débauches crapuleuses, et son arrêt avoit été prononcé par les médecins (1). Dans moins d'une année, la place ne pouvoit manquer d'être vacante; et c'étoit ainsi que le duc d'Orléans spéculoit sur la mort de celui à qui il s'étoit abandonné pendant sa vie. Il s'en expliqua ainsi, dit-on, dans des conversations intimes avec quelques familiers; et du reste, de telles combinaisons n'étonneroient point de la part de ce prince dont l'esprit affectionnoit tout ce qui sembloit subtil en intrigues et en affaires, et mettoit même de l'amour-propre à surpasser les plus habiles et les plus corrompus, en immoralité, en mépris pour les hommes, et en habileté dans la science des intérêts.

---

(1) Il est très remarquable que le duc d'Orléans s'étoit informé très curieusement auprès de Chirac, médecin de Dubois, de ce qu'il pensoit à ce sujet; que celui-ci l'assura que le cardinal n'avoit pas plus de six mois à vivre, et que le régent répéta, dans son intimité, la sentence prononcée par le médecin; d'où il faut conclure qu'il avoit un plan tout près à être mis à exécution, après ce terme fatal et si rapproché.

(1723) Quoiqu'il en puisse être, la prédiction se vérifia : Dubois jouit à peine une année de ce faîte des grandeurs auquel il n'avoit cessé de tendre, sans se donner aucun repos qu'il n'y fût parvenu ; et le malheureux mourut comme il avoit vécu (1). Sa mort acheva de révéler les turpitudes de sa vie : car alors il fut découvert que l'argent qu'il recevoit des Anglois, pour leur vendre les intérêts de la France, composoit à peu près la moitié de ses immenses revenus (2). Quelques-uns ont vanté les actes de son court ministère ; d'autres les ont décriés, et nous le représentent, dans ces derniers moments, comme plus emporté, plus cynique, plus désordonné dans les affaires, plus dégagé de tout frein, par cela même qu'il étoit dégagé de toutes craintes (3).

---

(1) Il mourut des suites d'un abcès dans la vessie, après une opération faite pour empêcher la gangrène d'attaquer cet organe, et ne cessa de jurer et de blasphémer jusqu'à ce qu'il eût perdu la parole et le jugement.

(2) Cette pension étoit de neuf cent mille livres, et la totalité de ses revenus se montoit à près de deux millions.

(3) « Quand il fut devenu le véritable maître, dit Saint-Simon, toute son application à ce que son maître ne lui échappât pas, s'épuisa à épier les moments de ce prince, ce qu'il faisoit, qui il voyoit, le temps qu'il donnoit à chacun, son humeur, son visage, ses propos, et l'issue de chaque audience ou de chaque partie de plaisir, qui en étoit, quels propos, et par qui tenus, et à combiner toutes ces choses ; surtout à effrayer, à effaroucher pour empêcher d'aller au prince, et à rompre toutes mesures à qui en avoit la té-

Lorsqu'il s'agit d'un homme tel que Dubois, ce qui est le plus infâme semble le plus vraisemblable, et nous croyons plutôt à ce dernier récit. Au reste, les actes de ce court ministère furent de peu d'importance ; et en ce qui concerne l'histoire, ils sont tout-à-fait insignifiants.

Le duc d'Orléans partagea ouvertement, et, l'on peut le dire, effrontément, la joie que ressentoit la France d'être débarrassée de ce vil et odieux personnage (1), sans s'inquiéter si le mépris dont il affectoit d'accabler sa mémoire, ne retomboit pas sur lui-même qui l'avoit fait ce qu'il étoit devenu ; et cependant, comme s'il n'eût pu trouver désormais personne à qui se confier, il se ressaisit du pouvoir, parut sortir

---

mérité, sans en avoir obtenu son congé et son aveu..... Cette application et quelque écorce indispensable d'ordres à donner, ravissoient son temps ; en sorte qu'il étoit devenu inabordable, hors quelques audiences publiques ou autres, aux ministres étrangers. » (*Mém.*, liv. v.)

(1) Le jour où l'opération fut faite à Dubois, l'air extrêmement chaud tourna à l'orage. Aux premiers coups de tonnerre, le prince ne put s'empêcher de dire : « Voilà un temps qui, j'espère, fera partir mon drôle. » Or ce drôle étoit un homme à qui il avoit livré la France entière comme une proie, avec plein pouvoir de l'opprimer au dedans, et de la trahir au dehors. Un tel mot suffit pour peindre celui à qui il est échappé ; il confirme d'ailleurs ce que nous avons dit de ses véritables desseins, lorsqu'il avoit comme abdiqué le pouvoir en faveur de ce misérable.

du long sommeil dans lequel il avoit été plongé, et jetant un coup d'œil sûr et pénétrant sur les affaires auxquelles on le supposoit désormais inhabile pour les avoir trop long-temps négligées, étonna la ville et la cour par la supériorité, la facilité avec laquelle il sut les traiter, et l'étendue d'esprit qu'il montra à en embrasser l'ensemble sans lenteur, et sans confusion. Il joignoit à ces dons si rares de l'intelligence, des manières charmantes auxquelles on ne pouvoit résister, se rendoit accessible à tous, et même lorsqu'il refusoit, avoit l'art de ne point mécontenter. Ces efforts que l'ambition et non le sentiment du devoir lui firent faire sur lui-même, n'étoient qu'une fatigue nouvelle qu'il ajoutoit à celle des honteux plaisirs, qui étoient devenus pour lui une incurable habitude, et qui n'en furent point interrompus. L'excès du travail acheva bientôt d'éteindre une vie que les excès de l'intempérance continuoient d'épuiser : il mourut d'apoplexie entre les bras d'une de ses maîtresses (1), près de laquelle il attendoit l'heure de son travail avec le roi. Cette mort du régent arriva le 2 décembre de cette même année et peu de mois après celle du cardinal; il étoit âgé de quarante-neuf ans.

---

(1) La duchesse de Phalaris.

Telle fut la régence du duc d'Orléans : toutes les conséquences du système de gouvernement établi par Louis XIV y sont en quelque sorte accumulées ; et la seule différence qu'offrent l'une et l'autre manière de gouverner, se trouve uniquement dans le caractère des deux hommes qui gouvernoient. Louis XIV n'avoit voulu de bornes au pouvoir monarchique, ni dans les anciennes institutions politiques de la France, ni dans la suprématie de l'autorité religieuse ; mais il étoit sincèrement attaché à la religion. Ces bornes que son orgueil ne vouloit pas reconnoître, il les trouvoit dans sa conscience, qui, au milieu de ses plus grands écarts, devenoit son modérateur et l'y faisoit rentrer : ainsi, le despote étoit sans cesse adouci ou réprimé par le chrétien. Un prince sans foi, sans mœurs, sans conscience, reçoit, immédiatement après lui, ce même pouvoir et dans toute son étendue : il en peut faire impunément, et il en fait à l'instant même un instrument de désordre, de scandale, de corruption, de violences et de spoliations envers les citoyens, d'insultes et d'outrages envers la nation ; car tout cela se trouve dans l'administration de ce sybarite, presque toujours plongé dans la paresse ou dans la débauche. Si l'on vit un moment, sous cette administration oppressive, et uniquement par le *bon plaisir* du maître, reparoître quelque ombre de cette opposition politique que Louis XIV avoit abattue, cette opposition, qui depuis long-temps s'étoit faite elle-même indépendante de l'autorité religieuse, qui de même n'avoit ni frein ni modérateur, reprit sa tendance anarchique, plus incompatible que jamais avec un tel despotisme, et dut être bientôt brisée par lui, pour recommencer, dans l'ombre, à conspirer contre lui.

Cependant il est remarquable que, dans cette tendance continuelle du pouvoir à établir, en France, le matérialisme politique le plus abject et le plus absolu, le catholicisme, dont la nation étoit comme imprégnée dans presque toutes ses parties, l'embarrassoit dans sa marche, et malgré tout ce qu'il avoit fait pour en atténuer l'influence, lui suscitoit des obstacles plus réels et bien plus difficiles à vaincre que l'opposition parlementaire. Ne pouvant le détruire, il voulut du moins l'exploiter à son profit; et la religion, que les usurpations continuelles et successives des princes temporels avoient, par degrés, soustraite en France à la protection sainte et efficace de son chef naturel, se vit, lorsque Louis XIV eut comblé la mesure de ces usurpations que l'on eut grand soin de maintenir après lui, réduite à l'opprobre d'être protégée par des hommes qui, en même temps, la profanoient par leurs scandales, et l'outrageoient par leurs mépris. Nous ne verrons que trop tôt ce qui en arriva; il nous suffira maintenant de faire remarquer encore que, malgré cette position fausse où se trouvoit placé, dans ce royaume, tout ce qui avoit action politique sur le corps social, et particulièrement la puissance religieuse,, cette action n'en étoit pas moins réelle, et qu'elle empêchoit le pouvoir de marcher aussi fermement qu'il auroit voulu dans les voies qu'il s'étoit ouvertes; que, tour à tour, foible ou violent, selon qu'il étoit plus ou moins pressé par les résistances environnantes, il avoit tous les inconvénients du despotisme, sans y joindre les avantages qui résultent ordinairement pour le despote, de l'unité de la volonté et de l'énergie de l'action.

Il en alloit autrement en Angleterre : depuis la révolution de 1688, tout y avoit changé de face. Le protestantisme y avoit subi le sort qu'il devoit nécessairement éprouver partout où il parvenoit à s'établir : après y avoir été, tour à tour, un instrument de révolte et de despotisme, il avoit fini par n'avoir plus, dans l'État, aucun caractère, ni politique ni religieux. Plus heureux cependant que le clergé protestant du nord de l'Europe, le clergé anglican avoit pu conserver une grande partie des biens enlevés aux églises, lors de la réforme de Henri VIII, et se fondre dans le parti aristocratique de la nation qui, propriétaire à peu près de tout le territoire, s'étoit emparé du pouvoir après l'expulsion des Stuarts, et n'avoit rétabli une ombre de monarchie que comme un moyen de le conserver plus sûrement, décidé qu'il étoit à ne plus jamais s'en dessaisir (1). Ainsi se forma tout d'un coup un matérialisme politique, sans nulle opposition religieuse, et qui ne trouva plus de résistance que dans les intérêts également matériels de cette autre partie de la nation qui n'avoit de part ni dans la propriété de la terre, ni dans l'exercice du pouvoir. Cette opposition toute populaire, abandonnée à elle-même, pouvoit devenir terrible : il eût été insensé d'essayer de la détruire; car on ne l'auroit pu qu'en détruisant la race d'hommes dont elle se composoit : les personnages habiles qui se succédèrent dans

---

(1) Ce fut pour n'avoir pas bien compris cette position nouvelle des choses, et pour avoir essayé de régner à d'autres conditions que celles qui leur avoient fait obtenir le trône, que les premiers princes de la branche d'Hanovre furent sur le point d'en être précipités. Ils ne s'y raffermirent que lorsqu'ils marchèrent d'accord avec cette aristocratie redoutable, soit en lui cédant quand elle se montra impérieuse, soit en s'y créant, dans les deux chambres (*) qui la représentoient, un parti prépondérant, pour l'amener à faire ce qu'ils vouloient : ce qui étoit reconnoître d'une autre manière la supériorité de son pouvoir.

(*) La chambre des communes n'est en effet qu'une branche de ce pouvoir aristocratique, le seul qui domine véritablement au milieu de l'opposition factice et des pouvoirs fictifs dont il est environné.

la direction de ce système nouveau et périlleux (et c'étoit une nécessité qu'ils fussent habiles pour s'y maintenir, ceux qui ne l'étoient pas tombant d'eux-mêmes par la force des choses), n'eurent donc qu'une seule pensée : ce fut d'incorporer, en quelque sorte, au pouvoir, une opposition si formidable, en l'y attachant par le lien indissoluble de tous ses intérêts.

Le commerce maritime pouvoit seul résoudre ce problême difficile d'enrichir à la fois et d'occuper cette population turbulente : ce fut vers le commerce maritime, déjà florissant chez eux, que ces chefs du parti aristocratique dirigèrent tous ses efforts, excitant et développant en elle, à dessein, toutes les passions cupides. Ce fut à s'emparer de l'empire des mers, à y détruire toute rivalité de la part des autres nations, qu'on les vit tendre tous les ressorts de leur politique extérieure; et deux puissances, la France et l'Espagne, qu'ils craignoient par dessus tout, et que le pacte de famille leur rendoit encore plus redoutables, devinrent le principal point de mire de cette politique machiavélique. Leurs ministres dans les cours étrangères, ne furent plus occupés qu'à y semer l'or pour corrompre, les flatteries et les séductions pour décevoir, et quand il étoit nécessaire, les troubles et les dissensions, pour détourner l'attention de l'Europe de leur marche constante, et de leurs progrès toujours croissants dans ce plan d'invasion commerciale. En même temps qu'ils étendoient de toutes parts leurs relations mercantiles, ils fondoient le *crédit public*, combinaison financière jusqu'alors sans exemple dans le monde civilisé, dont le résultat, qu'ils avoient profondément calculé, étoit de rendre toutes les fortunes particulières dépendantes de la fortune publique, et par conséquent intéressées à la soutenir; de fournir à l'État des ressources *anticipées* dont s'accroissoit encore l'activité du commerce, tandis que, par cette activité toujours croissante, le commerce consolidoit et augmentoit à son tour le crédit, pour en tirer ensuite d'autres ressources et lui rendre de nouveau ce qu'il en avoit reçu; espèce de progression qui sembloit ne devoir trouver de terme que dans l'envahissement entier du monde commercial, et dans l'appauvrissement de toutes les nations au profit de l'Angleterre. C'étoit un état violent qui, en exagérant les forces vitales de la nation, ne pouvoit manquer de la conduire tôt ou tard à quelque grande catastrophe; mais enfin cette catastrophe inévitable, vers laquelle l'Angleterre se précipite aujourd'hui comme poussée par la main de la Providence, n'est point encore arrivée, depuis plus d'un siècle que cette nation a commencé à présenter à l'Europe ce grand et effrayant spectacle. Elle a vécu d'une vie factice sans doute; mais c'est la seule vie que pouvoit avoir une société qui repose tout entière sur les intérêts matériels; cette vie, elle l'a prolongée et la prolonge encore aux dépens des sociétés catholiques, pour qui l'essai de ce système politique est devenu un principe de mort, parce qu'il leur a été impossible d'y confondre ensemble, comme le fait l'Angleterre, tous les intérêts en les *matérialisant*, et de leur imprimer ainsi le mouvement irrésistible qui résulte, pour cette nation, de cette réunion en quelque sorte *forcée* de toutes les volontés individuelles (1): elle seule l'a pu faire, parce qu'elle se trouvoit dans des circonstances dont l'histoire du monde n'offre pas un second exemple; et ce qui n'étoit jamais arrivé avant elle, après elle n'arrivera jamais chez aucune autre nation, et plus particulièrement chez celles qui l'ont follement imitée.

Nous avons déjà vu les premiers effets de cette politique angloise à l'égard de la France : la

---

(1) Ainsi s'explique pourquoi les catholiques, quelque nombreux qu'ils puissent être en Angleterre, y sont, pour ainsi dire, jetés hors de la société politique; c'est qu'en raison du *spiritualisme* de leur religion, ils y seroient en contradiction perpétuelle avec ses principes et ses maximes, et deviendroient en quelque sorte un instrument de désordre pour les machinistes qui en entretiennent et en font mouvoir les ressorts. Quand ces ressorts se détraqueront, il est probable que l'Angleterre redeviendra catholique.

pension payée à Dubois avoit valu deux choses au cabinet de Saint James, la destruction presque totale de la marine espagnole, et qu'il ne fut pas construit un seul vaisseau dans nos ports, tant que dura la régence. Nous allons le voir obtenir, en ce genre, bien d'autres succès; et quand la corruption ne l'aidera pas, un aveuglement non moins fatal se fera son auxiliaire.

La mort du régent réjouit tous les partis : les gens de cour, pour n'avoir pas obtenu de lui tout ce qu'il leur avoit fait d'abord espérer; le parlement, pour ces coups d'autorité dont il l'avoit accablé, après lui avoir promis un meilleur avenir; les jansénistes, pour en avoir été repoussés et persécutés après qu'il les avoit accueillis et même protégés; le clergé, pour n'en avoir été satisfait qu'à demi, parce qu'en faisant enregistrer la bulle *Unigenitus*, il s'étoit obstiné à maintenir les *appels comme d'abus*, et l'avoit ainsi laissé sous le joug de ce même parlement, qu'à son égard il avoit jugé à propos de réduire au dernier degré de servitude; les honnêtes gens, pour la corruption de ses mœurs, son impiété déclarée et le scandale de sa vie; la France entière, pour les funestes opérations financières qui avoient fait sa ruine et dont il la menaçoit encore, lorsqu'il eut repris la direction des affaires. On se réjouit donc généralement de cette mort, et avec juste raison, comme de la délivrance d'un fléau; mais au milieu de cette joie, personne, en regardant autour de soi, n'eût pu dire ce qu'il espéroit d'un changement. Louis XV, alors à peine âgé de quinze ans, étoit d'un caractère doux, timide, inappliqué, et avoit toute l'inexpérience de son âge. Toutes les pensées et toutes les affections de ce roi enfant, concentrées dans sa domesticité, se portoient plus particulièrement sur son précepteur, l'abbé de Fleuri, évêque de Fréjus. Lors de l'enlèvement du maréchal de Villeroi, celui-ci, ayant feint de vouloir partager sa fortune et s'étant éclipsé de la cour, la douleur de l'élève s'étoit manifestée avec une telle violence qu'on en avoit été effrayé, et qu'on s'étoit hâté de chercher son précepteur pour le lui rendre, ne trouvant aucun autre moyen de l'apaiser. L'évêque de Fréjus étoit donc revenu à la cour, plus sûr que jamais de son ascendant sur le jeune monarque, le fortifiant de jour en jour davantage de ce qu'il avoit dans l'esprit d'insinuation et d'aménité, cachant avec le plus grand soin le desir qu'il avoit du pouvoir, et, quoique déjà septuagénaire, attendant tout de sa patience et du temps. Tel étoit sa position à la cour depuis l'événement qui avoit révélé cet attachement excessif que Louis XV avoit pour lui, que le duc d'Orléans lui-même n'avoit pas cru pouvoir succéder à Dubois dans la place de premier ministre, sans solliciter son appui; et l'adroit vieillard, jugeant que le temps n'étoit pas encore venu pour lui, l'avoit accordé avec toutes les apparences d'un entier désintéressement. Il n'en fut pas de même lorsqu'à la mort de ce prince, le duc de Bourbon prétendit à le remplacer. Cette fois-ci, la complaisance de l'évêque de Fréjus, sans lequel il ne pouvoit rien, ne fut pas aussi désintéressée; il voulut qu'une part du pouvoir en fût le prix, et se réserva la direction des affaires ecclésiastiques. Cette part lui fut cédée avec répugnance par le plus altier des princes du sang; mais enfin il l'obtint, et ce fut ainsi que le précepteur du roi commença à entrer dans le gouvernement de l'État.

(1724-1725) Ce ministère du duc de Bourbon fut court, et deux mots suffisent pour le peindre : il fit regretter celui du duc d'Orléans. Abandonné avec autant d'indolence à sa maîtresse la marquise de Prie, que le régent l'avoit été à Dubois, et surtout avec plus d'aveuglement et d'ineptie, il fut le premier qui offrit à la France le scandale plus grand encore d'une femme perdue placée à la tête des affaires publiques, et s'en emparant comme d'une proie à partager avec les agents de ses intrigues et les compagnons de ses débauches. Les diplomates anglois n'eurent autre chose à faire que de transmettre à cette femme la pension qu'ils avoient payée au favori du régent pour continuer de régner en paix dans le cabinet des Tuileries, et d'y voir suivre le système de politique et d'administration le plus favorable à leurs vues et à leurs intérêts.

Ainsi rien ne changea dans la politique extérieure; dans l'administration intérieure, ce fut pis qu'auparavant. Les hommes les plus décriés, parmi ceux que le système de Law avoit enrichis sans avoir pu assouvir leur avidité insatiable, formèrent la clientelle d'un prince qui s'étoit enrichi avec eux et par des moyens tout semblables; et tout se vendit à la cour, places, honneurs, grâces, dignités, avec un tarif pour chaque chose, et plus effrontément qu'on ne l'avoit fait jusqu'à ce jour. Il y eut des ministres et un conseil d'État, mais seulement pour la forme: tout se décidoit d'avance dans un comité secret auquel présidoit la marquise de Prie (1), et où

---

(1) Cette femme qui n'étoit pas moins impie que Dubois, et qui n'avoit pas moins de cynisme dans son impiété, se mit dans la tête de signaler les commencements du ministère de son inepte amant par quelque chose de grand; et pour remplir un tel projet, elle ne trouva rien de mieux que de lui faire imiter Louis XIV dans une persécution nouvelle contre les protestants, qui en effet avoit remué depuis la mort de ce roi, mais que ces persécutions plus violentes encore, exercées par de semblables persécuteurs, rendirent intéressants même aux yeux de ceux qui leur étoient le plus opposés.

siégeoient uniquement des financiers; car des affaires de finance, c'est-à-dire des édits bursaux, sous toutes les formes, étoient, pour cette coterie prodigue et cupide, les affaires les plus importantes, ou pour mieux dire, les seules affaires de l'État.

Cependant, à peine maître de ce pouvoir qu'il avoit, à l'instant même, si stupidement prostitué, le duc de Bourbon se vit menacé de le perdre : une maladie du roi, que l'on crut sérieuse, le jeta, ainsi que sa maîtresse et ses affidés, dans les plus vives alarmes. L'héritier présomptif du trône étoit le nouveau duc d'Orléans qui le haïssoit; et la mort de Louis XV seroit devenue, pour le premier ministre, le signal de la plus cruelle disgrace. Il fut donc arrêté, dans le comité secret, que, dès que le roi auroit recouvré la santé, on prendroit des précautions pour n'être plus exposé à des chances aussi périlleuses; et la principale occupation de ce ministère, qui ne devoit durer qu'un jour, fut d'assurer à jamais son existence en cherchant au jeune monarque une femme qui pût, sur-le-champ, lui donner un héritier. Cette résolution prise, l'infante à laquelle il avoit été fiancé et que l'on élevoit à Paris, étant encore en bas âge, fut renvoyée en Espagne, et le fut avec une insolence dont Philippe V et la reine surtout conçurent un profond ressentiment.

On vouloit pour Louis XV une femme dont la position et le caractère fussent tels, qu'elle pût être facilement conduite et même dominée par ceux à qui elle auroit dû son élévation; et la sœur du duc de Bourbon, à laquelle on avoit d'abord pensé (1), fut elle-même rejetée, parce qu'elle ne sembla pas présenter des garanties suffisantes à cette folle prétention qu'avoit la coterie de se perpétuer dans le pouvoir. La marquise de Prie crut les trouver, et sur ce point elle avoit rencontré juste, dans la fille d'un roi de Pologne détrôné (2), à qui la France avoit accordé un asile obscur au fond d'une de ses provinces, et qui y vivoit en quelque sorte de ses aumônes; et il fut décidé que Marie Leczinska seroit reine de France. Telle fut l'origine de la fortune subite et prodigieuse de cette jeune princesse, dont une duchesse de Bade n'avoit pas voulu pour sa bru, et qui se fût estimée heureuse, quelques mois auparavant, d'épouser un des officiers de cette cour dont elle alloit devenir la souveraine.

Tel fut aussi le grand œuvre du ministère du duc de Bourbon : il en triomphoit sottement et

---

(1) Mademoiselle de Vermandois.

(2) Stanislas Leczinsky. Placé sur le trône de Pologne par Charles XII, il s'étoit vu enveloppé dans le désastre de son protecteur, après la bataille de Pultawa, et avoit erré quelque temps en Allemagne avant de venir se réfugier en France.

sa maîtresse avec lui, et cependant leur chute suivit de près l'événement par lequel ils s'étoient crus raffermis. Ils n'avoient en effet aucun obstacle à craindre du côté de la jeune reine; mais aussi ils n'y pouvoient trouver un appui. La haine publique croissoit sans cesse contre eux par l'effet de ces tracasseries financières, et cependant insuffisantes, dont ils ne cessoient de tourmenter la nation. Ils essayèrent de sortir d'embarras par la création d'un impôt plus fort et qui pesoit également sur tous les ordres de l'État : le clergé, la noblesse, le parlement, élevèrent à la fois leurs réclamations; l'animadversion de toute la France fut à son comble; et Fleuri, qui épioit le moment favorable, crut qu'il étoit temps enfin de renverser un ministère aussi mal habile que violent et scandaleux. Il ne lui fut pas difficile d'y amener son royal élève qui n'aimoit pas le duc de Bourbon, et jamais on ne tomba de si haut avec moins de bruit. Une lettre de cachet exila le duc à sa terre de Chantilli, une autre relégua sa maîtresse en Normandie, et tout finit là. Fleuri, qui avoit su conserver, malgré eux, la part de pouvoir qu'ils avoient été forcés de lui laisser, se trouva ainsi doucement et presque naturellement porté à la tête des affaires.

L'évêque de Fréjus étoit un homme médiocre en tout. Son caractère, sans être foible jusqu'à l'extrême timidité, n'avoit pas cependant l'énergie nécessaire pour lutter contre de grands obstacles et pour les surmonter. Il avoit dans l'esprit ce qu'il falloit de sens et de sagacité pour bien comprendre un certain ordre à mettre dans certaines parties de l'administration, et pour exécuter ce qu'il avoit compris; mais là s'arrêtoit la portée de sa vue; et ces vives lumières qui embrassent l'ensemble des affaires, qui pénètrent jusqu'aux entrailles du corps social pour y découvrir le mal interne dont il est tourmenté, qui saisissent les rapport extérieurs d'un grand empire, leurs avantages ou leurs inconvénients, et s'étendent jusque sur son avenir, lui avoient été refusées. C'étoit de même un homme réglé et modeste dans ses mœurs, à qui l'on ne connoissoit aucun vice; qui, si l'on en excepte un extrême amour du pouvoir qu'il avoit su très adroitement dissimuler, n'étoit troublé par aucune passion dominante; mais aussi il n'y avoit en lui aucune de ces vertus fortes qui produisent les grandes actions et édifient par de grands exemples. C'étoit par cette médiocrité même et par la douceur de son commerce, lequel, à l'égard de son royal élève, ressembloit à une sorte de paternité, qu'il avoit su s'emparer des affections de ce jeune prince, médiocre lui-même, et qu'une éducation molle et absurde avoit entretenu dans l'indolence de toutes ses facultés intellectuelles ; car c'est là un des plus grands reproches que l'on puisse faire à Fleury, d'avoir élevé un roi de France comme s'il fût né pour obéir et non pour commander. Tel étoit ce vieillard qui, à soixante-treize ans, ne fut point effrayé de la charge de gouverner un grand royaume. Devenu maître du pouvoir, il n'est pas besoin de dire qu'il le fut aux mêmes conditions que tous ceux qui l'avoient précédé, aussi absolument que Louis XIV et Dubois avoient pu l'être : il en fit seulement un usage différent. Il ne voulut point du titre de premier ministre que Dubois avoit avili, auquel le duc de Bourbon étoit loin d'avoir rendu son ancien éclat, qui d'ailleurs n'auroit rien ajouté à ce qu'il y avoit de réel et de solide dans sa nouvelle position. Mais les hautes dignités de l'Église étoient de nature à lui donner un véritable relief ; et cette même année, sur la demande du roi de France, et du consentement de l'empereur et du roi d'Espagne, l'évêque de Fréjus fut nommé cardinal, hors de rang et par anticipation.

Le nouveau ministre s'entoura d'hommes encore plus médiocres que lui, mais qu'il choisit propres à entrer dans ses vues d'ordre et d'économie ; il rappela de l'exil et fit sortir de prison ceux que la haine et les vengeances des ministères précédents avoient exilés ou emprisonnés ;

les princes légitimés recouvrèrent toutes leurs prérogatives, le seul droit de succession au trône excepté; la cour prit, au même instant et avec la souplesse qui lui est propre, toutes les allures douces, décentes et paisibles du vieillard qui gouvernoit l'État, et si la corruption invétérée des mœurs n'y fut pas moins profonde, elle s'y dépouilla du moins de ces manières cyniques et grossières qu'elle avoit adoptées sous la régence, et les remplaça par ces raffinements de la galanterie que l'on peut appeler l'hypocrisie de la débauche. Le seul prince dont Fleuri eût pu craindre l'influence, le jeune duc d'Orléans, étoit sans ambition et le plus éloigné de tous de lui disputer le pouvoir : il le posséda donc sans rivaux et à peu près sans ennemis.

(1726-1730) C'étoit pour la première fois, et depuis des siècles, que l'on voyoit arriver au timon de l'État un ministre parfaitement désintéressé. Les finances, si violemment et si scandaleusement restaurées sous la régence, menaçoient de redevenir un abîme pour la France. La prodigalité du duc d'Orléans, la cupidité sans bornes de ceux dont il s'étoit entouré, y avoient porté, depuis le système, de nouvelles et funestes atteintes, et le ministère du duc de Bourbon avoit été une espèce de pillage. Ce fut, ainsi que nous venons de le dire, par l'ordre, par l'économie, que le nouveau ministère voulut réparer le mal. La paix profonde dont jouissoit l'Europe lui en fournissoit une occasion favorable, et plusieurs opérations heureusement combinées produisirent de bons résultats. Il fixa enfin, d'une manière invariable, la valeur des monnoies, si frauduleusement altérées sous les ministères précédents, et le fit de manière à donner désormais de la sûreté aux transactions particulières sans porter dommage aux intérêts de l'État; il trouva tout à la fois le moyen de diminuer les impôts et d'accroître les revenus publics, en augmentant le prix des fermes générales; pour éteindre des emprunts faits à un taux onéreux, il sut, vu la confiance qu'il inspiroit, en contracter d'autres à des conditions avantageuses; par l'effet naturel de l'aisance du trésor public, le commerce et les manufactures reprirent de l'activité, et les colonies prospérèrent (1).

---

(1) Le seul reproche que l'on puisse lui faire, dans cette partie de son administration, est d'avoir voulu opérer une réduction nouvelle sur les rentes qui étoient elles-mêmes un débris misérable du système, débris qui attestoit la ruine de la plupart de ceux qui en étoient porteurs. C'étoit là une nouvelle atteinte portée à la foi publique, et, si l'on peut s'exprimer ainsi, une banqueroute dans une banqueroute. Des cris s'élevèrent de toutes parts contre cette mesure inique; elle fut sur le point de perdre dans l'opinion de la France le ministre à qui tout commençoit à se rallier. Pour rétablir son crédit ébranlé, il n'eut d'autre parti à prendre que de revenir sur ses pas, en modifiant, dans

Ici finissent les éloges que nous pouvons donner au ministère du cardinal de Fleury. Hors de ses opérations financières, son administration n'offre plus que foiblesse et ineptie. Nous le suivrons d'abord, et jusqu'à la fin, dans sa politique extérieure qui ne fut qu'une suite de fautes grossières, même alors qu'elle sembloit être justifiée par des succès, et qui prépara les désastres et la honte des temps qui vinrent après lui; puis nous reviendrons à ce qui se passa dans l'intérieur, où les événements les plus graves ne purent être maîtrisés par la main timide et débile de ce vieillard.

Entraînés comme nous l'avons été jusqu'ici, et afin de rendre intelligible l'histoire d'une ville comme Paris, à y joindre une esquisse rapide de l'histoire de la France entière, nous nous voyons, de temps à autre, forcés d'y ajouter un tableau général de la situation de l'Europe; car, depuis le seizième siècle surtout, il est également difficile de comprendre ce qui concerne quelqu'une des grandes nations qu'elle renferme, si l'on ne retrace, à certains intervalles, un exposé de la situation, des vues,

---

ses plus graves conséquences, cette mesure vraiment indigne de sa probité financière; et le secrétaire d'État, qui la lui avoit conseillé, fut sacrifié (*).

(*) Lepelletier-Desforts.

des intérêts des autres nations dont se compose la grande société européenne, société unique dans l'histoire des peuples, et par les intérêts communs qui lui donnent la force et la vie, et par les dissensions intestines qui l'épuisent et la tuent, société à laquelle le christianisme a rattaché les destinées du monde, et à un tel point que sa chute et sa dissolution semblent devoir amener avec elles la fin de toute société. Il convient donc de jeter ici un second coup d'œil sur cette situation des grandes puissances de l'Europe et sur les intrigues de leurs cabinets, intrigues qui, depuis long-temps, formoient toute leur politique.

La reine d'Espagne ne pardonnoit point à la France le renvoi outrageant qu'on lui avoit fait de sa fille, et nous avons dit que Philippe en avoit été également offensé. Dans leurs projets de vengeance, auxquels se joignoit le vif désir que conservoit toujours Élisabeth Farnèse de procurer à ses fils des établissements en Italie, ils se tournèrent vers l'Autriche, qui se trouvoit alors comme isolée au milieu de cette alliance de l'Angleterre avec la France, de celle-ci avec l'Espagne, et, par ce triple obstacle, contrariée dans le projet qu'elle avoit formé de prendre part au commerce maritime, que l'on commençoit à considérer comme la principale prospérité des nations. Elle accueillit d'abord avec empressement les ouvertures que lui fit l'Espagne, dont l'alliance sembloit devoir rétablir pour elle cet équilibre que les derniers traités avoient rompu. Un traité fut donc conclu à Vienne le 30 avril 1725 : l'empereur y reconnoissoit les droits héréditaires de l'infant don Carlos aux duchés de Toscane, de Parme et de Plaisance, et s'engageoit à employer ses bons offices pour faire rendre à l'Espagne, par l'Angleterre, Gibraltar et l'île de Minorque. De son côté, le roi d'Espagne se faisoit garant de l'ordre de succession établi par l'empereur pour ses États héréditaires, affaire à laquelle ce monarque attachoit la plus grande importance, dont il étoit presque uniquement occupé, qui se lie aux plus grands événements de ce siècle, et dont nous ne tarderons point à parler avec plus de détail. Peu de temps après, ces deux puissances signèrent entre elles un second traité de commerce et d'alliance défensive. Ceci se passa sous le ministère du duc de Bourbon, et immédiatement après que l'infante eut été renvoyée.

Les Anglois, qui payoient pour être maîtres dans le cabinet des Tuileries, informés de ce qui se passoit, n'eurent point de peine à y faire prévaloir cette opinion, qu'il n'y auroit rien de plus préjudiciable aux intérêts de la France que de souffrir que l'Autriche devînt puissance maritime et commerçante. Pour parer à un danger aussi imminent, un nouveau traité resserra les liens qui unissoient entre elles les deux puissances (1). Alors l'Angleterre arma contre l'Espagne; de son côté l'Espagne se prépara au siége de Gibraltar. Mais il arriva que l'Autriche, sur laquelle elle avoit compté, ne tint point ses engagements; d'autres intérêts l'en détournèrent, et Philippe, dont le ministre Riperda étoit lui-même vendu à l'Angleterre, se trouva bientôt seul vis-à-vis d'une puissance maritime à laquelle il ne pouvoit opposer un seul vaisseau, et embarrassé d'un siége où se consumoit inutilement son armée. Les choses en étoient là, lorsque le cardinal de Fleuri arriva au ministère.

Ce n'étoit point un homme que l'on pût corrompre avec de l'argent; mais déjà le cabinet de Saint-James avoit trouvé son côté foible: c'étoit une bonne opinion de lui-même, si solidement établie, qu'il n'étoit point de flatterie sur son mérite qui ne trouvât son oreille prête à la recevoir, et à laquelle il ne se laissât prendre comme l'enfant le plus inexpérimenté. Horace Walpole étoit alors ambassadeur d'Angleterre en France : sachant à qui il avoit affaire, et bien endoctriné par son frère, le célèbre Robert Walpole, qui gouvernoit alors l'Angleterre, et

---

(1) Il fut signé à Hanovre, le 3 septembre 1725. La Hollande y accéda, et aussi le roi de Prusse; mais celui-ci ne tarda point à s'en détacher.

qui avoit encore besoin de la paix pour achever d'y résoudre le problème du gouvernement représentatif par la *corruption* (qui est en effet son seul principe de vie, en tant qu'il peut vivre), le rusé diplomate joua donc auprès du nouveau ministre le rôle de flatteur; et jamais on ne fut plus malheureusement dupe que ce vieillard d'un plus grossier manége (1). Affectant de le consulter sur tout, de déférer à ses conseils,

---

(1) Le récit qu'en fait Saint-Simon est curieux, plaisant même, et mérite d'être rapporté. «Voyant, dit-il, que le cardinal s'abandonnoit aux Anglois avec une dépendance qui sautoit aux yeux de tout le monde, je résolus enfin de lui en parler. Je lui dis donc un jour ce que j'en pensois là dessus, les inconvénients solides dans lesquels il se laissoit entraîner, et beaucoup de choses sur les affaires qui seroient ici déplacées. Sur les affaires, il entra en matière; mais sur la confiance en Walpole, en son frère et aux Anglois dominants, il se mit à sourire : «Vous ne savez pas tout,
» me répondit-il; savez-vous qu'Horace me montre toutes ses dé-
» pêches, et que je lui dicte les siennes, qu'il n'écrit que ce que je
» veux? Voilà un intrinsèque qu'on ignore et que je veux bien
» vous confier : Horace est mon ami intime; il a toute confiance
» en moi, mais je dis aveugle. C'est un très habile homme; il
» me rend compte de tout; il n'est qu'un avec Robert qui est un
» des plus habiles hommes de l'Europe et qui gouverne tout en
» Angleterre; nous nous concertons ensemble, et *nous laissons*
» *dire.* » Je demeurai stupéfait, moins encore de la chose que de l'air de complaisance, de repos et de conjouissance en lui-même avec lequel il me le disoit. Je ne laissai pas d'insister, et de lui demander qui l'assuroit qu'Horace ne reçût et n'écrivît pas doubles dépêches, et ne le trompât ainsi bien aisément. Autre sourire d'applaudissement en lui : « Je le connois bien, me dit-il; c'est
» un des plus honnêtes hommes, un des plus francs et des plus in-

d'être subjugués par la force de ses raisonnements, de le vénérer, de le chérir même, les deux frères, comme s'ils eussent voulu lui donner la plus haute marque de la confiance et du respect qu'ils avoient dans ses lumières, le firent médiateur entre l'Angleterre et l'Espagne, et ce fut pour lui la plus douce des jouissances de pouvoir procurer à cette puissance une paix dont l'Angleterre elle-même avoit le plus grand besoin. Le résultat de cette paix fut d'établir enfin,

---

» capables de tromper qu'il y ait peut-être au monde. » Et de là à battre la campagne en exemples et en faits dont Horace l'amusoit.

» Le dénouement fut qu'après s'être servi de la France contre l'Espagne et contre elle-même, pour leur commerce et pour leur grandeur, et l'avoir amusée jusqu'au moment de la déclaration de cette courte guerre de 1733, les Walpole, ses confidents, ses chers amis, qui n'agissoient que par ses ordres et ses mouvements, se *moquèrent de lui* en plein parlement, l'y traitèrent avec cruauté, et, de point en point, manifestèrent toute la duperie et l'enchaînement de lourdises où, à leur profit et à notre grand dommage, ils avoient fait tomber, six ans durant, notre *premier ministre*, qui en conçut une rage difficile à exprimer, mais qui ne le corrigea pas (*). (*Mém.*, liv. v.).

(*) Ne semble-t-il pas, en lisant ce récit, qu'on entende raconter un événement de nos jours? Les Canning n'ont-il pas religieusement conservé les traditions des Walpole; et, dans des circonstances presque semblables, n'ont-ils pas su s'en servir avec la même dextérité? N'ont-ils pas trouvé, pour la confiance intrépide en soi-même, les vues courtes, la *finasserie* niaise, une dupe, de tous points, comparable au cardinal de Fleuri; toutefois avec cette très grande différence, que si celui-ci s'étoit lourdement trompé sur cette politique angloise, qui, du reste, n'étoit pas alors à découvert comme elle l'est aujourd'hui, il avoit du moins relevé le crédit public et restauré les finances de l'État?

dans le duché de Parme, un infant d'Espagne, et de faire obtenir aux Anglois ce qu'ils désiroient depuis long-temps avec ardeur, une part active dans le commerce des colonies espagnoles (1). Par l'effet de cette médiation, le pacte de famille se resserra, et, depuis, l'union fut inaltérable entre l'Espagne et la France.

Cependant la Russie que Pierre Ier avoit tirée de la barbarie profonde qui, jusqu'à lui, l'avoit tenue séparée du système européen, commençoit à y prendre sa place, et au milieu des révolutions de palais qui l'agitèrent après la mort de son féroce législateur, mettoit déjà son poids dans la balance de ses intérêts. Cette puissance étoit trop voisine de la Pologne pour ne pas prétendre à exercer une influence décisive sur les destinées de cette nation; et l'on sait que ce même Stanislas Leczinski, dont la fille se voyoit maintenant reine de France comme par une espèce de prodige, avoit été précipité par Pierre lui-même de son trône électif. Les successeurs du czar avoient depuis arraché le duché de Courlande au prince Maurice de Saxe, fils naturel du roi régnant Auguste II, et malgré les vœux des Courlandois

---

(1) Ils obtinrent par ce traité de pouvoir envoyer tous les ans un vaisseau à Porto-Bello. On verra bientôt ce qui résulta de cette concession qui parut d'abord être de peu d'importance.

qui l'appeloient à régner sur eux. A peine s'étoient-ils emparés de cette province, que le roi de Pologne mourut : d'accord avec l'Autriche, ils y portèrent son fils l'électeur de Saxe. Alors s'éveilla en France, et surtout à Paris, une ardeur guerrière que l'on auroit pu croire éteinte au milieu de l'oisiveté d'une si longue paix. Ce qui restoit des vieux généraux de Louis XIV s'ennuyoit de la nullité à laquelle ils étoient réduits; et le feu de l'âge y poussoit les jeunes gens, à qui la vie des camps étoit encore entièrement inconnue. Le père de la reine avoit un parti puissant en Pologne : ce fut un cri général que l'honneur de la France étoit intéressé à l'y rétablir.

(1733-1735). La première marque de foiblesse que donna le cardinal de Fleuri, fut de se laisser entraîner par ces clameurs à faire une guerre qu'il désapprouvoit, qui l'arrachoit à ses plans de réformes financières, et qui n'avoit effectivement aucun but utile pour la France; la seconde, de n'avoir pas su la pousser vigoureusement, après avoir, bon gré mal gré, pris son parti. Tandis que l'Autriche et la Russie faisoient marcher des armées formidables sur les frontières du royaume en litige, une lâche et sotte condescendance pour les Anglois qu'il craignoit d'inquiéter en faisant sur mer de trop grands armements, et son économie parcimonieuse, réduisirent à quinze cents hommes et à trois millions le secours honteux qu'il envoya à Stanislas. Celui-ci, bien que proclamé roi par le vœu unanime de la noblesse polonaise, fut bientôt, et pour la seconde fois, renversé du trône pour avoir été si mal secouru, se trouva heureux d'échapper à travers mille périls à ses ennemis, et se hâta de revenir en France, désormais son réfuge assuré. L'électeur de Saxe fut proclamé roi de Pologne.

La guerre, pour être faite en Allemagne et en Italie d'une manière moins déshonorante, étoit loin cependant d'y être glorieuse et décisive. Les deux vétérans de la gloire militaire de la France, Villars et Berwick commandoient les armées destinées à agir sur ces deux points des frontières. Villars, alors octogénaire, avoit pour auxiliaire le successeur de Victor-Amédée qui, suivant en tous points les traditions politiques de son père, s'étoit allié avec la France uniquement pour qu'elle fît, à son profit, la conquête du Milanais. Elle fut achevée en trois mois; et le roi de Sardaigne, jusque-là plein d'ardeur et d'activité, devint, dès ce moment, timide, indolent, irrésolu, et, par ses hésitations et ses fausses manœuvres, prit à tâche d'entraver toutes les opérations de l'armée françoise, et l'empêcha de tirer aucun fruit de ses victoires. En Alsace, le corps d'armée sous les ordres de Berwick se vit réduit à l'inaction, dès son entrée en campagne, par cette pusillanimité présomptueuse du cardinal qui, du fond de son cabinet, prétendoit aussi diriger les plans de campagne, comme l'avoit fait Louis XIV; et cent mille hommes commencèrent la guerre par un repos de quatre mois, pour ne se hasarder que l'année suivante à passer le Rhin. Le fleuve passé, Berwick, après avoir remporté quelques avantages, résultat presque nécessaire de la supériorité du nombre, alla mettre, et probablement par ordre, le siége devant Philisbourg, se renferma dans des lignes inexpugnables, pour n'y être point troublé par l'ennemi, et, avant que la ville eût été prise, fut emporté par un boulet de canon. Villars mouroit en même temps dans son lit à Turin; et des hommes, plus ou moins médiocres, remplacèrent ces deux grands capitaines. Philisbourg se rendit : le prince Eugène, qui avoit jugé imprudent d'attaquer les François dans leurs retranchements, se retrancha à son tour; et, par les mêmes motifs, l'armée françoise n'osa pas tenter une attaque contre lui. Deux généraux en avoient pris le commandement après la mort de Berwick, le marquis d'Asfelt et le duc de Noailles : ils se divisèrent; il n'y eut plus de dessein arrêté dans les mouvements de l'armée; le prince Eugène n'eut pas de peine à faire avorter leurs manœuvres incertaines; et de part et d'autre on prit, dès l'automne, des quartiers d'hiver.

En Italie, le maréchal de Coigni avoit remplacé Villars : de ce côté, où l'Autriche avoit encore moins de forces, il y eut un événement décisif, mais dont les Espagnols eurent seuls la gloire, et dont aussi ils recueillirent seuls les avantages. Le royaume de Naples fut envahi par l'infant don Carlos, à la tête d'une armée que commandoit sous lui un général habile, le duc de Montemar; ses opérations militaires y furent secondées par les vœux de la nation, et, dans moins de deux campagnes, les troupes impériales se virent entièrement chassées de ce royaume, et, à l'exception de trois villes, de toute la Sicile. En Lombardie, grâce aux lenteurs calculées de Charles-Emmanuel, les Autrichiens faisoient plus de résistance : après avoir été battus par le général françois à la bataille de Parme, ils le battirent à son tour au combat de la Secchia, parce qu'il n'avoit pas su profiter de sa victoire; et la revanche qu'il prit bientôt sur eux à Guastalla, fut de même sans résultat. Tout, après cette affaire qui devoit être décisive, et de même que sur le Rhin, devint timide et incertain dans les manœuvres du maréchal de Coigni, auquel on avoit également donné un second, le maréchal de Broglie.

Le roi de Sardaigne, qui s'étoit montré plein de résolution pendant la bataille, revint à ses perfidies accoutumées après la victoire; et le général autrichien Kœnigsegg, meilleur tacticien que ses ennemis, sut habilement profiter de leurs fautes. Après deux victoires, on avoit perdu du terrain, on se soutenoit difficilement dans le Milanais, et tout languissoit également sur ce point des opérations militaires. Il y avoit encore d'autres causes de ce peu d'activité : c'est qu'on avoit déjà commencé à négocier de la paix.

La France, dans cette guerre, n'avoit à peu près rien gagné; l'Autriche avoit beaucoup perdu, et l'avenir étoit de nature à lui causer de sérieuses alarmes. A la vérité, la Russie se disposoit à envoyer une armée nombreuse à son secours; mais de tels alliés, au sein de ses États, l'auroient inquiétée presque autant que des ennemis. Toutefois il n'y avoit rien dans sa position d'assez désespéré pour déterminer Charles VI à faire les concessions que lui coûta cette paix : le vif désir qu'il avoit de faire reconnoître et garantir par toutes les puissances de l'Europe la *Pragmatique* par laquelle il régloit sa succession, espèce d'idée fixe dont il étoit presque uniquement possédé, l'emporta sur toute autre considération (1). Pour obtenir

---

(1) « Dès l'année 1713, il avoit voulu assurer, dans sa maison,

cette garantie illusoire, ce foible prince abandonna le royaume de Naples à l'Espagne, et la Lorraine à la France, qui fut étonnée de l'obtenir, car elle n'avoit pas même d'abord songé à la demander (1). C'est ainsi que lui fut acquise, et sans retour, par une suite de fautes politiques et militaires, une province que Louis XIV, dans le plus haut degré de sa puissance et de ses victoires, n'avoit pu réussir à joindre à ses États. Le duc de Lorraine reçut en échange le duché de Toscane, et épousa la fille de l'empereur, cette

---

la succession à tous ses États héréditaires. Il n'avoit point alors d'enfants; mais il pouvoit en avoir, et fit rédiger, dans son conseil, une loi par laquelle ses enfants mâles, et, à leur défaut, ses filles, les uns et les autres par ordre de primogéniture, posséderoient ses terres, États et principautés, le tout en entier, sans division ni partage. Cette succession indivisible devoit, au défaut de la branche Caroline, issue de lui, passer dans la branche Josephine, issue de son frère Joseph, et au défaut de ces deux branches, aux deux sœurs de Sa Majesté. Depuis ce plan de succession, Charles avoit eu un fils, mort l'année même de sa naissance, et trois filles auxquelles il vouloit assurer le droit à sa succession indivisible par ordre de primogéniture. Il commença par s'assurer de la renonciation de ses deux nièces, princesses électorales, l'une de Saxe, l'autre de Bavière, et publia ensuite la loi de succession, sous le titre de *Pragmatique sanction*. »

(1) Les prétentions du cardinal de Fleuri étoient loin de se porter aussi haut. Il s'étoit contenté de demander le Barrois. Ce fut le garde des sceaux Chauvelin, lequel avoit en même temps le portefeuille des affaires étrangères, qui conçut cette pensée hardie, et qui conquit en quelque sorte cette province à la France, par l'adresse et la fermeté qu'il mit à conduire les négociations.

Marie-Thérèse que nous allons bientôt voir jouer le premier rôle sur ce grand théâtre de l'Europe. Ni dans cette guerre ni dans cette paix, on ne vit paroître les Anglois ; il n'étoit pas encore temps pour eux de se mêler ouvertement aux troubles du continent : ils s'y préparoient.

L'économie du cardinal de Fleuri avoit triomphé, dans cette guerre, plus que les armes de la France : avec l'établissement d'un dixième il avoit fait face à toutes les dépenses. Si les suites en eussent été désastreuses, on lui eût justement reproché cette économie mal entendue : on lui en sut gré, parce que ces suites passèrent même ce qu'on auroit pu imaginer ; et des événements inattendus et inespérés le firent considérer comme le plus sage et le plus prévoyant des ministres.

(1735-1741.) La France jouit avec délice de cette paix, qui se prolongea depuis 1735 jusqu'à 1741, et comme si rien n'eût jamais dû la troubler. Fleuri continuoit d'exercer le pouvoir le plus absolu qui eût jamais été accordé à un ministre de France (1), et, fidèle à son système, appor-

---

(1) Ce même Chauvelin qui venoit de rendre un si grand service à la France, et qui probablement étoit un homme fort supérieur au cardinal, fut bientôt disgracié et exilé pour avoir voulu tenter de renverser un ministre qu'il jugeoit au dessous de sa répu-

toit tous ses soins à rétablir les finances et laissoit dépérir la marine. Le jeune roi s'enfonçoit de jour en jour davantage dans la mollesse et l'oisiveté, et ses mœurs donnoient les premiers signes de cette dépravation qui plus tard devoit montrer sur le trône de France des prodiges d'infamie qu'on n'y avoit jamais vus. Ces premiers signes furent effrayants : deux sœurs (1) se disputèrent les faveurs du monarque et les obtinrent tour à tour; elles en jouirent même ensemble, et l'on eût dit que ce qu'il y avoit d'incestueux dans ces commerces les lui rendoit plus attrayants. La mort subite et violente d'une d'elles (2) le frappa cependant, et parut lui causer quelques remords : aussitôt l'effroi fut grand parmi les courtisans; il y eut une ligue pour le replonger dans le vice d'où il sembloit vouloir sortir, et ce fut une troisième sœur que l'on choisit pour remporter ce détes-

---

tation et de sa place. Le roi, auprès de qui il avoit fait quelques tentatives à cet effet, le livra à l'instant même à son précepteur dont la vengeance fut prompte et sévère. C'est alors que les sceaux furent rendus à d'Aguesseau, qui continua de jouer un bien triste rôle dans les affaires publiques depuis qu'il s'étoit si gauchement placé entre la cour et le parlement.

(1) Mesdames de Mailly et de Vintimille. Elles étoient de la famille de Nesle, et avoient trois autres sœurs, la duchesse de Lauraguais, la marquise de Flavacour, et la marquise de Tournelle.

(2) La marquise de Vintimille.

table triomphe (1). Elle en jouit avec encore plus de scandale, et fut, sous le nom de duchesse de Châteauroux, la première maîtresse de Louis XV publiquement et en quelque sorte officiellement reconnue. Le cardinal de Fleuri hasarda quelques représentations qui furent mal reçues : il se garda bien de les réitérer, et fermant prudemment les yeux, se renferma dans les soins de son administration économe et imprévoyante, s'établissant le médiateur heureux des démêlés peu importants qui pouvoient s'élever entre quelques alliés de la France, et ne changeant rien au système qu'il s'étoit fait de marcher à la suite de l'Angleterre, continuant de mettre tous ses soins à ne pas la troubler, à ne pas lui causer le moindre ombrage, comme si les concessions qu'il faisoit à cette puissance eussent été le gage assuré d'une paix éternelle pour la France et pour tout le continent.

On pouvoit prévoir cependant que la cupidité de ses marchands ne se contenteroit pas de cette petite part que le dernier traité leur avoit fait obtenir dans le commerce des colonies espagnoles ; qu'une fois introduits si imprudemment dans ce commerce, ils essaieroient de l'attirer à eux tout entier ; que l'Espagne s'en irriteroit et prendroit des mesures pour les arrêter dans

---

(1) La marquise de Tournelle.

leurs empiétements; que le gouvernement anglois soutiendroit des actes frauduleux que lui-même avoit secrètement encouragés, et que de cet article de la paix sortiroit une guerre où il deviendroit bien autrement utile de se faire médiateur, et de se présenter dans une attitude propre à faire respecter sa médiation : c'est ce qui arriva. L'Espagne se fâcha de voir son propre commerce dépérir au profit des contre-bandiers anglois (1), et ordonna contre eux des mesures répressives; l'Angleterre, qui violoit si ouvertement les traités, cria à l'outrage, à la violation du droit des gens, et déclara la

---

(1) Nous avons dit que, par le dernier traité, ils avoient obtenu de pouvoir envoyer tous les ans un vaisseau à Porto-Bello. « Ce vaisseau, qui d'abord ne devoit être que de cinq cents tonneaux, fut, en 1717, de huit cent cinquante par convention, mais en effet de mille par abus; ce qui faisoit deux millions pesant de marchandises. Ces mille tonneaux étoient encore le moindre objet de commerce de la compagnie angloise; une patache, qui suivoit toujours le vaisseau sous prétexte de lui porter des vivres, alloit et venoit continuellement; elle se chargeoit, dans les colonies angloises, des effets qu'elle apportoit à ce vaisseau, lequel, ne désemplissant jamais par cette manœuvre, tenoit lieu d'une flotte entière. Souvent même d'autres navires venoient remplir ce vaisseau de permission, et leurs barques alloient encore sur les côtes de l'Amérique porter des marchandises dont les peuples avoient besoin, mais qui faisoient tort au gouvernement espagnol, et même à toutes les nations qui se croient intéressées au commerce qui se fait des ports d'Espagne au golfe du Mexique. » (VOLTAIRE, *Précis du Siècle de Louis XV*, ch. VIII.)

guerre à l'Espagne. Le cardinal s'offrit comme médiateur; c'étoit le rôle qu'il aimoit à jouer. Acceptée dérisoirement par les ministres, le parlement lui fit voir le peu qu'étoit maintenant cette médiation, en la rejetant avec mépris; les flottes angloises parcoururent les mers, où, grâce à lui, elles ne rencontroient plus d'obstacles, achevant d'y détruire le commerce espagnol, menaçant de toutes parts ses établissements d'outre-mer; et le vieux ministre fut le témoin impuissant d'une guerre entreprise pour justifier un brigandage, et achever d'arracher leurs dépouilles à ceux qui n'avoient pas voulu se laisser dépouiller. Cette guerre devoit bientôt se compliquer avec les nouveaux intérêts qu'un grand événement alloit faire naître en Europe.

(1740) L'empereur Charles VI venoit de mourir, laissant sa fille Marie-Thérèse seule héritière de ses États, et protégée dans ses droits à cette succession par un pacte que tous les souverains de l'Europe avoient reconnu; et cette reconnoissance, il l'avoit payée assez cher pour pouvoir espérer que l'on tiendroit les conditions du marché (1). Mais l'Autriche étoit alors épuisée par une guerre malheureuse qu'elle venoit de soutenir contre les Turcs, et qu'une paix hon-

---

(1) *Voyez* p. 107 et 108.

teuse avoit difficilement terminée; une simple femme se présentoit pour revendiquer ce grand héritage, et, malgré la foi des traités, un brigandage non moins révoltant que celui que les Anglois exerçoient sur les mers, fut à l'instant même projeté sur le continent. Les électeurs de Saxe et de Bavière, la reine d'Espagne, en sa qualité de princesse de Parme, le roi de Sardaigne, s'élevèrent à la fois contre l'héritière, les uns lui disputant l'héritage entier, les autres essayant de lui en arracher des lambeaux, et tous faisant valoir des prétentions plus ou moins absurdes; car ils avoient encore la pudeur de chercher à couvrir d'une ombre de justice cette œuvre d'iniquité. Cet orage, qui s'élevoit contre la fille de Charles VI, enhardit le souverain du plus petit royaume du Nord à se mettre au rang des compétiteurs : le roi de Prusse réclama la Silésie, usurpée, disoit-il, sur ses aïeux; et tandis que les autres en étoient encore à étaler leurs titres et à rassembler des arguments pour en prouver la légitimité, ce prince (c'étoit Frédéric II, qui venoit de monter sur le trône) montra d'abord ce qu'il étoit capable de faire, en envahissant à main armée la province qu'il venoit de réclamer. Guerrier hardi et entreprenant, il ne se montra pas moins adroit politique, en offrant sur-le-champ à Marie-Thérèse de prendre son parti si elle vouloit lui abandonner sa conquête, et de l'aider à faire couronner son mari empereur. La fière princesse dédaigna ses offres, et n'y répondit qu'en faisant marcher une armée contre lui. (1741) Frédéric remporta sur cette armée la première de ses victoires; l'occupation de la Silésie entière fut le prix de la bataille de Molwitz, et la ligue contre l'Autriche en fut la conséquence.

Que l'électeur de Bavière, ainsi qu'il ne tarda pas à le manifester, eût des prétentions à la couronne impériale; que les autres souverains que nous venons de nommer crussent la circonstance favorable pour s'emparer de quelques dépouilles de l'Autriche, on le peut concevoir dans cette politique de l'Europe *civilisée*, qui, sous tous les rapports de violence et de rapacité, ne différoit point de celle des peuplades les plus barbares; mais la France, qui ne prétendoit à rien dans cet odieux partage, qui jouissoit d'une paix dont elle avoit besoin, qui se parjuroit gratuitement en entrant dans une semblable ligue, quels motifs pouvoient l'y entraîner? Il n'en fut pas présenté un seul que le bon sens eût osé avouer. « L'intérêt de la France étoit, disoit-on, de favoriser contre l'Autriche l'électeur de Bavière, son ancien allié, qui avoit autrefois tout perdu pour elle à la bataille d'Hochstedt. » Mais ce qu'il avoit perdu alors, les traités depuis le lui avoient fait recouvrer, et la reine de Hongrie n'avoit ni le pouvoir ni la volonté de le lui ravir de nouveau.» Il paroissoit aisé, ajoutoit-on, de lui procurer à la fois l'Empire et une partie de la succession autrichienne; par là on enlevoit à la nouvelle maison d'Autriche-Lorraine cette supériorité que l'ancienne avoit affectée sur tous les autres potentats de l'Europe; on anéantissoit cette vieille rivalité entre les Bourbons et les Autrichiens; on faisoit plus que Henri IV et Richelieu n'avoient pu espérer (1). Mais l'événement prouva que ce que l'on croyoit aisé étoit fort difficile; et d'ailleurs, au temps de Henri IV et de Richelieu, la maison d'Autriche régnoit sur l'Espagne, possédoit le royaume de Naples et plusieurs autres États d'Italie, que depuis elle avoit perdus, et c'étoit la maison de Bourbon qui l'y avoit remplacée. Elle avoit alors, dans l'Empire germanique, une influence que la paix de Munster lui avoit ôtée; en un mot, au seizième siècle et au commencement du dix-septième, elle avoit été aussi redoutable qu'elle étoit peu à craindre maintenant. Que pouvoit-il résulter de son abaissement, sinon de créer en Allemagne une autre puissance prépondérante, que ses intérêts n'eussent point tardé à mettre dans la position d'où l'Autriche auroit été déplacée? Le cardinal de Fleuri sen-

---

(1) VOLTAIRE, *Précis du Siècle de Louis XV*, ch. v.

toit, dit-on, tout cela, et étoit très fortement opposé à cette guerre impolitique et dangereuse. « Deux hommes, le comte, depuis maréchal de Belle-Isle, et son frère, petits-fils du fameux Fouquet, sans avoir ni l'un ni l'autre aucune influence dans les affaires, ni encore aucun accès auprès du roi, ni aucun pouvoir sur l'esprit du cardinal, firent résoudre cette entreprise (1). » Ils devoient à leur jactance politique et militaire, que soutenoit sans doute la conviction intime où ils étoient de leur supériorité, d'avoir une grande réputation sans avoir fait de grandes choses (2); on les croyoit capables de tout, parce qu'ils ne doutoient de rien, et il n'en faut pas davantage pour entraîner le vulgaire des esprits. Tous les deux se trouvèrent donc, sans qu'on sût trop comment, ni à quel titre, à

---

(1) VOLTAIRE, *Précis du Siècle de Louis XV*, ch. v.

(2) Les deux frères n'étoient encore connus, l'un et l'autre, que par quelques persécutions qu'ils avoient éprouvées sous le ministère du duc de Bourbon, par suite de leurs liaisons avec Leblanc, secrétaire d'État de la guerre, accusé de dilapidations, et poursuivi plutôt par la haine que lui portoit la marquise de Prie, que pour ce crime, dont il n'existoit pas d'ailleurs de preuves suffisantes. Le comte et le chevalier de Belle-Isle, accusés, dans cette affaire, de manœuvres frauduleuses, et soupçonnés d'entretenir une correspondance secrète avec Leblanc que l'on avoit fait mettre à la Bastille, furent arrêtés à leur tour, et renfermés dans la même prison.

la tête de la politique extérieure de la France, dans une guerre où l'Europe entière alloit se trouver enveloppée; et ce prodige arriva sous le gouvernement d'un ministre absolu qui désapprouvoit cette guerre, et qui n'avoit qu'à dire un mot pour faire avorter ce projet, et en replonger les auteurs dans l'obscurité d'où ils venoient à peine de sortir.

(1741-1743) La France n'y parut d'abord que comme alliée de l'électeur de Bavière, qui, dès qu'il se vit soutenu par un si puissant auxiliaire, déclara hautement ses prétentions à la couronne impériale, en concurrence avec le grand duc de Toscane, mari de la reine de Hongrie. Le maréchal de Belle-Isle, jouant à la fois le rôle de négociateur et de guerrier (car le commandement suprême des armées françoises avoit été donné à cet homme qui n'avoit encore fait la guerre autrement qu'en sous ordre), commença à parcourir l'Allemagne, allant de Francfort à Dresde, de Dresde au camp du roi de Prusse, pour assurer par des traités le succès des projets ambitieux du prince bavarois, tandis que celui-ci, soutenu d'un corps considérable de soldats françois, entroit, sans trouver de résistance, dans les États de Marie-Thérèse, qui, même après avoir réuni toutes ses forces pour les opposer au roi de Prusse, se défendoit à peine contre ce redoutable ennemi. De tels succès devoient être rapides, et en effet, des provinces entières furent envahies par de simples marches; Lintz, Passaw, ouvrirent leurs portes, et l'on arriva bientôt sous les murs de Vienne, où l'on pouvoit entrer avec la même facilité. Mais déjà la division régnoit parmi les alliés, et, par ce seul fait, la folie de cette guerre étoit démontrée. La France, qui ne s'attendoit pas à des succès si prompts et si extraordinaires, craignit de rendre l'électeur de Bavière trop puissant en lui livrant ainsi tous les États autrichiens, et celui-ci avoit hâte lui-même de quitter l'Autriche, pour aller en Bohême empêcher l'électeur de Saxe de prendre à lui seul cette province, que probablement il auroit voulu s'approprier. On quitta donc un pays ouvert pour s'engager dans une des parties les plus difficiles de l'Allemagne; les conseils du comte Maurice de Saxe, qui, dans cette expédition, commandoit les troupes françoises, ne furent point écoutés; de fausses manœuvres, dont rien ne put détourner l'électeur, mirent l'armée dans une position qui pouvoit devenir périlleuse, qui le devint en effet lorsqu'elle eut fait sa jonction, sous les murs de Prague, avec l'armée saxonne (1).

―――――――――――

(1) En entrant dans la Bohême, on s'étoit emparé de deux postes importants, Tabor et Budweiss; et le marquis de Ségur avoit été laissé en Autriche avec un corps de quinze mille hommes, que

Pour la sauver, il falloit se rendre maître de la capitale de la Bohême : cette ville, qui sembloit devoir soutenir un long siége, fut prise en peu de jours; et ce succès inespéré, dû au génie du comte de Saxe, secondé par celui de Chevert, devint le salut de l'armée confédérée.

Cependant, au milieu de tant de revers et d'une situation qui sembloit désespérée, Marie-Thérèse déployoit un grand courage et ne désespéroit pas d'elle-même. Par une démarche énergique, soutenue de ce que son double caractère de reine et de mère pouvoit y ajouter d'imposant et de pathétique (1), elle avoit en-

---

l'on croyoit suffisant pour garder les conquêtes qu'on y avoit faites. Il arriva que des corps autrichiens, chassés de la Silésie, attaquèrent ces deux postes, et s'en emparèrent. Ainsi la communication se trouva, dès le commencement, interrompue entre le corps de Ségur et l'armée de Bohême ; d'un autre côté, le grand duc, qu'une trève avec le roi de Prusse avoit laissé libre de ses mouvements, s'avançoit en toute hâte, à travers la Moravie, au secours de la ville assiégée.

(1) « Elle étoit sortie de Vienne, et elle s'étoit jetée entre les bras des Hongrois, si sévèrement traités par son père et par ses aïeux. Ayant assemblé les quatre ordres de l'État à Presbourg, elle y parut tenant entre ses bras son fils aîné presque encore au berceau ; et leur parlant en latin, langue dans laquelle elle s'exprimoit bien, elle leur dit à peu près ces propres paroles : « Abandonnée » de mes amis, persécutée par mes ennemis, attaquée par mes plus » proches parens, je n'ai de ressource que dans votre fidélité, dans » dans votre courage et dans ma constance; je mets en vos mains la » fille et le fils de vos rois, qui attendent de vous leur salut. » Tous

traîné à la défense de sa cause la noblesse hongroise, qui d'abord s'y étoit montrée peu disposée. Le mouvement de la Hongrie se communiqua avec une rapidité presque miraculeuse aux provinces autrichiennes, qui se réveillèrent tout à coup de leur léthargie avec une sorte de transport, et présentèrent bientôt l'aspect d'un peuple entier en armes et ne respirant que la vengeance (1). Hongrois et Autrichiens, animés d'une égale ardeur, formèrent, en se réunissant, une armée qu'un nombre considérable de troupes irrégulières rendit encore plus redoutable, et ainsi réunis se précipitèrent sur la Bavière; et tandis que Charles-Albert se faisoit complaisamment couronner à Francfort, des ennemis exaspérés mettoient à feu et à sang ses États héréditaires. Cependant le maréchal de Belle-Isle donnoit tranquillement ses ordres du

---

les palatins, attendris et animés, tirèrent leurs sabres en s'écriant : *Moriamur pro rege nostro Mariâ Theresiâ.* (VOLTAIRE, *Précis du Siècle de Louis XV*, ch. VI.)

(1) Ce fut de ces milices populaires, formées tout à coup par ce mouvement exalté de patriotisme, que sortirent ces troupes irrégulières, Pandours, Croates, Talpaches, qui, conduites par des partisans, et étrangères, ainsi que leurs chefs, à toutes les lois de la guerre, exercèrent, partout où elles passèrent, les plus affreux ravages, et devinrent la terreur de l'Allemagne et même de la France. Mentzel étoit le chef suprême de ces bandes féroces, et se rendit lui-même fameux par sa férocité.

sein des cours d'Allemagne, où il négocioit toujours; et il n'y avoit plus qu'incertitude et discordance dans les mouvements des généraux qui opéroient sous ses ordres, et qu'une seule volonté auroit dû surveiller et diriger. Les divers corps qu'ils commandoient furent successivement isolés les uns des autres. On étoit entré en Bavière, et l'on avoit été obligé d'en sortir; on y rentra une seconde fois pour en sortir encore. Le roi de Prusse, victime des fautes de ses alliés, manœuvroit aussi un peu au hasard, sans cesse harcelé dans sa marche par le général le plus actif et le plus habile qu'il eût encore rencontré, le prince Charles de Lorraine, frère du grand duc. S'étant enfin réuni à l'armée saxonne, il s'avançoit à grands pas dans la Bohême, pour forcer, par cette diversion, les Autrichiens à lever le siége de Lintz; mais déjà cette place avoit capitulé, et le comte de Ségur, à qui elle avoit été confiée, n'avoit trouvé que ce moyen de sauver les débris de son corps d'armée. Cependant l'Angleterre, voyant le moment arrivé de renoncer à son système pacifique, livroit à la dérision de l'Europe le trop crédule cardinal, en se déclarant ouvertement pour la reine de Hongrie; la Hollande, désormais sous son influence irrésistible, entroit à sa suite dans la confédération; elle y attiroit en même temps le roi de Sardaigne, qu'on trouvoit toujours prêt lorsqu'il s'agissoit de trahir la France; et les chances de cette guerre, qui d'abord avoient été si favorables à nos armées, tournèrent ainsi tout à coup contre elles, et plus brusquement qu'on n'auroit pu même l'imaginer.

Consterné de tant de désastres, et plus alarmé encore de l'avenir que du présent, le cardinal de Fleuri, après n'avoir su ni empêcher la guerre ni la diriger, essaya plus gauchement encore de se procurer la paix. Il imagina d'en faire des ouvertures dans une lettre qu'il écrivit au général de Kœnigsegg : pour toute réponse, la reine de Hongrie fit imprimer cette lettre, chef-d'œuvre d'innocence diplomatique (1), et dont l'effet fut d'accroître ses embarras en le

---

(1) « Bien des gens savent, disoit-il, combien j'ai été opposé aux » résolutions que nous avons prises, et que j'ai été en quelque fa- » çon *forcé* d'y consentir. Votre Excellence est trop instruite sur » ce qui se passe, pour ne pas deviner celui qui mit tout en œuvre » pour déterminer le roi à entrer dans une ligue *qui étoit si contraire* » *à mon goût et à mes principes.* » «L'impératrice ayant fait imprimer sa lettre, il en écrivit une seconde, dans laquelle il se plaignoit au général autrichien de ce qu'on avoit publié sa première lettre, et lui disoit *qu'il ne lui écriroit plus ce qu'il pensoit.* Cette seconde lettre lui fit encore plus de tort que la première; il les fit désavouer toutes deux dans quelques papiers publics, et ce désaveu, qui ne trompa personne, mit le comble à ces fausses démarches, que les esprits les moins critiques excusèrent dans un homme de quatre-vingt-sept ans, fatigué de mauvais succès. » (VOLTAIRE, *Précis du Siècle de Louis XV*, ch. VII.)

rendant suspect à ses alliés. Le roi de Prusse fut le premier qui l'abandonna, et sa défection, que Marie-Thérèse fut forcée de payer de la cession de la Silésie, mit l'armée françoise, qui occupoit Prague et la Bohême, dans une position tellement critique, qu'il devint urgent de faire marcher une seconde armée pour la délivrer. A peine cette armée étoit-elle en marche, qu'elle se vit arrêtée par le cardinal lui-même, qui, malgré la leçon si amère qu'il venoit de recevoir, se faisoit encore la dupe de l'Autriche, et prêtoit l'oreille à ses négociations fallacieuses. Un autre corps de troupes, qui marchoit de son côté pour joindre cette armée, ne la voyant point paroître, se retira lui-même; la Bavière fut une seconde fois envahie et dévastée par les Autrichiens, et le maréchal de Belle-Isle, qui n'avoit su que se renfermer dans Prague, après avoir compromis de toutes parts la fortune de la France, n'eut plus d'autre ressource que d'essayer du moins de sauver par une retraite les troupes qui y étoient renfermées avec lui. Cette retraite se fit au milieu d'un hiver rigoureux (1); pour éviter la cavalerie ennemie, il se dirigea par des chemins impraticables, et cette précaution excessive fut plus désastreuse que n'auroit pu l'être

---

(1) Le 16 décembre 1742, Chevert fut laissé dans la ville avec une garnison.

même la perte d'une bataille (1). Cette armée de Bohême arriva presque anéantie à Égra, heureuse encore de trouver ce refuge, que la prévoyance du comte de Saxe lui avoit préparé (2). Les autres corps d'armée rétrogradèrent également de tous les côtés, et, de même qu'après la bataille d'Hochstedt, la guerre fut en un instant portée du cœur de l'Allemagne aux frontières de France. Le prince Charles de Lorraine poursuivoit sans relâche ces troupes fugitives, et tandis qu'il les forçoit de repasser le Rhin en toute hâte, une autre armée composée d'Anglois, de Hollandois, de Hessois, d'Hanovriens, s'avançoit sur le Mein, commandée par le roi d'Angleterre, George II, en personne, et par ce même lord Stairs, qui venoit achever, les armes à la main, ce que sa diplomatie avoit si bien commencé sous la régence. Les deux armées, manœuvrant pour faire leur jonction, avoient pour but d'envahir l'Alsace et la Lorraine. A l'exemple du roi de Prusse, l'électeur de Saxe avoit

---

(1) Dans une marche de dix jours, quatre mille François périrent de faim et de misère ; le reste arriva à Egra dans l'état le plus déplorable.

(2) La justesse de son coup d'œil militaire lui ayant fait juger que les François ne tarderoient pas à être renfermés dans Prague, il avoit pris sur-le-champ ce parti à la fois prudent et audacieux de s'emparer d'Egra, pour leur assurer un point d'appui dans leur retraite.

fait sa paix; le nouvel empereur, Charles VII, dépouillé de ses États héréditaires, s'étoit réfugié à Augsbourg, et pouvoit être, à tous moments, chassé de ce dernier asile; et la France se voyoit, presque seule, accablée du fardeau d'une guerre où elle ne s'étoit d'abord engagée que comme auxiliaire, et pour des intérêts qui n'étoient pas les siens.

Une armée restoit encore : elle venoit de se former sous les ordres du maréchal de Noailles, que ses succès dans la Catalogne avoient jadis honoré. Après tant de généraux qui n'avoient su que se retirer sans combattre, on y en vit un qui paroissoit décidé à marcher à l'ennemi, et à déranger ses plans en lui livrant bataille. Le maréchal de Noailles alla effectivement au devant de l'armée angloise, et la rencontra lorsqu'elle côtoyoit encore les bords du Mein. Après l'avoir mise dans une position difficile, il fit, dit-on, des dispositions savantes, et qui lui assuroient la victoire. Une faute de discipline lui en fit perdre tout le fruit, et l'armée angloise, qui devoit être anéantie à Dettingen, put dire, avec quelque vraisemblance, qu'elle avoit été victorieuse à cette bataille meurtrière, qui ne fut décisive que pour le malheureux empereur Charles VII, dont la cause parut alors perdue sans retour. Le maréchal de Broglie, qui commandoit les seules troupes que l'on eût laissées en Allemagne, et qui, depuis le commencement de cette guerre, n'avoit cessé de se retirer et d'éviter de combattre, considéra cette bataille comme un signal qui lui indiquoit d'opérer sa dernière retraite. Alors le maréchal de Noailles, qui, malgré la prétendue victoire des Anglois, se soutenoit encore en Franconie, se vit forcé de se retirer lui-même; et de toutes parts il ne fut plus question que de défendre les frontières, de toutes parts menacées.

Il ne s'étoit pas donné une seule grande bataille, et cent mille François avoient péri dans deux campagnes; les finances, si péniblement restaurées par les soins assidus d'une longue économie, étoient épuisées et retombées dans leur premier désordre; il ne restoit plus que des débris de nos armées. Réduite sur terre à se tenir sur la défensive contre les Anglois, la France n'avoit contre eux sur mer aucun moyen de résistance; et ces ennemis arrogants pouvoient impunément achever de détruire son commerce, insulter ses colonies et celles de l'Espagne, et faire également la loi sur l'Océan et dans la Méditerranée. « Le cardinal de Fleuri, dit Voltaire, mourut au milieu de ces désastres (1), et laissa les affaires de la guerre, de la marine, des finances, de la politique, dans une

---

(1) Le 29 janvier 1743.

crise qui altéra la *gloire* de son ministère et non la *tranquillité* de son âme. » Il faut croire, pour l'honneur de son caractère, qu'il ne mourut si tranquille que parce que l'affoiblissement de ses facultés intellectuelles ne lui permettoit pas de mesurer, dans toute son étendue, le mal qu'il avoit fait et celui qu'il avoit laissé faire. Il nous reste à examiner ce qu'avoit été pour les affaires intérieures de la France ce ministère, que Voltaire appelle *glorieux*. Il y avoit là une guerre intestine bien plus alarmante que celle qui se passoit sur les frontières, et dont les conséquences devoient être bien autrement désastreuses. Toutefois il convient de ne point interrompre le récit commencé de celle-ci; nous verrons ensuite si, dans l'autre, le cardinal de Fleuri se montra plus habile et plus heureux.

Les armées confédérées continuoient de faire des progrès : le prince Charles de Lorraine avoit pénétré en Alsace; et l'armée françoise, partagée en deux corps sous les ordres des maréchaux de Noailles et de Coigni, trop foible pour pouvoir le forcer d'en sortir, contrarioit à peine sa marche en se tenant sur une timide défensive. Mentzel et ses partisans, après avoir désolé la Bavière et chassé d'Ausbourg le déplorable empereur Charles VII, s'étoient répandus dans la Lorraine, et s'efforcoient de la soulever. L'indiscipline achevoit de détruire les armées;

les généraux qui les avoient si malheureusement commandées au commencement de cette guerre, Belle-Isle, Broglie, Maillebois, expioient, par des disgrâces, les fautes sans exemple qu'ils avoient commises ; et toutefois la France, recueillant alors les fruits amers du système de Louvois (1), cherchoit vainement, au milieu d'elle, un grand capitaine qui pût les réparer. Un ministère avoit été composé de ceux qui avoient eu part aux affaires sous le cardinal de Fleuri ; et l'on y comptoit des hommes habiles dans quelques parties de l'administration (2) : mais il y manquoit un homme supérieur dont la main ferme sût saisir les rênes de l'État et diriger l'ensemble des affaires. Le découragement étoit dans toutes les âmes ; et il s'y joignoit, dans la nation, de l'aigreur et du mépris pour le gouvernement foible et inepte qui l'avoit réduite à ces extrémités (3). Le roi, qui, au mo-

---

(1) *Voyez* 1re partie de ce volume, p. 125.

(2) Orry, dont la probité étoit suspecte, mais qui entendoit les finances, conserva ce département qu'il avoit été sur le point de perdre sous le ministère du cardinal. Le comte d'Argenson remplaça le marquis de Breteuil au ministère de la guerre ; il y montra des vues et de l'activité. Maurepas resta à la marine pour en achever la destruction ; le chancelier d'Aguesseau ne fut point dérangé de sa place : il étoit considéré comme le personnage le plus nul de tout le ministère, et ce n'étoit malheureusement pas sans raison.

(3) Les épigrammes et les chansons étoient alors la seule ma-

ment de la mort du cardinal, avoit ranimé les espérances en déclarant, comme Louis XIV, « qu'il régneroit par lui-même, » étoit retombé dans son invincible indolence; et ce fut sa maîtresse, la duchesse de Châteauroux, qu'il trouva bon de faire en quelque sorte son premier ministre. Cependant la reine de Hongrie, victorieuse sur tous les points par ses armes et par celles de ses alliés, ne mettoit plus de bornes à ses espérances; et, libre d'ennemis en Allemagne, tournoit déjà ses regards vers l'Italie, où elle avoit d'autres injures à venger et d'autres états à reconquérir.

Dans ces extrémités, la France se trouva heureuse d'avoir donné asile à un illustre étranger, et que cet étranger la payât d'affection et de reconnoissance. Parmi les généraux qui avoient figuré dans cette guerre, le comte Maurice de Saxe, auquel on avoit confié un commandement, étoit le seul qui eût montré

---

nière dont le peuple se vengeoit des fautes de ceux qui gouvernoient si étrangement la France. On se tranquillisoit sur cette gaieté du *bon* peuple françois ; on en tiroit cette conséquence, que puisqu'il rioit et chantoit, c'est qu'il prenoit son mal en patience et qu'il étoit facile à gouverner. Mazarin avoit pensé de même, et la guerre de la Fronde avoit pu le désabuser. Il a fallu la révolution pour apprendre au ministérialisme du xviiie siècle de quoi est capable une nation qui se moque de ceux qui la gouvernent, et qui les chansonne.

de la prévoyance, et l'heureuse réunion de la hardiesse et de la science militaire. Il jetoit déjà un grand éclat, et tous les regards se tournoient vers lui. Pour prix de ses beaux faits d'armes, le roi venoit de l'élever à la dignité de maréchal de France : cette nouvelle position l'enhardit à présenter des plans qui parurent bien conçus ; ils furent adoptés, et l'on reprit courage. Des négociations furent entamées avec le roi de Prusse, qui commençoit à s'alarmer des progrès de la reine de Hongrie ; et, de même que son intérêt lui avoit fait abandonner l'alliance de la France, son intérêt l'y rejeta. Par un effet de cette politique pusillanime du cardinal de Fleuri, qui ne lui avoit pas permis de faire un seul mouvement dont les Anglois pussent concevoir de l'ombrage, les Espagnols s'étoient trouvés abandonnés en Italie à leurs propres forces ; et tandis que le roi de Sardaigne pénétroit sans obstacle jusqu'aux frontières du royaume de Naples, et qu'une escadre angloise menaçoit d'en bombarder la capitale, tout ce qu'avoit osé faire le vieux ministre, c'étoit d'avoir accordé le libre passage à une armée espagnole, qui, sous les ordres d'un infant, étoit venue envahir la Savoie. Il fut maintenant décidé qu'une armée françoise seroit envoyée en Italie, et le commandement en fut confié au prince de Conti. Des préparatifs très considérables se firent en même temps, et avec une sorte d'affectation, comme si l'on eût eu l'intention d'opérer une descente en Angleterre et d'y ramener le prétendant (1). Toutefois ils n'avoient rien de réel, et ne servoient qu'à cacher aux alliés le véritable plan que l'on vouloit mettre à exécution. Ce plan étoit d'envahir les Pays-Bas autrichiens ; c'étoit là que devoient se porter les grands coups.

Les principales forces du royaume avoient donc été rassemblées de ce côté, et formoient deux armées considérables, l'une commandée par le maréchal de Noailles, qui devoit faire les siéges, l'autre par le maréchal de Saxe, que l'on destinoit à en couvrir les opérations. C'étoient cent vingt mille hommes que l'on opposoit de ce côté aux alliés, qui en comptoient à peine soixante mille. Louis XV s'étoit enfin arraché aux délices de Versailles, et paroissoit pour la première fois dans les camps, y traînant sa maîtresse après lui, mais du moins spectateur des opérations militaires. Elles furent rapides et brillantes : les manœuvres savantes du maréchal

---

(1) Une escadre de vingt-six vaisseaux de ligne, sous le commandement du comte de Roquefeuil, entra dans la Manche ; les côtes se couvrirent de troupes qui sembloient prêtes à s'embarquer ; le maréchal de Saxe devoit, disoit-on, les commander, et le prince Édouard étoit parti de Rome pour joindre l'armée françoise.

de Saxe tinrent en échec l'ennemi; on prit en peu de jours Ypres, Furnes, le fort de Kenoque, et les armées françoises ne cessèrent pas de marcher en avant. Mais on avoit commis la faute très grave de porter toutes les forces sur ce seul point, où l'on vouloit des succès faciles et sûrs, parce que le roi y devoit honorer l'armée de sa présence; et le prince Charles de Lorraine, profitant de cette faute, avoit envahi l'Alsace, et y faisoit des progrès alarmants. Ce fut donc une nécessité de s'arrêter : le maréchal de Saxe fut laissé en Flandre avec une partie des troupes, et dut s'y tenir sur la défensive, tandis que le reste de l'armée se dirigea à marches forcées vers la province envahie. Ce fut pendant cette marche que Louis XV tomba malade à Metz, et qu'à l'occasion de cette maladie, il reçut de ses peuples des témoignages d'affection qui parurent ranimer un moment cette âme énervée, et accablée sous le poids de ses coupables voluptés. Nous le verrons bientôt s'y replonger.

Dès qu'il fut rétabli, il continua sa route pour l'Alsace, et y arriva au moment où les victoires du roi de Prusse forçoient le prince Charles d'en sortir pour aller à la défense des États héréditaires, que menaçoit de toutes parts cet audacieux et infatigable ennemi. C'étoit cette diversion opérée par Frédéric qui sauvoit la province;

et le maréchal de Noailles, qu'elle tiroit d'une situation embarrassante, devoit du moins la seconder en marchant rapidement sur les traces de l'armée impériale, qui se seroit à son tour trouvée en péril entre l'armée prussienne et l'armée françoise. Au lieu de cette manœuvre, qui étoit si évidemment indiquée par ce qui se passoit sur cette partie du théâtre de la guerre, il rentra dans ce déplorable système de circonspection qui avoit déjà tout perdu; et lorsqu'il eût fallu s'attacher à suivre les traces du prince de Lorraine et le harceler dans sa retraite, on le vit, au grand étonnement de toute l'Europe, s'amuser, avec une armée de soixante mille hommes, à faire le siége de Fribourg. A la vérité il prit cette ville; mais, pendant ce temps, le roi de Prusse, accablé de tout le fardeau de la guerre, renfermé seul au milieu des armées ennemies, non seulement perdoit tout le fruit de ses victoires, mais se voyoit réduit aux dernières extrémités, pour n'avoir pas été secouru. C'étoit la seconde fois qu'il expioit ainsi les fautes des généraux françois.

(1745) Cependant on continua de demeurer sourd à son cri d'alarme : il sembloit qu'on n'eût pas même ce qu'il falloit d'intelligence pour concevoir l'ensemble de cette guerre; et quoiqu'il fût sans doute plus essentiel de vaincre en Allemagne au milieu des alliés de la

France que de conquérir les Pays-Bas, on s'obstina à poursuivre cette conquête, qui flattoit la vanité de Louis XV; et après s'être délivré du prince Charles, qu'on rejetoit en quelque sorte sur le roi de Prusse, tous les efforts furent de nouveau dirigés vers ce point. Le roi, que l'ivresse des Parisiens avoit salué à son retour du nom de *bien aimé*, n'avoit pas tardé à montrer combien il étoit digne de ce titre en rappelant aussitôt, et avec l'éclat le plus scandaleux, la duchesse de Châteauroux, que les terreurs de la mort l'avoient un moment fait éloigner de lui. Atteinte, comme sa sœur, la marquise de Vintimille, d'une maladie violente, elle n'avoit survécu que peu d'instants à ce dernier triomphe; une femme d'une condition plus obscure l'avoit remplacée (1), et devenue de même la compagne obligée de son royal amant, elle le suivit au milieu

---

(1) Son père, disoit-on, avoit été boucher et se nommoit Poisson; sa mère, célèbre dans sa jeunesse par sa beauté et par sa galanterie, l'avoit mariée à un sous-fermier nommé Le Normand d'Étioles; et dès lors, spéculant sur les charmes et sur tous les moyens de séduction que possédoit sa fille, elle avoit décidé qu'une beauté si parfaite ne violeroit la foi conjugale que pour triompher du roi de France, et lui avoit inspiré de tourner toutes ses pensées vers cette illustre conquête. La fille se montra docile aux inspirations de sa mère, et, à force de manœuvres de comédie, finit par attirer dans ses lacs le monarque voluptueux. Nous allons voir bientôt paroître, sur le triste théâtre des affaires publiques, cette femme si fatale à la France.

de l'appareil des camps et du mouvement des armées.

Ce sont ces campagnes des Pays-Bas qui ont fait la gloire et élevé si haut la renommée du maréchal de Saxe. Il y avoit déjà six mois que, déployant toutes les ressources de la science militaire, il se maintenoit inattaquable devant une armée supérieure en nombre : les renforts et le roi étant arrivés, il marcha en avant et investit Tournay; l'armée confédérée s'ébranla aussitôt pour venir au secours de cette ville. On se rencontra au village de Fontenoy; et c'est là que fut donnée cette bataille, devenue célèbre par une manœuvre de l'armée angloise dont il y a peu d'exemples dans les fastes militaires, bataille meurtrière et long-temps indécise, que la présence de Louis XV, l'embarras qu'elle causoit et le péril qu'il courut, furent sur le point de faire perdre; dont le succès fut décidé par une manœuvre d'artillerie, ce qui étoit nouveau encore dans la tactique moderne; bataille qui eut cet autre caractère de nouveauté, que le général qui la gagna étoit mourant, et commandoit les mouvements de son armée, porté dans une litière. Tournay se rendit, et ce fut le premier fruit de cette victoire. Après cette ville tombèrent Gand, Oudenarde, Bruges, Ostende, Dendermonde, Ath, Nieuport. Trompant ensuite l'ennemi par une ruse de guerre ingénieuse et hardie, le héros saxon disparut au milieu d'un bal pour aller investir Bruxelles, et la prise de la capitale des Pays-Bas termina cette suite de succès rapides et brillants, qui sembloient rappeler les beaux jours de Louis XIV.

Mais pendant que l'on s'enivroit à Paris de ces triomphes, et que Maurice, devenu l'idole des Parisiens, jouissoit de cet enivrement, il se passoit en Allemagne des choses qui étoient de nature à en modérer les transports. L'empereur Charles VII, le malheureux objet de cette inutile et déplorable guerre, venoit de mourir; la France avoit cru tenter l'électeur de Saxe en lui offrant la couronne impériale : celui-ci, qui avoit sous les yeux un exemple frappant de l'abandon où elle laissoit ses alliés, ne s'étoit point laissé séduire par cette offre dangereuse, et avoit préféré demeurer attaché à la fortune de la reine de Hongrie. De son côté, le nouveau duc de Bavière, dont les États venoient d'être encore envahis et désolés, s'étoit hâté de négocier avec Marie-Thérèse, et en avoit obtenu la paix dont il avoit si grand besoin. Le roi de Prusse, qui pouvoit justement accuser la France d'ingratitude et de perfidie, réduit maintenant, après tant de travaux et de triomphes, à fuir devant le prince Charles, avoit aussi demandé la paix, et elle lui avoit été refusée : son génie et son courage la lui procurèrent, et ce fut dans cette situation presque désespérée qu'il étonna l'Europe par des prodiges d'audace et de science militaire. Par l'effet des plus belles manœuvres, il gagna d'abord la bataille de Friedberg, puis ensuite celle de Sohr; mais ce qui fut décisif pour lui, car ces succès ne le sauvoient pas, ce fut le projet hardi qu'il conçut de conquérir cette paix en faisant la conquête de la Saxe, et le bonheur étonnant avec lequel il l'exécuta. Une victoire remportée sur les Saxons par le plus renommé de ses lieutenants, le prince d'Anhalt, lui en ouvrit le chemin jusqu'à Dresde, d'où l'électeur fut obligé de s'enfuir précipitamment, abandonnant sa famille à la générosité du vainqueur. Ce fut en frappant de tels coups que Frédéric obtint la paix et garda la Silésie. Ainsi, dans cette même campagne dont on faisoit tant de bruit, la France avoit perdu, l'Espagne exceptée, les derniers alliés qui lui restassent en Europe.

En Italie, les opérations militaires avoient commencé sous les auspices les plus favorables; les armées confédérées de France et d'Espagne y avoient remporté de grands succès sur le roi de Sardaigne, qui, même alors qu'il étoit battu, ne se décourageoit jamais quand il s'agissoit d'une guerre contre les François, et ne se montroit timide et irrésolu que lorsqu'il étoit leur allié. Il avoit donc redoublé, après ses défaites, d'activité et de courage, et néanmoins n'avoit pas été plus heureux vis-à-vis du maréchal de Maillebois, qui venoit de prendre la place du prince de Conti, celui-ci ayant été forcé, par la jalousie de l'infant don Philippe, de s'arrêter au milieu de ses victoires et d'aller prendre le commandement de l'armée d'Alsace. Les armées des deux couronnes étoient rentrées dans le Milanais; des mouvements habilement combinés avoient séparé l'une de l'autre les armées ennemies, et le roi de Sardaigne avoit encore été battu. Le Montferrat, Alexandrie, Tortone, Parme et Plaisance, étoient tombés au pouvoir des François; maîtres du cours du Pô, ils venoient d'entrer à Milan, dont ils assiégeoient la citadelle, et, d'un autre côté, le roi de Naples réparoit la honte de la campagne précédente en chassant les troupes impériales de ses États, et les poussant bien au delà de ses frontières. Tout se présentoit donc, de ce côté du théâtre de la guerre, sous un aspect qui étoit loin de faire présager ce qui alloit suivre. Cependant le prince de Conti, moins soutenu en Alsace qu'il ne l'avoit été d'abord en Italie, et affoibli par les renforts qu'on lui enlevoit sans cesse pour l'armée des Pays-Bas, s'étoit vu forcé de faire repasser le Rhin à son armée, dont la première destination avoit été de menacer l'Allemagne et de manœuvrer au milieu des électorats. Libres des craintes qu'il leur avoit inspirées, les électeurs avoient enfin comblé les vœux de Marie-Thérèse; et, lui accordant le prix le plus flatteur et le plus désiré de son courage et de ses victoires, ils venoient de déférer à son mari, le grand duc de Toscane, la couronne impériale. Il fut élu empereur le 13 septembre de cette année.

(1746) La nouvelle campagne des Pays-Bas, où l'armée du maréchal de Saxe s'étoit fortifiée de tout ce qui avoit affoibli les autres, ne fut qu'une suite de triomphes : le roi, après avoir assisté à la prise d'Anvers, qui ouvrit ses portes dès qu'elle vit paroître les troupes françoises, étoit revenu à Versailles; et l'on avoit continué, sans lui, de marcher en avant et de prendre des villes. Mons, Namur et Charleroi ne coûtèrent que peu de jours, et ainsi se trouva achevée la conquête des Pays-Bas autrichiens. C'étoit une occasion favorable pour les Hollandois de secouer le joug de l'Angleterre, qui les traînoit en quelque sorte à sa suite, et dominoit à la fois leur marine et leur commerce : le roi leur fit à ce sujet des propositions qui auroient pu les tenter; ils refusèrent par un effet de cette méfiance trop fondée que la France, depuis Louis XIV, inspiroit à tous ses voisins, et jugèrent que le souverain d'un si grand royaume où, depuis un siècle, avoient été formés et exécutés tant de desseins ambitieux, étoit pour eux un protecteur plus dangereux encore que l'Angleterre. Cependant le prince Charles de Lorraine étoit accouru à la défense des Pays-Bas, au moment où leurs dernières forteresses venoient de tomber : le maréchal le laissa s'avancer, et l'ayant ainsi amené où il vouloit, remporta sur lui la victoire de Raucoux, victoire qui auroit dû être décisive, qui ne le fut point parce que, sur d'autres points, l'on éprouvoit des revers pour y avoir affoibli les armées au profit de celle des Pays-Bas; et maintenant on arrêtoit celle-ci dans ses succès, en lui demandant des renforts pour aller au secours des autres armées. C'étoient là de ces prodiges de désordre et d'imprévoyance qui se faisoient dans le cabinet de Versailles, et que le maréchal de Saxe ne pouvoit empêcher.

Il arriva donc que, tandis qu'il triomphoit en Flandre, tout étoit perdu en Italie. La division s'étoit mise entre les armées espagnole, françoise, napolitaine, génoise (car Gênes, pour son malheur, avoit embrassé le parti des deux couronnes); les généraux ne s'entendant plus, les opérations militaires s'étoient ralenties; et cependant Marie-Thérèse, tranquille en Allemagne où tout étoit maintenant pacifié, s'étoit empressée d'envoyer en Lombardie de nombreux renforts, sous la conduite du prince de Lichstenstein. L'armée impériale se rassembloit sur les confins de cette province, le roi de Sardaigne réorganisoit la sienne, et l'on alloit se trouver entre deux armées, dans un pays où l'on ne possédoit pas une seule forteresse. Le maréchal de Maillebois, qui sentit le danger d'une semblable position, parla de retraite : l'infant n'y voulut point entendre, ne pouvant se faire à l'idée d'abandonner ces duchés de Parme et de Plaisance, qui avoient coûté à l'Espagne tant d'or et tant de sang : ce fut sous les murs même de Plaisance que cette retraite fut décidée par la défaite la plus désastreuse que les armées des deux couronnes eussent encore éprouvée. Il fallut alors évacuer et les deux duchés et les autres conquêtes que l'on avoit pu faire en Italie. La retraite se fit avec bonheur et habileté, et les débris de ces armées, réunis par une main ferme et courageuse, pouvoient encore couvrir la ville de Gênes, et la soustraire à la vengeance des Autrichiens. Le découragement et l'animosité toujours croissante des chefs les uns contre les autres empêchèrent de prendre ce parti, que commandoient à la fois l'honneur et un intérêt bien entendu (1). Pour

---

(1) La mort de Philippe V, dont la nouvelle parvint à l'armée espagnole pendant cette retraite, contribua beaucoup à accroître ce découragement. L'influence de la reine cessa à l'instant même de la mort de son mari ; et le nouveau roi, Ferdinand VI, n'étoit pas disposé à sacrifier ses armées et ses trésors, afin de conquérir des principautés à ses frères utérins. Toutefois ce n'étoit pas une raison pour abandonner de fidèles alliés.

prix de son dévouement, Gênes fut lâchement abandonnée, et éprouva bientôt, même en se rendant, presque toutes les rigueurs que l'on pourroit exercer sur une ville prise d'assaut (1). Les vainqueurs continuoient néanmoins de poursuivre les deux armées fugitives; ils descendirent les Alpes après elles (2), et leurs troupes irrégulières inondèrent et désolèrent la Provence et le Dauphiné.

Cependant la branche de Hanovre achevoit de se consolider en Angleterre par les derniers résultats d'une entreprise qui avoit semblé mettre plus que jamais en péril sa fortune et ses destinées. L'expédition du prince Édouard en Écosse, si romanesquement aventureuse, et justifiée d'abord par des succès presque fabuleux, expédition que la France n'avoit su soutenir

---

(1) Les violences des Autrichiens y furent portées à de tels excès, qu'elles soulevèrent contre eux une population entière désespérée. On les attaqua dans la ville même; on les poussa de rue en rue; les femmes, partageant cette fureur patriotique, les accablèrent, du haut des toits, de débris arrachés à leurs propres maisons; ils finirent par être chassés de la ville, après avoir perdu quatre mille des leurs dans cette action meurtrière. La France envoya depuis aux Génois, sous la conduite du duc de Boufflers, un corps de troupes au moyen duquel ils purent se maintenir.

(2) Alors l'armée espagnole, réduite à moins de neuf mille hommes, se sépara des débris de l'armée françoise où l'on comptoit à peine onze mille soldats manquant de tout, et, traversant le Dauphiné, alla se cantonner dans le duché de Savoie, dont le roi d'Espagne étoit encore maître.

que par des secours dérisoires, venoit de finir par un désastre complet, et qui ne laissoit plus aucune ressource à ce prince, si digne d'un meilleur sort. Assez heureux pour se sauver seul, et dans un dénuement plus grand encore que lorsqu'il s'étoit hasardé à descendre sur les côtes de son pays, il n'avoit retiré de cette dernière tentative que le stérile avantage de prouver au cabinet de Versailles ce qu'il lui auroit été possible de faire, s'il eût été plus tôt et plus efficacement secouru.

Au reste, la politique de l'Angleterre avoit achevé de se développer dans cette guerre, politique qui n'avoit pu réussir aussi complètement que par les combinaisons prodigieuses de son système financier. Grâce à ce système, il lui étoit donné de puiser à volonté dans un trésor que rien sembloit ne pouvoir tarir; de prodiguer ainsi les subsides à ses alliés; au moyen de ces subsides, d'entretenir leur haine, d'exciter leur ambition, et de prolonger à son gré une guerre dont, en dernier résultat, elle seule devoit profiter. C'est ce qui n'étoit point encore arrivé dans les troubles du continent : il étoit sans exemple, et même il auroit été impossible de prévoir, qu'une puissance du second ordre, retranchée dans une île où elle avoit su s'entourer de la barrière inexpugnable de ses vaisseaux, se procureroit un jour, au moyen de cette invention formidable du *crédit public*, soutenue de la crédulité stupide de quelques cabinets, une force suffisante pour remuer jusque dans ses entrailles cette vieille Europe, pour l'acheter en quelque sorte au prix qu'elle voudroit se vendre, la couvrir de ravages, l'inonder de sang au gré de ses intérêts, et exploiter ensuite à son profit et les vainqueurs et les vaincus. Acharnée contre la France et l'Espagne, et résolue de ne point lâcher prise qu'elle n'eût détruit ou envahi leurs dernières colonies, anéanti leur commerce et leur marine, l'Angleterre ajoutoit sans cesse de nouveaux subsides aux subsides déjà prodigués; et tandis que ses alliés occupoient sur terre les deux puissances, ses flottes étoient partout : elles apparoissoient sur nos côtes pour y faire, quand elles le jugeoient convenable, d'utiles diversions; elles parcouroient celles de l'Amérique, et portoient la désolation dans les établissements espagnols. La prise de Porto-Bello par l'amiral Vernon, l'expédition audacieuse du commodore Anson, étoient de tristes preuves de cette prépondérance maritime que l'ineptie et la trahison lui avoient laissé prendre, et qu'il n'étoit plus possible de lui enlever. Les extrémités où les Hollandois se trouvoient réduits par la conquête des Pays-Bas, loin de l'embarrasser, lui étoient un avantage; car elle y voyoit un moyen assuré de vaincre leur répugnance à rétablir le stathoudérat; puis, au moyen d'un stathouder, dont elle devenoit nécessairement l'unique appui, d'être plus maîtresse encore qu'elle n'avoit été au milieu de cette république de marchands. C'est ce qui arriva, lorsque les armées françoises eurent envahi les Pays-Bas hollandois. D'ailleurs toutes ces conquêtes de Louis XV les inquiétoient peu : à chaque victoire que remportoit pour lui le maréchal de Saxe, il alloit offrant la paix; et il en manifestoit si impolitiquement le désir et le besoin, qu'on ne pouvoit guère considérer tant de provinces conquises que comme un dépôt entre ses mains, qu'il s'empresseroit de rendre, dès qu'on consentiroit à transiger avec lui.

Cependant une flotte angloise avoit paru sur les côtes de la Provence; elle y protégeoit les mouvements des Autrichiens qui continuoient à désoler cette province; l'armée françoise, dont la désorganisation étoit complète, ne pouvoit mettre aucun obstacle à leurs progrès, et Toulon étoit menacé. Telle étoit en France la disette des généraux, qu'on ne trouva rien de mieux à faire que d'y envoyer le maréchal de Belle-Isle, qui, long-temps prisonnier en Angleterre (1), repa-

---

(1) Il avoit été fait prisonnier le 20 décembre 1743, en prenant des relais à la porte d'Elbingerode, petit bourg enclavé dans le

rut ainsi vers la fin de cette guerre qu'il avoit si malheureusement commencée. Il montra cette fois plus d'activité et d'intelligence : il sut rétablir la discipline et ranimer le courage des soldats; des renforts arrivés à propos le mirent à même de se hasarder contre l'ennemi; il eut des succès, fit lever le siége d'Antibes, reprit l'offensive, et passant le Var, envahit le comté de Nice. Il avoit promis de rentrer en Italie, et voulut tenir sa promesse; mais cherchant à faire mieux que le prince de Conti, et que le maréchal de Maillebois, il imagina d'y pénétrer par le col de Fenestrelles et d'Exiles, route plus courte à la vérité, mais aussi plus difficile, comptant très mal à propos, parmi les chances de succès de son entreprise, que le roi de Sardaigne se laisseroit surprendre. Il en fut autrement; et cette manœuvre mal conçue, à laquelle il auroit fallu renoncer à l'aspect de l'ennemi bien retranché et sur ses gardes, devint funeste par l'obstination extravagante que mit son frère, le chevalier de Belle-Isle, à vouloir forcer un passage que Charles-Emmanuel avoit su rendre inexpugnable. Il paya sa témérité de sa vie, et le combat meurtrier d'Exiles rendit

---

territoire de Hanovre, et conduit en Angleterre, où il resta jusqu'au 17 août de l'année suivante.

désormais toute opération militaire impossible en Italie.

Le roi continuoit de vaincre dans les Pays-Bas, et à chaque nouvelle victoire continuoit d'offrir la paix, que les ennemis continuoient de refuser. Pour arracher en quelque sorte cette paix à leur obstination, il fut décidé que l'on feroit le siége de Maëstricht : l'armée confédérée s'avança aussitôt pour couvrir cette place, et le maréchal de Saxe, allant à sa rencontre, remporta sur elle la victoire de Lawfelt, victoire brillante, mais toutefois si peu décisive, que, bien qu'il fût resté maître du champ de bataille, il ne crut pas qu'il fût prudent d'entreprendre encore le siége que l'on avoit résolu. Afin de rendre plus facile une si grande entreprise, le maréchal chargea le plus habile de ses lieutenants, le comte de Lowendalh, d'aller assiéger Berg-op-Zoom; et cette place forte, chef-d'œuvre de Cohorn et considérée comme imprenable, fut emportée en six semaines par les manœuvres combinées de ces deux grands capitaines, tous les deux étrangers (1), et cependant les seuls, parmi ses généraux, à qui la France pût maintenant confier ses armées. Cette opération faite,

---

(1) Le comte de Lowendalh étoit danois d'origine, et avoit servi d'abord en Russie. La prise de Berg-op-Zoom lui valut le bâton de maréchal de France.

le maréchal de Saxe reprit le cours de ses manœuvres, et, malgré tous les efforts des armées confédérées, Maëstricht put être cerné.

La puissance que s'étoient créée les Anglois, étoit telle, que, l'argent à la main, ils faisoient venir des soldats d'où ils vouloient, et que, par l'effet magique d'un subside, ils avoient obtenu de la Russie un secours formidable en hommes et en vaisseaux (1). Tandis qu'ils traitoient avec cette puissance, afin de prendre sur terre une revanche terrible des victoires infructueuses de Louis XV, ils poursuivoient sur mer le cours de leurs faciles triomphes. Tel étoit l'abandon dans lequel la France se voyoit maintenant forcée de laisser ses colonies, qu'il suffit aux marchands de la Nouvelle-Angleterre de se cotiser pour former une petite armée, et s'emparer ainsi de Louisbourg, ville importante située à l'embouchure du fleuve Saint-Laurent, et la clef de nos possessions dans le nord de l'Amérique; ce qui anéantit tout à coup notre commerce et nos pêcheries dans cette partie du Nouveau-Monde (2). On essaya de réparer ce

---

(1) « L'impératrice Elisabeth Petrowna, fille du czar Pierre, fit marcher cinquante mille hommes en Livonie, et promit d'équiper cinquante galères. Cet armement devoit se porter partout où voudroit le roi d'Angleterre, moyennant cent mille livres sterling seulement. » (Voyez *Précis du Siècle de Louis XIV*, ch. xxvi.)

(2) Louisbourg est une place qui pouvoit se défendre, et rendre

désastre, et des désastres plus grands furent le résultat des efforts que l'on avoit tentés. Une première flotte, sous les ordres du duc d'Enville, fut dispersée par la tempête; une seconde, composée de seize vaisseaux et commandée par le marquis de la Jonquières, étoit à peine sortie de Brest qu'elle fut attaquée par les amiraux Anson et Warrin, qui l'attendoient près du cap Finistère, ayant pour eux l'avantage du nombre, et cette plus grande expérience de la mer, à laquelle rien ne peut suppléer. Malgré la résistance la plus intrépide, l'amiral françois vit prendre tous ses vaisseaux, et fut lui-même obligé de se rendre. L'amiral Hawkes porta, dans cette même année, un second et dernier coup à la marine françoise, en lui enlevant six vaisseaux sur sept, qu'il avoit attaqués et enveloppés avec une flotte de quatorze voiles. Ce fut alors un jeu pour les Anglois de s'emparer des riches convois qui revenoient des Indes occidentales, et le commerce de la France fut ruiné en même temps que sa marine étoit anéantie. Alors le cabinet de Saint-James arrêta la marche de ses auxiliaires russes, qui déjà avoient atteint la Franconie, et jugea qu'il pouvoit permettre

---

tous les efforts inutiles, si on avoit eu assez de munitions. » (Voyez *Précis du Siècle de Louis XIV*, ch. xxviii.)

à ses alliés de faire la paix, puisqu'il ne restoit plus à la France un seul vaisseau.

Les ministres des puissances se rassemblèrent à Aix-la-Chapelle; la suspension d'armes eut lieu le 13 mai 1746, et la paix fut signée le 18 octobre de cette même année. Louis XV ne recouvra pas sa marine, et pour prix du sang de ses sujets, des trésors de la France et des victoires du maréchal de Saxe, il transigea, ainsi que ses ennemis l'avoient prévu, en rendant toutes ses conquêtes (1).

Certes c'étoient là de grands revers et surtout de grandes fautes. L'intérieur de la France va nous offrir un spectacle plus triste encore. Il nous faut maintenant remonter jusqu'au commencement de ce période de plus de trente années que nous venons de parcourir.

Jamais État chrétien n'offrit peut-être un désordre moral plus singulièrement compliqué que celui que présenta la France après la mort de Louis XIV. Les ressorts du gouvernement s'étant un moment détendus, nous avons vu que le parlement étoit, à l'instant même, revenu à ses anciennes traditions, et avoit essayé de se rétablir de lui-même le modérateur suprême du

---

(1) Le roi de Prusse garda la Silésie qu'il avoit conquise, et le roi de Sardaigne conserva une partie du Milanois qui avoit été le prix de son alliance avec la reine de Hongrie.

pouvoir politique et du pouvoir religieux, aidé dans son entreprise par les jansénistes, ses auxiliaires habituels, qu'avoit d'abord accueillis et protégés un prince indifférent à toutes croyances religieuses, et devenu un moment leur protecteur, par la seule raison qu'ils avoient été persécutés sous Louis XIV (1). Cette opposition

---

(1) Il convient cependant de donner une juste idée des persécutions *cruelles* exercées par ce monarque contre ces honnêtes sectaires, qui, comme tout le monde sait, étoient des agneaux pour la douceur, point persécuteurs ; au contraire, pleins de charité à l'égard de ceux qui avoient le malheur de ne pas être de leur avis. Il est à propos de dévoiler les *horreurs* que l'on exerça contre eux, et dont le père Letellier, cet atroce et *farouche* jésuite, fut l'instigateur ; il faut enfin déchirer les voiles et montrer à tous les yeux ces *victimes* nombreuses qu'un historien moderne (M. Lacr......) nous représente, en style pathétique et en phrases plus ou moins harmonieuses, *entassées* dans les cachots de la Bastille et de Vincennes, et lorsqu'elles furent enfin délivrées sous la régence, « défilant lentement au milieu de leurs parents et de leurs amis : » spectacle, ajoute cet historien, bien propre à aigrir les esprits contre la mémoire de Louis XIV. Or les écrits du temps les plus favorables à la cause du jansénisme nous apprennent que, jusqu'au mois d'octobre 1715, il avoit été mis DEUX personnes à Vincennes et QUATRE à la Bastille, six en tout ; et ces écrits les *nomment* (*). Telle est la liste effrayante de ces *victimes* qui défilèrent *lentement* et *processionnellement* en sortant de ces cachots où elles avoient été *entassées*. Voilà comme certaines gens écrivent l'histoire au XIXe siècle. En ce genre, nous sommes forcés d'avouer que nous ne connoissons rien de plus curieux que l'histoire ou plutôt les *histoires* de M. Lacr:....., que tant de braves gens

(*) Voyez *les Mémoires pour servir à l'Histoire ecclésiastique du* 18e *siècle*, t. 1, p. 111, 2e édition.

ayant bientôt fatigué celui-là même qui avoit contribué à la faire renaître, on a vu encore qu'il l'avoit brisée en un instant et avec une telle violence, qu'on avoit pu croire, d'après ce coup si rudement frappé, que les intérêts nouveaux qui portèrent ensuite le régent et son ministre à faire cause commune avec la cour de Rome délivreroient enfin le clergé de France de ce joug ignominieux que la magistrature avoit osé lui imposer, et que la fausse politique de nos rois avoit maintenu et même agravé. Mais cette politique égoïste et absurde étoit encore toute vivante, et l'instinct despotique du régent sut la comprendre, même au milieu de ses plus grandes animosités contre les gens de robe. Redoutant à la fois et le clergé et le parlement, ce prince, dans tout ce qu'il entreprit ou contre l'un ou en faveur de l'autre, et peut-être sans s'être fait à ce sujet un plan profondément combiné, sut s'arrêter précisément au point où l'un des deux partis auroit entièrement triomphé du parti opposé; de manière que le clergé n'emporta qu'une demi-victoire, que la magistrature n'essuya qu'une demi-défaite, et que lorsque le parlement revint de son exil de Pontoise, aussi abattu sous la main du régent qu'il avoit pu

---

lisent *pour leur instruction,* et dont il faut espérer toutefois que quelque jour justice sera faite.

l'être sous celle de Louis XIV, il conserva encore, même dans les conditions de retour qu'il fut forcé de subir et qui confirmèrent sa dépendance à l'égard du pouvoir temporel, une partie de l'ascendant qu'il s'étoit arrogé sur l'autorité spirituelle. Les choses étant ainsi arrangées, il en résultoit qu'au moment même où le prince auroit éprouvé quelque embarras de la part de l'opposition religieuse, il étoit en mesure de s'en délivrer en élevant contre elle le parlement; et quant à celui-ci, les lits de justice et les prisons d'État devoient lui en rendre raison, si la fantaisie lui prenoit de passer les limites qu'il auroit jugé à propos de lui tracer. Cette politique, sous une forme un peu différente, étoit toujours celle de Louis XIV.

Mais, nous l'avons déjà dit, Louis XIV étoit chrétien, et il n'y eut jamais d'irréligion plus scandaleusement déclarée que celle du régent. Un troisième parti qui, jusqu'alors, s'étoit tenu dans l'ombre, d'où il n'auroit pu sortir, sans se voir à l'instant même écrasé sous la main redoutable à laquelle rien ne résistoit, se montra tout à coup au grand jour, toléré par un prince qui n'avoit cessé d'être son complice, encouragé par ses exemples dans ses excès les plus licencieux, au-dessus de toute autorité, parce qu'il nioit tout devoir, prêt à profiter de toutes les fautes des autres partis, et de tous les embarras où pourroit les jeter la fausse position dans laquelle ils étoient respectivement placés : ce fut le parti des incrédules, plus connu sous le nom de parti *philosophique*. Né, de même que les disciples de Jansénius, du protestantisme, dont il exprimoit les dernières conséquences, déjà plus nombreux qu'on n'auroit pu le penser, lorsqu'avoit défailli cette main qui avoit su le contenir, et prédominant surtout dans la nouvelle cour, il sut y profiter de la corruption effrénée des mœurs pour y accroître la licence des esprits ; et bientôt on le vit étendre plus loin ses conquêtes, lorsque la soif des richesses, allumée dans tous les rangs par la plus funeste des opérations financières, eut rapproché l'intervalle qui les séparoit, et commencé à introduire, dans quelques classes moins élevées de la société, les vices des grands seigneurs et la manie de les imiter. Ainsi commença, de la cour à la ville, à circuler le poison, d'abord dans le ton général des conversations où il fut du bel air de se montrer impie et libertin, ensuite dans une foule d'écrits obscurs, pamphlets, libelles, contes, épigrammes, qui se multiplièrent sous toutes les formes, échappant à l'action de la police par le concours de ceux-là mêmes qui auroient dû contribuer à en arrêter le cours, et propageant le mal avec cette rapidité qui n'appartient qu'à l'imprimerie, puisqu'elle est celle de la pensée. Deux hommes parurent à cette époque, qui étoient destinés à exercer une grande influence sur leur siècle, par l'éclat de leur talent, et par l'usage pernicieux qu'ils eurent le malheur d'en faire, Voltaire et Montesquieu. Celui-ci qui devoit, dans la suite, être dépassé de très loin par l'autre dans cette guerre ouverte contre le christianisme, se montra le plus hardi en entrant dans la carrière, et ses *Lettres persannes* attaquèrent plusieurs des vérités fondamentales de la religion avec une originalité de style et une énergie d'expression qui rendoient l'attaque plus séduisante et par cela même plus dangereuse. Cependant il le put faire sans être inquiété, tant étoit déjà avancée la licence des esprits ; et dès lors le crime de s'attaquer au prince étant estimé plus grand que celui de s'attaquer à Dieu, Voltaire expioit en même temps, à la Bastille, le simple soupçon d'être l'auteur d'une satire contre le régent. La fougue d'impiété de celui-ci s'exhaloit plus alors dans ses paroles que dans ses écrits, où quelques traits, jetés par intervalle, commençoient seulement à la déceler.

Tandis que croissoit ainsi ce parti, au milieu de l'espèce d'enivrement de débauche que la régence répandoit dans toutes les classes oisives ou opulentes de la société, l'Église de France, nous l'avons déjà dit, courbée sous le joug d'une servitude outrageante et intolérable, étoit réduite, pour résister au parti janséniste et se soustraire à l'action tyrannique du parlement, de se rallier au chef de l'État, d'accepter pour protecteur son infâme favori, de supporter la profanation de ses plus hautes dignités; et c'étoit là un opprobre qui fournissoit contre elle de nouvelles armes aux incrédules, lesquels en tiroient parti pour grossir leurs rangs de beaucoup d'esprits foibles et passionnés à qui ils savoient persuader que cette protection dérisoire qu'accordoient à la religion des hommes faisant, comme eux, profession d'incrédulité, étoit une preuve évidente de la fausseté de ses dogmes. Cette humiliation du clergé produisoit encore cet autre effet de jeter dans le parti janséniste des hommes à vues courtes et à conscience timorée, qui croyoient reconnoître, dans le rigorisme affecté des sectaires et dans leur opposition au pouvoir, bien que cette opposition n'eût commencé qu'après que le pouvoir les eût lui-même repoussés, une résistance courageuse à l'iniquité du siècle, à l'égard de laquelle ils reprochoient au parti opposé de se montrer beaucoup trop indulgent. Telle étoit la position des choses et des esprits, lorsque l'évêque de Fréjus parvint au ministère.

Toutefois ce n'est point assez de cette vue générale pour bien faire comprendre ces querelles déplorables qui se continuèrent si vivement, sous l'administration de ce foible vieillard, entre le clergé, les jansénistes et les parlements, si l'on n'y joint quelques traits de ce qui s'étoit passé, depuis Louis XIV, relativement à la bulle *Unigenitus*. L'ignorance et la sottise philosophique considèrent avec beaucoup de pitié les troubles et les désordres dont cette bulle fameuse fût en France l'occasion et le prétexte, et peu s'en faut qu'elles n'en jugent les détails indignes de l'histoire : il ne leur appartient pas de concevoir que c'est là, dans son principe et dans ses conséquences, le plus grand événement du xviiie siècle, et qu'il suffiroit seul pour l'expliquer tout entier.

(1715—1718) Il n'est pas difficile de prévoir ce qui seroit arrivé de l'obstination du cardinal de Noailles, si Louis XIV eût vécu; il n'y a pas d'apparence qu'il eût refusé d'obéir au commandement d'un maître à qui on ne résistoit pas impunément, et pour quelque temps, du moins, la paix eût été rendue à l'Église. La politique du régent, masquée sous le voile de la modération et de l'esprit conciliateur, changea la face des choses : le cardinal le voyant plein de condescendance pour lui et de tolérance à l'égard des jansénistes, reprit courage, et le parti des opposants avec lui. Il ne fut plus question d'accepter la bulle, quoiqu'il eût fait une promesse formelle à ce sujet. Un déluge de libelles où les doctrines qu'elle contenoit étoient attaquées et les opinions de Quesnel défendues, inonda Paris et les provinces; la division éclata ouvertement dans le corps des évêques, l'esprit de révolte commença à se manifester dans le clergé inférieur, dans les universités, dans les facultés de théologie; et l'on put se croire à la veille de ce schisme depuis si long-temps redouté par tous ceux qui en avoient vu le principe dans ce qui se passoit en France depuis près de quarante ans.

Les premiers symptômes de cette guerre qui alloit désoler l'Église de France, se manifestèrent dans cette même assemblée du clergé qui s'étoit ouverte quelques mois avant la mort du feu roi (1); et ce fut à l'occasion de deux ouvrages que le parti janséniste venoit de jeter dans le public, et dans lesquels tout le venin de leur doctrine se trouvoit répandu (2). Il fut

---

(1) Le 25 mai 1715.
(2) Les *Hexaples* et le *Témoignage de la Vérité* (*). « On y lisoit ces énormes maximes, que les peuples ne doivent point écouter leurs pasteurs; que les disciples ne doivent point être enseignés par leurs maîtres; que les fidèles n'ont pas la seule docilité pour partage. On y enseignoit au contraire que les peuples ont un droit

(*) L'auteur des *Hexaples* se nommoit Fouillou; celui du *Témoignage* étoit un oratorien nommé La Borde.

décidé que ces deux productions dangereuses seroient examinées et censurées : les prélats opposants (1) firent voir, dès lors, combien ils étoient favorables aux sectaires, par les manœuvres de tout genre qu'ils employèrent pour arrêter cette censure; et, n'ayant pu y réussir, pour empêcher du moins qu'il y fût parlé honorablement de la bulle, à l'occasion de laquelle cependant ces ouvrages avoient été composés, et contre laquelle ils étoient principalement dirigés. Ayant encore échoué sur ce point, leur dernière ressource avoit été de faire intervenir le régent, dont l'intention n'étoit pas

---

acquis de s'élever contre tout ce qui blesse leurs préventions et d'en décider par leurs clameurs. On citoit à ce tribunal de l'esprit particulier les conciles généraux eux-mêmes, pour s'assurer de l'authenticité de leurs canons; et on faisoit du soulèvement du peuple la souveraine règle vivante et infaillible de notre foi. Telle étoit la monstrueuse doctrine du livre du *Témoignage de la Vérité*. »

« Le livre des *Hexaples* n'étoit pas moins impie. Le but principal de son auteur étoit d'opposer la doctrine de l'Écriture et des Pères à celle de la *Constitution*, d'y mêler des remarques propres à étouffer dans le cœur des fidèles les sentiments de soumission et de respect qui sont dus au Saint-Siège, de justifier les *Réflexions morales* aux dépens de tous ceux qui les avoient si formellement proscrites, et d'invectiver contre les auteurs d'une morale opposée à la sienne. » (LAFITEAU, *Histoire de la Bulle Unigenitus*, t. 1, p. 320, in-12.)

(1) Ils étoient au nombre de douze, y compris leur chef, le cardinal de Noailles.

de donner en ce moment gain de cause à l'un ou à l'autre parti, et qui, sous prétexte qu'il venoit d'ouvrir une négociation avec le pape au sujet de leurs contestations, défendit provisoirement la publication des censures. Cependant la faculté de théologie de Paris avoit commencé à montrer de quel esprit elle étoit animée, en rétractant publiquement l'acceptation qu'elle avoit faite de la bulle, et déclarant même avec beaucoup d'impudence « qu'elle ne l'avoit jamais acceptée. » Son audace fut telle, dès ces premiers moments, que les livres censurés trouvèrent des apologistes au milieu d'elle, et purent y être impunément défendus.

Lorsque ces nouvelles parvinrent à Rome, Clément XI en ressentit une vive douleur, et jamais l'embarras de sa situation vis-à-vis de l'Église de France n'avoit été plus grand. Partout ailleurs, l'hérésie et la rébellion auroient été, à l'instant même, comprimées et punies par des actes décisifs de son autorité suprême, que le pouvoir temporel auroit accueillis avec respect, à l'égard desquels il eût exigé une prompte et entière obéissance. En France les obstacles se présentoient de toutes parts : formeroit-il une commission pour instruire le procès des évêques opposants ? Mais c'étoit une prérogative de l'Église *gallicane*, que les évêques n'y pouvoient être jugés en première instance que par les métropolitains assistés de leurs suffragants, et ce n'étoit que par voie d'appel que le pape avoit le droit de connoître de la cause d'un évêque accusé. Assembleroit-il un concile national? c'eût été soulever à l'instant même mille questions odieuses sur l'autorité pontificale : il n'y falloit pas penser. La convocation d'un concile général, qui lui fut proposée par ses conseillers, fut encore rejetée, parce qu'il y vit de même de graves inconvéniens (1). Sévir contre la Sorbonne, contre une simple faculté de théologie, il ne le pouvoit même pas sans imprudence, et sans s'exposer à voir son autorité compromise; car l'*appel comme d'abus* au parlement en eût été la conséquence; et, devant le tribunal séculier, la Sorbonne l'auroit très probablement emporté sur le souverain pontife. Au milieu de ces incertitudes, qui n'étoient que trop fondées, Clément XI s'arrêta du moins à la résolution de refuser des bulles à tout sujet

---

(1) Outre que la convocation n'en étoit pas aisée dans les circonstances où l'on se trouvoit, le pape ne voyoit pas la nécessité d'une semblable assemblée pour sanctionner une loi, qu'à l'exception de quelques réfractaires, tous les évêques du monde chrétien avoient reçue avec le respect qui lui étoit dû. Qui pouvoit assurer d'ailleurs qu'après que le concile auroit été convoqué, les Quesnélistes n'imiteroient pas les Calvinistes dans la conduite que ceux-ci avoient tenue à l'égard du concile de Trente? (LAFITEAU, *Histoire de la Bulle Unigenitus*, t. 1, p. 355, in-12.)

qu'on lui présenteroit pour de nouveaux évêchés, et qui n'auroit pas accepté formellement la constitution (1). Enfin, dans une congréga-

---

(1) Ce qui se passe à ce sujet suffira pour faire apprécier quelles étoient, sous les apparences du respect hypocrite et de l'esprit de conciliation, les véritables dispositions de la cour de France à l'égard du Saint-Siége. En 1716, plusieurs ecclésiastiques, dont la doctrine et les liaisons étoient suspectes, avoient été nommés à des évêchés : le pape refusa des bulles ; le régent demanda la stricte exécution du concordat, et il s'ensuivit entre les deux cours une altercation qui dura jusqu'en 1718. Alors perdant patience, le duc d'Orléans assembla un conseil de régence où des commissaires furent nommés, à l'effet d'examiner les motifs de ce refus que faisoit le pape, d'aviser aux moyens de le faire cesser, et s'il y persistoit, à ceux que l'on pourroit mettre en usage pour gouverner l'Église de France et pourvoir au sacre des évêques. Le duc de Saint-Simon, l'un des plus chauds opposants, étoit au nombre de ces commissaires, parmi lesquels on ne voyoit ni un évêque ni un magistrat. Les théologiens qu'il consulta étoient tous, comme lui, des opposants furieux ; on y comptoit entre autres un chanoine excommunié par son évêque, et un docteur de Sorbonne qui revint exprès de Hollande où il s'étoit retiré auprès de Quesnel, pour lui donner son avis. Il sortit de ce conciliabule un Mémoire où l'on présentoit les moyens de se passer du pape et de secouer entièrement le joug de la cour de Rome. Il ne s'agissoit pas moins, suivant l'avis de Saint-Simon, que de faire *appeler* tous les parlements et toutes les universités. Enfin les avis qui s'ouvrirent sur cette question furent si violents, que le duc d'Orléans en fut effrayé ; il en vit le danger, et trouva assez de force pour résister aux sollicitations de ceux qui vouloient l'entraîner dans le schisme. Toutefois on y touchoit pour ainsi dire à chaque instant ; et l'on ne peut savoir ce qui seroit arrivé en cette circonstance, si l'on n'eût appris, quelques jours après, que le pape, satisfait des explications qui lui avoient été données, avoit accordé les bulles. (Voyez les *Mém. pour servir à l'Hist. ecclés. du 18e siècle*, année 1718.)

tion générale qu'il assembla, et au milieu de laquelle il déplora les malheurs de l'Église avec cette éloquence noble et touchante qui éclatoit jusque dans ses moindres paroles, ce saint pape fit comprendre en peu de mots, et avec une admirable sagacité, quelles pouvoient être pour la religion en France les conséquences de l'opposition qui venoit d'y éclater : « Ce que je vous
» prie d'observer, dit-il au sacré collége assem-
» blé, c'est que les évêques opposants n'atta-
» quent ma bulle *Unigenitus*, qu'afin de saper
» en même temps et de faire tomber du même
» coup toutes celles où ce saint siége a foudroyé
» leurs erreurs. Comme il n'en est aucune au
» sujet de laquelle les formalités les plus solen-
» nelles aient été observées plus exactement
» qu'à l'égard de la dernière constitution, il n'en
» est point aussi qui mérite, avec plus de raison,
» d'avoir force de loi dans l'Église. Par consé-
» quent, travailler à infirmer l'autorité de celle-
» ci, c'est vouloir anéantir toutes les précéden-
» tes. Bientôt on verroit la bulle d'Innocent X et
» d'Alexandre VII contre les cinq fameuses pro-
» positions de Jansénius, celle d'Innocent XII
» contre le livre des *Maximes des Saints*, celle
» de Pie V et de Grégoire XIII contre Baïus, la
» nôtre même contre le fameux *Cas de con-
» science*, rejetées avec hauteur. Ce n'est plus
» un mystère dans le parti. Depuis quelque

» temps il s'en explique si clairement, qu'il n'est
» plus permis d'en douter. Ainsi, autant qu'il im-
» porte au sacré dépôt de la foi que des erreurs
» capitales ne jettent pas de nouvelles racines, ou
» qu'elles ne prennent pas de nouvelles forces, au-
» tant est-il nécessaire que nous maintenions, dans
» toute sa vigueur, une bulle qui, en achevant de
» les démasquer, achève aussi de les confondre(1). »

Que demandoient les opposants? Des *explications* sur le sens de plusieurs passages de la bulle, qui leur sembloient obscurs et susceptibles de fausses interprétations. Cette demande, au premier abord, paroissoit naturelle; plusieurs avoient peine à comprendre qu'elle pût leur être refusée, et c'étoit avec ces apparences de candeur qu'ils se présentoient dans le monde. Mais lorsque, allant au fond de leur pensée, le pape leur faisoit demander, à son tour, s'ils vouloient s'engager d'avance à accepter *purement* et *simplement* la bulle, après que ces explications leur auroient été données, alors commençoient leurs tergiversations; et pressés sur cette question importante, ils ne pouvoient

---

(1) Lafiteau, tom. 1, pag. 390. Ce passage remarquable suffit pour démontrer que cette affaire, si légèrement traitée par tant d'esprits superficiels, touchoit le fond même de la religion, et que la question de l'acceptation de la bulle *Unigenitus* étoit en même temps celle de savoir si la France continueroit ou cesseroit d'être catholique; la suite le fera bien voir.

plus cacher quel étoit le véritable but de cette demande insidieuse, faite uniquement dans l'intention d'établir une sorte de controverse avec le souverain pontife, controverse dans laquelle ils se réservoient le droit de rejeter ses explications, s'ils les trouvoient contraires à leurs doctrines. Ce fut dans ce sens que parlèrent des agents qu'ils osèrent envoyer à Rome, pour y faire cette proposition insolente (1). Luther et Calvin n'auroient pas autrement parlé (2).

Cependant Clément XI vit s'accroître ses in-

---

(1) L'un d'eux se nommoit l'abbé Chevalier; l'autre étoit ce même P. La Borde, auteur du livre du *Témoignage*. Ils finirent par se faire chasser de Rome.

(2) C'est qu'au fond la doctrine de Jansénius étoit absolument la même que celle de ces hérésiarques. Au moyen d'une interprétation absurde de Saint-Augustin, l'évêque d'Ypres enseignoit, dans son livre, que le plaisir est le seul mobile de nos actions; que lorsque le plaisir vient de la *grâce,* il nous porte à la vertu; que quand c'est la *cupidité* qui le fait naître, il nous entraîne vers le vice; et que, depuis la chute du premier homme, notre volonté est *nécessairement* déterminée à suivre celui de ces deux mouvements qui se trouve *actuellement* le plus fort dans notre cœur. Ainsi le fond de son système est que l'homme, comme fils d'Adam et entaché du péché originel, est soumis à la nécessité *invincible* de faire le bien ou le mal : le bien, quand c'est la *grâce* qui prédomine ; le mal, lorsque c'est la *cupidité*. Calvin n'enseigne rien de plus monstrueux dans ce qu'il établit sur la prédestination, sur la grâce, sur le libre arbitre. « Un ecclésiastique anglois, dit l'illustre
» comte de Maistre, a donné une superbe définition du calvinisme :
» c'est, dit-il, un système de religion qui offre à notre croyance
» des hommes esclaves de la nécessité, une doctrine inintelligible,

certitudes par l'usage même qu'il tenta de faire de son autorité. Immédiatement après cette congrégation des cardinaux, il avoit expédié en France deux brefs, l'un aux évêques opposants, par lequel il leur enjoignoit d'accepter la bulle sans délai, sans restriction, sans modification, y menaçant le cardinal de Noailles de le dépouiller de la pourpre, et de le traiter, lui et ses adhérents, selon toute la rigueur des canons, si, dans un terme fixé, il n'avoit pas donné des marques certaines de son obéissance ; l'autre au régent, pour lui démontrer la nécessité du

---

» une foi absurde, un Dieu impitoyable. » On ne pouvoit peindre le jansénisme en termes plus énergique et plus vrais. Le même écrivain remarque que le système de l'athée Hobbes, qui soutenoit également que tout est *nécessaire,* offre, en tous points, une identité parfaite avec ceux de Calvin et de Jansénius.

« Comment donc, ajoute-t-il avec sa merveilleuse sagacité, une telle secte a-t-elle pu se créer tant de partisans et même de partisans fanatiques ? Comment a-t-elle pu faire tant de bruit dans le monde ? fatiguer l'Etat autant que l'Eglise ? Plusieurs causes réunies ont produit ce phénomène ; la principale est celle que j'ai touchée. Le cœur humain est *naturellement* RÉVOLTÉ. Levez l'étendard contre l'autorité, jamais vous ne manquerez de recrues. *Non serviam* (Jérémie, II, 20) ; c'est le crime éternel de notre malheureuse nature. « Le système de Jansénius, a dit Voltaire, n'est » ni philosophique, ni consolant ; mais le plaisir d'*être d'un* » *parti,* etc. » (*Siècle de Louis XIV.*) Il ne faut pas en douter, tout le mystère est là. Le *plaisir* de l'*orgueil* est de braver l'autorité, son *bonheur* est de s'en emparer, ses *délices* sont de l'humilier. Le jansénisme présentoit cette triple tentation à ses adeptes. (*De l'Eglise gallicane,* liv. I, ch. IV, p. 32.)

parti qu'il venoit de prendre, et exciter son zèle à soutenir avec lui la cause de la religion. Les deux brefs furent considérés comme non avenus, parce que, suivant les libertés de l'Église *gallicane*, telles que les avoit instituées Louis XIV, aucun rescrit de la cour de Rome ne pouvoit être présenté au roi de France avant que copie en eût été donnée d'abord à ses ministres, comme si ce monarque eût craint de déroger en traitant directement avec le vicaire de Jésus-Christ. Une telle formalité, sans exemple dans la chrétienté, auroit eu de trop graves conséquences : le pape refusa de s'y soumettre, et put dès lors reconnoître quelles étoient, dans cette affaire, les véritables dispositions du régent, sur lequel d'abord il avoit cru pouvoir compter. Ce fut donc une nécessité pour lui de suspendre des coups qu'il devenoit imprudent de frapper.

Il n'est pas besoin de dire que les opposants s'enhardirent de cet échec, que venoit d'éprouver l'autorité de la cour de Rome : dès ce moment ils ne mirent plus de bornes à leurs prétentions et à leur insolence à l'égard du chef de l'Église. Toutefois, comme on traitoit encore le dogme assez sérieusement en France, ils essayèrent d'abord de répandre dans le public que cette bulle dont on faisoit tant de bruit, ne touchoit que quelques points de discipline de peu d'importance. Cette manœuvre ne leur ayant pas réussi, ils en imaginèrent une autre : ce fut d'inviter les acceptants à se réunir à eux pour établir ensemble un précis de doctrine que l'on soumettroit au pape, dans lequel on tomberoit d'accord sur tous les points dissidents, et qui, s'il étoit agréé, tranquilliseroit leur conscience sur l'acceptation pure et simple de la bulle. La proposition fut acceptée; on s'assembla : après de longues difficultés et des chicanes sans nombre, qui ne purent fatiguer la patience et la complaisance de leurs adversaires, ils parurent tomber d'accord avec ceux-ci sur la doctrine, et tout sembloit sur le point d'être terminé. Mais il devint évident que ce n'étoit de leur part qu'un jeu pour gagner du temps (1); car, employant aussitôt, pour arrêter l'effet de cette conciliation, la plus insigne et la plus coupable des fourberies, ils trouvèrent le moyen de substituer à la pièce originale une copie qu'ils en avoient dressée eux-mêmes, et dans laquelle ils avoient supprimé les corrections essentielles que les évêques acceptants y avoient faites, de tous les passages entachés de jansénisme; et l'ayant

---

(1) L'abbé Dorsanne, secrétaire du cardinal de Noailles, l'avoue lui-même naïvement : « Les opposants, dit-il, ne cherchoient » qu'à *allonger* pour donner *au second ordre* le temps de se décla- » rer. » (*Journal de Dorsanne*, année 1717.)

ainsi altérée, ils l'envoyèrent à Rome comme la profession de foi de tout le clergé de France. Ils furent encore démasqués cette seconde fois : alors ils proposèrent une assemblée générale des évêques, faisant entendre que c'étoit le seul moyen de parvenir à une entière conciliation ; mais les acceptants, qui d'abord avoient accueilli cette idée, acquirent bientôt la certitude que leurs adversaires y porteroient la même obstination et se serviroient de cette circonstance pour donner de plus grands scandales, et se hâtèrent d'écrire au pape pour le prier de mettre opposition à ce projet d'assemblée. Telle fut cependant la condescendance du souverain pontife à l'égard de cette poignée de rebelles, que, ne pouvant donner lui-même les explications demandées, et au sens qu'ils les demandoient, sans compromettre gravement son caractère et son autorité, il consentit qu'elles leur fussent indirectement offertes dans une lettre que le sacré collége demanda la permission de lui écrire, lettre qui fut rendue publique, et après laquelle les opposants n'eurent plus aucun prétexte plausible de persister dans leur refus.

Cette dernière marque d'indulgence ayant été accordée aux rebelles, le pape reprit le ton de maître ; et dans deux nouveaux brefs, adressés, l'un au régent, l'autre aux évêques acceptants, il fixa le délai qu'il accordoit au cardinal de Noailles pour faire son acte de soumission, se montrant décidé, ce délai passé, à procéder contre lui et contre ses adhérents selon toute la rigueur des canons. Il rappeloit particulièrement, dans celui qu'il adressoit aux évêques, ce qui s'étoit passé relativement au livre des *Réflexions morales*, le venin caché dans ce livre dangereux, l'empressement avec lequel le feu roi et l'Église de France en avoient demandé la condamnation, le respect avec lequel la majorité des évêques l'avoit acceptée; et le détail de ces circonstances lui servoit à faire ressortir davantage ce qu'il y avoit d'odieux dans la révolte des opposants et dans la conduite insolente de la faculté de théologie, qui, livrée à de continuelles variations, tantôt avoit reconnu, tantôt bravé l'autorité du saint siége, et ne prétendoit pas moins qu'à se faire en France la règle de la doctrine et la dominatrice de l'épiscopat. Un troisième bref, adressé à la faculté elle-même, étoit plus que comminatoire : il prononçoit la déchéance de ceux de ses docteurs qui s'étoient déclarés opposants, et décernoit contre eux les peines canoniques (1).

C'est ici que triomphèrent les libertés gallicanes. Le régent, qui trouvoit bon d'arranger

---

(1) Lafiteau, t. 1, p. 445.

les choses à l'amiable avec la cour de Rome, s'il y avoit possibilité de le faire selon son propre gré, mais non de lui laisser exercer en France des actes d'autorité, vit très tranquillement le parlement rendre aussitôt un arrêt par lequel, statuant sur tous rescrits émanés de la cour de Rome, il défendoit de recevoir en France aucune pièce de ce genre qui n'eût été préalablement munie de lettres-patentes du roi, arrêt par suite duquel les agents généraux du clergé reçurent l'ordre d'écrire à tous les évêques du royaume « qu'il leur étoit défendu, *de la part du roi*, d'accepter le bref qui venoit de leur être adressé, et qu'ils eussent à remettre aux mains de M. le régent tous les exemplaires qu'ils en avoient reçus (1). » Le pape en écrivit très vivement à ce prince, qui, sur ce point, ne voulut lui donner aucune satisfaction, et se borna seulement, pour ne pas rompre entièrement l'espèce de bonne intelligence qui paroissoit exister entre lui et le saint père, à défendre cette assemblée générale d'évêques que celui-ci avoit de si justes raisons de redouter. Mais le projet de conférences nouvelles par commissaires fut repris, et ceux des évêques acceptants qui essayoient encore de travailler au rétablissement

---

(1) Lafiteau, t. 1, p. 446.

de la paix en conçurent d'abord quelque espérance; on peut même dire que, pour y parvenir, ils se montrèrent trop faciles envers leurs adversaires. Déjà, dans ces conférences, on étoit parvenu à se mettre une seconde fois d'accord sur la doctrine, et il sembloit que l'acceptation de la bulle dût s'ensuivre naturellement; mais, arrivés à ce point principal de la querelle et poussés dans ce dernier retranchement, les opposants revinrent à leurs éternelles difficultés sur le sens auquel ils prétendoient l'entendre; les esprits s'échauffèrent par la controverse; et plusieurs d'entre eux, laissant enfin échapper leur secrète pensée, *appelèrent* de la bulle du pape au futur concile général, et portèrent leur appel à la faculté de théologie, qui *appela* aussitôt avec eux. Tel fut le résultat de ces funestes conférences.

Ce fut aussi le signal de l'orage dont tout ce qui avoit précédé peut n'être considéré que comme un signe avant-coureur : se voyant ainsi soutenu et par les hésitations politiques de la cour et par la complicité des magistrats, le parti janséniste leva le masque; d'*opposants* qu'ils étoient, ses fauteurs se firent *appelants*, et *l'appel* devint le mot d'ordre de la révolte pour tous ceux qui partageoient leurs doctrines erronées. Un grand nombre de curés de Paris et plusieurs communautés y donnèrent leur adhésion; non content de semer ainsi la division dans son diocèse, le cardinal de Noailles, chef avoué de cette faction, alla porter le trouble partout où il espéra trouver des rebelles et des brouillons; et telle fut la mauvaise foi des sectaires, qu'ils n'eurent pas honte de faire des emprunts pour obtenir des appels à prix d'argent (1). La licence se manifesta bientôt de la manière la plus effrayante, et surtout dans les classes subalternes du clergé : on vit des curés se réunir et délibérer ouvertement sur les moyens à prendre pour s'arroger les droits de l'épiscopat, des chapitres s'élever contre les décisions de leurs évêques; et bien que le nombre des appelants ne formât encore dans le clergé

---

(1) Ce fait est avoué par un de leurs principaux historiens. (*Anecdotes*, t. 3, p. 248 et suiv.) Ils empruntèrent à cet effet au delà de quatre cent mille livres ; on donnoit cinq cents livres à chaque candidat qui, dans des thèses publiques, soutenoit quelques-unes des erreurs condamnées par la bulle; les curés recevoient davantage; et l'on payoit encore de plus fortes sommes aux chanoines qui avoient assez de crédit pour gagner leurs chapitres, aux religieuses assez puissantes pour entraîner leurs communautés. Cette manœuvre dura deux ans, et ne fut découverte que par les plaintes des créanciers qui demandoient à être payés, et qui n'obtinrent jamais le remboursement de leurs avances. Cependant, malgré l'emploi de moyens si honteux, soutenus des plus odieuses calomnies et de tous les genres de séduction, le parti des *appelants* ne compta jamais, dans sa plus grande prospérité, que seize évêques, trois universités, deux à trois mille ecclésiastiques, et un petit nombre de laïques sans autorité.

qu'une misérable minorité, le parti trouva le moyen, vu cette position sans exemple où se trouvoit l'Église de France, de se faire persécuteur de la grande majorité de ses membres (1). A Paris, et dans les diocèses que gouvernoient des évêques appelants, les acceptants étoient interdits, soumis aux peines canoniques, en butte à toutes les vexations de leurs supérieurs; dans ceux où siégeoient des évêques acceptants, les rebelles pouvoient au contraire braver impunément leurs premiers pasteurs; au moyen de l'appel comme d'abus, ils les traînoient devant les tribunaux séculiers, où gain de cause leur étoit toujours assuré, et leur faisoient expier, par d'odieuses et insultantes condamnations, le légitime et consciencieux usage qu'ils avoient fait et dû faire de leur autorité.

La conduite du régent, dans ces graves circonstances, continua d'être ce qu'elle avoit été, foible en apparence, au fond calculée, insidieuse, et telle qu'il falloit qu'elle fût pour ne donner de triomphe complet à aucun parti. Sur les plaintes que lui adressèrent de toutes parts

---

(1) Contre ce petit nombre d'opposants que nous venons de signaler, se présentoient en France plus de cent évêques, toutes les universités, trois seulement exceptées, et plus de cent mille ecclésiastiques qui demeuroient attachés au corps épiscopal; hors de France, tous les évêques de la chrétienté.

les évêques, il leur écrivit pour les assurer de sa coopération à rétablir l'ordre dans leurs diocèses, leur protestant qu'il sauroit contenir le clergé du second ordre et même les parlements; il écrivit en même temps une lettre au pape, dont l'objet apparent étoit de renouer autant que possible les négociations; mais, dans cette lettre, ainsi que dans sa circulaire aux évêques, le principe des *appels* étoit maintenu, et le prince se contentoit seulement de les attaquer « dans l'abus que l'on prétendoit en faire dans cette circonstance, « de manière qu'il trouva le moyen de mécontenter à la fois tout le monde (1); ce dont il se soucioit peu, d'après le plan qu'il s'étoit tracé, dans ces querelles, de tout ramener définitivement à son autorité.

Les appelants avoient pénétré son dessein, et si bien qu'ils ne cherchoient qu'un moyen de le commettre avec la cour de Rome en le faisant intervenir dans les affaires de l'Église, de manière à mettre cette autorité dont il sembloit si jaloux en opposition avec celle du souverain pontife. Ce fut dans cette intention qu'ils proposèrent, comme moyen de conciliation, un silence *absolu* sur la bulle, silence qui seroit

---

(1) Quelques magistrats trouvèrent mauvais que le régent eût insinué dans sa lettre que des parlements avoient attenté aux droits de l'épiscopat. (LAFITEAU, t. 2, p. 42.)

ordonné par le roi, y ajoutant toutefois cette condition que l'ordonnance royale ne paroîtroit qu'après que le cardinal de Noailles auroit publié son appel; ils demandoient même que le roi, dans cette ordonnance, s'expliquât sur les excommunications « de manière à rassurer les consciences; » que les appels y fussent considérés comme légitimement faits, et que la décision de l'affaire sur laquelle ce silence général auroit été imposé, fût renvoyée, non au pape, mais au futur concile général. Certes, l'insolence ne pouvoit aller plus loin : c'étoit non seulement se maintenir dans leur ancienne prétention de traiter avec le chef de l'Église sur le pied de la plus parfaite égalité, mais encore pousser le souverain temporel à porter la main à l'encensoir, et allumer entre les deux puissances une guerre qu'en effet ils désiroient ardemment, et dont les insensés espéroient profiter.

On conçoit avec quelle indignation un semblable projet fut rejeté. Le pape, à la vérité, demandoit le silence; mais il vouloit que l'hérésie fût seule forcée de se taire. Le cardinal de La Trémouille, ambassadeur de la cour de France auprès du Saint-Siége, et qui y jouoit, depuis le commencement de ces querelles, le rôle de conciliateur avec assez peu de discernement, commit en cette occasion une grande faute : encore qu'il connût parfaitement la pensée du saint

Père sur ce projet de silence également imposé au mensonge et à la vérité, il se persuada très mal à propos que, si ce silence *général* étoit en effet ordonné pour peu de temps, sans toutefois y admettre les conditions insolentes proposées par les appelants, on pourroit, à la faveur du moment de calme qu'il auroit procuré, parvenir à s'entendre sur le fond de la discussion; et qu'en faveur d'un si heureux résultat, on obtiendroit probablement du pape qu'il fermât les yeux sur un acte du pouvoir temporel qui pouvoit avoir de si graves conséquences. Ce fut en ce sens qu'il écrivit à sa cour; et la déclaration du roi, qui ordonnoit *le silence* sur les affaires de la bulle, parut immédiatement après (1).

On conçoit que les acceptants ne s'y soumirent qu'avec beaucoup de répugnance : c'étoit exiger d'eux une sorte de prévarication. Quant aux appelants, ils ne vouloient point du silence à de telles conditions; et pour éluder l'effet de la déclaration, ils mirent en avant le cardinal de Noailles qui parvint à persuader au régent qu'il ne pouvoit convenablement se taire avant que le pape se fût expliqué sur le précis de doctrine qui venoit d'être arrêté entre les deux partis. L'adhésion des évêques acceptants à

---

(1) Le 17 octobre 1717.

cet exposé doctrinal ne laissoit aucun doute sur son orthodoxie : l'explication demandée au pape ne pouvoit donc qu'être favorable, et l'on commençoit à concevoir quelque espérance d'une véritable paix. Or, et nous l'avons déjà dit, les opposants n'en vouloient point; tout ceci n'étoit de leur part qu'un jeu détestable : par une seconde fraude qui n'étoit pas moins odieuse que la première, de laquelle toutefois on prétend que le cardinal ne fut pas complice (ce qui semble difficile à croire et se trouve démenti par sa conduite postérieure), ils altérèrent ce précis de doctrine dans tout ce qu'il contenoit de contraire à leurs maximes; et résolus de mettre à cette paix un obstacle insurmontable, ils choisirent ce moment pour publier l'appel de ce prélat, appel qu'il avoit fait secrètement et auquel il avoit jusqu'alors différé de donner de la publicité. Le chapitre métropolitain et les curés de Paris y adhérèrent à l'instant même; la Sorbonne, qui, en fait d'appel, avoit déjà pris les devants, reçut celui-ci avec les plus grands applaudissements, et la confusion fut à son comble dans le clergé de Paris.

Le régent, soit qu'il fût réellement irrité de cette audace, soit qu'il feignît de l'être, ordonna au parlement de poursuivre la publication de cet appel, et le parlement, qui l'approuvoit intérieurement, le condamna *par ordre*. Alors blessé au vif dans son amour-propre, le foible et vaniteux prélat ne se contint plus : il avoua hautement son appel, en prit la défense, et montra quels étoient ses véritables sentiments en repoussant les nouvelles marques de condescendance que le pape se montroit disposé à lui donner ; puis se mettant plus ouvertement encore qu'il ne l'avoit fait à la tête de son parti, il se fit l'apologiste des doctrines censurées, et déclara nettement qu'une acceptation conditionnelle étoit tout ce qu'il pouvoit accorder. Après ce dernier éclat, Clément XI, dont la modération et la longanimité ne sauroient être trop admirées dans ces circonstances difficiles et malheureuses, se décida, ayant épuisé tous les moyens de conciliation, à publier sa bulle de séparation (1).

Ce fut le signal d'une nouvelle confusion plus grande que tout ce qui avoit précédé. Les appels contre la nouvelle bulle s'élevèrent aussitôt de toutes parts dans le parti des opposants; et le parlement tressaillit de joie en voyant des princes de l'Église lui fournir eux-mêmes, par leurs

---

(1) Cette bulle qui commence par ces mots, *Pastoralis officii*, fut publiée à Rome, le 28 août 1718. Adressée à tous les fidèles, elle leur ordonnoit de rompre toute communication avec les opposants, déclaroit ceux-ci séparés de la charité de la sainte Église romaine, les privoit de la communion ecclésiastique avec l'Église et son chef, leur obéissance seule pouvant les rétablir dans l'unité du siége apostolique.

fureurs, l'occasion qu'il cherchoit depuis si long-temps d'élever sa puissance sur celle de Rome. Déjà il n'avoit pas craint de faire brûler par la main du bourreau une lettre qu'un prélat courageux (l'archevêque de Reims) avoit adressée au régent, pour lui peindre l'excès du mal et l'inviter à en arrêter le cours : en cette nouvelle circonstance, il n'eut pas même la peine de prendre l'initiative. Ce furent les gens du roi eux-mêmes qui appelèrent devant lui de la bulle comme d'abus; il reçut leur appel, et s'apprêta ainsi à procéder contre le pape lui-même. Cependant les opinions les plus monstrueuses se professoient hautement dans la Sorbonne, et le langage de ses docteurs ne différoit point de celui des plus furieux protestants; les choses allèrent même à cet excès, qu'un plan de séparation de l'Église de France avec celle de Rome, et d'union avec l'Église anglicane, fut secrètement dressé dans le parti des opposants (1).

---

(1) Ce plan avoit été tracé par Dupin, docteur de Sorbonne, à qui ses violences et ses erreurs ont acquis, dans ces querelles, une si malheureuse célébrité. Une correspondance qu'il avoit avec l'archevêque de Cantorbery éveilla les soupçons; on saisit ses papiers, et les fils de cette trame presque incroyable furent ainsi dévoilés. « Il y étoit dit que les principes de notre foi peuvent s'accorder avec les principes de la religion anglicane; que sans altérer l'intégrité du dogme, on peut abolir la confession auriculaire, et ne plus parler de *transsubstantiation* dans le sacrement de l'Eucha-

L'archevêque de Reims écrivit de nouveau pour démasquer ces détestables machinations, et l'évêque de Soissons publia sur le même objet quelques écrits très énergiques : le parlement s'en saisit aussitôt pour les flétrir, et confia encore à la main du bourreau le soin de lui en rendre raison. Cependant les parlements de provinces s'empressoient d'imiter leur digne modèle; et plus de quarante évêques ayant déclaré les appels schismatiques, la plupart d'entre eux se virent cités devant les tribunaux séculiers, qui supprimèrent et condamnèrent leurs mandements comme abusifs.

L'indignation du pape étoit à son comble, et néanmoins, lorsqu'il sembloit résolu de la faire éclater, les mêmes embarras se présentoient toujours devant lui. Plus d'une fois, il fut sur le point de sévir contre les parlements prévaricateurs; puis il s'arrêtoit, effrayé d'un coup d'autorité qui pouvoit faire éclater le schisme, depuis si long-temps préparé dans l'Église de France, et revenoit à des supplications nouvelles auprès du régent, pour qu'il arrêtât enfin ce torrent qui menaçoit de tout entraîner. Fidèle à son plan,

---

ristie, anéantir les vœux de religion, permettre le mariage des prêtres, retrancher le jeûne et l'abstinence du carême, se passer du pape, et n'avoir plus ni commerce avec lui, ni égard pour ses décisions. » (LAFITEAU, t. 2, p. 126.)

celui-ci continuoit à prendre des demi-mesures qui, sans satisfaire le pontife, entretenoient du moins ses espérances, et ne le mettoient pas dans la nécessité périlleuse de rompre ouvertement avec lui. La première fut d'ordonner de nouveau un silence général sur tout ce qui concernoit la bulle; et ce funeste remède, déjà si malheureusement employé, et que nous verrons par la suite agraver le mal au lieu de le guérir, ne produisit pas un meilleur effet cette fois-ci que la première : les acceptants en furent affligés, et les appelants s'en moquèrent. (1719) Les excès de la Sorbonne ayant passé toutes les bornes, ses docteurs furent mandés chez le garde des sceaux et réprimandés : ils n'en continuèrent pas moins de dogmatiser avec la même insolence (1). L'évêque de Soissons se plaignit de l'outrage qu'il venoit de recevoir : tout ce que fit pour lui le régent fut d'empêcher que l'arrêt du parlement qui condamnoit son livre au feu ne fût exécuté. Il souffroit en même temps, et avec la plus grande tranquillité, que ce même parlement supprimât par un nouvel arrêt la

---

(1) La faculté *appelante* de Caen ayant établi très positivement dans son appel que l'opinion de l'infaillibilité du pape étoit erronée, la faculté de Paris approuva cette opinion et la confirma par un décret. On n'étoit point encore allé jusque-là en France. (*Mém. pour servir à l'Hist. ecclés. du 18ᵉ siècle*, année 1719.)

condamnation que le pape venoit de faire d'une instruction pastorale du cardinal de Noailles, la plus séditieuse qu'il eût encore publiée; et l'évêque de Soissons fut, en cette circonstance, moins maltraité que le souverain pontife. Alors Clément XI, poussé à bout, reprit sa résolution de refuser des bulles à tout évêque nommé qui n'accepteroit pas purement et simplement la constitution *Unigenitus*.

(1720) Ni cette résolution, ni les rescrits et les anathèmes du Saint-Siége, ni le zèle des évêques acceptants n'auroient suffi : il falloit par dessus tout la volonté du pouvoir temporel, qui s'étoit fait en France l'arbitre suprême des rapports de l'Église avec son chef; et cette volonté, nous l'avons déjà dit, commença à se manifester au moment où Dubois eut la pensée de devenir cardinal. Alors il fut arrêté, dans le conseil du régent, qu'on se procureroit, de gré ou de force, un enregistrement quelconque de la bulle, et qu'on emploieroit des moyens plus efficaces auprès de l'archevêque de Paris, pour parvenir à vaincre son obstination. Des négociations nouvelles furent donc ouvertes avec lui, et l'on y mit plus de suite et de tenacité. Le cardinal ne se montra ni moins tenace, ni moins opiniâtre : il batailla long-temps, tergiversa, exigea de nouvelles explications qu'il fallut consentir à lui donner. D'habiles théologiens y travaillèrent pendant six mois, les arrangeant de manière à ce qu'elles pussent satisfaire ce vieillard ombrageux; ce qui fit qu'elles ne satisfirent point plusieurs évêques acceptants qui refusèrent de les signer. Telles qu'elles étoient cependant, la plupart d'entre eux les signèrent, trop complaisamment sans doute, mais tant étoit grand leur désir de la paix; et le cardinal les signa avec eux. Toutefois, alors même que cette paix sembloit être sur le point de se conclure, il donnoit des preuves nouvelles de sa mauvaise foi en publiant de nouveaux écrits contre la bulle (1), écrits que, par une mauvaise foi plus grande encore, il désavoua, après qu'ils eurent été condamnés à Rome, non pas tant à cause de cette condamnation que parce qu'ils l'exposoient à encourir l'entière disgrâce du régent.

Cette conduite, qui semble presque inexplicable, venoit de ce qu'il comptoit sur le parlement, comme le parlement comptoit sur lui. Mais aussitôt qu'il lui fut démontré que l'existence de cette compagnie étoit menacée, il sentit son courage s'abattre; et, pour sauver le

---

(1) Entre autres, une lettre circulaire adressée à ses curés, dans laquelle il les conjuroit de ne s'alarmer, ni sur les explications qu'il venoit d'adopter, ni sur l'acceptation qu'il avoit promise : « Par mes *explications*, disoit-il, j'ai mis *la vérité à couvert*; et si j'accepte, c'est avec une bonne *relation*. (LAFITEAU, t. 2, p. 163.)

tribunal séculier qui citoit devant lui les évêques, qui les condamnoit, qui les outrageoit, il parut céder enfin; et la bulle, *forcément* enregistrée au parlement, fut *conditionnellement* acceptée par le prélat; c'est-à-dire que, par un dernier trait de mauvaise foi qui passoit tous les autres, tandis qu'il acceptoit *sans restriction* dans le mandement qu'il publioit, il faisoit imprimer en même temps un second mandement clandestin où son acceptation étoit positivement *restrictive*. Le pape eut connoissance de cette fraude au moment même où le cardinal la commettoit; et l'on peut concevoir combien il dut être satisfait d'une semblable paix, la bulle étant acceptée d'une si étrange manière par l'archevêque de Paris, et enregistrée au parlement « *purement et simplement*, assuroit le régent, et sans autres bornes que celles qu'il falloit *nécessairement* s'imposer, pour ne pas s'écarter des *maximes* du royaume (1). » Or ces maximes étoient justement le principe de cette guerre continuelle qui se faisoit en France contre le Saint-Siége, et qui menaçoit sans cesse le royaume *très chrétien* du schisme et de l'hérésie. Dubois convenoit lui-même « qu'il manquoit *quelque chose* à l'affermisse-

---

(1) LAFITEAU, p. 166.

ment de la paix; mais il démontroit, en même temps, l'impossibilité d'obtenir davantage, pour le moment (1).

(1721-1723) Clément XI mourut au milieu des amertumes que lui causoient cette triste paix et ces scandaleuses négociations : on n'aura pas de peine à croire qu'Innocent XIII, qui lui succéda, n'en fut pas plus satisfait. Toutefois ses efforts auprès du cardinal de Noailles pour obtenir de lui une acceptation pure et simple n'eurent pas plus de succès que ceux de son prédécesseur ; et tels étoient les résultats de cette prétendue paix, que sept évêques opposants eurent l'audace singulière de lui écrire une lettre dans laquelle la bulle étoit formellement attaquée, et le caractère de Clément XI outrageusement insulté ; plusieurs autres écrits furent en même temps publiés, soit par des évêques, soit par des docteurs de Sorbonne, où étoient développées contre les *deux puissances* (2) les doctrines les plus pernicieuses de la secte (3). Le pape flétrit ces écrits avec les qualifications qu'ils méritoient, et s'a-

---

(1) LAFITEAU, p. 168.
(2) Il convient de remarquer que les deux *puissances* étoient toujours *conjointement* attaquées, chaque fois que le pouvoir temporel cessoit de se montrer tolérant à l'égard des sectaires : nous en verrons bientôt un exemple plus frappant.
(3) LAFITEAU, p. 181 à 189.

dressa en même temps au régent pour obtenir raison de ces perturbateurs et de ces séditieux. Ce fut alors que, fatigué de tant de mutineries par lesquelles l'autorité royale se trouvoit elle-même avilie, et résolu de satisfaire du moins le pape dans ce qui ne compromettoit en rien les *maximes* du royaume et l'autorité *spirituelle* du cabinet de Versailles, le duc d'Orléans parla enfin en maître, et, soutenu de la puissante volonté de son ministre, appesantit son bras sur les jansénistes avec tant de violence (1), que, jusqu'à sa mort, ils n'osèrent plus remuer. De son côté, le nouveau pape jugea que, dans des circonstances aussi difficiles, il lui convenoit d'user de cette politique patiente du Saint-Siége, politique dont, tôt ou tard, le triomphe est assuré, parce qu'elle a pour fondement l'éternelle vérité. Il parut donc se contenter de ce que le régent avoit fait, considérant toutefois ce qui se passoit alors en France plu-

---

(1) Il en exila quelques-uns, en destitua d'autres, et apprit ainsi à tous qu'il vouloit être obéi : il avoit lui-même appris à bien connoître l'esprit de ces sectaires, au milieu de ces longues querelles ; et les ayant bien accueillis d'abord, il avoit fini par ne plus pouvoir les supporter. Il disoit, dans les derniers temps de sa vie, « que si le ciel l'eût fait roi, il n'auroit jamais souffert, parmi ses sujets, des gens qui, dans une révolte, pussent prétexter avec les jansénistes que *la grâce leur avoit manqué.* » LAFITEAU, p. 192.

tôt comme une trève que comme une véritable paix.

(1724-1726) Ce calme apparent se prolongea après la mort du duc d'Orléans jusqu'à celle d'Innocent XIII, qui mourut en 1724. Cependant les sectaires, moins contenus sous le ministère du duc de Bourbon, se montrèrent déjà disposés à abuser de la tolérance dont ils jouissoient, et que la prudence du chef de l'Église n'avoit pas cru devoir troubler. Le nouveau pape, Benoît XIII, n'en jugea pas ainsi : il ne lui parut pas convenable de garder plus long-temps de tels ménagements avec l'hérésie; et à peine fut-il monté sur le trône pontifical, qu'il porta son attention sur les affaires de l'Église de France, et résolut d'avoir raison de l'acceptation illusoire du cardinal de Noailles. Il n'est pas besoin de dire qu'il employa de nouveau tous les moyens de douceur et de persuasion que ses prédécesseurs avoient en quelque sorte épuisés à l'égard de ce prélat. Le parti se réveilla aussitôt, plus ardent qu'il n'avoit jamais été, quoique ses rangs commençassent déjà à s'éclaircir (1); et aussitôt recommencèrent avec la

───────────

(1) La Sorbonne donnoit déjà quelques signes de retour vers la soumission à l'autorité : les facultés de théologie de Reims, de Poitiers et de Nantes s'étoient désistées de leur appel, et l'évêque

cour de Rome ces manœuvres insolentes et ces négociations perfides dont le scandale avoit si long-temps affligé la chrétienté. L'impudence des sectaires fut poussée cette fois jusqu'à publier, sous le nom du pape, un mémoire composé par eux et infecté de toutes leurs erreurs : convaincus de mensonge, comme ils l'avoient déjà été tant de fois, ils ne s'en déconcertèrent pas, et ce fut par des mensonges nouveaux qu'ils cherchèrent à se disculper (1).

Cependant il étoit visible que le cardinal de Noailles n'étoit qu'un instrument entre les mains des sectaires : il ne paroît pas qu'abandonné à lui-même, il eût eu assez d'énergie de caractère pour opposer une aussi longue résistance. Pressés autour de lui, les plus habiles du parti le soutenoient, le raffermissoient, écrivoient pour lui dans cette déplorable polémique, et exploitoient ainsi à leur profit sa foiblesse et sa vanité. Dans cette circonstance, ils le virent plus chancelant qu'il n'avoit été, et presque honteux du rôle qu'on lui faisoit jouer, prêt à se rendre aux sollicitations du souverain pontife, dont le zèle et la charité ne lui laissoient pas un moment de repos. Aussitôt trente curés jansénistes

---

de Saint-Malo, qui s'étoit fait appelant en 1717, venoit d'accepter la bulle purement et simplement.

(1) LAFITEAU, t. 2, p.

de Paris furent ameutés pour le rejeter dans le parti, et dans un mémoire infecté de schisme et d'hérésie, s'élevèrent aussi audacieusement qu'on l'avoit jamais pu faire contre la bulle *Unigenitus*, soutenant qu'elle mettoit la foi en péril, et qu'on ne pouvoit ni l'accepter ni la publier. Ce fut ainsi qu'ils ramenèrent le foible prélat, et que la paix d'Innocent XIII fut ouvertement rompue.

Ceci se passoit en 1726 : l'évêque de Fréjus venoit d'être nommé ministre; cette même année, il avoit été décoré de la pourpre par le souverain pontife; il sembloit professer les maximes du Saint-Siége, et même il avoit publié, sous le feu roi, quelques écrits contre le *Quesnelisme*. Ses dispositions à l'égard de la cour de Rome n'étoient point hostiles sans doute; mais en supposant même qu'elles eussent été aussi favorables qu'on le pouvoit désirer, et qu'il ne les eût pas soumises aux calculs de son ambition et aux intérêts de sa nouvelle position politique, il leur auroit toujours manqué ce qui pouvoit en assurer le succès, l'étendue des vues et la fermeté du caractère.

Un arrêt du conseil supprima le mémoire des trente curés comme scandaleux et contraire aux décisions de l'Église et aux lois de l'État. Ceux-ci adressèrent au roi une remontrance, dans laquelle ils rappelèrent et soutinrent toutes les erreurs contenues dans leur mémoire. Ils y renouveloient leur appel au concile général, niant que la bulle fût une loi de l'Église et de l'État; et comme pour se mettre à couvert de l'autorité royale qu'ils bravoient avec tant d'insolence, ils y établissoient l'*inviolabilité* de leurs personnes « en les mettant sous la protection de Dieu et du futur concile œcuménique. » Un second arrêt du conseil flétrit cet écrit détestable; mais comme le roi y déclaroit en même temps « que les curés ne formoient point un corps qui pût lui adresser des remontrances, » il fut décidé que désormais les évêques du parti prêteroient leurs noms à tous les écrits qu'il lui conviendroit de publier. Aussitôt se répandit un déluge d'invectives, de calomnies, d'erreurs de tout genre, sous la forme de mandements et d'instructions pastorales; et l'on voyoit paroître au premier rang, parmi les évêques qui ne rougissoient pas de signer ces œuvres de ténèbres, ceux de Montpellier, d'Auxerre et de Senez.

(1727-1728) Ce dernier (M. de Soanen) se faisoit surtout remarquer par une fureur qui ne respectoit plus rien (1) : ce fut sur lui que tomba l'orage,

---

(1) « Il ordonnoit publiquement tous les apostats que lui envoyoient les jansénistes de Hollande, et les admettoit aux ordres sacrés, tantôt sans démissoires, tantôt sur le seul témoignage d'un évêque intrus dans les pays protestants. » (LAFITEAU, t. 2, p. 198.)

et il éclata à l'occasion d'une dernière instruction pastorale dans laquelle il excitoit ouvertement au schisme et à la révolte (1). Le cardinal de Fleuri, forcé enfin de reconnoître que de semblables excès ne pouvoient être plus long-temps tolérés, résolut de le faire juger par le concile de sa province. Ce concile fut assemblé à Embrun sous la présidence du métropolitain, M. de Tencin (2): le vieil évêque, que quelques conférences amicales avec ses juges avoient d'abord ébranlé, fut raffermi dans son fanatisme par les agents que le parti se hâta de lui envoyer de Paris ; il parut donc devant le concile pour récuser d'abord son autorité, avoua ensuite que l'instruction pastorale « n'étoit pas de lui, » mais déclara en même temps qu'il en adoptoit tous les prin-

---

(1) Dans sa fureur janséniste, ce vieillard fanatique y défendoit à ses diocésains d'écouter le successeur que la Providence lui donneroit, s'il s'avisoit jamais de leur parler en faveur de la constitution *Unigenitus*. (LAFITEAU, t. 2, p. 198.) Il est remarquable que ce même évêque de Senez avoit accepté la bulle *Vineam Domini*.

(2) Ce prélat, dont la doctrine étoit pure et le savoir très étendu, a été peint des plus noires couleurs par les libellistes et les gazetiers du parti, parce qu'il fut un de ses plus redoutables antagonistes. Ces calomnies odieuses et dégoûtantes, que démentent toutes les circonstances de sa vie, ont été recueillies comme des vérités authentiques par les faiseurs de *Mémoires secrets*, et même, de nos jours, par des historiens sans critique, que l'on trouve toujours disposés à croire le mal que l'on peut dire d'un homme d'église, et dans tous les degrés de la hiérarchie.

cipes, et persista dans ses erreurs avec une telle opiniâtreté, qu'il devint impossible même aux plus indulgents de ne pas prononcer sa condamnation. Il fut suspendu de ses fonctions et relégué en Auvergne dans une abbaye de bénédictins. Toutes les opérations du concile furent approuvées par le pape, et le roi témoigna qu'il en étoit satisfait.

Qui le croiroit? ce fut dans le barreau de Paris que les Quesnelistes allèrent chercher des appuis; et l'on vit, pour la première fois, des avocats paroître dans ces querelles de théologie et de discipline ecclésiastique. Cinquante d'entre eux signèrent avec une rare intrépidité une consultation, dans laquelle ressassant toutes les erreurs et toutes les calomnies du parti, ils entassoient lois sur lois pour infirmer le jugement du concile d'Embrun. Sur l'invitation du cardinal de Fleuri, trente et un évêques, alors à Paris, donnèrent leur avis doctrinal sur cette pièce, qu'ils déclarèrent hérétique, diffamatoire, et par suite duquel un arrêt du conseil, du 3 juillet 1728, la supprima avec les qualifications qu'elle méritoit. Les évêques qui l'avoient jugée la flétrirent ensuite par leurs mandements; et l'un d'entre eux, l'évêque d'Évreux, allant plus loin, pénétra jusqu'aux sources où ses auteurs avoient puisé leurs prétendus arguments contre le concile d'Embrun, et les convainquit d'ignorance grossière, en ce qui concernoit les lois, les exemples, les réglements qu'ils avoient rappelés dans leur consultation; de mensonge et de perfidie, pour avoir généralement supposé, tronqué, falsifié toutes les autorités dont ils avoient invoqué le témoignage. Cet écrit demeura sans réplique; parce que les preuves y étoient poussées jusqu'à la démonstration (1); et il fut reconnu, dans le parti, que, pour le moment, les gens de chicane ne lui pouvoient apporter qu'un très foible secours.

Alors les sectaires revinrent à demander celui des évêques appelants. Il s'en présenta douze qui embrassèrent la cause de l'évêque de Senez; et telle fut leur aveugle précipitation que, dans une lettre au roi où ils se plaignoient du jugement rendu contre ce prélat, ils accusèrent d'irrégularité les actes du concile d'Embrun, avant d'avoir pris la précaution de les consulter, et sur le simple rapport que leur en firent les têtes les plus échauffées du parti : il en résulta que tous les faits qu'ils avoient avancés se trouvèrent faux; ce qui leur fut démontré (2). Leur lettre fut traitée de séditieuse et désapprouvée; mais ce n'étoit pas là un événement propre à les déconcerter.

---

(1) LAFITEAU, t. 2, p. 217.
(2) *Ibid.*, p. 218.

Ils le furent davantage de la rétractation solennelle que fit le cardinal de Noailles des erreurs dans lesquelles ils l'avoient entraîné. Depuis quelque temps, ce prélat, qui n'avoit jamais manqué ni de foi ni de piété, se lassoit des violences auxquelles son parti se laissoit emporter, et montroit quelque effroi de certaines conséquences de leur doctrine, qu'il avoit enfin commencé à entrevoir. Les divisions qui éclatèrent à Utrecht entre les jansénistes réfugiés sur la doctrine même qu'ils opposoient au saint siége, achevèrent de lui dessiller les yeux : il reconnut dans ces divisions le principe protestant, par conséquent l'esprit de mensonge et d'erreur, et revint sincèrement au giron de l'Église et à une soumission pleine et entière à son autorité. Il accepta publiquement la bulle sans restrictions ni modifications, condamna le livre de Quesnel, ses propres mandements et tout ce qui avoit paru sous son nom de contraire aux décisions du souverain pontife; fit à son égard des actes d'une pleine et entière soumission, et écrivit à tous les évêques qu'il avoit scandalisés (1). Telle

---

(1) Cette même année 1728 vit la rétractation des évêques d'Agen, de Condom, d'Acqs, de Blois, d'Agdé, d'Angoulême et de Rodez. Les évêques de Metz, de Mâcon, de Tréguier, de Pamiers et de Castres, bien que leurs opinions fussent suspectes, gardoient le silence. Le parti ne comptoit donc plus à sa tête que trois à

fut l'heureuse fin d'un prélat dont la foiblesse et la vanité avoient causé de si grands maux : elle arriva malheureusement trop tard pour produire quelque bien. Il mourut l'année suivante, poursuivi, à son lit de mort, par les invectives du parti qui l'avoit si long-temps enivré de ses adulations (1).

(1729-1730) Il fut remplacé par l'archevêque d'Aix, M. de Vintimille : c'étoit de la part de celui-ci un acte de courage que d'accepter la charge d'un diocèse comme celui de Paris. Le désordre y étoit au comble : il n'y avoit plus ni décence ni subordination dans le clergé inférieur, où de toutes parts avoient pénétré et fructifié les doctrines nouvelles; une gazette clandestine, dont les auteurs avoient jusqu'alors échappé à toutes les

---

quatre évêques, ceux de Montpellier, d'Auxerre, de Troyes, et l'évêque *suspens* de Senez. Voilà ce qu'ils opposoient au pape suivi de tout le corps épiscopal. (*Mémoires pour servir à l'Histoire ecclésiastique du 18ᵉ siècle,* année 1728.)

(1) On lui fit cette épitaphe burlesque, qui peint assez bien ses continuelles variations :

> Ci-gît Louis Cahin-Caha,
> Qui dévotement appela,
> De oui, de non, s'entortilla ;
> Puis dit ceci, puis dit cela,
> Perdit la tête et s'en alla.

Toutefois le dernier vers manque de justesse ; il eût été plus vrai de dire que le cardinal avoit *retrouvé sa tête* avant de *s'en aller.*

recherches de l'autorité, paroissoit régulièrement deux fois la semaine, et, sous le titre de *Nouvelles ecclésiastiques*, répandoit à grands flots le poison de l'erreur et du schisme, livroit à la haine ou à la risée du public tous ceux qui se montroient les adversaires de la secte. Le mal avoit gagné jusqu'aux classes populaires, et les femmes elles-mêmes prenoient parti avec tout l'entêtement de leur ignorance et de leurs petites passions. Tel étoit l'affligeant spectacle qui s'offroit au nouvel archevêque; tels étoient les maux que son zèle étoit appelé à combattre.

Ce zèle ne tarda pas à être éprouvé : au moment même de son installation, il avoit eu la consolation de voir le chapitre métropolitain donner, de son plein gré, une entière adhésion à la bulle. Cet exemple n'avoit pas été suivi; et, pour ramener les esprits, il avoit jugé nécessaire de prouver dogmatiquement, dans une instruction pastorale, que cette bulle, si outrageusement attaquée par l'ignorance et la mauvaise foi, ne condamnoit que des erreurs capitales; il la présentoit comme une loi de l'Église à laquelle il y avoit obligation absolue de se soumettre, et montroit, avec une force invincible, qu'à moins d'un renversement total de la foi et de la religion, on ne pouvoit opposer le témoignage de laïques ou de simples prêtres aux décisions du corps épiscopal, ayant à sa tête le vicaire de Jésus-Christ. Depuis le commencement de ces querelles déplorables, aucun écrit catholique n'avoit encore produit un effet aussi salutaire : beaucoup de simples fidèles en furent frappés et se désistèrent de leur appel; des corps entiers d'ecclésiastiques et un grand nombre de communautés religieuses se rendirent à la voix de leur pasteur; la Sorbonne, déjà ébranlée depuis quelque temps, acheva d'être entraînée par la force de conviction qui régnoit dans cette pièce, fit une rétractation solennelle, et, depuis ce moment, demeura inébranlable dans la doctrine orthodoxe. Pendant que le prélat remportoit de si doux triomphes, vingt-huit curés de Paris écrivoient et publioient contre son instruction pastorale un Mémoire insolent, railleur et séditieux : l'archevêque s'en plaignit au roi comme d'un exemple inouï de révolte du second ordre du clergé contre ses supérieurs, suppliant toutefois le monarque de ne point sévir contre les coupables, et se réservant de les ramener par tous les moyens que la charité pourroit lui suggérer.

Cet incident est remarquable par la déclaration du roi qui suivit la plainte de l'archevêque, déclaration dont l'objet étoit de rétablir l'autorité des évêques et de rendre la paix à l'Église. Elle fut rendue le 24 mars 1730 : on y rappeloit les anciennes ordonnances sur la signature du formulaire (1), et elles y étoient maintenues dans toute leur vigueur; on y établissoit que la bulle *Unigenitus*, devenue loi de l'Église « par l'acceptation qui en avoit été faite, » devoit être considérée, par cette acceptation, comme loi de l'État; et, sur ce point important, il étoit accordé aux évêques un grand pouvoir à l'égard de leurs subordonnés. Mais comme rien ne se pouvoit faire en France de favorable à l'autorité spirituelle sans que le pouvoir temporel y mêlât ses méfiances et ses prétentions, indépendamment de cette clause de l'*acceptation* qui laissoit entendre qu'une bulle du pape pouvoit être légalement refusée, un article de cette déclaration consacroit de nouveau le principe « des appels comme d'abus, » sous le prétexte officieux d'en régler l'usage; et sous l'expression de « libertés gallicanes, » si vague, si facile à interpréter dans tous les sens, et sans cesse rappelée dans tous les actes du pouvoir temporel, mettoit à couvert les doctrines et les maximes parlementaires à l'égard du clergé de France. Toutefois l'enregistrement qui s'en fit, dans un lit de justice, affligea profondément le parlement, et donna lieu, de sa part, à de très vives remontrances : on voit que cette compagnie étoit difficile à contenter (2). Ses remon-

---

(1) Voyez la première partie de ce volume, p. 26.
(2) Parmi les plus fougueux jansénistes qui dirigeoient alors

trances n'ayant point été écoutées, le calme parut renaître, et le cardinal de Fleuri, qui avoit conduit cette affaire, crut avoir remporté un grand triomphe : il ne tarda pas à être détrompé. Revenu de son premier étourdissement, le parlement lui fit bientôt voir qu'en ce qui touchoit l'Église, lui avoir accordé quelque chose c'étoit lui tout accorder.

Il suffisoit de lui avoir laissé « l'appel comme d'abus, » l'une des usurpations les plus criantes

---

le parlement, se distinguoit un certain abbé Pucelle, conseiller-clerc, et l'un des vétérans de la secte. C'étoit autour de lui que se rassembloient les jeunes magistrats, ou autrement *la cohue des enquêtes*; et, soutenu de cette jeunesse turbulente, il dominoit le plus souvent dans les délibérations de ce genre. Dans celle qui suivit ce lit de justice, il proposa une protestation qui se composoit de quatre articles, différents sans doute pour la forme ; mais pour le fond visiblement imités des quatre articles de la déclaration de 1682, dont ils mettoient à découvert les dernières conséquences (*). Ce rapprochement est remarquable : ainsi les principes de cette déclaration fameuse étoient reproduits par le parlement dans une occasion où il se montroit hostile contre le clergé, et reproduits avec l'intention de donner plus de force à ses hostilités.

(*) Voici le texte littéral de cette protestation :

1° La puissance temporelle, établie directement par Dieu, est indépendante de toute autre ; et nul pouvoir ne peut donner la moindre atteinte à son autorité.

2° Il n'appartient pas aux ministres de l'Église de fixer les termes que Dieu a placés entre les deux puissances ; les canons de l'Église ne deviennent lois de l'État qu'autant qu'ils sont revêtus de l'autorité du souverain.

3° A la juridiction temporelle seule appartient la juridiction extérieure qui a le droit de contraindre les sujets du roi.

4° Les ministres de l'Église sont comptables au roi et à la cour, sous son autorité, de tout ce qui peut blesser les lois de l'État.

dont le pouvoir temporel se fût rendu coupable envers l'autorité spirituelle (1), pour qu'il lui fût facile, en s'enveloppant de tous les artifices

---

(1) Ces appels étoient un des effets les plus déplorables de la lutte non interrompue qui, depuis plusieurs siècles, s'étoit engagée en France entre les deux puissances, et dans laquelle n'avoit cessé de triompher le pouvoir temporel avec toutes les injustices et toutes les brutalités que peut produire la force mise à la place du droit. Dans l'établissement de ces appels, on avoit d'abord procédé avec une apparence d'équité et même d'utilité : « On ne se » servoit de ce moyen, est-il dit dans les procès-verbaux de l'as- » semblée du clergé de 1655, que pour arrêter les violences de fait, » les usurpations et entreprises des juges d'Église sur la juridic- » tion du roi et sur son temporel; peu à peu les parlements les ont » étendus à toutes sortes de cas; et encore que les injustices pré- » tendues avoir été commises par les juges de l'Église pussent » être réparées par leur juge ecclésiastique supérieur, par la voie » ordinaire de l'appel simple, néanmoins les parlements en attirent » la connoissance à leur tribunal par la voie extraordinaire de » *l'appel comme d'abus,* et par ce moyen énervent toute la juridic- » tion ecclésiastique, et empêchent qu'elle ne puisse procéder à la » discipline, correction des mœurs et réglement de la police de » l'Église. » (In-folio, p. 301, § XVI.)

On lit encore dans le même recueil que, « le 24 janvier 1656, » l'évêque de Lodève rendant compte, en présence du cardinal de » Mazarin qui présidoit l'assemblée, des principaux points con- » tenus au cahier des plaintes du clergé, dit que le second (point) » étoit des empêchements que reçoivent les évêques dans leur juri- » diction, lesquels procédoient de ce que les juges royaux éten- » doient la leur au delà de l'ancienne coutume, lois et ordonnances » du royaume, et rendoient l'ecclésiastique tout-à-fait inutile et » sans pouvoir; que si l'on remontoit jusqu'aux sources et l'on » considéroit l'usage continuel que les évêques avoient observé » depuis treize à quatorze cents ans, l'on verroit qu'ils ont exercé

de la chicane, d'éluder toutes dispositions faites pour en restreindre l'usage, et de renverser les foibles barrières que lui opposeroient les déclarations du roi, les arrêts de son conseil et autres injonctions royales. Il ne tarda pas à en donner la preuve, et à l'occasion même de cette déclaration : à peine les évêques eurent-ils commencé à en exécuter les clauses en ce qui concernoit la signature du formulaire et les peines canoniques à exercer contre les ecclésiastiques qui persistoient dans leur refus d'accepter la bulle, que les appels comme d'abus se renouvelèrent au parlement, y furent reçus avec plus de faveur que jamais, et suivis d'un grand nombre d'arrêts qui infirmoient les sentences des évêques, et encourageoient la rébellion de leurs subordonnés. Les avocats de Paris reparurent en cette circonstance, et signèrent, en faveur des appelants, un nouveau Mémoire où les deux puissances

---

» paisiblement leur juridiction suivant le droit, les canons et les
» coutumes anciennes, sans y avoir été troublés par la juridiction
» séculière; mais que, depuis François Ier, les désordres des guerres
» civiles avoient donné occasion aux juges laïques de tout entre-
» prendre sur les ecclésiastiques; qu'ils en ont toujours porté
» leurs plaintes aux rois et obtenu de leur justice le rétablisse-
» ment de la juridiction ecclésiastique en certains points, qui
» ont demeuré néanmoins sans exécution par la résistance des
» juges séculiers, et par les modifications que les parlements ont
» apportées aux registres des ordonnances et déclarations des rois. »
(P. 300, § XVI.)

étoient attaquées avec une égale fureur, où ils établissoient que les arrêts de défense du parlement suffisoient pour relever des censures des évêques, et une foule d'autres maximes anarchiques qui jetèrent l'effroi parmi tous les amis de l'ordre et de la religion. Suivant une autre marche, l'évêque de Montpellier, l'un des plus furieux appelants, s'efforçoit, dans une lettre qu'il adressoit au roi, de lui rendre suspecte la fidélité des acceptants, présentant comme incompatible la soumission qu'ils professoient pour le pape et l'obéissance qu'ils devoient au monarque (1).

Nous nous arrêterons un moment sur le Mémoire des quarante avocats, parce que ce qui se passa à l'occasion de ce libelle touche le fond même de ce grand débat, et montre plus visiblement encore que tout le reste quelles étoient, au milieu de dangers aussi imminents, la déplorable politique et les funestes traditions du gouvernement, dans tout ce qui touchoit ses rapports avec l'autre puissance.

Il étoit évident en principe qu'attaquer une des deux puissances c'étoit battre l'autre en ruine; la première, qui est la gardienne et l'interprète de la loi de Dieu, étant la sanction de la seconde, et lui imprimant le caractère moral et

---

(1) LAFITEAU, t. 2, p. 252.

religieux en vertu duquel les intelligences lui obéissent et la révèrent. Les protestants avoient parfaitement compris et su mettre en pratique ce principe de révolte; et dès que les rois leur avoient été importuns, ils avoient tourné contre eux les armes avec lesquelles ils avoient combattu les papes. Les Quesnelistes, autres contempteurs du chef de l'Église, n'avoient pas manqué d'en tirer les mêmes conséquences; et déjà plus d'une fois, lorsque l'autorité royale s'étoit montrée rigoureuse envers eux, ils avoient laissé entrevoir dans leurs écrits cette doctrine de la souveraineté du peuple dans l'ordre politique, comme une conséquence de celle des conciles ou de l'Église universelle dans l'ordre religieux. Elle étoit à découvert dans le Mémoire des quarante avocats: « Ils y enseignoient
» que les parlements ont reçu de *tout le corps de*
» *la nation* l'autorité qu'ils exercent dans l'admi-
» nistration de la justice, qu'ils sont les *asses-*
» *seurs du trône*, le *sénat de la nation*, et que
» *personne n'est au dessus de leurs arrêts*; ils in-
» sinuoient que le roi (qu'ils appeloient aussi le
» *chef de la nation*) ne peut traiter que d'*égal à*
» *égal* avec ses sujets, et qu'il est exposé *à re-*
» *cevoir la loi* de ceux même à qui il doit la
» donner; ils égaloient en quelque sorte la puis-
» sance des parlements à celle du monarque; ils
» les associoient positivement à l'empire, et éta-

» blissoient des maximes de gouvernement qui
» n'auroient pas été reçues dans les républiques
» mêmes (1). »

Ceci attira bien autrement l'attention de la cour que tout ce qu'on avoit pu écrire de plus violent contre l'autorité du saint siége et du corps épiscopal : un arrêt du conseil supprima le Mémoire comme contenant des propositions injurieuses pour l'autorité du roi, séditieuses, et tendant à troubler la tranquillité publique. Tout y annonçoit la colère du monarque prête à éclater sur les coupables. Ils en furent effrayés; et dans un second Mémoire explicatif du premier, ils se hâtèrent de rendre à la puissance royale ce qui lui étoit dû, et, sur ce point, se montrèrent assez adroits pour satisfaire même les plus ombrageux. C'en fut assez pour adoucir cette colère qu'ils avoient tant redoutée, et pour leur mériter la clémence royale; mais dans ce second Mémoire se trouvoient plusieurs propositions extraites du premier, lesquelles détruisoient de fond en comble toute la juridiction

---

(1) LAFITEAU, t. 2, p. 259-260. C'étoit la première fois que ces idées républicaines étoient si clairement énoncées ; et l'on ne peut trop remarquer qu'elles venoient d'un parti qui affectoit un zèle ardent pour la cause des rois, et prétendoit n'avoir entamé cette guerre et ne la soutenir, que pour défendre leur autorité contre les usurpations des papes, qu'ils appeloient une puissance *étrangère*.

des évêques : le roi s'étant fait faire une réparation qu'il jugeoit suffisante à l'outrage qu'il avoit reçu, la question fut de savoir quels moyens les évêques pourroient employer pour que l'insulte qui avoit été faite à leur sacré caractère fût aussi réparée; mais comme il ne s'agissoit plus que du corps épiscopal demandant raison de quelques membres du corps des avocats, ceci présenta des difficultés.

Il fut agité si le roi ne donneroit pas une déclaration de son conseil, par laquelle seroit maintenue cette puissance que les évêques tiennent de Dieu seul : après y avoir réfléchi on crut prudent de rejeter ce moyen, par l'appréhension que l'on eut des obstacles que le parlement ne manqueroit pas d'élever lorsqu'il s'agiroit de l'enregistrement, et des nouveaux scandales qui en pourroient résulter. Plusieurs autres partis furent proposés, qui montroient combien peu les évêques comptoient sur l'appui de la cour pour le maintien de leurs droits; et tous ayant semblé offrir des inconvéniens, ils se décidèrent à faire usage de leur propre autorité, et à flétrir par des mandemens le Mémoire des avocats.

Dès que les premiers mandemens eurent été publiés, ils furent déférés au parlement par les gens du roi, condamnés et supprimés « comme » téméraires, séditieux, et tendant à troubler la

» tranquillité de l'État (1). » Le mandement de l'archevêque de Paris parut après cette condamnation : les avocats qu'il censuroit osèrent en appeler comme d'abus; leur appel fut reçu, et pour la première fois on vit la magistrature de la première ville du royaume déclarer qu'il y avoit abus dans un mandement de son archevêque. Il fut avancé, dans cette circonstance, par les parlementaires, qu'encore que l'on dût reconnoître une puissance ecclésiastique souveraine et indépendante, le terme de *juridiction* ne pouvoit lui être appliqué, et n'appartenoit qu'à la puissance séculière.

Indignés de semblables excès, et surtout de cette usurpation en matière de foi faite par un tribunal séculier sur son propre pasteur, tous les évêques de France, à l'exception du petit nombre des appelants, se préparèrent à publier leurs mandements : qui le croiroit? Cette disposition effraya la cour, et le parti fut pris d'en arrêter les effets ; un arrêt parut dans lequel le roi, après avoir longuement assuré les évêques

---

(1) Les mandements furent condamnés au feu et brûlés en même temps que les *Nouvelles ecclésiastiques*, cette gazette clandestine des jansénistes dont nous avons déjà parlé. On ne dit point ce qu'il advint par la suite des mandements; mais la gazette n'en continua pas moins de paroître très régulièrement, et fut lue avec la même avidité.

qu'il maintiendroit à l'*Église* « l'autorité qu'elle tenoit de Dieu seul, » finissoit par imposer un silence *absolu et général* sur cet article, jusqu'à ce qu'il eût pris, pour terminer entièrement cette discussion, une résolution définitive. Les évêques furent étonnés et affligés : ils représentèrent que le silence ne pouvoit leur être imposé; ils demandèrent que cette expression si vague de l'*autorité de l'Église*, que les Quesnélistes eux-mêmes admettoient dans un sens anarchique, fût restreinte au seul corps épiscopal; que l'arrêt du roi rétablît le mot de *juridiction*, qui appartenoit si évidemment à leurs hautes fonctions et qu'on sembloit avoir affecté de n'y point insérer; enfin que justice fût rendue à l'archevêque de Paris de l'entreprise inouïe du parlement (1). La cour trouva

---

(1) On eut égard à cette partie de la demande; et l'affaire ayant été évoquée au conseil du roi, il fut permis à l'archevêque de publier son mandement. Les avocats signataires de la consultation en furent choqués et fermèrent leur cabinet. La plupart de leurs confrères imitèrent cet exemple : on cria que l'honneur du corps étoit outragé; ceux qui refusèrent d'entrer dans la ligue furent honnis, et le public prit parti dans cette querelle. Dix des plus ardents furent exilés; mais cet acte de sévérité effraya la cour elle-même qui l'avoit tenté. Lorsqu'elle vit que les autres n'en étoient point intimidés, elle négocia avec eux; ils voulurent bien rentrer au Palais, et les dix exilés furent rappelés. On apprit ainsi ce qu'une résistance persévérante pouvoit obtenir de la foiblesse du pouvoir et de la position fausse où il s'étoit placé.

que c'étoit beaucoup trop exiger : l'arrêt fut maintenu ; et l'on jugea que les évêques pouvoient se contenter d'une lettre circulaire que le roi leur adressa, et dans laquelle il vouloit bien reconnoître leur droit de juridiction. Quant au fond de leurs demandes, il fut résolu qu'il seroit établi une commission pour en connoître et y faire droit : elle se composa de huit commissaires, que présidoit le cardinal de Fleuri, s'assembla plusieurs fois à Fontainebleau où étoit alors la cour, et se sépara « sans avoir publié aucun fruit de ses travaux. »

On jugea convenable en même temps de donner quelques marques de déférence aux appelants qui ne vouloient pas que la bulle fût appelée *règle de foi;* et une nouvelle circulaire du roi aux évêques les invita, « pour le bien de la paix, » à supprimer ce mot, puisqu'il déplaisoit, disant qu'après tout il étoit indifférent de l'employer ou de le supprimer, la qualification de *jugement dogmatique de l'Église universelle,* que les Quesnélistes vouloient bien supporter, n'ayant point d'autre sens que celle de *règle de foi.* Enfin cette même lettre leur faisoit entendre qu'il falloit y aller plus doucement avec les réfractaires, et les invitoit à recourir à la protection du roi « chaque fois qu'il y auroit occasion de sévir contre eux. » Sa Majesté usoit, disoit-on, de tous ces ménagements pour assoupir les disputes.

C'étoit ainsi qu'un prince de l'Église, ministre absolu du roi Très-Chrétien, gouvernoit en France les affaires de la religion.

(1731-1735) Les sectaires s'enhardissoient de toutes ces foiblesses : ils voyoient que la cour demeuroit chancelante au milieu des deux partis, disposée sans doute à comprimer l'un, mais aussi ne jugeant pas qu'il fût de sa politique de trop fortifier l'autre. Ils pensèrent donc que s'ils parvenoient à l'effrayer en exaltant la multitude, que depuis si long-temps leurs doctrines licencieuses faisoient fermenter, leur parti finiroit par triompher. Ils avoient déjà, et dans cette intention, jeté les bases d'un projet tout-à-fait digne d'eux : c'étoit d'appuyer par de faux miracles leur doctrine mensongère. Ce n'étoit pas la première fois qu'ils avoient eu recours à de semblables moyens; et on le peut facilement concevoir d'une secte qui, au fond toute protestante, couvroit hypocritement ses erreurs d'un masque de catholicité, prétendoit combattre avec Rome toutes les hérésies, pour ensuite combattre Rome, sous prétexte qu'elle n'étoit point assez catholique. Les miracles étoient une des grandes preuves du christianisme : Dieu devoit sans doute de semblables témoignages à ceux qui prétendoient être, dans les derniers temps, les seuls défenseurs de la véritable foi; et puisqu'ils se présentoient pour remplacer les apôtres, il étoit à propos qu'ils ne fussent point embarrassés lorsqu'on leur demanderoit des preuves de leur mission. Il avoit donc été résolu que l'on feroit un saint d'un diacre mort depuis quelques années (1), appelant des plus opiniâtres et des plus fanatiques, et qui, au moment de mourir, avoit renouvelé solennellement son appel. Ce prétendu saint se nommoit Pâris, et avoit été inhumé dans le cimetière de la paroisse Saint-Médard.

On s'y étoit pris adroitement : d'abord quelques personnes, des plus simples dans le troupeau que dirigeoient les sectaires, avoient été invitées à aller faire quelques prières sur le tombeau de l'homme de Dieu ; on faisoit, en même temps, répandre sourdement le bruit de prodiges et de guérisons miraculeuses qui s'opéroient sur ce tombeau ; et des témoins se présentoient pour les affirmer. On y fit ensuite des neuvaines qui attirèrent un certain concours de *fidèles;* et il ne fut pas difficile à des gens qui avoient su se procurer des appelants à prix d'argent, de rassembler, par les mêmes moyens, des jongleurs assez adroits pour fasciner les yeux de la multitude, et donner à ces farces criminelles quelque apparence de réalité. La chose devint assez sérieuse pour que l'archevêque de Paris crût

---

(1) En 1727.

devoir faire une information juridique : elle eut le résultat qu'on en devoit attendre, et il fut prouvé que les prétendus miracles n'étoient que de grossières impostures. Convaincus de mensonge, les sectaires n'en mentirent que plus effrontément; et cette audace eut son succès. L'Eglise nioit leurs miracles ; ils les multiplièrent; et bientôt tout Paris accourut au cimetière Saint-Médard pour y voir les merveilles qu'on en publioit. « Les voitures publiques ne
» suffisoient pas pour y transporter la multi-
» tude de ceux que la curiosité y attiroit; et les
» avenues étoient si remplies de monde, que,
» durant plusieurs heures du jour, on ne pou-
» voit fendre la presse. Autour du tombeau, les
» places se louoient à prix d'argent; on y trouvoit
» constamment une foule de prétendus malades,
» tous gens apostés et secourus dans leur men-
» dicité pour y affecter les plus violentes convul-
» sions; quelques personnes séduites qui, dans
» leur simplicité, adressoient leurs vœux au sieur
» Pâris pour obtenir leur guérison; cinq ou six
» prêtres qui se relevoient successivement, et
» qui, alternativement avec des personnes de
» l'un et de l'autre sexe, récitoient des psaumes
» à haute voix. Jusque dans les charniers, il se
» passoit des spectacles dignes de compassion.
» On y voyoit des personnes gagées qui, au
» moyen de courroies qu'on leur attachoit sous

» les bras, sembloient dans l'obscurité s'élever
» au dessus de leurs forces, et être enlevées par
» une vertu surnaturelle. Par là l'église Saint-
» Médard se trouvoit travestie en une espèce de
» théâtre, où la religion étoit indignement jouée,
» et où la vérité des miracles étoit tournée en
» dérision (1). »

Cependant les appelants, qui n'avoient pas arrangé les ressorts de cette comédie pour en faire un vain amusement, en tiroient, pour la multitude abusée, les conséquences qui sembloient naturellement en sortir; et leurs écrivains établissoient, dans les écrits qu'ils répandoient au milieu d'elle, « que ce n'étoit plus au
» siége apostolique et au corps pastoral qu'il
» falloit recourir pour recevoir la règle de la
» foi; que ce n'étoit plus par le ministère des
» apôtres ni de leurs successeurs que la vérité
» étoit enseignée; que c'étoit au tombeau du
» sieur Pâris qu'elle se manifestoit, et que c'étoit
» à lui qu'il falloit s'adresser pour obtenir de
» Dieu l'intelligence (2). » Toutes ces abominations se faisoient, s'écrivoient, se publioient à la face de l'Église, qui les anathématisoit, du

---

(1) LAFITEAU, t. 2, p. 280.
(2) *Ibid.*, p. 278. Ces inconcevables folies, et beaucoup d'autres semblables, furent sérieusement débitées dans trois ouvrages qui parurent alors, sous le titre commun de *Vie de M. Pâris, diacre.*

gouvernement, dont la foiblesse ou l'indifférence les toléroit, et purent se continuer impunément, non pas durant quelques jours, quelques semaines, mais pendant près d'une année. On craignoit un soulèvement de la multitude fanatisée; et, avec de telles craintes, personne n'étoit moins capable que le cardinal de Fleuri de prendre un parti vigoureux et chrétien.

Ce furent les incrédules qui se chargèrent de porter les premiers coups aux convulsionnaires : leur parti continuoit de s'accroître au milieu des divisions des autres partis; et, spectateurs malicieux de ce qui se passoit autour d'eux, leurs vœux et leurs applaudissements hypocrites avoient été jusqu'alors pour les jansénistes, qui calomnioient et persécutoient les *molinistes* (1) (c'étoit le sobriquet qu'on avoit imaginé de donner à ceux qui, ayant accepté la bulle, demeuroient dans l'unité catholique), et pour le parlement, qui continuoit, à l'égard de l'Église, le cours de ses usurpations. Mais c'étoit les mettre à une épreuve trop rude que d'opérer des prodiges : quoiqu'il fût visiblement contre leur intérêt de rompre l'espèce

---

(1) Du nom de Molina, jésuite espagnol, auteur d'un système sur la grâce et le libre arbitre, système qui a trouvé des adversaires très passionnés, mais que le Saint-Siége n'a pas condamné, et qui s'est toujours enseigné comme opinion *libre* dans les écoles.

d'alliance qu'ils avoient contractée avec la secte, il leur fut impossible de ne pas se moquer des miracles du sieur Pâris ; et sur ce point, ils se firent, sans s'en douter, les auxiliaires du parti catholique. Leur influence étoit grande : leurs sarcasmes piquants et leurs continuelles moqueries firent impression ; la multitude elle-même commença à rougir de sa crédulité, et ce fut au profit de l'impiété que se calma peu à peu le fanatisme, et que s'affoiblit la croyance au thaumaturge. Le gouvernement eut la lâcheté d'attendre qu'il fût entièrement discrédité pour fermer le cimetière Saint-Médard (1). Chassés d'un lieu public et abandonnés de la foule, les convulsionnaires se réfugièrent dans des maisons particulières, où, pendant long-temps encore, ils purent exploiter la crédulité des plus fanatiques de leurs partisans (2).

---

(1) Il fut fermé le 27 janvier 1732.
 (2) On feroit un livre entier des folies, des turpitudes, des abominations de tout genre qui se passoient dans ces assemblées, composées d'imbécilles, de fripons, de libertins hypocrites, de femmes perdues, où les séances, commencées par des miracles, des prophéties, surtout par des tortures bizarres (coups de poing, coups d'épée, crucifiements, etc.), exercées particulièrement sur ces malheureuses par ceux qui les avoient ou payées ou séduites, dégénéroient souvent en orgies infâmes et dégoûtantes. Réunis d'abord sous la même bannière, les convulsionnaires se partagèrent bientôt en une multitude de sectes, désignées par le nom

Qui n'auroit cru la secte perdue sans retour, après avoir été si honteusement démasquée? A peine en fut-elle déconcertée : ses racines étoient dans le parlement même, et tant qu'il seroit debout, elle se sentoit impérissable. On la vit donc renoncer aux miracles, mais non aux injures et aux calomnies. Sa gazette clandestine, qui continuoit de paroître régulièrement toutes les semaines, échappant à toutes les recherches réelles ou affectées de la police, redoubla de fureur; et pour les avoir si long-temps ménagés et ensuite si doucement ré-

---

de leurs chefs, divisées par leurs doctrines, et retraçant, dans leurs rêveries, ce que les anciennes hérésies les plus décriées ont jamais offert de plus absurde, de plus impie, de plus fanatique. Abandonnés par les appelants qui n'avoient pas renoncé à tout bon sens et à toute pudeur, ils trouvèrent long-temps encore des partisans et des protecteurs, et jusque dans le parlement; mais ce que beaucoup de personnes ignorent, c'est que la secte des convulsionnaires n'étoit pas encore entièrement éteinte au commencement du dix-neuvième siècle. En 1787, deux ans avant la révolution, il parut une relation imprimée d'un crucifiement; qu'un curé de Fareins, nommé Bonjour, avoit fait subir à une jeune fille, devant la porte même de son église. Il fut arrêté et renfermé. On le vit reparoître en 1792, accompagné d'un enfant *miraculeux*, dont la mission divine devoit commencer en 1813; et il trouva, même encore à cette époque, quelques partisans. Leurs rassemblements mystérieux se prolongèrent jusqu'en 1806, où ils excitèrent l'attention de la police. Bonjour fut arrêté ainsi que l'enfant; et depuis cette époque la trace de ces sectaires insensés s'est entièrement perdue. (*Voyez* les *Mémoires pour servir à l'histoire ecclésiastique du dix-huitième siècle*, année 1761.)

primés, le gouvernement ne gagna rien avec les sectaires. Ils recommencèrent, dans leurs libelles périodiques, à invectiver contre l'autorité du roi, en même temps qu'ils continuoient d'outrager les évêques et de blasphémer contre l'Église. La majesté royale partageant de nouveau les injures du sacerdoce, l'archevêque de Paris crut que le moment étoit favorable pour flétrir de ses censures ces détestables écrits, ne supposant pas que, vu cette circonstance, ils trouvassent des défenseurs. Ils en trouvèrent : vingt-deux curés de Paris refusèrent de publier le mandement de leur archevêque. Poursuivis par l'official pour cet acte de révolte et de scandale, ils allèrent plus loin encore, et dénoncèrent au parlement et l'official et le mandement de l'archevêque.

Le ministère montroit une apparence de vigueur, chaque fois que les sectaires s'attaquoient au pouvoir du roi : il fut défendu au parlement de prendre aucune délibération et de rien statuer sur la dénonciation qui venoit de lui être faite. Cette compagnie, bien qu'elle eût elle-même condamné la gazette, ne voulut pas manquer une occasion de condamner son archevêque : elle présenta, à trois reprises, ses remontrances; trois fois on les rejeta, et six de ses conseillers les plus opiniâtres furent exilés. Alors le parlement cessa de s'assembler et de rendre la justice. Il lui fut enjoint, par des lettres patentes, de reprendre ses fonctions : il les reprit; mais, continuant ses expériences sur la politique si foible et si incertaine de la cour dans toute cette affaire, quelques jours étoient à peine passés qu'il rendit un arrêt par lequel « les gens du roi n'ayant rien requis à cet égard, » il recevoit le procureur général comme appelant du mandement de l'archevêque. Le conseil d'État cassa l'arrêt: il fut défendu au parlement, « à peine de désobéissance et d'encourir l'indi- » gnation du roi, et de privation de leurs charges » à ceux qui y contreviendroient, » de rien statuer sur cette affaire. Plus de cent trente conseillers donnèrent leur démission : ils reçurent aussitôt l'ordre de se retirer dans leurs terres. Qui n'auroit cru, à voir frapper ces grands coups d'autorité, que le parlement étoit abattu sans retour et le triomphe de l'Église assuré? La cour ne vouloit en effet ni l'un ni l'autre. Son déplorable système étoit de se maintenir, comme elle pourroit, au milieu de ces deux extrêmes: à peine ces conseillers étoient-ils arrivés dans le lieu de leur exil, qu'une négociation s'ouvrit pour leur rappel. Peu de mois après ils furent tous rappelés.

Le parlement dut croire avec juste raison qu'on le craignoit, et qu'il n'étoit rien qu'il ne pût oser. Après un moment de calme, il reprit donc, et plus violemment encore, le cours de ses usurpations; et deux arrêts parurent successivement, l'un dans lequel, marquant plus clairement encore qu'il ne l'avoit fait jusqu'alors le but qu'il vouloit atteindre, « il régloit la doctrine qui devoit s'enseigner dans les écoles, déterminoit les sources où l'on devoit puiser les principes *autorisés* et les maximes *décidées*; fixoit à son gré la soumission et le respect qui étoient dus aux saints canons (1); » l'autre, où il défendoit positivement de publier la bulle *Unigenitus* comme *règle de foi*. Une ordonnance du roi annula ces arrêts. Le parlement fit des remontrances, où cette doctrine prodigieuse, qui n'alloit pas moins qu'à livrer aux tribunaux séculiers ce qui restoit d'autorité dogmatique à l'Église, étoit encore plus fortement énoncée. Ses remontrances n'ayant point été écoutées, dès le lendemain les chambres assemblées rendirent un nouvel arrêt, portant « qu'en tout temps et en toute occasion, la compagnie représenteroit au roi combien il étoit important qu'on ne pût révoquer en doute sa compétence, à l'effet d'empêcher qu'on ne donnât à la bulle *Unigenitus* le caractère de *règle de foi*, qu'elle ne pouvoit avoir *par sa nature* (2). » « Mais comme

---

(1) LAFITEAU, t. 2, p. 287.
(2) Les actes de cette compagnie furent dès lors poussés à cet

cet arrêt ne fut pas rendu public, dit Lafiteau, on n'y donna aucune attention; » ce qui prouve que la cour se contentoit du moindre prétexte pour éviter de continuer la lutte avec le parlement.

Les choses étant arrivées à ce point, le cardinal de Fleuri adopta un système qui combla la mesure de toutes les lâchetés dont il s'étoit rendu coupable dans cette grande affaire : ce fut d'en revenir à l'expédient imaginé par Dubois, d'envelopper dans des arrêts *de silence* l'erreur et la vérité, et de supprimer indistinctement tout écrit sur les matières alors controversées entre les sectaires et les défenseurs des droits de l'Église. Il avoit été répandu dans le public, sous le titre d'*Anecdotes*, un libelle affreux où le schisme et l'hérésie se montroient à découvert, « en termes que l'enfer seul avoit pu inventer (1). » Le cardinal avoit lui-même

---

excès de démence de supprimer une lettre pastorale de l'archevêque de Cambray, par la raison qu'il y donnoit au roi le titre de *Très-Chrétien,* soutenant que, de la part d'un sujet de Sa Majesté, c'étoit lui *manquer de respect* que de ne pas lui donner simplement le nom de *Roi.* Cet arrêt, qui semble incroyable, est du 13 juin 1734 (LAFITEAU, t. 2, p. 299). Cependant, jusqu'à un certain point, cette compagnie raisonnoit conséquemment ; car sous les rois païens, quels qu'ils fussent, la religion du pays, quelle qu'elle pût être, étoit constamment honorée, protégée, et au besoin vengée de quiconque osoit l'insulter dans ses dogmes ou dans ses ministres.

(1) LAFITEAU, t. 2, p. 314.

sollicité un évêque d'en faire la réfutation (1) : elle parut; et le cardinal, qui venoit d'adopter ce nouveau plan de faire taire tout le monde, trouva convenable que, *pour le bien de la paix*, le parlement supprimât à la fois et le libelle et la réfutation. Neuf évêques crurent devoir porter leurs plaintes au pied du trône sur ce silence imposé aux premiers pasteurs, silence qui avilissoit l'épiscopat, laissoit la religion sans défenseurs, annonçoit une indifférence funeste pour le vrai et le faux, et, par cela seul qu'il empêchoit d'attaquer l'hérésie, lui donnoit gain de cause et toute liberté de répandre ses poisons. La lettre fut supprimée, et le *concert* des évêques blâmé comme « contraire aux lois et usages du royaume. » Confondus de ce mépris et d'une aussi profonde ignorance des temps passés, les neuf évêques espérèrent davantage de l'assemblée générale du clergé, dont le temps approchoit (2), et dans laquelle ils étoient ré-

---

(1.) Ce même Lafiteau, évêque de Sisteron, à qui nous devons la meilleure relation qui existe de ces querelles causées par la bulle *Unigenitus*, relation à laquelle on ne peut faire d'autre reproche que de montrer trop d'indulgence pour le régent, son ministre et le cardinal de Fleuri.

(2) L'Assemblée générale du clergé se tenoit à Paris tous les cinq ans. L'objet de ses délibérations, le plus intéressant pour la cour, étoit d'y voter le don gratuit qu'elle avoit coutume d'offrir au roi : alors on l'écoutoit volontiers. Elle devenoit le plus souvent importune, lorsqu'elle s'occupoit des maux de l'Église, et qu'elle de-

solus de faire entendre de nouveau leurs plaintes : le cardinal de Fleuri pressentit leur dessein, et intrigua dans les assemblées de provinces pour empêcher leur élection. Ce qu'il y avoit de plus énergique dans l'épiscopat françois ne fit donc point partie de cette assemblée. Cependant l'un des plus courageux parmi ces neuf prélats, et celui que le parlement avoit par cela même persécuté avec le plus d'acharnement, l'évêque de Laon, résolut de s'adresser à cette réunion des représentants du clergé; ce qu'il fit dans une lettre où il exposa avec netteté et simplicité sa doctrine, et dénonça celle de ses adversaires. Il fut reconnu par tous les évêques assemblés que celle qu'il professoit étoit la doctrine constante de l'Église, que la doctrine qu'il

---

mandoit au pouvoir les moyens d'y porter remède. Comme, dans ces moyens qu'elle proposoit pour y parvenir, il s'agissoit, avant tout, de lui rendre une liberté suffisante, et d'autoriser, à ce sujet, ses synodes et ses conciles provinciaux, on conçoit que les profonds politiques qui gouvernoient alors la France devoient y trouver un grand danger (*). Nous allons voir tout à l'heure un contrôleur-général des finances essayer de résoudre le problême d'avoir l'argent de l'Église, et de se passer de ses assemblées et de ses remontrances.

(*) Loin de permettre ces réunions extraordinaires du clergé, le régent n'avoit pas jugé à propos de convoquer son assemblée ordinaire et quinquennalle de 1720; celle de 1725 avoit eu à se plaindre du mépris qu'on avoit fait de ses remontrances, et des procédés violents du duc de Bourbon à son égard. (*Voyez* les *Mémoires pour servir à l'histoire ecclésiastique du dix-huitième siècle*, A, 1725.)

combattoit y étoit directement opposée. Cependant ils n'osèrent déclarer hautement ce dont ils convenoient tous dans le secret; ils crurent, « dans leur sagesse, » qu'ils devoient *céder au temps;* et d'ailleurs, ils avoient des *promesses* de la cour de suppléer au silence qu'elle leur enjoignoit de garder, ce qui étoit fort rassurant. Ils se turent donc, malgré les instances du prélat qui imploroit leur assistance et leur montroit leur devoir; et l'assemblée se sépara, sans avoir rien dit ni fait en faveur de l'Église avilie et persécutée.

Alors satisfait d'avoir, par sa prudence, procuré cette paix à la religion et à ses ministres, le cardinal de Fleuri tourna toute son attention vers la guerre que l'on venoit, non moins judicieusement, de déclarer à l'Autriche, et la conduisit, ainsi que nous avons vu, avec la même énergie et la même habileté.

(1747-1750) Il étoit mort avant que cette guerre eût été entièrement terminée. Alors Louis XV ayant solennellement déclaré qu'il vouloit régner par lui-même, on a vu que chaque secrétaire d'État avoit été renfermé dans les attributions de son département, et que, du fond des petits appartements du monarque, sa maîtresse, la duchesse de Châteauroux, avoit commencé à prendre la direction générale des affaires : c'étoit, depuis la régence, la seconde femme perdue qui se chargeoit d'un tel soin. Elle ne fit que passer, laissant un bel exemple à suivre à celle qui alloit être appelée à lui succéder. Madame d'Étioles, dont, au moment de son début, l'ambition ne s'étoit probablement pas élevée si haut, mais que les soins d'une mère prévoyante avoient, dès sa plus tendre jeunesse, dressée à tous les artifices de la volupté, ne tarda point à s'apercevoir que, fatigué de ces plaisirs sensuels qu'il recherchoit cependant avec plus d'ardeur que jamais, qui étoient son premier besoin, sa plus douce habitude, son royal amant lui échapperoit bientôt, si elle n'employoit pour le retenir des moyens plus efficaces que le goût passager qu'avoient fait naître ses charmes, et ce qu'avoient pu y ajouter les savantes manœuvres de sa coquetterie. Louis XV étoit à la fois indolent et voluptueux : ce fut sur ces deux vices qu'elle fonda la durée de sa fortune et qu'elle sut en cimenter l'édifice; du libertinage où elle avoit su le retenir pendant quelques années, elle le plongea dans la crapule en lui créant elle-même une espèce de harem (1), où d'obscures beautés se

---

(1) Le *Parc aux Cerfs* : c'étoit un enclos pratiqué sur l'emplacement où s'élève aujourd'hui le quartier Saint-Louis, à Versailles. On y avoit bâti plusieurs maisons élégantes dans lesquelles étoient conduites les malheureuses destinées à ses embrassemens

succédoient sans relâche, appelées seulement à satisfaire les appétits grossiers du monarque, et disparoissoient à l'instant même où l'on s'apercevoit qu'elles pouvoient produire une impression plus durable. En sortant de ces asiles mystérieux où la favorite avoit si abondamment pourvu à ses plus chères jouissances, il rentroit dans son palais pour y trouver des fêtes variées et brillantes, mille divertissements plus ou moins ingénieux et sans cesse renaissants, qui

---

passagers, et recrutées par la violence ou par les séductions des nombreux agents de ses débauches, dans tous les rangs de la société. La plume se refuse à retracer les horreurs qui se passoient dans ce repaire royal. Si l'on en croit des traditions qui semblent certaines, puisqu'elles se composent des témoignages d'un grand nombre de personnes attachées à la cour, ce n'étoient pas seulement des femmes arrachées à leurs maris, des filles achetées à leurs mères, qui venoient s'y perdre : l'enfance même y fournissoit des victimes ; et, introduite dès l'âge de neuf à dix ans dans cet asile infâme, la jeune vierge y attendoit qu'elle fût nubile pour être profanée, et y recevoit une éducation conforme à ses futures destinées. Après quelques semaines, quelques jours, quelquefois même après un seul jour, elles en sortoient, quelques unes entièrement abandonnées et réduites à se livrer à la prostitution publique ; d'autres dotées et mariées, quand elles pouvoient l'être, à des hommes que l'on abusoit pour les leur faire épouser, ou qui s'avilissoient eux-mêmes volontairement en contractant de semblables alliances. On ajoute que celles qui avoient eu des enfants du roi conservoient un traitement fort considérable. Ce fut vers 1753 que commença cet établissement de prostitution. Il coûta des sommes immenses qu'il seroit difficile d'évaluer, mais qui peuvent être portées, sans exagération, à plus de cent millions.

ne lui laissoient pas un moment de repos, et l'étourdissoient sur les ennuis et la honte d'une vie aussi déplorable. Amusé comme il pouvoit l'être et autant qu'il étoit possible qu'il s'amusât, le malheureux prince trouva que c'étoit un service de plus que lui rendroit Mme d'Étioles que de chercher à le débarrasser de nouveau de la fatigue des affaires, en même temps qu'elle s'étoit faite le ministre infatigable de ses plaisirs. Ce fut ainsi que la fille du boucher Poisson, décorée du nom pompeux de marquise de Pompadour, s'immisça par degrés dans la politique et dans l'administration, fût mêlée à toutes les intrigues du cabinet où elle porta ses petites passions, ses petites vues, ses petits intérêts, et finit, lorsque commença la guerre désastreuse dont il nous reste à parler, par devenir à peu près la maîtresse absolue de la France, pour la gouverner dans le système despotique de Louis XIV et de tous ceux qui l'avoient gouvernée après lui. Elle eut également la précaution de prendre pour compagnons de sa gloire et de ses travaux des hommes qui fussent entièrement sous sa dépendance, choisit constamment les plus médiocres ou les plus corrompus, pour être plus sûre de son fait; et il put sembler curieux de voir, quarante ans après la mort du grand roi, son système de gouvernement, exploité par une troisième courtisane, arriver si rapidement à ses dernières conséquences.

Résumons en peu de mots ce qui s'étoit passé pendant ces trente années : Louis XIV, comme s'il eût dû vivre éternellement, avoit anéanti, au profit de son despotisme, l'autorité de l'Église, sûr qu'il étoit de contenir, par la force de sa volonté et par la position royale qu'il avoit su prendre, l'opposition parlementaire ou populaire (nous l'avons déjà dit, ces deux mots sont synonymes), et il étoit mort laissant le pouvoir isolé au milieu de toutes les résistances *naturelles* de la société. Cette opposition populaire s'étoit ranimée sous la régence, tantôt favorisée, tantôt comprimée par les hommes pervers qui gouvernoient alors et achevoient de corrompre la nation. Sous le vieillard pusillanime qui vint après eux, nous venons de la voir déjà menaçante, se jouant des vains coups d'autorité dont le gouvernement essayoit de temps en temps de la frapper, et, sous le voile du jansénisme, s'accroissant sans cesse, et dans tous les rangs de la société, de ceux qu'avoient rendus impatients de tout frein, et les calomnies répandues à grands flots contre le clergé, et tant de condamnations infamantes dont avoient été flétris des hommes jusque-là les objets de la vénération publique, et la licence de tant de doctrines nouvelles qui remettoient en question et la religion et la nature du pouvoir, et la société tout entière. Il est facile de concevoir que les chefs cachés de ces nouveaux opposants avoient en effet d'autres desseins que celui de faire triompher les doctrines de Jansénius et d'établir la domination de ses hideux et haïssables disciples; mais l'enfer leur avoit offert cette secte comme le moyen le plus sûr et le plus actif de détruire la religion en affectant un zèle religieux, de jeter peu à peu hors du christianisme une nation dont, depuis un si grand nombre de siècles, les croyances et en quelque sorte les habitudes étoient chrétiennes. Ils continuoient donc de marcher à la suite du parti janséniste : c'étoit une sorte d'appât qu'ils jetoient à la multitude, et bien que leurs dupes formassent encore la majorité du parlement, ils y comptoient déjà plusieurs complices. Ils en comptoient aussi dans un ministère dont la présidence venoit de passer des mains du cardinal de Fleuri dans celles de la dame Le Normand d'Étioles, et commençoient à laisser entrevoir le but qu'ils vouloient atteindre.

En manœuvrant de la sorte, le parti philosophique, de simple auxiliaire qu'il étoit dans cette lutte anarchique contre un despotisme sans force et sans habileté, parvint, plus rapidement qu'on ne le pourroit même imaginer, à y jouer un rôle prépondérant. Il s'étoit long-temps glissé dans l'ombre, ne lançant que par de longs intervalles ses fausses lueurs et ses traits empoisonnés ; et depuis l'apparition des *Lettres persannes* de Montesquieu jusqu'à l'époque où nous sommes parvenus, ce parti, si l'on en excepte les *Lettres philosophiques* de Voltaire, n'avoit produit aucun ouvrage qui fût de nature à exciter une grande sensation. Ces lettres, dans lesquelles ce funeste écrivain effleuroit, avec le naturel et la grâce piquante de son style, à peu près tout ce qui compose le domaine de l'intelligence, théologie, méthaphysique, histoire, littérature, sciences, mœurs, beaux-arts, n'étoient sur ces divers points qu'une sorte d'analyse rapide des opinions des libres penseurs d'Angleterre, avec lesquels il avoit vécu ou dont il avoit étudié les ouvrages pendant les années de son premier exil, opinions qui représentoient presque toutes les nuances des idées anti-religieuses produites par le protestantisme, et qu'il offroit à son pays comme un fruit précieux de son séjour chez le plus sage, le plus libre et le plus heureux des peuples de la terre. Ces lettres furent condamnées, en 1734, par un arrêt du parlement : cette condamnation n'ayant point empêché l'indiscret auteur de publier quelques autres pièces non moins licencieuses (1), l'ani-

---

(1) *Le Mondain* et *l'Epître à Uranie.*

madversion de l'autorité éclata plus vivement encore contre lui; il lui fallut se cacher et ensuite désavouer ce qu'il avoit écrit pour éviter une nouvelle proscription. Sentant alors que le moment n'étoit pas encore arrivé, il prit le parti d'aller mûrir, dans la retraite, ses détestables projets. Ce fut à Cirey, auprès d'une femme qui ne valoit pas mieux que lui (1), qu'il établit l'atelier de ses machinations, en apparence uniquement occupé de littérature, mais travaillant bien plus sérieusement à jeter les fondements de cette correspondance si étendue, si prodigieusement active, qui, plus que tout le reste, servit à rallier, autour d'un centre commun, les fauteurs de l'incrédulité, et à donner à leur parti une véritable consistance.

Ce fut en 1746, et peu de temps après l'avénement de la favorite, que ce parti commença à donner des signes plus sensibles de son existence, à jeter dans le public des écrits plus hardis, à attirer davantage l'attention d'un parlement qui, sans savoir où il alloit, faisoit brûler à la fois, par la main du bourreau, les livres impies et les mandements des évêques. Depuis cette époque jusqu'en 1760, parurent successivement, et lui furent successivement dénoncés, l'Analyse de Bayle, le Traité de l'Ame de Lamé-

---

(1) La marquise Du Châtelet.

trie, la Thèse de l'abbé de Prades, Candide, Zadig, le Poëme de la Religion naturelle et quelques autres productions de Voltaire, le livre de l'Esprit d'Helvétius, plusieurs ouvrages de Diderot, un grand nombre d'autres productions, la plupart anonymes, et plus ou moins dégoûtantes de cynisme et d'impiété; l'Encyclopédie enfin, ce vaste répertoire, si astucieusement conçu, de tous les systèmes du parti, et des innombrables paradoxes qu'enfantoit sa raison en délire. On condamna ces ouvrages; on punit de l'exil quelques auteurs choisis parmi les plus obscurs; ceux qui jouissoient d'une existence sociale plus élevée, et qui par cela même étoient plus dangereux, furent épargnés. En attendant qu'on les protégeât, il leur suffisoit, pour obtenir l'impunité, d'une rétractation hypocrite ou d'un impudent désaveu. L'Encyclopédie fut tolérée, même après qu'un arrêt du conseil en eut révoqué le privilége, et n'en devint que plus cynique et plus audacieuse. De crainte d'un scandale plus grand, et d'être publiquement bravée par Buffon et par Montesquieu, la faculté de théologie, qui avoit cru devoir censurer l'*Esprit des Lois* (1) de celui-ci, et les paradoxes de celui-

---

(1) L'*Esprit des Lois* est un de ces livres produits par les *doctrines philosophiques* du dix-huitième siècle, dont beaucoup de gens, qui font profession de haïr ces doctrines, sont encore

là sur la formation de la terre, se vit forcée de négocier avec le magistrat et de se contenter des explications dérisoires du naturaliste. Aussi,

---

engoués au dix-neuvième; et parmi ceux qui pérorent dans nos tribunes publiques, avec toutes les prétentions de l'orateur et du profond politique, il en est un grand nombre qui ne parle jamais de Montesquieu qu'en l'appelant *notre grand publiciste* : c'est son sobriquet. Cependant ils seroient fort embarrassés s'il leur falloit expliquer quel est le plan et l'idée première de cet écrivain, d'où il part, et où il veut aller; si on les invitoit à montrer, dans son livre, nous ne dirons pas la véritable théorie, mais une *théorie quelconque* de la société, qu'il ne conçoit pas même complétement dans son existence *matérielle*, seul rapport cependant sous lequel il l'ait constamment envisagée. En attendant que quelqu'un de ces honnêtes enthousiastes nous ait clairement déduit ce que *notre grand publiciste* a voulu démontrer, et ce qu'il a prétendu conclure, nous ne craindrons pas, nous, d'avancer qu'il est difficile de présenter, dans un style plus piquant, plus nerveux, plus original, un plus grand nombre de paradoxes absurdes et de fausses définitions; de rassembler, avec moins de critique et de véritable savoir, plus d'idées superficielles, de notions hasardées et souvent contradictoires; enfin de faire un ouvrage de politique plus attrayant pour la forme, pour le fond plus mauvais et plus dangereux. Nous ajouterons que tout ce qu'il y a de remarquable dans ce livre, et qui s'y présente avec quelque apparence de profondeur, appartient à Machiavel, peu connu en France à l'époque où écrivoit Montesquieu, et qu'il pille continuellement avec la mauvaise foi littéraire de ne pas faire, une seule fois, l'aveu de ses larcins.

Lorsque ce livre parut, une femme très spirituelle (nous croyons que c'est madame Du Deffant) dit que « c'étoit de l'esprit *sur* les lois. » Les habiles d'alors se moquèrent d'elle; cependant elle seule l'avait bien défini.

Quant à Buffon, il est jugé depuis long-temps comme savant

par un retour d'égards et de bienveillance, le parti philosophique continuoit-il d'applaudir aux excès toujours croissants de la magistrature contre le clergé, et de hurler contre lui avec les enfants de Jansénius. Nous suivrons rapidement ce désordre inconcevable de la société, que nous verrons en peu d'années parvenir à son comblé, c'est-à-dire au delà de ce qu'on auroit pu même imaginer.

Le parlement n'attendoit que l'occasion de recommencer ses attaques contre l'Eglise de France, et avec d'autant plus d'impatience que, pendant cette paix factice et malgré cette loi humiliante du silence qui lui avoit été imposée, son clergé avoit su rallier la plupart de ses membres égarés, et ne comptoit plus dans son sein qu'un petit nombre de jansénistes, et chaque jour décroissant (1). Cette occasion ne se présentant point encore, il trouva du moins à la cour un auxiliaire sorti de ses rangs, qui, devenu ministre, conservoit, dans ses nouvelles fonctions, toute la pureté des traditions parlementaires, c'est-à-dire, la même haine pour le

---

et comme naturaliste ; comme écrivain il voit, de jour en jour, diminuer le nombre des admirateurs de l'ennuyeuse et périodique magnificence de son style.

(1) Il n'y avoit plus alors qu'un seul évêque appelant, M. de Caylus.

clergé que lorsqu'il étoit simple magistrat : c'étoit le contrôleur-général Machault, créature de madame de Pompadour, et qui payoit du dévouement le plus servile la fortune brillante à laquelle son caprice l'avoit élevé. Les dépenses de la guerre qui venoit de finir, et les profusions effrénées de la cour, avoient rouvert l'abîme des finances (1): afin de le combler, il fut le premier qui eût encore osé porter un regard cupide sur les biens du clergé, et penser à faire de ses dépouilles une ressource pour ce qu'il appeloit les besoins de l'Etat. Le parti philosophique qui savoit qu'attaquer ce corps vénérable comme propriétaire, c'étoit l'attaquer dans son existence même, et porter à la religion un coup

---

(1) Il n'y eut jamais d'avidité comparable à celle de cette femme à qui il falloit, avant toutes choses, un contrôleur-général qui fût de son choix, et qui, lui devant tout, ne pût rien lui refuser. Elle avoit aussi tellement asservi Louis XV, que, d'économe qu'il étoit naturellement, elle le jeta, à son égard, dans des excès presque incroyables de prodigalité. Ce fut pour elle que se multiplièrent sans mesure les *acquits du comptant*, espèce de billets qui, pour être payés, n'avoient besoin que de la signature du roi, sans qu'il fût nécessaire de mentionner le genre de service auquel ils étoient affectés. On pouvoit aller loin avec de semblables opérations financières. Aussi la marquise de Pompadour fut-elle gorgée de richesses; et sans parler des dépenses extravagantes qu'elle faisoit faire journellement pour désennuyer son royal amant, on peut estimer que, pour son propre compte, elle recevoit, chaque année, près de 1,500,000 francs.

plus funeste qu'aucun de ceux dont on essayoit de la frapper, faisoit, depuis long-temps, de cette spoliation l'un des textes favoris de ses déclamations furibondes, se plaisoit à exagérer l'immensité des richesses des gens d'Église, et après avoir établi que chaque citoyen doit à l'État, qui le protége, de concourir à l'aider dans ses besoins, rappeloit la pauvreté des apôtres, la présentoit comme le seul patrimoine qui convînt aux ministres de l'Évangile, et prouvoit à sa manière que le gouvernement avoit le droit de s'emparer de leurs biens pour parvenir au double résultat de subvenir à ses embarras pressants, et de ramener le clergé aux vertus de l'Église primitive. Machault tenta donc de réaliser cette idée spéculative des philosophes : pour en espérer quelque succès, il étoit prudent d'y procéder graduellement. Un arrêt du conseil, rendu en 1749, «l'un des premiers triomphes accordés à l'esprit philosophique,» dit un écrivain qui s'y connoît (1), défendit d'abord tout nouvel établissement de chapitre, collége, séminaire, maison religieuse ou hôpital, sans une permission expresse du roi et lettres-patentes enregistrées dans les cours du royaume; révoquoit tous les établissements de ce genre, faits sans cette autorisation; interdisoit à tous les gens de main-morte d'acquérir,

---

(1) M. Lac......., déjà cité.

recevoir ou posséder aucuns fonds, maison ou rente, sans une autorisation légale (1). » Il n'est pas besoin de dire que cet édit jeta l'alarme dans le clergé ; et ses craintes s'accrurent encore lorsque, dans son assemblée générale qui se tint, comme à l'ordinaire, l'année d'après, les commissaires du roi vinrent réclamer, comme une contribution, le don gratuit que l'on avoit coutume d'y voter (2), démarche qui fut suivie d'une déclaration du monarque, par laquelle, de sa propre et pleine autorité, il levoit plusieurs millions sur le clergé, et obligeoit tous les bénéficiers à donner un état de leurs revenus. L'assemblée crut devoir résister : elle adressa au roi des remontrances, dans lesquelles elle

---

(1) Il est à propos de faire remarquer que, depuis des siècles, tous les biens tombés en main-morte n'avoient été acquis que pour créer ou soutenir des hôpitaux et hôtels-dieu, des séminaires, des écoles de charités et autres établissements de ce genre, qui probablement, pour être utiles à l'Église, n'étoient pas inutiles à l'État, et que les biens à l'usage du clergé ne s'en étoient pas accrus d'une obole, pendant ce long espace de temps. (*Voyez les Mém. pour servir à l'hist. ecclés. de dix-huitième siècle*, année 1750.)

Le chancelier d'Aguesseau aida, dit-on, le contrôleur-général dans la création et la rédaction de cette loi ; et ce fut par cet acte tout parlementaire qu'il termina sa pitoyable carrière ministérielle. Il donna, l'année suivante, sa démission, étant alors âgé de quatre-vingt-deux ans.

(2) Convoqué six fois depuis dix ans, le clergé avoit donné, dans cet intervalle, soixante millions. (*Ibib.*)

défendoit avec force les immunités de l'Église, et montroit non moins fortement le danger qu'il y auroit pour l'État lui-même d'y porter la moindre atteinte. Il est probable que ses arguments ne parurent pas très décisifs à celui qui avoit conçu le projet de la dépouiller et à ceux qui y avoient applaudi ; mais on jugea que, pour le moment, il étoit à propos de ne pas aller plus loin : il suffisoit, pour une première fois, d'avoir établi en principe que les biens du clergé étoient dans la dépendance du fisc plus qu'aucune autre espèce de propriété.

Nous voici arrivés à des événements qui semblent appartenir aux époques les plus orageuses des hérésies du Bas-Empire, événements néanmoins si rapprochés de nous, qu'ils peuvent avoir eu pour témoins des hommes qui sont encore nos contemporains, et en même temps tellement incroyables, que ceux qui les ignorent seront tentés de les assimiler à quelques unes de ces traditions incertaines qui ne nous parviennent qu'altérées ou exagérées par une longue suite de siècles. On a vu, dans le cours de cette histoire et depuis plusieurs règnes, que le parlement n'avoit, à l'égard du clergé, qu'une seule pensée, qui étoit de détruire sa juridiction pour établir, sur la France entière, la domination exclusive de ses tribunaux : c'étoit une entreprise difficile, car tout étant lié indissolublement dans l'œuvre plus qu'humaine de la religion, tant que le dogme demeuroit intact, la discipline se maintenoit nécessairement; et dans la discipline sont renfermées la juridiction et la hiérarchie. Cette difficulté avoit été tellement sentie par la magistrature, que c'étoit au moment même où des sectaires avoient attaqué le dogme, qu'elle avoit redoublé d'efforts contre la juridiction; et ces sectaires, dont elle s'aidoit, se trouvant, par le caractère unique de leur hérésie, placés dans le sein même de la puissance qu'il s'agissoit d'attaquer, on l'avoit vue, soutenue de ces membres hypocrites du clergé, étendre rapidement ses usurpations jusqu'à s'arroger le droit de décider sur la doctrine et d'interpréter les canons. Le gouvernement de l'Église en avoit été ébranlé jusque dans ses fondements; mais il lui avoit fallu peu de temps pour se rasseoir. Ainsi que nous venons de le dire, si l'on en excepte quelques membres isolés et épars, le jansénisme étoit presque entièrement expulsé de son clergé; et la religion étant le principe de tout ordre et de toute subordination, la subordination et l'ordre s'y étoient rétablis d'eux-mêmes. Voyant donc l'Église de France désormais inattaquable dans les rapports des premiers pasteurs avec les membres inférieurs de sa hiérarchie, ses ennemis imaginèrent une autre manœuvre pour la commettre avec les sectaires, et la replacer ainsi sous la main du parlement : de là l'odieuse affaire des billets de confession et des refus de sacrements.

(1750-1751) Dès 1749, un membre du parlement avoit dénoncé aux chambres quelques refus de sacrements faits à des appelants; et cette dénonciation, bien qu'on n'y eût pas donné de suite, avoit fait quelque bruit. L'année suivante, un semblable refus est encore dénoncé, et le parlement mande le curé de Saint-Étienne-du-Mont, que l'on accusoit de ce délit d'une nouvelle espèce, pour qu'il ait à s'expliquer sur les motifs de ce refus : il répond ce qu'il devoit répondre, qu'il en avoit rendu compte à l'archevêque, et que, dans l'exercice de son ministère, il n'avoit d'ordre à recevoir que de lui. Le curé est envoyé en prison, et les gens du roi se transportent chez l'archevêque (c'étoit alors M. de Beaumont, nouvel Athanase, dont cette époque d'impiété et de persécutions a rendu le nom à jamais célèbre et vénérable), pour l'inviter charitablement à faire administrer le malade, à qui l'un des membres de son clergé refusoit si indignement les derniers secours de la religion. Certes, l'étonnement du prélat dut être grand, lorsqu'il vit des magistrats se montrer si ignorants des pratiques les plus communes de l'Église, dans son gouvernement intérieur et dans ses rapports avec les simples fidèles. Les billets de confession étoient une coutume établie dans toute la chrétienté et de temps immémorial : on la trouve expressément recommandée dans les avis de saint Charles-Borromée à l'un des conciles de Milan (1); l'assemblée du clergé de 1655 l'avoit adoptée, et avoit recommandé aux curés de s'y conformer; elle étoit surtout nécessaire, ou plutôt indispensable, au milieu de la population immense d'une ville telle que Paris, dans laquelle abondoient tant d'individus justement suspects, ou totalement inconnus de leurs pasteurs; le cardinal de Noailles en avoit lui-même ordonné l'observation. L'intrépide et vertueux prélat étoit d'autant moins disposé à s'en départir, que les jansénistes professoient, sur le droit d'absoudre et de confesser, des doctrines entièrement op-

---

(1) « Le curé ne doit point recevoir à la communion pascale ceux
» qui se seront confessés à d'autres qu'à lui, s'ils n'ont remis
» entre ses mains une attestation qui fasse foi comme ils se sont
» confessés à un prêtre approuvé de nous, écrite et signée préci-
» sément en la forme qui est ci-dessous (nous supprimons cette
» formule), pour le moins trois jours avant celui auquel ils veulent
» communier, afin que le curé, y faisant difficulté, puisse s'é-
» claircir de la vérité de cette attestation, et si le confesseur qui
» l'a délivrée est approuvé, etc. » (*Instruction de saint Charles-Borromée aux confesseurs*, etc., imprimée par ordre de l'Assemblée générale du Clergé de France. Années 1655, 1656 et 1657.— Édit. de 1736.— Paris.)

posées à la discipline de l'Église; et l'invitation étrange que venoit lui faire, à cet égard, une autorité séculière, n'étoit pas propre à le faire changer de résolution. Les esprits n'étant pas encore préparés à ce nouveau genre de persécution, l'emprisonnement du curé choqua généralement; il déplut au roi, qui désapprouva la conduite violente du parlement, et rejeta des remontrances dans lesquelles il qualifioit « de scandale » les refus de sacrements, présentoit les billets de confession « comme une pratique odieuse, » et se répandoit en outrages contre le clergé, dont il essayoit malicieusement de rendre la fidélité suspecte au souverain. La réponse du roi fut « qu'ils n'eussent plus à se mêler d'une affaire à laquelle il auroit soin de pourvoir. » Plusieurs magistrats blâmèrent eux-mêmes ces violences, et firent observer à leur compagnie qu'elle se plaçoit sur les limites des deux puissances, et qu'elle se mettoit en danger de les dépasser. Le parlement n'insista pas; et, satisfait d'avoir jeté un premier brandon de discorde, il attendit des temps « meilleurs » pour le rallumer (1).

(1752) Le mouvement des esprits devenoit de jour en jour plus rapide; les philosophes

---

(1) *Voyez* les *Mém. pour servir à l'Hist. ecclés. du dix-huitième siècle*, année 1751.

accouroient en foule et de toutes parts grossir le parti parlementaire, et ces temps meilleurs ne tardèrent point à arriver. Dès 1752, il se sentit assez fort pour pouvoir lutter contre l'autorité royale qui s'affoiblissoit chaque jour davantage, au sein des intrigues et des corruptions de tout genre dont elle étoit environnée. Sur la dénonciation que l'on fit aux chambres d'un nouveau refus de sacrements, ordre fut donné à l'archevêque de Paris de faire administrer le malade dans vingt-quatre heures, et le curé, qui avoit refusé son ministère, fut décrété de prise de corps. Le roi cassa le décret ; des remontrances lui furent aussitôt adressées, et il y fit cette inconcevable réponse : « qu'il ne vouloit pas ôter au parlement *toute connoissance* des refus de sacrements, » mais qu'il exigeoit « qu'on lui en rendît compte ; et qu'il « s'attendoit » que, connoissant ses intentions, cette compagnie cesseroit toutes procédures sur cette matière. » Cette réponse de la cour, si foible à l'égard de la magistrature, et, de même que la première, si astucieuse à l'égard du clergé, dont elle ne parloit pas de rétablir les droits méconnus et violés, mais qu'elle ne cherchoit à soustraire à l'action du parlement, que pour le soumettre à sa propre influence, ne fit qu'enhardir les magistrats. Le parlement y répliqua, le surlendemain, par un arrêt de réglement « qui défendoit à tout ecclésiastique de faire aucun acte tendant au schisme, » et notamment « de se permettre aucun refus de sacrements, sous prétexte de défaut de billet de confession, ou de déclaration du nom du confesseur, ou d'acceptation de la bulle *Unigenitus*; » arrêt que ses suites ont rendu si malheureusement célèbre, et sur lequel se fondèrent depuis toutes les entreprises inouïes des tribunaux séculiers. Ainsi, d'usurpation en usurpation, des gens de robe en étoient venus à apprendre aux ministres de l'Église ce que c'étoit que le schisme, et à désigner, par des ordonnances, quels étoient les schismatiques (1).

Cependant quels étoient les moyens employés par la cour pour réprimer de tels excès? Au fond, complice de ces continuels attentats contre l'indépendance du clergé, elle donnoit, de son côté, un arrêt de réglement, dans lequel, « établissant que la bulle *Unigenitus* « étoit une loi de l'Église et de l'État (2), » elle ordonnoit, par une concession nouvelle, qu'avant « de rien statuer » sur les refus de sacrements, le parlement eût à en rendre compte à l'autorité royale. » Cette conduite misérable produisit l'effet qu'elle devoit

---

(1) *Voyez* les *Mém. pour servir à l'Hist. ecclés. du dix-huitième siècle*, année 1752.

(2) Cet arrêt fut rendu le 19 avril 1752.

produire : le parti entier, ivre de joie, s'ameuta en quelque sorte autour du Palais; les dénonciations contre les prêtres et les évêques se multiplièrent; les magistrats n'eurent plus d'autre occupation que de les recevoir, confirmant par des arrêts nouveaux leurs arrêts cassés par le souverain. Vingt-un évêques, alors à Paris, s'élevèrent, dans une lettre qu'ils adressèrent au roi, contre ces prétentions nouvelles de la magistrature, plus téméraires qu'aucune de celles qu'elle avoit manifestées jusqu'à ce jour; plus de quatre-vingts autres évêques y adhérèrent; plusieurs firent des réclamations particulières; enfin l'épiscopat entier se souleva. Des arrêts supprimèrent et flétrirent la lettre et les réclamations; le parlement ne s'assembla plus qu'au milieu d'une foule exaltée qui remplissoit le lieu de ses séances, poursuivant de ses huées ou saluant de ses acclamations les avis divers qui s'y ouvroient, et faisant du sanctuaire de la justice une arène de démagogie. Les libelles, les pamphlets, les caricatures, ces moyens accoutumés du parti, se reproduisirent avec une abondance et une fureur nouvelle, confondant avec plus d'insolence que jamais le trône et l'autel dans leurs insultes et leurs calomnies.

(1753) Ainsi s'enhardissoient les meneurs du parlement, s'intimidoient les foibles, et la compagnie entière étoit entraînée. Le curé de Saint-Médard et ses vicaires sont dénoncés pour refus de sacrements faits à deux religieuses : ils sont mandés. Les vicaires seuls se présentent, et déclarent qu'ils ont fait ce refus sur les ordres de l'archevêque. Le prélat reçoit de nouveau l'invitation de faire administrer; il y répond comme il avoit déjà fait et avec la même fermeté. On le met en cause, son temporel est saisi; les pairs, dont il est justiciable sont convoqués pour le juger, et le curé de Saint-Médard est décrété de prise de corps. Le roi casse ces arrêts et défend la convocation des pairs : l'ordonnance royale est portée au parlement; le président veut la lire, on refuse de l'entendre. Une lutte scandaleuse s'établit entre le prince et ses officiers de justice : les députations, les arrêts, les remontrances se succèdent sans interruption; le pape, les évêques, le clergé, l'autorité de l'Église, les lois même du souverain y sont insultés ou menacés; et le conseil du roi ne sait faire autre chose que refuser les remontrances, casser les arrêts, et ordonner « de surséoir à toutes procédures sur des affaires de ce genre. »

Des mesures si peu décisives n'étoient pas faites pour arrêter des factieux qui avoient résolu de faire, en cette occasion, une épreuve de ce qu'ils pouvoient tenter avec un tel prince entouré de tels conseillers : le parlement refuse d'enregistrer les lettres-patentes du roi, et déclare qu'il demeurera assemblé jusqu'à ce que ses remontrances aient été reçues. Lettres de jussion envoyées le même jour, qui lui ordonnent d'enregistrer, « sous peine de désobéissance et d'encourir l'indignation du roi. » Déclaration de la part du parlement « qu'il ne peut obtempérer; » et bravant jusqu'à l'insulte le monarque qui, dans cette dernière démarche, avoit osé prendre le ton de maître, il s'occupe sur-le-champ de nouvelles procédures relatives à des refus de sacrements. Louis XV n'étoit pas encore descendu à supporter de semblables outrages, et le ministère lui-même ne vouloit pas d'une semblable résistance du parlement. Le 9 mai, tous les membres composant les chambres des enquêtes et des requêtes furent exilés, et l'on renferma quatre des plus mutins dans des prisons d'État.

La grand'chambre avoit été épargnée : elle ne s'en montra que plus arrogante, persista dans tous les arrêtés déjà pris, et continua d'informer contre les billets de confession. Le surlendemain 11 mai, un ordre du roi la transféra à Pontoise : elle partit, consolée et raffermie par les acclamations de ses partisans, et, arrivée au lieu de son exil, n'en demeura pas moins opiniâtre dans ses arrêtés, ni moins active dans ses poursuites contre « la rébellion » des prêtres et des évêques. Absorbée dans ces grands intérêts, elle ne voulut écouter aucune autre affaire, et cessa de rendre la justice aux citoyens. On crut pouvoir se passer d'elle en instituant à cet effet des chambres particulières : mais le parti entier se ligua contre ces nouveaux juges; ils furent décriés, baffoués, chansonnés; et tandis qu'on déversoit sur eux le mépris et le ridicule, les magistrats exilés étoient présentés à la vénération de la multitude comme ses véritables défenseurs, comme les appuis les plus solides de l'État; on exagéroit les droits politiques du parlement, ceux du souverain étoient discutés, et l'on en établissoit les limites. Les parlements de province se montroient encore timides et irrésolus; plusieurs même étoient animés d'un autre esprit et avoient conservé les anciennes traditions monarchiques : la cabale, dont les projets s'agrandissoient en même temps que ses triomphes, et dont les pensées séditieuses embrassoient déjà la France entière, les entoura de ses séductions, mit en mouvement tous ses agents, fit jouer tous les ressorts de ses intrigues, et quelques uns de ces parlements donnèrent dès lors des signes de connivence avec le parlement de Paris. Celui de Rouen lutta, pendant six mois, contre les ordres du roi, celui d'Aix fit aussi des réglements de discipline pour l'Église, et le parlement de Toulouse commença à fermenter (1).

(1754) Cependant des négociations s'étoient ouvertes pour le rappel des magistrats exilés au moment même où l'on avoit prononcé leur exil, et les amis puissants qu'ils avoient à la cour et partout, y travailloient avec ardeur. C'est ici que se montrent plus visiblement encore les misères de ce déplorable gouvernement. Certes la première condition d'un pardon accordé à des rebelles devoit être une entière soumission à l'autorité qu'ils avoient offensée : Louis XV ne demanda pas ce qu'il n'espéroit point obtenir; les murmures qu'avoit fait naître ce coup d'autorité alloient toujours croissant et commençoient à l'effrayer; et se trouvant heureux qu'on lui fournît une occasion de faire cesser ses frayeurs en le suppliant de mettre fin à cet exil, ce fut, et l'on aura peine à le croire, au moyen d'un « nouvel arrêt de silence » qu'il imagina d'arranger leur rappel et de cimenter la paix. Sa déclaration à ce sujet, devenue fameuse en ce que le parlement s'en fit par la suite une autorité contre le roi lui-même, est un monument curieux de foiblesse et d'ineptie. C'étoit ce même parlement qu'il disoit *avoir*

---

(1) *Voyez* les *Mém. pour servir à l'hist. ecclés. du dix-huitième siècle*, année 1753.

justement puni à cause de sa résistance à ses volontés, mais dont il attendoit désormais une soumission et une fidélité entières, qu'il chargeoit « de *tenir la main* à ce qu'il ne fût rien fait ou tenté de contraire à ce *silence* et à cette *paix*. » Il annuloit en même temps toutes poursuites et procédures antérieures. Telle qu'elle étoit, cette déclaration ne fut cependant pas enregistrée sans difficultés : ces magistrats, qui avoient daigné reprendre leurs fonctions, furent choqués du préambule; et n'en étant complètement satisfaits ni sur la forme ni sur le fond, ils ne la portèrent sur leurs registres qu'avec cette clause : « qu'elle seroit exécutée conformément aux arrêts et aux règlements de la cour, » c'est-à-dire conformément à ces arrêts et à ces règlements que l'autorité royale venoit de casser. On les laissa faire; c'étoit dès-lors à ce degré que cette autorité s'étoit abaissée. Les Jansénistes donnèrent de grands applaudissements à cette loi du silence; ils inondèrent de nouveau Paris et les provinces de leurs libelles pour en exalter l'excellence et les bienfaits, et parlèrent plus qu'ils n'avoient jamais fait pour prouver qu'il falloit se taire. Leur gazette n'en continua pas moins de paroître, toutes les semaines, toute gonflée d'invectives et de calomnies contre leurs adversaires; et le parlement, fermant les yeux sur leurs excès, interprétant l'arrêt de silence par une obéissance entière à ses propres arrêts, continua de livrer aux flammes les mandements des évêques qui soutenoient les droits et les décisions de l'Église, de citer à son tribunal tout ecclésiastique qui lui étoit dénoncé pour refus de sacrements, et redoubla de rigueur dans ses condamnations. On n'entendoit plus parler que de sommations, de sentences, de saisies, d'exils, d'emprisonnements; et c'étoit sur des prêtres que s'exerçoient ces coupables violences. Accoutumés à jouer des comédies sacriléges, des Jansénistes en pleine santé feignoient d'être malades pour provoquer des refus de sacrements, qu'ils alloient à l'instant même dénoncer, et que suivoient des arrêts foudroyants contre les curés ou les vicaires qui avoient « prévariqué; » et s'il s'en rencontroit quelques uns qui donnassent alors quelques signes de foiblesse, c'étoit au milieu d'un cortége d'huissiers et de recors qu'il leur falloit porter le saint viatique; et après avoir été préparée par une sommation, la communion d'un janséniste se consommoit par un procès-verbal.

Il devint clair alors que « l'arrêt de silence » étoit plus pitoyable encore qu'on n'avoit pensé, que ce n'étoit pas autre chose qu'un voile honteux dont on avoit essayé de couvrir une pleine et entière concession aux prétentions du parlement; car s'en étant pris de nouveau à l'archevêque de Paris, et de la fuite des prêtres qui se cachoient pour éviter la persécution, et des ordres qu'il leur donnoit en contravention à leurs arrêts, et n'en ayant point obtenu d'autre réponse que celle que ce vigoureux prélat étoit accoutumé de leur faire, les magistrats eurent assez de crédit pour obtenir du roi l'exil de leur premier pasteur, d'abord à Conflans et ensuite à Lagny. C'en fut assez : après avoir consenti à exiler un évêque sur la demande d'un parlement janséniste, ce fut vainement que le monarque se déconsidéra jusqu'à avouer qu'il ne l'avoit fait qu'à contre-cœur; qu'il se plaignit de ce que, malgré tant de marques de condescendance qu'il lui avoit données, son parlement « s'écartoit de l'esprit de *modération, de paix et de prudence* qu'il lui avoit recommandé. » A ces remontrances, « tout-à-fait *paternelles*, » les gens de robe ne répondirent qu'en dénonçant l'évêque d'Orléans, qu'il fallut bien exiler à son tour. L'évêque de Troyes parut ensuite sur les bancs des accusés, fut condamné à une amende, vit ses meubles confisqués, son temporel saisi; et il fallut l'intervention du roi pour l'arracher aux poursuites et aux insultes des tribunaux subalternes. Ceux des parlements de province qui faisoient partie de la cabale, à ce signal donné, se ruèrent en quelque sorte sur leurs premiers pasteurs. L'archevêque d'Aix fut exilé par le parlement de Provence; ce même parlement osa citer devant lui l'évêque de Marseille, l'héroïque Belzunce, et le flétrir d'une condamnation (1). Les évêques de Saint-Pons et de Montpellier furent poursuivis par le parlement de Toulouse; le parlement de Rennes traita plus rigoureusement encore ceux de Vannes et de Nantes (2). Par ces outrages et ces violences exercées à l'égard des chefs, on peut juger de ce qu'avoient à souffrir les ministres inférieurs. Ils continuoient d'être accablés de dénonciations et de décrets; on les traînoit devant les tribunaux, où ils étoient interrogés avec la dernière insolence; et les condamnations rendues contre eux alloient souvent jusqu'à la confiscation des biens et au bannissement perpétuel. Il ne manquoit plus que de les envoyer à l'échafaud parce qu'ils ne vouloient pas sacrifier aux doctrines de Jansénius, comme les magistrats romains condamnoient aux bêtes les premiers chrétiens qui refusoient de sacrifier aux idoles.

---

(1) On supprima un écrit qu'il avoit publié à l'occasion d'une feuille de la Gazette janséniste, où il avoit été calomnié; et on ne toucha point au libelle calomniateur. (*Mém. pour servir à l'Hist. ecclés. du dix-huitième siècle*, année 1754.)

(2) Le temporel de ces deux évêques fut saisi; et l'on vendit deux fois les meubles de l'évêque de Nantes. (*Mém.*, *ibid.*, année 1754.)

(1755) Ce n'étoit point encore assez : la bulle *Unigenitus* embarrassoit toujours; elle étoit la sentence de mort du jansénisme, la sanction de l'autorité pontificale, le retranchement à l'abri duquel le clergé soutenoit encore le combat. C'étoit constamment contre ce décret du saint siége que la faction avoit dirigé ses attaques, même les plus détournées. Elle se crut assez forte pour l'attaquer de nouveau en face : saisissant donc l'occasion d'un de ses jugements les plus scandaleux, rendus pour refus de sacrements (1), le parlement se concerta avec le procureur général pour le recevoir *incidemment* appelant comme d'abus de la bulle *Unigenitus*, « considérée comme règle de foi et loi de l'État » (on en revenoit toujours là); et il fut enjoint à tout ecclésiastique, quelle que fût sa dignité, de se renfermer à cet égard « dans le silence gé-

---

(1) Pour avoir refusé les sacrements à un chanoine nommé Cougnion, appelant furieux, et qui, exhorté à l'article de la mort à revenir de ses erreurs, avoit qualifié la bulle d'*œuvre du diable*, le chapitre d'Orléans venoit d'être condamné à douze mille livres d'amende; plusieurs de ses chanoines avoient été bannis à perpétuité, et c'étoit à cette occasion que l'évêque de cette ville avoit été dénoncé et exilé. Le parlement fit plus : il ordonna que le chapitre fonderoit un service et feroit les frais d'un monument élevé en l'honneur de Cougnion, lequel seroit placé dans une des églises d'Orléans; et cet arrêt reçut son exécution. (*Mém. pour servir à l'Hist. ecclés. du dix-huitième siècle*, année 1755.)

néral, respectif et absolu, prescrit par la déclaration du 2 septembre 1754. » Cet arrêt fut rendu le 18 mars de cette année, au milieu d'une affluence extraordinaire du peuple janséniste et philosophe, qui le couvrit de ses applaudissements. Louis XV, bien qu'entraîné déjà vers ces idées nouvelles par cette tourbe perverse de courtisans et de ministres dont il étoit entouré, sentit se réveiller au fond de son cœur ce sentiment religieux qui y étoit comme enraciné, et que rien ne put jamais détruire, et fit un nouvel effort sur sa foiblesse pour désapprouver la conduite du parlement. Ce n'étoit plus assez pour l'arrêter : il se plaignit hautement du roi qui avoit osé se plaindre de lui; et continuant de marcher avec une nouvelle audace dans la route qu'ils venoient de s'ouvrir, ces magistrats qui dénonçoient à la France la tyrannie intolérable des enregistrements forcés, exigèrent impérieusement de la Sorbonne qu'elle enregistrât leur arrêt, sur son refus mandèrent le recteur et les principaux membres de cette faculté, inscrivirent eux-mêmes l'arrêt sur leurs registres, et jusqu'à nouvel ordre leur défendirent de s'assembler.

L'assemblée générale du clergé s'ouvrit le 25 mai de cette année : elle apportoit avec elle les plaintes et les gémissements de toutes les églises de France; et résolue de remplir le grand devoir qui lui étoit imposé, elle demande à s'aller jeter en corps aux pieds du roi. On craignit pour Louis XV l'impression d'un semblable spectacle : elle essuya un refus, ne put faire admettre que ses députés, et reconnut, dès lors, que les dispositions de la cour lui étoient peu favorables. Elle n'en dressa pas moins ses remontrances, dans lesquelles étoient énergiquement retracées toutes ces usurpations si criantes du parlement contre la juridiction ecclésiastique, usurpations qui sembloient ne devoir avoir d'autre terme que l'entière destruction de l'Église de France : on y demandoit le rétablissement de cette autorité spirituelle qui est la première condition de son existence, justice de tant d'arrêts iniques rendus contre ses membres par les tribunaux séculiers, une interprétation claire et nette des déclarations rendues relativement à la bulle et à la juridiction des évêques; et qu'enfin les cours de justice fussent renfermées dans les justes bornes de leurs attributions. En finissant, les prélats assemblés jetoient un cri d'effroi sur les progrès toujours croissant de l'irréligion, qui maintenant marchoit le front levé, nioit hautement, non pas seulement la religion et ses dogmes, mais les futures destinées de l'homme, l'existence même de Dieu, ébranloit ainsi l'ordre social jusque dans ses fondements, et répandant de toutes parts le torrent de ses livres abominables, dont quelques uns même circuloient sous le sceau protecteur de l'autorité publique, infectoit déjà de ses poisons jusqu'aux classes populaires. Cependant tous ne se soutinrent pas à la hauteur courageuse de ce début : il y eut des signes de foiblesse ou de séduction dans cette même assemblée, et des indices frappants de cette décadence vers laquelle étoit entraînée l'Église de France par les maximes anti-catholiques que l'on avoit jetées dans son sein, et par cette situation précaire et sans dignité où, depuis si long-temps, l'avoit réduite la folle arrogance du pouvoir temporel. Lorsqu'il fut question d'établir les droits de la puissance ecclésiastique, et spécialement dans les deux questions de la bulle *Unigenitus*, considérée comme jugement dogmatique et irréformable de l'Église universelle, et de l'administration ou du refus des sacrements, les membres de l'assemblée se divisèrent : plusieurs, et ce fut malheureusement le plus grand nombre, rejetèrent les explications claires et positives que présentoient leurs confrères sur ces points si importants, et dont la circonstance périlleuse où l'on se trouvoit accroissoit encore l'importance; s'exprimèrent d'une manière foible, équivoque, qui remettoit en question tout ce que l'on vouloit décider, et furent accusés d'avoir trahi les devoirs de leur ministère pour se rendre agréables à la cour, avec laquelle on les soupçonnoit de s'être auparavant concertés (1). Cependant la fermeté des autres évêques en imposa à cette majorité pusillanime; et ils obtinrent d'elle que sur ce qui avoit été statué de part et d'autre on s'en rapporteroit à la décision du pape. Le parlement, avec lequel il faut toujours marcher de surprise en surprise, même après tout ce que l'on a vu de son audace et de son insolence, se montra mécontent de cette témérité qu'avoient eue les évêques d'écrire au souverain pontife, prétendit que de pareilles communications entre l'Église de France et le chef de l'Église universelle « étoient de nature à troubler la tranquillité de l'État, » et adressa à ce sujet des remontrances. Louis XV, qui n'avoit fait que des réponses évasives aux représentations de l'assemblée du clergé, trouva néanmoins que cette compagnie alloit trop loin de vouloir empêcher

---

(1) A leur tête étoit le cardinal de La Rochefoucauld, devenu ministre de la feuille des bénéfices depuis la mort de M. Boyer. Dix-sept évêques et vingt-deux députés du second ordre signèrent après lui les dix articles qui composoient cette déclaration équivoque; l'autre, composée seulement de huit articles, fut signée par seize évêques et dix députés. Neuf évêques, qui n'étoient pas de l'assemblée, adhérèrent aux huit articles. (*Voyez* les procès-verbaux des assemblées du clergé de France, t. 8, première partie, in-folio, p. 555.)

des évêques d'écrire au pape; et, sans avoir égard à ses remontrances, fit partir lui-même la lettre. Ainsi cette grande question se trouva définitivement soumise au jugement doctrinal du Saint-Siége.

(1756) Voici de nouvelles violences du parlement; et même, en sévissant contre lui, le prince va donner de nouveaux signes de son incurable foiblesse. Le 16 octobre de cette année, Benoît XIV donna son bref *Ex omnibus*, adressé aux membres de la dernière assemblée. Cette pièce, écrite avec toute la modération qu'exigeoient des circonstances aussi périlleuses, n'en établissoit pas moins, avec précision et fermeté, les vrais principes de la foi : la bulle *Unigenitus* y étoit présentée de nouveau « comme une loi de l'Église, à laquelle nul fidèle ne pouvoit se soustraire; » et il en sortoit cette conséquence « que tout réfractaire se déclarant par cela même pécheur public et notoire, ne pouvoit être admis à la communion de l'Eglise. » Ainsi se trouvoient non seulement justifiés, mais encore *ordonnés* ces refus de sacrements, prétexte de toutes les violences exercées contre le clergé par les magistrats. Peu de temps avant que ce bref fût parvenu en France, ils venoient de se livrer à de nouvelles persécutions contre l'archevêque de Paris, en présidant eux-mêmes, sur le refus qu'il en avoit fait et contre les droits de l'Ordinaire, à l'élection d'une supérieure dans un couvent de religieuses réfractaires ; et une instruction de ce prélat vénérable, dans laquelle, s'adressant à son troupeau, il lui parloit, avec sa force accoutumée, de l'autorité de l'Église, de l'enseignement de la foi, de la soumission à la bulle, de ces droits des premiers pasteurs de tout temps reconnus et pour la première fois si témérairement contestés, avoit été supprimée par la chambre des vacations, et, sur un arrêt des juges du Châtelet, brûlée par la main du bourreau (1). Un rescrit du pape leur en imposoit peut-être moins encore : ils supprimèrent celui de Benoît XIV, dès qu'ils en eurent connoissance ; jetèrent de nouveaux cris sur les entreprises du Saint-Siége, et, dans l'espace de peu de jours, fatiguèrent le roi de sept ou huit députations, accompagnées de dénonciations virulentes contre les évêques, et particulièrement contre l'archevêque de Paris, les signalant comme des factieux « dont les excès

---

(1) Tel étoit l'état d'oppression auquel étoit alors réduit le clergé de France, que la Sorbonne, ayant formé le dessein d'adhérer au mandement de son archevêque, M. de Beaumont crut devoir lui-même engager ses docteurs à s'abstenir d'une démarche publique qu'il ne jugeoit pas absolument nécessaire, et dont l'effet eût été d'attirer sur eux la vengeance et les persécutions de ces juges passionnés. (*Mém. pour servir à l'Hist. ecclés. du dix-huitième siècle,* année 1756.)

étoient portés à un degré si *effrayant*, qu'il n'y avoit que l'exercice le *plus absolu* de l'autorité royale qui pût prévenir les maux funestes, les dissensions civiles et les orages dont la France étoit menacée. »

Cependant la cour commençoit à s'alarmer : le savant équilibre qu'elle s'étoit flattée de maintenir entre le clergé et le parlement, et à la faveur duquel elle comptoit les dominer tous les deux, commençoit trop visiblement à se rompre. Ce n'étoit plus seulement l'Église que la magistrature attaquoit : endoctrinée par les Jansénistes, et déjà exercée à leur tactique, elle attaquoit aussi le pouvoir royal, chaque fois qu'elle y rencontroit quelque obstacle à ses desseins. Cette ligue que les séductions du parlement de Paris avoient commencé à former avec les parlements de province, qu'il prétendoit ne faire avec lui qu'un parlement *unique* réparti en diverses classes (1), les maximes anarchiques de la souveraineté du peuple, d'un contrat primitif entre le prince et les sujets, que profes-

---

(1) Le parlement de Paris devoit être le chef de cette association, sous le titre de *première classe*, ou de *parlement métropolitain*. C'étoit un premier pas pour constituer les cours de justice en assemblées représentatives et permanentes de la nation. On voit que les meneurs de ces corps visoient au grand, et possédoient à un très haut degré l'instinct des révolutions modernes.

soient hautement les publicistes philosophes, et qui, des écrits de ces sophistes, avoient plusieurs fois passé dans ses arrêts et dans ses ordonnances, déplaisoient plus encore au ministre que l'exil des évêques et l'emprisonnement ou le bannissement des curés. Une insulte faite au pape blessoit personnellement un prince qui, nous le répétons, au sein de ces honteux désordres auxquels il n'avoit pas la force de s'arracher, conservoit au fond de son âme une foi profondément enracinée, et sut la conserver jusqu'au dernier moment; les plaintes du clergé retentissoient douloureusement à ses oreilles, et il trouvoit, dans sa propre famille, des anges de piété qui le sollicitoient de sortir des voies dans lesquelles on l'avoit engagé. Ses ministres se trouvant donc d'accord avec lui sur la nécessité d'arrêter les prétentions et les entreprises du parlement, il fut décidé qu'on y emploieroit des moyens plus efficaces.

Mais le temps étoit passé où une seule parole de Louis XIV faisoit rentrer dans la poussière ces gens de robe, tour à tour et suivant les circonstances, si humbles et si hautains; on n'avoit même personne, dans le conseil du roi, que l'on pût, pour la position ou pour le caractère, comparer à un Dubois, capable, dans ses brutalités, de prendre une résolution vigoureuse, et de monter son maître au degré d'énergie qu'il falloit pour l'exécuter ; et les choses étoient bien autrement avancées que sous le cardinal de Fleuri. Dans cette dégradation profonde où la cour étoit tombée, elle avisa donc, autant qu'il étoit en elle et que le lui permettoit la peur que lui faisoient les parlementaires, aux moyens de rétablir entre le clergé et le parlement cet équilibre que tant d'essais malheureux ne pouvoient la déterminer à abandonner, parce qu'elle y voyoit toujours la garantie du despotisme mesquin qu'elle s'obstinoit à exercer sur l'un et sur l'autre, et prit en conséquence une de ces demi-mesures conciliatrices dont l'effet immanquable est de mécontenter tous les partis. Il parut, le 10 décembre de cette année, une déclaration du roi, qui « ordonnoit le *respect* et la *soumission* pour la bulle *Unigenitus*, sans qu'on pût toutefois lui attribuer *le nom, les effets et le caractère de règle de foi* (1). » Elle autorisoit, à la vérité, les évêques à continuer leurs enseignements aux fidèles ; mais leur recommandoit en même temps de ne point « troubler la paix. » Les juges séculiers ne dévoient plus se mêler des sacrements : les prêtres auroient désormais le droit de les refuser sans

---

(1) C'étoit non seulement se mettre en opposition avec les décisions doctrinales du Saint-Siége, mais encore avec ses propres arrêts ; car celui qu'il avoit rendu, le 19 avril 1752, disoit positivement le contraire. (*Voyez* p. 244.)

être exposés aux poursuites des tribunaux, mais seulement « à l'égard des personnes contre lesquelles des jugements auroient été rendus, des censures exercées, ou qui se seroient elles-mêmes déclarées réfractaires; » on défendoit prudemment les *interrogations indiscrètes.* (Ainsi le parlement avoit statué sur la validité des confessions, et le roi statuoit sur la manière de confesser.) Enfin tout ce qui s'étoit passé à l'occasion des derniers troubles étoit considéré comme non avenu; toutes sentences et procédures étoient annulées; chacun rentroit dans sa situation première : on n'offroit pas d'autre dédommagement à ceux qui avoient été bannis, dépouillés, emprisonnés; et l'on espéroit de toutes ces foiblesses une paix durable et un accord parfait. A la vérité, pour consolider l'édifice de cette paix, la cour essaya de se montrer un peu plus hardie : on joignit à cette déclaration deux lois, l'une qui supprimoit deux chambres des enquêtes, l'autre qui régloit la discipline des chambres, et dont l'objet étoit de rendre les réunions des magistrats plus difficiles, de leur ôter ainsi le moyen d'interrompre à tout moment le cours de la justice, et d'abandonner leur rôle de juges pour jouer celui de factieux; puis, armé de ces trois pièces, le roi alla, le 15 décembre, tenir un lit de justice, où il en ordonna l'enregistrement. Or la difficulté n'étoit pas d'avoir fabriqué de semblables lois, mais maintenant de les faire accepter et exécuter. A peine la séance royale étoit-elle levée, qu'un soulèvement général des magistrats éclata et contre les lois et contre la déclaration. « De telles mesures ne tendoient pas moins, s'écrioit-on de toutes parts, qu'à bouleverser l'État. » Il falloit de leur côté frapper un grand coup et faire peur à qui avoit voulu les effrayer : tous se concertèrent pour donner à la fois leur démission, se rappelant que ce moyen leur avoit déjà réussi. La majorité de la grand'chambre demeura seule en place, soit qu'elle ne voulût point suivre ce parti, soit que les meneurs du parlement jugeassent qu'il n'eût pas été prudent d'effacer ainsi jusqu'aux dernières traces de son existence.

(1757) Peu de jours après, le 5 janvier de cette année, Louis XV fut assassiné : l'assassin étoit un homme de la dernière classe du peuple, nommé Damiens; il prouva qu'il auroit pu tuer le roi s'il l'avoit voulu, et que son intention avoit été seulement de le blesser « pour lui donner, » disoit-il, un utile avertissement qui le portât à écouter les représentations de son parlement, et à prendre le parti de son peuple qui périssoit (1). « Si

---

(1) Pièces originales et procédures du procès fait à Damiens, t: 2, p. 25.

l'on avoit coupé la tête à trois ou quatre évêques, ajoutoit-il, cela ne seroit point arrivé (1). » Il écrivit une lettre au roi, dans laquelle il l'invitoit « à ne pas avoir tant de bonté pour les ecclésiastiques, à ordonner qu'on donnât les sacrements à l'article de la mort, sans quoi *sa vie n'étoit pas en sûreté* (2). » Il lui enjoignoit de rétablir son parlement et de ne plus l'inquiéter, affirmant « qu'il n'a eu d'autre objet, dans le malheureux coup qu'il a fait, que de contribuer *aux peines et soins* du parlement qui soutient la *religion de l'État* (3). » Cet homme avoit servi, vingt ans auparavant, chez les jésuites, et en avoit été deux fois chassé : on espéra tirer parti de cet incident contre la compagnie; mais il déclara formellement « *qu'il haïssoit la façon de penser des jésuites*, et que s'il avoit vécu chez eux, c'étoit par politique et pour avoir du pain (4). Il déclara encore « qu'il avoit conçu son projet dans les temps où il passoit des nuits dans les salles du Palais à attendre la fin des délibérations qui s'y faisoient, et lorsqu'il a vu le peu d'égards que le roi avoit pour les repré-

---

(1) Pièces originales et procédures du procès fait à Damiens, t. 1, p. 151.
(2) Lettre de Damiens au roi.
(3) Pièces originales, etc., t. 2, p. 36.
(4) *Ibid.*, t. 2, p. 137.

sentations de son parlement (1). » L'instruction prouva qu'il avoit successivement servi chez quatre conseillers au parlement, et dans le temps de la plus grande effervescence de cette compagnie; qu'il étoit très assidu dans la grande salle, point de réunion des factieux à la suite du parlement; que, dans ces rassemblements tumultueux, sa tête s'étoit échauffée aux vociférations qui retentissoient de toutes parts contre le clergé, contre l'archevêque de Paris, et dans lesquelles « le roi lui-même n'étoit point épargné (2); » il avoit entendu dire, dans le palais, « que c'étoit une œuvre méritoire de le tuer (3). » Enfin toute la procédure, depuis le commencement jusqu'à la fin, ne montra dans cet homme qu'un malheureux que les doctrines parlementaires et ses rapports continuels avec les partisans de ces doctrines avoient fanatisé; et les juges qui l'interrogèrent et le condamnèrent furent convaincus, par ses aveux et ses déclarations, de lui avoir mis eux-mêmes le poignard à la main (4). Il fut exécuté le 28 mars : nous

---

(1) Pièces originales et procédures du procès fait à Damiens, t. 3, p. 168.

(2) *Ibid.*, t. 3, p. 310, 311.

(3) *Ibid.*

(4) Cependant, malgré ces aveux et ces déclarations qui les accabloient, les parlementaires essayèrent de faire considérer Damiens comme un émissaire des jésuites, soutenant, avec leur

épargnons à nos lecteurs le détail des horreurs de son supplice.

Cet événement fit une impression profonde sur Louis XV; mais ce fut d'une terreur pusillanime qu'il le pénétra; et loin de nuire au parlement, à qui, sous un roi tel que Louis XIV, les révélations de Damiens eussent porté un dernier coup, l'effet qu'il produisit fut de déterminer ce déplorable prince à user de ménagements encore plus grands à l'égard d'un corps qui avoit des partisans assez affectionnés pour tuer, au besoin, les rois qui pouvoient lui être importuns. Cette terreur ne le quitta plus jusqu'à la fin; et nous verrons jusqu'à quel point la cabale des novateurs sut la faire servir à ses desseins. Il fut donc plus facile que jamais aux amis du

---

audace et leur logique accoutumées, qu'il n'avoit pu prendre qu'à leur service de ces leçons de régicide, qu'ils donnoient publiquement, comme tout le monde sait, jusque dans leurs cuisines et dans les loges de leurs portiers ; ils rappelèrent que c'étoient les jésuites qui avoient endoctriné Jean Châtel (*) et Ravaillac, ce que le parlement avoit déjà démontré, comme Pascal et Arnaud démontroient qu'ils étoient des professeurs de débauche, des voleurs, des empoisonneurs, des simoniaques, des sacriléges, etc. Les arguments avec lesquels on rétorqua contre eux cette accusation étoient d'une autre force; et cette terreur que le parlement inspira, dès ce moment, à Louis XV, et dont nous allons parler, ne fut pas le moins décisif.

(*) Sur l'attentat de Jean Châtel, *voyez* le tome 1 de cet ouvrage, première partie, p. 228.

parlement d'ouvrir en faveur de cette compagnie des négociations qui eurent tout le succès qu'elle pouvoit désirer. La grand'chambre commença, avant toutes choses, par enregistrer la déclaration du 10 décembre précédent. Satisfait de cet acte de condescendance, le roi rendit les démissions aux magistrats qui les avoient données; on rappela ceux qu'on avoit exilés, et les évêques condamnés revinrent aussi de leur exil. Ceci fait, le parlement recommença tranquillement ses persécutions contre l'archevêque de Paris, dont la fermeté inébranlable l'irritoit par dessus tout; et en raison de cette paix que la déclaration et son enregistrement avoient cimentée, il eut, dès l'année suivante, le crédit de faire exiler son premier pasteur jusqu'au fond du Périgord (1). Toutefois, jusqu'aux nouveaux orages qui ne tardèrent point à éclater, et qui furent pour l'Église de France une atteinte plus cruelle et plus funeste qu'aucune de celles qu'elle avoit reçues, ce qui se passa alors peut être considéré comme une espèce de trève.

---

(1) Les affaires ecclésiastiques furent alors confiées à M. de Jarente, évêque d'Orléans, qui, dans cette fin du dix-huitième siècle, a acquis une si honteuse célébrité. Sous son administration, la faculté de théologie, que le parlement tenoit, depuis plusieurs années, sous son joug tyrannique, fut en butte aux plus indignes traitements, et privée de plusieurs de ses membres les plus éclairés et les plus courageux.

les factieux ayant jugé qu'il étoit de leur politique de modérer leurs coups, afin de les porter plus sûrement. Une autre guerre venoit de commencer; et reprenant le récit, un moment interrompu, du gouvernement intérieur de la France et de la politique extérieure de son cabinet, nous allons y voir reparoître, sous de nouveaux aspects, tous les symptômes de destruction dont nous venons d'être épouvantés.

(1756-1763) Il faut bien le dire, cette prospérité matérielle que les profonds penseurs de nos jours ont en si grande estime, et qu'ils considèrent à peu près comme le seul principe vital des États, s'étoit accrue, dans cette belle France, au milieu de cette dissolution sociale qu'y préparoient un despotisme idiot et une démagogie insensée. Le commerce extérieur surtout, et nous ne parlerons ici que de cette branche de ses ressources industrielles, avoit pris de grands accroissements : la France faisoit presque exclusivement celui du Levant; dans les Indes occidentales, aucune colonie ne pouvoit être comparée à la partie françoise de Saint-Domingue pour la richesse et la fertilité; ses autres colonies des Antilles, ses possessions immenses dans le Canada, prenoient chaque jour de nouveaux développements, et les factoreries qu'elle avoit créées en Afrique, et particulièrement sur les côtes du Sénégal, contribuoient à faire fleurir tous ces établissements. Dans l'Inde, les divisions de Dupleix et de La Bourdonnaie avoient un moment compromis l'existence encore mal affermie de ses comptoirs; mais, demeuré vainqueur d'un rival de talent et de gloire dont il avoit été bassement jaloux et que des intrigues de bureaux lui avoient sacrifié, Dupleix, tandis que La Bourdonnaie expioit à la Bastille les services inappréciables qu'il avoit rendus à son pays, se montroit du moins digne de le remplacer par son activité, son courage, les grandes vues qu'il déployoit dans son administration. Habile à profiter des divisions des nababs dont la colonie françoise étoit entourée, il faisoit payer chèrement ses secours à ceux de ces petits princes qu'il étoit de son intérêt de favoriser, et le territoire de Pondichéry s'agrandissoit considérablement des concessions qu'il les obligeoit de lui faire. Il n'est pas besoin de dire que les Anglois voyoient d'un œil cupide et jaloux, et cette prospérité de nos établissements dans l'Inde plus grande que la leur, et cet état florissant de nos colonies occidentales, et surtout ces milliers de vaisseaux qui, sortant sans cesse de nos ports et parcourant toutes les mers du levant et du couchant, nous formoient ainsi une race nombreuse de marins bientôt capable de leur disputer l'empire de ces mers, et menaçant ainsi l'existence d'un système de gouvernement dont cette suprématie maritime étoit l'unique base, et qui crouloit sur lui-même, si elle leur étoit enlevée. Attentifs à tout ce qui se passoit, et suivant en ceci la politique profondément perverse des Romains, qui décidoient qu'un peuple et qu'un royaume ne devoient plus subsister, dès que son existence étoit de nature à inquiéter la république, les chefs de l'aristocratie angloise reconnurent qu'il étoit temps encore de détruire cette rivalité renaissante de la France dont ils étoient alarmés; d'assurer, en frappant quelque grand coup, cette supériorité navale, qui, quelques années plus tard, pouvoit leur être enlevée; et la guerre fut résolue dans leur cabinet.

Comme il ne s'agissoit point, dans une semblable résolution, du juste ou de l'injuste, mais tout simplement d'un intérêt que ce cabinet machiavélique considéroit comme le premier intérêt de sa nation, tous les moyens semblèrent bons pour en assurer le succès. Si l'on en croit les récits les plus dignes de foi, les Anglois commencèrent les hostilités par un assassinat sur les limites du Canada (1), se plaignirent haute-

---

(1) Un officier, nommé Jumonville, avoit été envoyé vers eux en négociateur, à l'occasion de quelques différents que la construction d'un fort sur le territoire françois avoit élevés entre les gouverneurs des établissements limitrophes. Ils le reçurent en cette qualité, et, tandis qu'il exposoit le sujet de sa mission, se

ment des justes représailles qui, dans cette occasion, furent exercées contre eux, comme d'une disposition menaçante à l'égard de leurs possessions dans le nord de l'Amérique; et, afin de rendre incontestable le droit qu'il avoit de faire la guerre à la France, prirent des mesures à peu près immanquables pour l'empêcher de pouvoir la soutenir, en faisant sortir traîtreusement de leurs ports toutes leurs flottes, lui enlevant en pleine paix trois cents navires marchands, et ce qui étoit pour eux une capture bien autrement précieuse, dix mille matelots qui en formoient les équipages; écrasant ainsi à la fois son commerce et sa marine, avant qu'elle eût même songé à se mettre en défense. C'étoit encore là un de ces traits de politique romaine dont il y avoit peu d'exemples parmi les peuples de la chrétienté, même dans leurs siècles les plus barbares. Tandis que ce projet se préparoit et s'exécutoit, le cabinet de Versailles, constant dans ces traditions de complaisance et de déférence (1) pour les Anglois, qui avoient été créées

---

jetèrent sur lui, le massacrèrent, et, avec lui, huit soldats de son escorte; les autres furent faits prisonniers.

(1) Cette complaisance, il l'avoit poussée jusqu'à violer, à l'égard du prince Édouard, les droits du malheur et de l'hospitalité, en lui signifiant, sur la demande ou plutôt sur l'injonction du cabinet de Londres, de quitter sans délai le territoire françois. Le prince

sous la régence, laissoit dans l'Inde Dupleix sans secours, de crainte de leur causer de l'ombrage, et lui faisoit perdre ainsi, à leur profit, tout le fruit de ses victoires et de ses négociations; puis, sur l'affaire du Canada, il se berçoit niaisement des vaines paroles dont ces astucieux diplomates, en attendant que leur brigandage eût eu son plein et entier effet, amusoient la crédulité de l'ambassadeur le plus malhabile que ce cabinet malavisé leur eût jamais envoyé (1).

Cependant les ministres de Prusse et d'Autriche, qui n'avoient pas la vue si courte que les nôtres, avoient déjà reconnu que la guerre entre la France et l'Angleterre étoit inévitable, et manœuvroient en conséquence avec notre ministère. Le comte de Kaunitz, alors ambassadeur de Marie-Thérèse auprès de Louis XV, appréciant la portée de nos diplomates, conçut le projet hardi de changer la politique de la France, de rompre l'équilibre établi par la paix d'Aix-la-Chapelle (2), d'alliée qu'elle étoit du

---

refusa, décidé, disoit-il, à ne céder qu'à la force. On l'employa contre lui : il fut enlevé comme il entroit à l'Opéra, jeté dans une chaise de poste et conduit à Vincennes. Trois jours après, il sortit de France. (Ceci étoit arrivé en 1748.)

(1) Le maréchal de Mirepoix.
(2) Alors l'Europe chrétienne, dit Voltaire, se trouva partagée

roi de Prusse d'en faire son ennemie, et de trouver, dans cette espèce de perturbation des rapports et des intérêts, quelques chances pour reconquérir la Silésie, continuel objet des regrets de Marie-Thérèse, et source de ses ressentiments contre un prince qui, sans doute, l'en avoit très injustement dépouillée. De son côté, Frédéric demandoit à rester dans notre alliance, et offroit le secours efficace de ses excellentes armées et de ses incomparables talents militaires pour contenir l'Autriche, en cas qu'elle voulût faire cause commune avec l'Angleterre, et agir hostilement sur le continent. Ce qu'il demandoit étoit l'ancien système de politique extérieure de la France, depuis que, dans les rapports des puissances chrétiennes entre elles, tout avoit été réduit aux intérêts purement matériels; et c'étoit indubitablement le meilleur à suivre dans cette circonstance, car il ne sembloit pas probable que, la France se montrant dis-

---

entre deux grands partis qui se ménageoient l'un l'autre, et qui soutenoient chacun de leur côté cette balance : les États de l'impératrice, reine de Hongrie, et une partie de l'Allemagne, la Russie, l'Angleterre, la Hollande, la Sardaigne, composoient une de ces grandes factions; l'autre étoit formée par la France, l'Espagne, les Deux-Siciles, la Prusse, la Suède. Toutes les puissances restèrent armées ; et on espéra un repos durable, par la crainte même que les deux moitiés de l'Europe sembloient inspirer l'une à l'autre. (*Précis du Siècle de Louis XV*, ch. xxx.)

posée à conserver la paix sur le continent, l'Autriche eût hasardé de commencer la guerre en présence des armées du roi de Prusse, soutenues d'une alliance si redoutable; et alors tous les efforts du gouvernement se portoient vers la guerre maritime, avec l'espoir fondé d'y rétablir cette parité de forces que venoit de rompre la perfide agression de l'Angleterre. Mais la maîtresse du roi avoit à se plaindre du héros prussien, dont l'esprit caustique lui avoit lancé, de Berlin à Versailles, quelques sanglantes épigrammes. Ce n'étoit pas tout : une correspondance à laquelle Kaunitz avoit eu l'adresse de faire descendre la fille des Césars avec cette impudente courtisane, et dans laquelle la raison d'État, beau nom dont on a coutume de couvrir les fautes et les turpitudes des princes, l'avoit fait se dégrader jusqu'à prodiguer à cette femme ces expressions affectueuses qu'on n'accorde qu'à l'intimité et aux affections les plus familières, avoit produit un effet plus sûr que les intrigues et les négociations des cabinets. La tête tourna à Mme de Pompadour de se voir en un commerce réglé de lettres amicales avec une grande souveraine; et Marie-Thérèse put tout obtenir de cette vanité bourgeoise, qu'elle avoit su satisfaire aux dépens de sa franchise et de sa dignité. Dès ce moment, la favorite n'eut plus qu'une pensée, qui fut d'allier la France à l'Autriche dans une guerre continentale; c'étoit la moindre chose qu'elle pût faire pour une impératrice-reine qui lui écrivoit de petits billets et qui l'appeloit son *amie*.

Cependant ce projet d'alliance étoit discuté dans le conseil où sa domination n'étoit pas encore aussi souverainement établie qu'elle le fut depuis, et où le ministérialisme, très concentré sous la régence et sous le cardinal de Fleuri, avoit fini, grâce à l'incurable foiblesse du prince, par dégénérer en une sorte d'anarchie oligarchique; chaque secrétaire d'État s'étant fait maître absolu dans son département, n'étendant pas ses vues au delà des intérêts et des affaires qui en dépendoient, y rapportant tout, et pour les soutenir, se mettant en état d'hostilité contre ses collègues, au risque de compromettre la fortune et le salut même de l'État. D'Argenson, ministre de la guerre, de qui Duclos lui-même rend ce témoignage « qu'il étoit dégagé de tout principe moral, et que le bien et le mal lui étoient indifférents, » auroit voulu armer sur terre la France entière, et réduire ainsi le ministère de la marine à la nullité la plus absolue. Machault, qui ne valoit pas mieux que lui, dirigeoit alors ce département, auquel il avoit tout refusé lorsque Maurepas en étoit le chef, et qu'il étoit, lui, contrôleur général; et ministre de la marine, il prétendoit, au contraire, que la guerre maritime étoit la seule qu'il fût à propos de faire, conseilloit d'abandonner tout projet hostile sur le continent, de chercher plutôt, dans une alliance offensive avec l'Espagne, des moyens de réprimer la nation ambitieuse qui menaçoit également l'une et l'autre puissance; et l'intérêt qui le faisoit parler étoit ici d'accord avec le bon sens. Toutefois il ne soutenoit pas cet avis, qui étoit incontestablement le meilleur, aussi fortement qu'il l'auroit fallu, parce qu'il craignoit de mécontenter Mme de Pompadour, dont il étoit la créature; étant déjà alarmé de voir l'abbé de Bernis, homme de cour très agréable et homme d'église fort scandaleux, s'insinuer dans les bonnes grâces de la favorite, travailler par ses soins et ses flatteries à la dégoûter de l'inepte Rouillé, qu'elle-même avoit placé aux affaires étrangères, et à peu près sûr de le supplanter, tendre à s'emparer exclusivement de sa confiance et de celle du roi. Quant au contrôleur des finances, qui étoit alors Hérault de Séchelles, uniquement occupé du soin de s'enrichir lui et ses créatures, et servilement aux ordres de la marquise, il vaut à peine l'honneur d'être nommé.

D'Argenson, Machault et Bernis dirigeoient donc les affaires sous l'influence de Mme de Pompadour, qui elle-même dirigeoit Louis XV à son gré. Les Mémoires du temps leur accordent des talents et de la capacité, ce qui ne peut être considéré comme vrai que par rapport à ceux qui les remplacèrent. C'étoit entre ces divers personnages que la question de la guerre continentale étoit principalement débattue : le roi, que l'imprudent Frédéric n'avoit point épargné dans ses épigrammes, y étoit porté par le ressentiment qu'il en avoit gardé, par une sorte d'antipathie qu'au sein de ses désordres il éprouvoit pour un prince irréligieux jusqu'à l'impiété déclarée; et à ces motifs purement personnels se joignoit la pensée de former une alliance catholique qui pût balancer le parti protestant déjà prépondérant en Europe (1), pensée qui eût été sublime dans un autre temps, qui alors étoit presque ridicule. La marquise étoit entraînée par engouement et surtout par sa vanité à la fois satisfaite et blessée. Sur deux ministres influents, il y en avoit un qui vouloit la guerre de toutes ses forces, l'autre osoit à peine s'y opposer; le contrôleur général étoit de l'avis de la favorite. Autour du ministère se pressoient ceux qui espéroient jouer un rôle sur ce nouveau théâtre, le comte d'Estrées, le prince de Soubise, le duc de Richelieu et plusieurs autres. L'abbé de Bernis, que le roi ai-

---

(1) Duclos, *Mém. secrets*, t. 2, p. 299.

moit, que la marquise protégeoit, qui se voyoit sur le point d'entrer au conseil, n'eut donc pas le généreux courage de combattre un projet de guerre qu'intérieurement il désapprouvoit, et donna la mesure de son caractère et de sa probité politique, en se chargeant de négocier avec l'ambassadeur d'Autriche le traité qui devoit la faire éclater.

Or toutes ces choses se passoient, tandis que ce même ministère, composé de semblables hommes, luttoit si misérablement contre le parlement, et ne se soutenoit dans cette lutte qu'en lui sacrifiant journellement quelques dépouilles de l'Église de France, comme une proie à dévorer. Le traité entre la France et l'Autriche fut signé, à Versailles, le 1er mai 1756. Cependant, cette même année, la guerre s'étoit ouverte avec les Anglois, sous les auspices les plus favorables : l'escadre françoise, commandée par La Galissonnière, avoit battu et dispersé l'escadre angloise que commandoit l'amiral Bing ; et la prise de l'île de Minorque, et de la forteresse de Mahon qui suivit cette victoire navale, étoit un fait d'armes brillant qui donnoit au maréchal de Richelieu les apparences d'un général heureux, brave et expérimenté (1). Ces premiers succès

---

(1) « On a prétendu, dit Duclos, que l'attaque du fort Saint-Philippe, à Mahon, étoit une entreprise folle. Il est vrai qu'on

enivrèrent les fauteurs de la guerre; et cet enivrement fut d'autant plus fatal, qu'ils ne s'arrêtèrent plus dans leurs espérances.

Le roi de Prusse, au contraire, ne s'aveugloit point sur sa situation; et bien instruit des dispositions et de la prépondérance de la coterie qui manœuvroit contre lui à la cour de France, il avoit prudemment jugé que ce seroit agraver cette position périlleuse que de rester seul à la merci de hautes parties contractantes. Il connoissoit trop bien l'Autriche pour ne pas avoir deviné où elle en vouloit venir en négociant avec la France un traité d'alliance et de neutralité dans la guerre de cette puissance avec l'Angleterre; traité par lequel elle s'engageoit à garantir et à défendre en Europe tous les Etats du monarque françois, que personne n'attaquoit ni ne pouvoit attaquer; tandis qu'elle s'y faisoit garantir les siens, non sur les bases du traité d'Aix-la-Chapelle, mais selon l'ordre établi par la Pragmatique-sanction (1), clause qui le menaçoit directement dans la possession usurpée

---

ne s'y fût peut-être pas engagé, si on l'eût connu exactement : on s'étoit déterminé sur un plan fourni par l'Espagne; mais on ignoroit l'état de la place depuis que les Anglois la possédoient, et il n'y eut que l'intrépidité du soldat françois qui suppléa à tout. » (Duclos, *Mém. secrets*, t. 2, p. 310.)

(1) *Voyez* p. 107, 108 et 151 de cette deuxième partie.

de la Silésie. Aussi cette convention n'étoit pas encore signée, qu'il avoit pris le seul parti qu'il lui fût possible de prendre, en signant le premier un traité d'alliance avec le roi d'Angleterre. Cependant des négociations actives, entamées avec tous les cabinets de l'Europe et conduites avec adresse pas l'abbé de Bernis, fortifioient le traité de Versailles de l'alliance de la Russie et de la Suède; la Bavière, le Palatinat et le Wirtemberg y avoient accédé; la diète de l'Empire refusa son assistance au roi de Prusse, et la Hollande confirma sa neutralité. Ainsi l'Europe presque entière s'ébranloit sur ses fondements pour faire rendre un petit coin de terre à l'Autriche, à cette Autriche contre laquelle, quelques années auparavant, cette même Europe s'étoit également armée dans le dessein de la dépouiller de tous ses Etats; et c'étoit la France qui provoquoit de nouveau cet ébranlement général, n'ayant rien à réclamer pour elle, ne prétendant à aucune conquête, n'ayant nulle appréhension d'être entamée dans la moindre partie de son territoire. Certes, c'étoit là de la démence; et cette démence semble encore plus caractérisée, lorsque l'on considère que cette confédération si formidable n'étoit formée que pour avoir raison d'un des plus petits royaumes de l'Europe. Les plus simples notions des intérêts grossiers dont se composoit alors la politique moderne y étoient renversées; et tout ceci semble à peine croyable. Ce qui va suivre est plus incroyable encore.

Jamais souverain ne s'étoit vu dans de plus grandes extrémités que le roi de Prusse : ses ennemis se présentoient à lui sur tous les points; mais aussi il ne se rencontra jamais sur le trône un génie plus propre que le sien à lutter contre une pareille situation, à montrer ce que peuvent opérer de prodiges un pouvoir absolu sur des peuples façonnés à l'obéissance, une force de volonté que rien ne peut ébranler, et une capacité militaire en état de tout entreprendre et même de tout hasarder, parce qu'elle n'est comptable qu'à elle-même de ses revers et de ses succès (1). Son coup d'œil perçant lui fit

---

(1) Comme homme de guerre, Frédéric est, sans contredit, un des plus grands génies qui aient paru dans le monde. Avant lui, il y avoit eu, parmi les modernes, des hommes supérieurs dans plusieurs parties de l'art militaire; mais on peut dire que la tactique y étoit encore à son enfance, ou plutôt que ses principes, servilement calqués sur ceux des anciens, étoient en contradiction avec les moyens si différents d'attaque et de défense que l'on a depuis inventés, et que l'on employoit sans en connoître la véritable application. Ce fut en substituant l'ordre *mince* à l'ordre *profond*, que cet homme extraordinaire renversa d'un seul coup toutes les vieilles routines, et qu'il opéra principalement ces prodiges qui frappèrent son siècle d'étonnement et d'admiration, et lui ont valu une si grande place dans la postérité. Buonaparte, qui avoit aussi le génie militaire, et qui se trouvoit, de

voir avec la rapidité de l'éclair ce qu'il avoit à faire : c'étoit d'attaquer avant qu'on eût pu se réunir pour l'accabler, et il le fait à l'instant même. A la tête de ses armées si long-temps victorieuses, et entouré de ce cortége de généraux habiles qu'il avoit formés lui-même sur les champs de bataille, il entre brusquement en Saxe, ordonne au prince Ferdinand de Brunswick, l'un de ses plus dignes compagnons d'armes, d'aller s'emparer de Leipsick, marche lui-même sur Dresde, force pour la seconde fois le roi de Pologne à sortir de la capitale de ses États héréditaires; et tandis que celui-ci va s'enfermer avec ses meilleures troupes dans le camp de Pyrna, vole, dans la Bohême, à la rencontre des Autrichiens qui commençoient à s'ébranler; déclaré par la diète ennemi de l'Empire, répond à cette déclaration en les battant à Lokowitz, revient au blocus du camp de Pyrna, d'où le roi-électeur s'échappe encore, abandonnant son armée qui

---

même que le roi de Prusse, dans une position indépendante, a fait en ce genre de grandes choses, pour avoir su imiter en plusieurs points un si habile maître, avec cette différence qu'il n'a rang qu'à une distance considérable de son modèle, non seulement par cette qualité d'imitateur, mais encore parce qu'il a opéré avec des moyens immenses, tandis que Frédéric luttoit contre l'Europe entière avec les foibles ressources de son petit État. Il est hors de doute que là où le héros prussien s'est sauvé, Buonaparte auroit mille fois péri.

tout entière se rend prisonnière, et, dans sa fuite, suppliant le vainqueur de dicter les conditions d'une paix qui lui est refusée. Frédéric ne lui accorda que des passe-ports pour se retirer en Pologne, et combla lui-même, dit-on, la mesure de ses mépris en lui lui offrant des chevaux de poste (1).

Ces succès extraordinaires et inattendus du roi de Prusse n'eurent d'autre effet que de conduire plus promptement l'Autriche au but qu'elle vouloit atteindre. Mme de Pompadour accueillit sur-le-champ la demande que fit son *amie*, l'impératrice-reine, de rendre offensive cette alliance, stipulée seulement comme défensive dans le traité de Versailles; et le roi, ainsi que tous ses ministres, bon gré mal gré, se rangèrent encore à cet avis, car elle étoit alors maîtresse souveraine des délibérations du cabinet. Ceci fait, et la question se réduisant désormais à tracer des plans de campagne et à administrer les armées de terre et de mer, la favorite fit renvoyer du ministère les deux hommes qui seuls se fussent montrés capables dans l'administration de la marine et de la guerre, Machault et d'Argen-

---

(1) La reine de Pologne montra plus de caractère que son mari; elle ne voulut jamais sortir de Dresde, et y mourut bientôt, succombant à ses chagrins et aux duretés qu'elle eut à essuyer de la part du vainqueur.

son (1), et les remplaça par deux autres qu'elle choisit, comme à plaisir, parmi les plus ineptes, Paulmy et Moras. Ce fut sous ces heureux auspices que s'ouvrit la campagne de 1757.

On s'étoit ridiculement persuadé que le roi d'Angleterre, maître en apparence de faire la paix ou la guerre, l'étoit en réalité; et que dès qu'il verroit son électorat de Hanovre envahi, il souscriroit cette paix à peu près aux conditions qu'il plairoit de lui imposer. Une seule campagne suffisoit, disoit-on, pour amener cet immanquable résultat. On ouvrit donc cette campagne en faisant marcher une armée, à travers la Hesse et la Westphalie, vers cet électorat de Hanovre, que défendoit le prince de Cumberland, dont l'armée, toute hanovrienne, étoit fortifiée des troupes hessoises et brunswickoises. L'armée françoise, dont une division étoit sous les ordres du prince de Soubise, l'un des favoris de

---

(1) Dans le premier effroi que lui avoit causé la blessure que lui avoit faite Damiens, Louis XV avoit senti renaître, comme dans sa maladie de Metz, ses remords et ses sentiments religieux, et avoit ordonné qu'on renvoyât madame de Pompadour. Machault, non moins alarmé, mais par un motif bien différent, s'étoit, à l'instant même, tourné contre sa protectrice plus bassement encore qu'il ne l'avoit adulée, et avoit voulu lui-même lui signifier l'ordre de se retirer. On pense bien qu'elle ne pouvoit lui pardonner. Quant à d'Argenson, il montra aussitôt pour le dauphin un empressement que Louis XV ne lui pardonna pas davantage.

Mme de Pompadour, avoit pour général en chef le maréchal d'Estrées. Tandis qu'elle marchoit en avant, l'ennemi reculant toujours devant elle, et lui abandonnant successivement ses places fortes et ses positions, les intrigues de Versailles se montroient déjà plus actives que le général françois, qui, en effet, laissoit voir de la lenteur, de l'indécision, et ne savoit pas profiter des avantages que lui offroit cette singulière manœuvre du général anglois. Il hésitoit encore à attaquer celui-ci qui, fortement retranché près de Hastenbeck, paroissoit enfin décidé à l'attendre, lorsqu'il apprit que son successeur étoit déjà nommé : ce fut cette nouvelle qui lui donna la résolution de livrer enfin bataille. Il attaqua donc le prince de Cumberland, remporta une victoire qu'il dut aux fautes de celui-ci et à l'habileté de Chevert et de quelques autres officiers distingués; puis, quelques jours après, fut destitué comme s'il avoit été battu, et remit le commandement au maréchal de Richelieu. Celui-ci profita de la terreur panique de l'ennemi; terreur qui, lui ayant fait d'abord abandonner un champ de bataille qu'il pouvoit encore disputer, ne lui avoit pas permis de s'arrêter un seul instant dans une retraite qu'il continua jusqu'à ce que l'armée françoise l'eût acculé à l'embouchure de l'Elbe. Ce fut là que, réfugié dans Stades avec des troupes qui partageoient son effroi et son découragement, le duc de Cumberland, que Fontenoi et Culloden avoient autrefois illustré, signa cette convention fameuse de Closter-Severn, par laquelle les François demeurant maîtres de l'électorat de Hanovre, du landgraviat de Bremen et de la principauté de Verden, les troupes alliées de cet électorat étoient tenues de se retirer dans leurs pays respectifs, pour y rester neutres jusqu'à la fin de la guerre, les Hanovriens devant passer l'Elbe et ne point sortir des quartiers qui leur seroient assignés. En signant, de son côté, cette convention, le duc de Richelieu, qui pouvoit faire toute cette armée prisonnière de guerre par capitulation, et qui avoit commis la première faute d'en manquer l'occasion, en commit une seconde plus grave encore: ce fut d'oublier que le duc de Cumberland n'étant pas autorisé par sa cour à proposer un semblable arrangement, il étoit nul par le fait; et qu'en refusant de le ratifier, les Anglois pouvoient faire perdre à la France tout le fruit de cette suite de succès inespérés. Cette dernière faute fut la plus capitale d'une guerre où l'on ne commit que des fautes; et le vainqueur hasardeux de Mahon n'avoit, ni dans son caractère ni dans ses talents militaires, ce qu'il falloit pour la réparer. Tandis que le prince de Soubise, qu'il avoit détaché de l'armée avec un corps de vingt-cinq mille hommes, se joignoit aux troupes des cercles de l'Empire pour pénétrer en Saxe et y rétablir l'électeur, le général en chef, plus habile à piller qu'à combattre, parcouroit le Hanovre en le désolant, et, uniquement occupé de satisfaire sa cupidité insatiable, laissoit au prince Ferdinand de Brunswick le temps de mettre Magdebourg en état de défense, et ne faisoit aucune manœuvre pour soutenir son lieutenant.

C'est que, présomptueux et léger, il considéroit la guerre comme terminée, et le roi de Prusse comme perdu sans ressource. Or, voici ce qui arriva : sorti des quartiers d'hiver qu'il avoit pris dans la Saxe, Frédéric, après avoir vainement essayé de rompre la ligue formidable qui avoit juré sa ruine, s'étoit livré de nouveau à ces tentatives hardies qui seules, dans de semblables extrémités, pouvoient lui offrir quelques chances de salut. Alors l'armée des cercles n'étoit pas encore rassemblée; la Suède et la Russie attendoient pour agir les subsides de la France, embarrassée de payer même ses propres soldats; et au commencement de cette campagne, l'Autriche se trouvoit encore abandonnée contre lui à ses propres forces. Il saisit le moment et rentre dans la Bohême, se proposant non pas seulement de vaincre les armées de son ennemi, mais de les anéantir; pénètre jusqu'aux environs de

Prague; y remporte sur le prince de Lorraine une victoire sanglante et long-temps disputée; le force de se renfermer dans cette capitale, avec quarante mille hommes qu'il est sûr de bientôt affamer; sans en abandonner le blocus, vole à la rencontre d'une seconde armée qui s'avance pour délivrer la première, et qui, si elle est détruite, lui ouvre le chemin de Vienne, où il ira dicter les conditions de la paix dans le palais même des empereurs; trouve enfin, dans le vieux tacticien Daun, un général dont la prudence et les combinaisons savantes lui arrachent la victoire, et le replongent dans tous les périls dont il se croyoit au moment de sortir. Forcé de lever le siége de Prague et toutefois sans que ses ennemis victorieux pussent l'empêcher de se maintenir encore dans la Bohême, ayant déjà épuisé toutes ses épargnes, et quelques fautes du prince Henri son frère le mettant en péril de perdre la Silésie, il apprend à la fois l'entrée de quatre-vingt mille Russes dans la Prusse orientale, l'irruption des Suédois dans la Poméranie, les succès extraordinaires de l'armée françoise, la convention de Closter-Severn, la marche du prince de Soubise vers la Saxe, et sa réunion avec l'armée de l'Empire. Pressé ainsi de toutes parts, envahi sur toutes ses frontières, Frédéric sent un moment s'abattre son courage, et cependant, au milieu des pensées de désespoir dont il est agité (1), conserve encore cette présence d'esprit et ce coup d'œil ferme qui savent lui créer des ressources de salut, alors que tout semble perdu pour lui. Un de ses généraux, Bevern, est laissé à la garde de la Silésie avec une armée de cinquante-six mille hommes; puis se confiant à sa fortune et à son génie, il n'emmène avec lui que douze mille soldats, en rassemble à peu près dix mille autres sur sa route, et, avec cette petite troupe, va chercher les armées combinées de France et des cercles, qui, sous les ordres du prince de Soubise et du plus incapable des généraux autrichiens, le prince de Saxe-Hildbourghaussen, étaient alors réunies auprès d'Erfurt; par une suite de manœuvres ingénieuses, sait tromper l'ennemi et lui faire quitter une position où il étoit fortement retranché, pour venir se livrer à lui dans la plaine de Rosback; et là, avec un petit nombre de bataillons et d'escadrons de cavalerie, remporte la victoire la plus complète sur une armée de soixante mille hommes, indisciplinée, mal commandée, qui, à peine attaquée, se met en déroute, à la

---

(1) Peu s'en fallut que ce prince impie n'effrayât le monde d'un crime inouï dans la chrétienté, et qu'il n'y donnât le premier exemple du suicide d'un roi. On en trouve la preuve dans l'épître en vers qu'il adressa alors à Voltaire, et qui fut remise à celui-ci par le marquis d'Argens.

honte de ses deux chefs, incapables même de la rallier après la défaite. Vainqueur à Rosback, Frédéric n'a pas même le temps de respirer : il faut qu'il retourne en toute hâte dans la Silésie, où Bevern a été battu par les Autrichiens, déjà maîtres de Breslaw et bientôt de toute la province. Sa seule présence y change la face des choses : des débris de ses armées il en compose une nouvelle qu'il sait remplir de confiance et d'ardeur, et marche à la rencontre de Daun et du prince de Lorraine, quelques jours auparavant vainqueurs de ses lieutenants, tous les deux généraux expérimentés et qui commandent une armée deux fois plus nombreuse que la sienne; les atteint dans la plaine de Lissa, et, par une de ces manœuvres qu'il n'appartient qu'au génie militaire de concevoir sur-le-champ et de savoir exécuter (1), remporte sur eux une victoire plus complète encore et surtout plus décisive que celle de Rosback. Peu de jours après, Breslaw lui rouvrit ses portes, et il se rétablit bientôt

---

(1) Ayant reconnu, à la disposition du corps de troupes commandé par le prince de Lorraine, que ces troupes seroient tournées s'il parvenoit à s'emparer d'un tertre qui couvroit leur aile gauche, il fit pour y parvenir des manœuvres si adroites et si compliquées, que les deux généraux ennemis se persuadèrent qu'il battoit en retraite, et n'y mirent aucune opposition. Dès qu'il se fut emparé du tertre, et qu'il y eut fait jouer de l'artillerie, la bataille fut gagnée.

dans la Silésie. L'armée autrichienne étoit, par sa dernière défaite, affoiblie, dispersée, et hors d'état d'agir avant d'avoir été réorganisée : le vainqueur concentra ses forces pour les porter tour à tour sur les divers points menacés par ses nombreux ennemis, Russes, Suédois, François, Allemands; et jusqu'à la fin de cette mémorable campagne de 1757, sut les contenir et les repousser.

(1758) La France n'avait pas, depuis longtemps, éprouvé un affront comparable à celui de la journée de Rosback; les autres puissances étoient également humiliées; et ce fut parce que l'on avoit fait honteusement la guerre qu'on refusa la paix au vainqueur, qui ne cessoit de la demander, mais qui la vouloit honorable, quoiqu'il en eût plus besoin encore que les vaincus. La haine et le mépris pour Louis XV et sa favorite alloient toujours croissant; les armées françoises étoient devenues la risée de la France elle-même, ce qui ne s'étoit point encore vu; et les défaites de leurs tristes généraux étoient accueillies par des chansons et par des épigrammes. Mais tandis qu'on se moquoit d'eux à Paris, ils étoient ordinairement bien reçus à Versailles, où ils trouvoient leurs complices en intrigues et en ineptie; et ceux que leur incapacité ou leurs prévarications forçoient de destituer, n'en étoient ni moins impudents ni moins favorisés. Il en alloit autrement en Angleterre : l'amiral Bing, pour s'être laissé vaincre, avoit été condamné à mort et fusillé aux acclamations du peuple anglois, qui vouloit que ses amiraux fussent vainqueurs, sous peine de la vie. Cumberland, à son retour de sa campagne ignominieuse, avoit été disgracié, entraînant dans sa chute le secrétaire d'état Fox; et le célèbre Pitt, depuis lord Chatam, venoit d'être placé au timon des affaires. Dès ce moment, les résolutions les plus énergiques sortirent du cabinet de Saint-James : le nouveau ministère rompit ouvertement la convention de Closter-Severn, se souciant fort peu de la foi jurée là où il s'agissoit des intérêts du pays, et cette nouvelle perfidie avoit été prévue; un subside considérable fut accordé au roi de Prusse, et l'armée des alliés, qu'ils avoient dégagée de son serment par l'omnipotence de leur diplomatie, renforcée d'un corps de troupes angloises, commença à se mettre en mouvement, sous les ordres du prince Ferdinand de Brunswick. Ce fut alors seulement que l'on s'aperçut, dans le cabinet de Versailles, que le duc de Richelieu étoit un général mal habile et mal avisé; on le rappela, et ce fut un prince du sang, le comte de Clermont, encore plus mal habile que lui, qui eut la fantaisie de le remplacer : il arriva sur le théâtre des opérations militaires pour y rassembler, avec toute son inexpérience, quatre-vingt mille hommes épars sur une grande étendue de terrain. Le prince Ferdinand n'avoit garde de lui en laisser le temps : il pénétra promptement et hardiment à travers tous ces corps isolés, les battit en détail, les força d'évacuer successivement et les postes et les villes qu'ils occupoient; et le nouveau général, forcé de repasser honteusement le Rhin en abandonnant à l'ennemi onze mille prisonniers, sembla n'être entré en Allemagne que pour donner le signal à son armée d'en sortir. Ainsi s'ouvrit, sur les frontières de France, la campagne de 1758.

En Allemagne, le roi de Prusse étoit moins heureux que l'année précédente : Daun, après lui avoir enlevé tous ses convois, l'avoit forcé de sortir de la Moravie, où il venoit de se jeter, et d'abandonner le siége d'Olmutz, qu'il avoit peut-être imprudemment commencé. Laissant son armée dans la Bohême, où il vouloit se maintenir, il étoit allé, suivi seulement de quatorze bataillons, à la défense de ses propres États, que cent mille Russes venoient d'envahir; et ralliant à ce corps d'élite les troupes qu'il avoit dans la Poméranie, il avoit marché à leur rencontre et les avoit vaincus près du village de Zorndorf, dans une des batailles les plus sanglantes et les plus disputées de toute cette guerre. Mais c'étoit peu pour lui d'avoir forcé à la retraite quelques uns de ses puissants ennemis par des prodiges de bravoure et d'habileté; d'autres reparoissoient à l'instant même, non moins menaçants et redoutables; et vainqueur des Russes, le héros prussien n'eut que le temps de se rendre en Saxe, à marches forcées, pour délivrer le prince Henri son frère, que Daun avoit poursuivi jusque sous le canon de Dresde, où il s'étoit réfugié, attendant son libérateur. Dès que le roi parut, le siége fut levé, et les deux armées se réunirent; mais cette fois-ci le général autrichien se montrant, contre sa coutume, plus actif que son illustre antagoniste, eut la gloire de tromper sa vigilance, de le vaincre une seconde fois, à Hochkirch : et de le voir se retirer devant lui. Cette défaite et sa victoire sur les Russes, si chèrement achetée, avoient épuisé les armées de Frédéric : cette fois on le crut et on dut le croire perdu sans ressource, et ce ne fut pas sans étonnement que l'Europe le vit reprendre bientôt, à force d'activité, de sang froid et de science militaire, tout son ascendant sur Daun; et par une suite non interrompue de ses manœuvres accoutumées, le forcer à aller chercher ses quartiers d'hiver hors de la Saxe et de la Silésie, où, à la fin de cette campagne, les Prussiens ne rencontrèrent plus un seul ennemi.

Que faisoit, pendant ce temps, l'armée françoise sous les ordres du comte de Clermont? Après lui avoir fait passer le Rhin, toujours poursuivie par le prince Ferdinand, qui le passa après elle, son général vouloit encore lui faire éviter le combat, et continuer indéfiniment la retraite commencée. Quelques uns de ses officiers l'en firent rougir, et le forcèrent en quelque sorte à s'arrêter à Crevelt et à y attendre l'ennemi. Les deux armées ne tardèrent point à en venir aux mains; et le comte de Saint-Germain, l'un de ceux qui avoient conseillé la bataille, étoit sur le point d'assurer la victoire, lorsqu'il se vit abandonné par le général en chef, habile seulement à ordonner la fuite, et qui, cette fois-ci, donna l'exemple en fuyant le premier. Le vainqueur s'empara de Nuys, de Ruremonde, de Dusseldorf, et poussa des partis jusqu'aux environs de Bruxelles. Il n'étoit plus possible d'employer encore le comte de Clermont : Contades le remplaça; et ce nouveau général, ayant pour second le prince de Soubise, qui cherchoit une occasion d'effacer la honte de Rosback, sembla relever un peu le courage du soldat? L'un et l'autre remportèrent quelques succès peu décisifs, et montrèrent quelque disposition à reprendre l'offensive; mais les manœuvres du prince Ferdinand les forcèrent bientôt à revenir au point d'où ils étoient partis.

Voilà où l'on étoit après trois campagnes qui

avoient fait verser des flots de sang, et réduit la France aux plus cruelles extrémités. Nos généraux battus répondoient aux reproches de lâcheté ou d'ineptie qu'on leur adressoit en récriminant contre leurs subordonnés, qu'ils accusoient de trahison; et ceux-ci se défendoient en mettant dans un plus grand jour les fautes qui avoient tout perdu. Les soldats, indisciplinés et découragés, du mépris de leurs chefs étoient passés à l'admiration et à l'enthousiasme pour le héros qui les avoit si souvent battus; et la France étoit entraînée à partager cet enthousiasme et cette admiration. Enfin, la guerre qui pesoit sur elle avoit été tellement conduite, et l'esprit public y étoit tellement exaspéré contre le roi et ses ministres, qu'on voyoit, ce qui étoit encore sans exemple, les vaincus faire hautement des vœux pour le vainqueur, s'affliger de ses revers, se réjouir follement de ses succès.

Cependant, absorbé par les embarras toujours croissants de cette guerre insensée, troublé par mille cabales, agité de mille intrigues subalternes, le ministère, comme si le génie des Dubois et des Fleuri eût encore présidé à notre marine, ne s'en occupoit guère plus que si l'Angleterre eût été notre alliée; et celle-ci, profitant savamment, ou de cette incurie, ou, ce qui est plus probable, des intelligences secrètes qu'elle s'étoit créées dans le centre même de notre administration maritime (car ce qui s'y passa alors et ce qui s'y est passé depuis et pendant longtemps, ne peut guère s'expliquer que par une trahison continuelle et en quelque sorte héréditaire); préludoit aux grands coups qu'elle alloit frapper, par des descentes sur nos côtes, des attaques contre nos ports, qui n'avoient pas en apparence de grands résultats, où souvent même elle sembloit éprouver des échecs, mais dont elle obtenoit ce résultat bien autrement important, d'arrêter les secours en hommes, en munitions et en vaisseaux que demandoient nos colonies, et d'où dépendoit leur conservation. Ceux qui les commandoient poussoient des cris d'alarme qui parvenoient jusqu'en France, et qui ne laissoient pas que d'accroître le trouble que causoient tant d'embarras où l'on s'étoit si inutilement jeté. Cependant on n'avoit qu'à dire un seul mot, qu'à laisser entrevoir la moindre disposition pacifique, et l'on finissoit à l'instant même cette guerre déplorable du continent, dont l'Autriche elle-même étoit fatiguée. Ce fut alors que l'abbé de Bernis, revenant à ses premières idées, commença à faire des instances pour la paix; et quelque servilité qu'il y eût alors dans le ministère, si l'on en excepte le maréchal de Belle-Isle, qui s'y montroit opposé uniquement sans doute parce qu'il avoit le département de la guerre, et que cependant il n'eût pas été difficile de ramener au meilleur avis, il n'y eut qu'une seule voix pour cette paix devenue si nécessaire. Le roi lui-même commençoit à être persuadé et avoit permis que des négociations fussent entamées à ce sujet. Mme de Pompadour, dont l'amour-propre se sentoit froissé de toutes parts, que la clameur publique, dont elle étoit le principal objet, irritoit, parce qu'elle n'avoit pas assez de sens pour en être effrayée, s'entêta seule à la guerre, parla de la honte qu'il y auroit à céder, de l'honneur de la France compromis, joua la femme forte et le grand caractère, ce qui offrit le mélange de l'odieux et du ridicule; et telle étoit cette dégradation à laquelle tout étoit parvenu, qu'il fallut continuer à verser du sang et à ravager des provinces, pour venger Mme de Pompadour des chansons des Parisiens, après avoir commencé ces ravages et cette effusion de sang, pour punir le roi de Prusse de ses épigrammes et payer Marie-Thérèse de ses cajoleries. L'abbé de Bernis, pour prix de la seule bonne action qu'il eût faite depuis qu'il étoit entré dans les affaires, fut destitué (1); et

---

(1) Il venoit d'être nommé cardinal. Nous le verrons bientôt, ministre du roi, à Rome, y jouer un rôle tout aussi peu honorable que lorsqu'il étoit à Versailles à la suite de madame de Pompadour.

c'est alors que l'on vit paroître dans ce ministère, où bientôt il alloit jouer le premier rôle, le plus grand fléau de la France, dans ce siècle où tout ce qui prenoit part au gouvernement étoit fléau pour elle, le duc de Choiseul.

On le savoit ambitieux, actif, entreprenant; on croyoit qu'il haïssoit la favorite, parce qu'il en avoit souvent parlé sans ménagement : on applaudit donc à sa faveur et l'on en conçut quelques espérances. Mais pour espérer ainsi d'un homme qui montoit au pouvoir, il eût fallu lui supposer de la conscience; et le nouveau ministre des affaires étrangères donna sur-le-champ la mesure de la sienne en se livrant tout entier à l'idole que, la veille, il insultoit encore. Pour complaire à Mme de Pompadour, il alla même plus loin qu'elle n'eût osé, et signala son entrée au conseil par le second traité de Versailles, plus désastreux encore que le premier, dans lequel la France entière, avec ses armées et ses finances, étoit mise à la disposition de l'Autriche. Ce traité fut signé le 30 décembre 1758.

A partir de ce moment, la guerre de sept ans n'offre plus pour la France qu'une suite de revers et d'humiliations.

(1759-1761) Sur le continent, les vicissitudes du roi de Prusse se multiplient, et son courage ainsi que son activité semblent s'en raffermir. Les armées françoises, mieux conduites par Contades et surtout par Broglie, qui partage avec lui le commandement, continuent de faire une guerre infructueuse et meurtrière dans des provinces dévastées, mais se soutiennent du moins sans honte jusqu'à la bataille de Minden, que, de l'aveu même du roi de Prusse, Contades devoit gagner, et qu'il perd en criant à la trahison contre son compagnon d'armes, selon l'usage adopté alors par tous nos généraux. Celui-ci reste seul à la tête de l'armée, et déjà vainqueur du prince Ferdinand à Berghen, sait se maintenir dans la Hesse et dans le Hanovre; continue, pendant la campagne suivante, à tenir en échec son habile ennemi. Battu par lui à Warbourg, il prend sa revanche à Clostercamp, et semble destiné à relever la réputation des armes françoises, lorsque, dans une troisième et dernière campagne, Mme de Pompadour envoie le malencontreux prince de Soubise, toujours possédé de la manie d'être un grand capitaine, entraver les opérations de Broglie, et, sous deux généraux désunis, fait battre les armées françoises à Fillingshaussen; nouveau désastre qui produisit de part et d'autre de nouvelles accusations, et dont le résultat fut de faire exiler dans ses terres le seul général qui, jusqu'alors, eût montré quelque talent.

Cependant, et nous venons de le dire, cette habileté de Broglie n'avoit eu d'autre résultat que de sauver aux armées françoises la honte de reculer sans cesse devant l'ennemi. Pendant ces trois campagnes les soldats manœuvrèrent à peu près sur le même terrain, se battirent dans les mêmes plaines ou autour des mêmes forteresses, et il n'en arriva rien de plus. Dans le centre de l'Allemagne, la scène étoit du moins plus variée et plus dramatique : les Russes avoient commencé à prendre leur revanche de la victoire du roi de Prusse en battant un de ses lieutenants; s'étant ouvert par ce succès les marches de Brandebourg, ils y avoient occupé la ville de Francfort-sur-l'Oder, où s'étoit réuni à leur armée un corps autrichien commandé par le général Laudon. Frédéric se met aussitôt en marche, traverse la forêt de Kunersdorf, les surprend et les attaque dans la position où ils s'étoient retranchés : la victoire se déclare d'abord pour lui, puis lui échappe bientôt parce qu'il la veut trop complète, et que, décidé à ne rien laisser échapper de cette armée, il s'acharne avec trop de fureur contre un ennemi dont la résistance devient d'autant plus terrible qu'il l'a rendue lui-même désespérée. Par les suites de cette faute, il voit presque toute son armée périr dans cette lutte sanglante et téméraire contre des masses immobiles, et quitte en frémissant ce champ de carnage, n'ayant plus autour de lui que cinq mille soldats. C'en étoit fait de la Prusse et de son souverain, si le général russe Soltikoff eût su profiter de sa victoire; mais il se montra timide et irrésolu, n'osa agir avant l'arrivée de la grande armée commandée par Daun; et le prince Henri, en arrêtant tout court celui-ci dans la Haute-Lusace, fut, dans cette circonstance critique, le libérateur de son pays. On vit alors les Russes victorieux se retirer une seconde fois vers la Pologne; et quoique douze mille Prussiens, surpris et cernés par toute l'armée de Daun, eussent été forcés de mettre bas les armes, la prise de Dresde avoit été, dans cette campagne, le seul exploit utile de ce général temporiseur. Mais Frédéric, dans trois défaites, avoit perdu cinquante mille hommes, et, dans la campagne suivante, il se ressentit cruellement de cet épuisement de ses forces militaires. Un de ses lieutenants fut encore battu à Landshut par le même général Laudon; Glatz, l'une des principales forteresses de la Silésie, lui fut enlevée par un coup de main; après s'être épuisé en vains efforts pour reprendre le château de Dresde, il s'étoit vu forcé d'abandonner cette entreprise, où s'étoient encore affoiblis les débris de ses armées. Rien ne pouvant désormais mettre obstacle à la réunion des Russes et des Autrichiens, les deux armées ennemies, devant lesquelles le prince Henri n'avoit pu que se retirer en bon ordre, marchèrent à grandes journées sur Berlin, qu'il lui étoit impossible de couvrir : alors Frédéric, dont la perte sembloit assurée, se vit réduit à faire la guerre en partisan, tournant autour des armées ennemies, et dans cette situation extraordinaire, battant encore les corps isolés qu'il avoit l'art et le sang froid de surprendre. Cependant Russes et Autrichiens étoient entrés à Berlin, et la capitale de la Prusse subissoit la loi rigoureuse des vainqueurs, lorsque, par une résolution subite et inexplicable, le général Soltikoff se retira précipitamment et repassa l'Oder, abandonnant les Autrichiens qui, de leur côté, se replièrent sur Torgau. Frédéric, qui se disposoit à marcher au secours de Berlin, se dirige aussitôt vers ceux-ci, les atteint dans cette position, et, après un long carnage qui détruisit en grande partie l'une et l'autre armée, remporte une victoire comparable aux plus éclatantes de celles qu'il avoit remportées dans des jours plus heureux. Cependant ce vainqueur, qui remplissoit l'Europe du bruit de sa renommée, étoit réduit aux abois par ses triomphes comme par ses revers, et la nouvelle campagne le prouva : mais aussi elle mit en évidence la fatigue et l'affoiblissement de ses ennemis. De part et d'autre, on ne fit que de foibles efforts, et sur tous les points; et tandis que les généraux françois, Broglie et Soubise, remuoient lentement des masses énormes, pour venir perdre cette dernière bataille dont nous venons de parler, les opérations des Autrichiens se bornèrent dans la Silésie à s'emparer d'une seule forteresse; les Russes se contentèrent de la prise de la ville de Colberg, qu'ils avoient deux fois inutilement assiégée, et l'extrême foiblesse des Prussiens se manifesta par l'impossibilité où ils furent de se maintenir dans la Saxe, qu'ils furent enfin forcés d'évacuer.

Telle fut, depuis le commencement jusqu'à la fin, la guerre continentale, sanglante, acharnée, et sans résultats. La guerre maritime fut bien différente, et c'est là, ainsi que dans la guerre de 1741, que se portèrent les coups les plus funestes à la France, qu'il lui fallut enfin subir ce que lui avoit préparé un demi-siècle d'incurie et de trahison. Avant d'oser faire une déclaration de guerre, on avoit, pendant six mois, laissé l'Angleterre exercer librement ses pirateries, ruiner notre commerce et nous enlever la fleur de nos matelots; nos colonies avoient été abandonnées, en Orient et en Occident, à leurs propres forces, et l'on avoit considéré comme des triomphes d'avoir forcé les soldats anglois à se rembarquer, chaque fois qu'ils avoient fait des descentes sur nos côtes. Il fallut enfin, à la dernière extrémité, sortir de ce sommeil, et ce ne fut pas vers nos colonies menacées que se porta d'abord la pensée du ministère; il imagina des descentes en Angleterre sur plusieurs points, comme par représaille de ces descentes qu'elle venoit d'opérer en Bretagne et en Normandie (1), et ce fut pour exécuter ce plan insensé que l'on arma tous nos vaisseaux. Pour le déconcerter, les Anglois, forts de la supériorité de leurs flottes et de l'incomparable habileté de leurs marins, n'eurent qu'à se présenter à l'entrée de nos ports. La flotte de Toulon, composée de quinze vaisseaux et commandée par La Clue, sortit la première : huit de ses vaisseaux s'en séparèrent presque au moment de la sortie, et l'amiral françois ne sut pas les rallier. L'amiral anglois vint alors lui présenter le combat avec quatorze voiles, et ce fut comme un jeu pour lui de l'écraser dans ce combat inégal (2). Ce désastre étoit grand : celui de la flotte de Brest le fit bientôt oublier. Le maréchal de Conflans la commandoit, et il avoit enfin donné l'ordre d'appareiller, après avoir

---

(1) Ce plan d'invasion avoit été imaginé par le maréchal de Belle-Isle, alors ministre de la guerre. Deux corps d'armée avoient été rassemblés, l'un à Dunkerque, sous les ordres de Chevert, l'autre en Bretagne, commandé par le duc d'Aiguillon. Les deux escadres de Brest et de Toulon devoient se réunir et protéger le débarquement de ces troupes, sur plusieurs points de l'Irlande et de l'Angleterre.

(2) Trois vaisseaux se sauvèrent dans le port de Lisbonne, deux furent pris et deux autres brûlés.

manqué l'occasion de combattre avec avantage l'escadre angloise qui bloquoit le port, et que les vents avoient plusieurs fois repoussée et même dispersée. A peine la vit-il reparoître que, saisi d'une terreur panique et inexplicable, il donna le signal de la retraite; pour la rendre plus sûre, engagea ses vaisseaux dans les rochers et les bancs de sable dont la côte étoit hérissée, et laissa ainsi couper son arrière-garde qui, sous les ordres de Saint-André Duverger, soutint avec intrépidité un combat inégal, dans lequel il lui fallut enfin succomber, tandis que le lâche amiral faisoit échouer et brûler son vaisseau, que d'autres étoient brisés sur les côtes, ou engloutis dans les flots, ou se précipitoient dans les eaux de la Villaine, d'où il fut impossible de les retirer. Jamais désastre aussi grand et aussi irréparable n'avoit encore désolé notre marine (1), et ce fut le signal d'une suite d'hu-

---

(1) « Le maréchal de Conflans perd notre flotte, dit Duclos, celle des Anglois étant tout au plus égale à la nôtre; il brûle un vaisseau qui étoit une citadelle flottante; il ose s'en vanter comme d'un exploit. Quel est son châtiment? de n'être point présenté au roi, et d'aller journellement en public affronter les mépris qu'on ose lui marquer. Il se plaint des officiers qui servoient sous lui; ceux-ci récriminent, et tout se borne là. Les mesures sont partout aussi mal prises que mal exécutées. Les vaisseaux de transport sont séparés de la flotte, parce que le petit orgueil du duc d'Aiguillon ne lui permet pas d'être subordonné dans Brest.

miliations et de revers dont il n'y avoit également point d'exemple. La France perdit, cette même année, le Canada, si long-temps et si vaillamment défendu par Montcalm, la Martinique, la Guadeloupe et toutes les petites îles qui en dépendent ; on envoya, dans l'Inde, un Irlandois nommé Lally, qui s'y conduisit comme s'il avoit eu la mission de détruire ce qu'y avoient fait Dupleix et La Bourdonnaie : « Cet étranger, dit Duclos, avide d'argent, et d'une tête malsaine, n'exerce sa férocité que sur ceux qu'il doit défendre, livre ou vend la place de Pondichéry, dont la défense lui a été confiée, refuse même la capitulation offerte par l'ennemi, et la trahison est si visible qu'on est obligé en France de le mettre en prison. » Sur les côtes d'Afrique nos établissements, non moins abandonnés, sont pillés et dévastés par nos infatigables ennemis. Pour combler la mesure de tant d'opprobre, ils s'emparent de Belle-Isle, à la vue des côtes de France, sans qu'on puisse ou qu'on ose y mettre le moindre obstacle (1). Quand toutes

---

Voilà ce qui l'engage à mettre les vaisseaux de transport à Quiberon, pour y commander seul, au hasard de tous les périls de la jonction. » (*Mém. secrets*, t. 2, p. 391.)

(1) Tous ces désastres de notre marine arrivèrent en 1758 et 1759. « Ce fut encore la présomption du duc d'Aiguillon, ajoute Duclos, qui fit perdre Belle-Isle. Les États de Bretagne, voyant

ces fautes ont été commises et que tous ces malheurs sont arrivés, on pense enfin à éveiller l'Espagne sur les dangers dont nos revers la menacent; et Choiseul, qui a su joindre le département des affaires étrangères à celui de la guerre, négocie avec assez d'art pour entraîner son nouveau roi Charles III dans une alliance offensive qu'il eût fallu faire plus tôt, et qui, trop tardive, n'eut d'autre résultat pour notre allié que de lui faire partager nos désastres. « Cette puissance, dit encore Duclos, y a perdu sa marine et des richesses immenses, qui ont fourni les moyens à nos ennemis de continuer la guerre et de dicter impérieusement les conditions de la paix (1). »

---

l'importance de cette place, l'avertissent, un an d'avance, de pourvoir à sa sûreté, et offrent les approvisionnements nécessaires. Il répond, avec une vanité puérile et une ironie amère, à une députation qu'il doit respecter, qu'il est obligé aux États de vouloir bien lui apprendre son métier. Il en avoit pourtant besoin, puisqu'il a laissé prendre Belle-Isle, faute des précautions offertes. » (*Mém. secrets*, t. 2, p. 391.)

(1) Il est vrai de dire cependant que cette alliance, devenue fameuse sous le nom de *pacte de famille*, est le seul acte qui honore le ministère de Choiseul. Telle étoit l'excellence de ce traité que, pendant près de quinze ans, il a contenu l'Angleterre, même après tant de victoires ; et que, si la révolution françoise ne fût venue au secours de notre ennemie, il lui eût tôt ou tard arraché cet empire des mers, qui naturellement ne doit pas lui appartenir. Le plus bel éloge qu'on en puisse faire, c'est que le cabinet de Londres

De notre côté, la continuation de cette guerre devenoit impossible : la France n'en pouvoit plus ; l'état des finances étoit désespéré, et le changement continuel des contrôleurs généraux ; les expédients honteux ou téméraires que l'on essayoit chaque jour, loin de guérir le mal, l'aggravoient en accroissant la méfiance et en resserrant ainsi les derniers canaux par où l'argent auroit pu encore circuler. Frédéric en étoit réduit à ne pouvoir commencer une nouvelle campagne, et la Prusse se voyoit menacée d'être rayée de la liste des nations. La paix sembloit donc difficile à faire, même aux conditions les plus humiliantes : on essaya néanmoins d'entamer des négociations avec l'Angleterre, qui, bien que victorieuse avec tant d'éclat, étoit obérée par ses victoires, et d'ailleurs ne désiroit pour le moment rien de plus que ce qu'elle avoit obtenu. Quant au roi de Prusse, ce fut la mort de la czarine Elisabeth, dont la haine implacable n'avoit cessé de le poursuivre, qui le sauva : il avoit un admirateur enthousiaste dans Pierre III ; et si ce prince eût vécu, la Russie, d'ennemie qu'elle étoit, seroit devenue son alliée la plus sûre. Après la révolution de palais qui

---

n'a pas de plus grande crainte que celle de le voir rétablir ; et que cette crainte a été publiquement manifestée par ses ministres à l'occasion de la dernière guerre d'Espagne.

lui fit perdre à la fois le trône et la vie, Catherine, depuis si fameuse, garda du moins la neutralité, de manière que le poids de la guerre retombant tout entier sur l'Autriche, et l'avènement de Georges III au trône d'Angleterre ayant écarté du ministère Pitt qui seul s'obstinoit à repousser la paix, les opérations militaires languirent de toutes parts, les négociations prirent plus d'activité, et cette paix, le dernier et le plus cruel des affronts que la France avoit été depuis si long-temps forcée de subir (1), fut enfin signée au mois de février 1763.

Pense-t-on que, pendant une telle guerre qu'accompagnoient tant de misères et que signaloient chaque jour tant de désastres, le parlement eût du moins laissé entrevoir quelques sentiments de patriotisme en cessant de troubler au dedans la France désolée au dehors? Nous l'avons déjà dit : satisfait du nouvel exil de l'ar-

---

(1) Le roi de France cédoit au roi d'Angleterre ses prétentions sur l'Acadie, le Canada, l'île du cap Breton et toutes les îles du golfe et du fleuve Saint-Laurent, l'île de la Grenade et des Grenadins, Saint-Vincent, la Dominique, Tabago, la rivière de Sénégal et les comptoirs qui en dépendoient ; l'île de Minorque et le fort Saint-Philippe étoient rendus à cette même puissance ; la ville et le port de Dunkerque devoient être mis dans l'état fixé par le dernier traité d'Aix-la-Chapelle. La France restituoit toutes les places et pays qu'elle occupoit en Allemagne, etc.

chevêque de Paris, secondé dans ses vues par quelques prélats prévaricateurs, il avoit bien voulu donner un peu de relâche au clergé ; et ce fut alors qu'on le vit, dans cette position à la fois odieuse et ridicule où il s'étoit placé entre les ministres du ciel et les suppôts de l'enfer, se montrer plus hostile envers le parti philosophique, qu'il poursuivit quelquefois à outrance dans les livres impies et séditieux que ce parti, plus habile et plus conséquent que lui, ne cessoit de publier (1), montrant en ce point une sorte d'accord avec les évêques qui, dans toutes leurs assemblées, ne cessoient d'élever vers le trône des cris d'alarmes sur ce fléau toujours croissant et qui menaçoit de tout détruire.

Mais ce moment de calme étoit le précurseur d'une plus horrible tempête, qui devoit ébranler jusque dans ses fondements l'antique et saint édifice de l'Église de France. Il existoit une société religieuse si fortement constituée, que, depuis son origine, elle étoit la seule qui n'eût pas eu besoin d'être réformée ; organisée de telle sorte qu'embrassant toutes les œuvres de la religion que se partageoient les autres communautés, elle se présentoit partout où le clergé séculier avoit besoin de son secours, et se montroit prête à tout et propre à tout ; tellement

---

(1) Voyez p. 231.

catholique dans son essence et dans ses actes, que partout où se rencontroient des novateurs, ils n'avoient pas de surveillants plus actifs ni d'adversaires plus redoutables; société créée à la fois pour édifier et pour combattre, qui avoit commencé à naître au moment même où avoit paru dans le monde la dernière des hérésies (1), puisqu'elle est la dernière expression de toutes les hérésies possibles; société que, dès sa naissance et pendant tout le cours de son existence marquée par tant de prodiges et de travaux, le coup d'œil perçant de l'impiété avoit signalée comme son ennemie la plus dangereuse, et que ses fauteurs, hérétiques ou athées, soit par cette prévision, soit par une sorte d'instinct infernal, n'avoient cessé de poursuivre avec une rage qui ne s'étoit pas un seul instant ralentie (2). Elle avoit la première dénoncé le jansénisme, et les jansénistes lui avoient voué une haine aussi impla-

---

(1) Le protestantisme.

(2) « Les jésuites, disoit Calvin, sont nos plus grands enne-
» mis; il faut les *tuer*; et si l'entreprise est trop difficile, les
» chasser du moins, et les accabler sous le poids *des mensonges* et
» *des calomnies*. » Ceci semblera sans doute incroyable, même dans la bouche de Calvin; il est donc à propos de citer le texte original : «*Jesuitæ vero, qui se maxime nobis opponunt, aut* NECANDI, *aut, si hoc commode fieri non potest, ejiciendi aut certe* MENDACIIS *et* CALUMNIIS *opprimendi sunt.* » (Calvin apud Becan., t. 1; Opusc., 17, Aphor., 15, de Modo propagandi Calvinismum.)

cable que les enfants de Luther et de Calvin (1). Spécialement consacrée à l'éducation de la jeunesse, elle formoit des générations chrétiennes sans cesse menaçantes pour les ennemis de la religion; préférée, pour la direction de leurs consciences, par les souverains et les personnes pieuses des hautes classes de la société, elle devenoit ainsi pour l'impiété un sujet d'alarmes encore plus vives; et le ministérialisme, qui commençoit à établir son despotisme abject dans toutes les cours, ne la haïssoit pas moins que tous ces fauteurs de révolte et d'anarchie.

La compagnie de Jésus (car quelle autre société religieuse pourroit présenter cette réunion de caractères) (2), sembloit alors parvenue au plus haut degré de prospérité, et plus solidement établie qu'elle ne l'avoit jamais été. Elle répandoit à la fois les lumières de la religion, et exerçoit les œuvres de la charité évangélique au milieu des nations les plus policées, et parmi les hordes sauvages les plus abruties; les puis-

---

(1) Les jésuites étoient pour le cardinal de Noailles un objet de méfiance continuelle. Il les voyoit partout, les accusoit de tout, et les dénonçoit en même temps au pape et au roi. (Voyez les *Mém. pour servir à l'Histoire ecclésiastique du dix-huitième siècle*, année 1710.)

(2) *Voyez* sur l'institut des jésuites, le tome 2 de cet ouvrage, deuxième partie, page 1187.

sances catholiques de l'Europe lui devoient l'accroissement de leur commerce dans les deux hémisphères et la civilisation de leurs colonies; ce qui étoit surtout frappant à l'égard du Portugal, dont la puissance, si petite en Europe, étoit ainsi devenue colossale dans les Indes et dans le Brésil. Les miracles et l'apostolat de Xavier, les travaux, les sueurs et le sang de ses compagnons et de ses frères, avoient valu à la cour de Lisbonne ces conquêtes immenses aux extrémités de l'Asie, et avoient fécondé pour elle ces vastes contrées de l'Amérique méridionale. Aussi n'étoit-il aucun royaume de la chrétienté où les jésuites eussent plus de crédit et de prépondérance, dans toutes les classes de la société, que le Portugal : ce fut du Portugal que partit le signal de leur destruction.

Il n'est point de notre sujet de raconter comment Carvalho, depuis marquis de Pombal, ce ministre ambitieux et pervers d'un roi fainéant et voluptueux, parvint à exécuter cette audacieuse et criminelle entreprise; d'expliquer en détail les motifs de sa haine contre les jésuites, qui avoient projeté de le faire expulser du ministère, parce qu'ils avoient deviné son caractère et ses dangereux projets d'innovation; les moyens adroits et perfides qu'il sut employer pour séduire Joseph Ier, après avoir plus facilement gagné le vénal patriarche de Lisbonne,

Saldagna; l'édifice de mensonges et de calomnies qu'il sut élever contre la société des enfants d'Ignace, la présentant à la fois comme une réunion de moines corrompus dans leurs mœurs et dans leurs croyances, puis comme un corps puissant et redoutable qui avoit conçu le projet d'une domination indépendante dans le Nouveau-Monde; comment il sut, à force d'importunités et en supposant des délits imaginaires, arracher à Benoît XIV un bref pour leur réformation, bref au moyen duquel Saldagna et lui commencèrent à les avilir et à les dépouiller, pour rompre ensuite brusquement avec Clément XIII, lorsque, la fraude ayant été reconnue, ce saint pape fit entendre ses cris et ses réclamations en faveur de l'innocence calomniée et persécutée; enfin cette machination exécrable et si digne de couronner cette œuvre d'iniquité d'un prétendu complot contre la vie du roi, complot dirigé et exécuté par Pombal lui-même, ce qui fut prouvé depuis jusqu'à l'évidence (1); la procédure atroce et scandaleuse qui s'ensuivit, et dans laquelle furent envelop-

---

(1) « Les dépêches secrètes du comte de Merles, alors ambassadeur de France à Lisbonne, ne dévoilent que trop la main ministérielle qui a dirigé ce prétendu assassinat : il en résulte que c'étoit l'ouvrage bien combiné de Pombal ; que la blessure du roi n'étoit qu'une contusion égratignée, et que cette égratignure ne venoit pas

pés et les jésuites et deux illustres familles que redoutoit encore ce ministre tout puissant; les exécutions sanglantes qui la terminèrent et détruisirent ces deux familles (1); la procédure plus abominable encore au moyen de laquelle, n'ayant pu parvenir à faire un régicide du jésuite Malagrida, on lui supposa des crimes monstrueux, impossibles, pour lesquels ce vieillard de soixante et quinze ans fut brûlé vif, à la vue de la population entière de Lisbonne, qu'il avoit, pendant un demi-siècle, édifiée de ses paroles et de ses exemples : « De manière, dit Voltaire lui-même, dont l'autorité sur ce point n'est pas suspecte sans doute, que l'excès du ridicule et de l'absurdité fut joint à l'excès de l'horreur (2). » La plus courte ana-

---

de l'explosion du coup de carabine qui avoit été tiré contre sa voiture, et dont on n'avoit voulu faire qu'un épouvantail. » (*Mém. de l'abbé Georgel*, t. 1, p. 47.)

(1) Les familles d'Aveyro et de Tavora. Le roi avoit une intrigue galante avec la jeune marquise de Tavora ; ce fut en revenant d'un rendez-vous qu'elle lui avoit donné, que ce prétendu assassinat fut commis. Il fut facile à Pombal de diriger les soupçons de ce prince coupable et passionné contre les parents de la femme qu'il avoit séduite.

(2) Le père Malagrida étoit un missionnaire dont l'influence sur le peuple de Lisbonne étoit prodigieuse, et la vie d'une sainteté qui en faisoit un objet de vénération pour toutes les classes de la société. Pombal le haïssoit et avoit juré sa perte, à cause de cette influence qu'il redoutoit. (Sur cette œuvre d'iniquité et les horreurs de ce procès, voyez un ouvrage italien intitulé : *Il Buon*

lyse de cette trame détestable, dont tous les fils furent saisis et mis à découvert du vivant même de Pombal (1), nous entraîneroit trop loin : il nous suffira de dire que le résultat de tant de crimes, fut un édit arraché le 3 septembre 1759 à l'imbécille monarque dont ce scélérat avoit fait sa dupe, par lequel les jésuites furent chassés de toutes les contrées soumises à la domination du Portugal, « pour avoir dégénéré de la sainteté de leur pieux institut; » et la manière dont on l'exécuta ne fut pas moins barbare que tout ce qui l'avoit précédé et amené (2).

Raziocinio dimostrato in due Scritti, o siano siaggi Critier-Apologetici sul famoso processo e tragico fine del fu P. Gabriele Malagrida, etc., in Lugano, 1784.)

(1) La reine de Portugal le fit mettre en jugement après la mort de Joseph Ier; une enquête juridique et solennelle mit à nu tous les crimes de cet homme; et dans le décret qui le condamnoit à passer le reste de ses jours dans une forteresse, cette princesse déclare, « que consultant plus sa clémence que sa justice, elle fait » grâce au coupable du supplice qu'il a mérité, mais seulement » en faveur de son âge et de ses infirmités. » (*Mém. de Pombal*, préf., in-12, p. lx.)

(2) « On les entassa au fond de cale des vaisseaux qui les ramenoient du Brésil et des Indes en Europe, souffrant la faim, la soif et la nudité, pour, à leur arrivée en Portugal, les uns être jetés sur les côtes d'Italie, dans les États du pape, comme une *vermine pestiférée*, et les autres, sans avoir jamais été personnellement accusés et jugés, aller pourrir dans des cachots que l'on avoit infectés à dessein; et le marquis de Pombal, pour assouvir sa vengeance, alloit repaître ses yeux et son odorat de cette infection. » (*Mém. de l'abbé Georgel*, t. 1, p. 51.)

Cet événement retentit dans l'Europe entière; mais en même temps qu'il indignoit les ames honnêtes, il réveilloit, dans la pensée des implacables ennemis de la compagnie de Jésus, ces espérances qui ne s'y étoient jamais entièrement éteintes, de trouver enfin un moyen de la frapper d'un coup décisif et mortel. Ces ennemis étoient plus actifs et plus puissants en France que partout ailleurs; et à peine la catastrophe des jésuites portugais y eut-elle été connue, que leurs presses clandestines recommencèrent à gémir, et qu'un grand nombre de libelles en sortirent, dans lesquels étoient reproduites toutes ces anciennes calomnies contre l'institut, qu'offroient, toutes préparées, les *Provinciales* de Pascal et la *Morale pratique* du GRAND Arnauld.

Il n'y avoit pas moins de perversité à la cour de France qu'à celle de Portugal, et le nombre des pervers y étoit plus grand. Ils entouroient de même un roi livré à la paresse et à la volupté, mais que des mœurs plus douces et un sentiment inquiet de religion dont il étoit toujours obsédé, n'auroient pas permis de rendre complice de mesures violentes contre les jésuites françois; il ne montroit contre eux aucune prévention, et avoit même donné des marques d'un vif intérêt à ceux de leurs frères qui venoient d'être persécutés en Portugal. Sa pieuse famille les aimoit et les considéroit. Appuyés de ces puissants protecteurs, jouissant de l'estime publique pour la régularité de leurs mœurs et l'utilité de leurs travaux, non pas seulement dans l'éducation publique dont ils étoient presque exclusivement chargés, mais encore dans toutes les parties du saint ministère, il ne semble pas qu'il y ait eu d'abord, dans cette coterie d'intrigants qui régnoient à la place du monarque, un projet arrêté d'imiter les exemples que venoit de donner le ministre portugais. Les complots que l'on faisoit contre les Jésuites s'ourdissoient hors de son sein; et il est probable, qu'en ce moment du moins, elle ne se fût point associée à ses ennemis, si Mme de Pompadour eût pu trouver, parmi ces religieux, l'instrument docile qu'elle cherchoit, pour l'aider à masquer son hypocrisie, et à se perpétuer dans le pouvoir, en trompant la religion d'une reine vertueuse, dont elle avoit si long-temps encouru le mépris et entretenu les douleurs. La trop grande simplicité du Jésuite à qui elle s'étoit adressée, pour exécuter le prétendu projet de conversion qu'elle avoit conçu, compromit sa compagnie entière, dans l'injonction qu'il lui fit comme première réparation de ses scandales, de quitter à jamais la cour (1). N'ayant joué cette

---

(1) Ce religieux étoit le P. de Sacy. Madame de Pompadour,

comédie que dans l'intention de s'y établir plus honorablement; elle fut à la fois irritée et alarmée de cette décision; et jura, dès ce moment, la perte d'un ordre dont l'influence étoit grande au sein même de cette cour si corrompue, et qui pouvoit, tôt ou tard, jeter, dans l'âme de son royal complice, assez de trouble et de remords pour lui faire exécuter lui-même la sentence qui venoit d'être si unanimement prononcée contre elle. Pombal avoit éprouvé les mêmes alarmes et le même ressentiment; et des causes à peu

---

malgré toute sa puissance, sentoit que sa position étoit fausse et son existence précaire à la cour : elle voulut être dame du palais de la reine, pour s'y établir d'une manière inébranlable; et ce fut pour y parvenir qu'elle arrangea cette scène d'hypocrisie. Si le P. de Sacy, après lui avoir donné son avis sur le parti qu'elle avoit à prendre, se fût retiré, il est probable que cet événement n'auroit pas eu de suite fâcheuse : elle se seroit contentée d'appeler un autre ecclésiastique. Mais troublé des objections qu'elle lui présenta, et peut-être du dépit qu'elle laissa éclater, lorsqu'il lui eut fait connoître les conditions de sa réconciliation avec l'Eglise : « Je vais, lui dit-il, retourner à Paris pour consulter nos Pères, et je reviendrai le plus tôt possible vous rapporter leur décision. » Cette décision fut prompte, et les jésuites ne balancèrent pas un moment sur l'application d'un principe dont il n'étoit pas possible de s'écarter sans prévarication. Mais les plus habiles aperçurent, dès lors, l'abîme que leur creusoit la bonhomie du P. de Sacy. En le chargeant de leur réponse, quelles qu'en pussent être les suites, ils lui firent sentir combien il avoit été imprudent d'en appeler au conseil de ses frères sur un point qu'il devoit décider lui-même avec une fermeté évangélique, et sans aucune considération humaine. (*Mém. de l'abbé Georgel*, t. 1, p. 65.)

près semblables produisirent de semblables effets.

Les plus dangereux ennemis des jésuites, ceux qui pouvoient servir le plus efficacement la vengeance de la favorite, étoient dans le parlement. Nous avons vu que là étoit le foyer du jansénisme, et que la secte philosophique y avoit aussi ses partisans. Il faut ajouter qu'en sa qualité d'opposition politique, cette compagnie accusoit les jésuites d'être, depuis long-temps, les provocateurs secrets de tous les coups d'autorité qui avoient pu la contrarier dans ses prétentions, ou l'arrêter dans ses excès; et c'étoit là surtout ce qu'elle ne leur pardonnoit pas. Ce fut Berryer, l'une des créatures de Mme de Pompadour, et de lieutenant de police devenu, par sa protection, ministre de la marine, qui prépara les premiers ressorts de cette intrigue, en lui indiquant, comme propres à l'aider dans son projet, trois parlementaires qui jouissoient, dans leur corps, d'un grand ascendant; l'abbé de Chauvelin, l'abbé Terray, Laverdy. L'abbé de Bernis fut le quatrième personnage que l'on initia dans cette manœuvre ténébreuse (1); et l'ami intime de Duclos étoit bien digne d'y entrer.

Tout étant ainsi préparé, il falloit ou trouver

---

(1) *Mém. de l'abbé Georgel*, t. I, p. 71.

ou faire naître une occasion d'éclater : elle se présenta malheureusement d'elle-même. Un jésuite, dont le nom a acquis une bien triste célébrité, le père Lavallette, chargé du temporel des établissements que la société avoit formés à la Martinique, imagina de faire des spéculations commerciales dans lesquelles il ne pouvoit avoir qu'un seul but, celui d'enrichir son ordre : tout autre eût été folie. Ses spéculations, d'abord heureuses, et que ses supérieurs immédiats eurent la foiblesse de tolérer, ne réfléchissant pas que ce qui est innocent pour un particulier cessoit de l'être pour un religieux, tournèrent mal ensuite. Le commerce de France s'étoit plaint, dès le principe, d'une semblable concurrence : ce qui avoit été un premier scandale. Les frères Lioney, négociants de Marseille, et d'autres encore, se trouvèrent compromis dans les opérations désastreuses du jésuite-banquier : on le sut, et des agents, mis en œuvre par la cabale, leur persuadèrent de renoncer à un projet de conciliation qu'ils avoient entamé avec les maisons de l'ordre, dans la dépendance desquelles étoit le père Lavalette, pour attaquer l'ordre entier, comme solidaire des écarts d'un de ses membres. En droit, la maison de la Martinique étoit seule responsable : toutefois, et malgré ce droit si évident, il eût mieux valu mille fois, en un cas si grave et si délicat, consulter la prudence, et étouffer l'affaire au moyen d'une contribution levée sur toutes les maisons de la société. La cabale manœuvra avec la même adresse auprès des premiers supérieurs de l'ordre, qu'elle l'avoit fait auprès des créanciers; et de même qu'elle avoit déterminé ceux-ci à l'attaque, elle persuada à ceux-là, non seulement de se défendre, mais, ce qui étoit le chef-d'œuvre de sa perfidie, d'user du crédit que les Jésuites de Paris avoient à la cour, pour faire attribuer à la grand'chambre le jugement de ce procès. On a peine à croire qu'une société, où dominoient les conseils de tant de personnages également remarquables par l'esprit, les lumières, et cette grande expérience du monde que leur donnoient leurs nombreuses et continuelles relations avec les classes supérieures de la société, ait pu se laisser prendre à un piège aussi grossier, se jeter ainsi, tête baissée, dans les filets que lui tendoient des ennemis si bien connus. Il y a, dans ce singulier aveuglement, un dessein de la providence, qu'il ne nous est pas donné de pénétrer.

Toutefois, dès le premier pas qu'ils firent dans ce funeste procès, les Jésuites parurent comprendre les dangers qu'il entraînoit avec lui, puisqu'ils cherchèrent à éviter l'éclat des plaidoiries, et demandèrent, par requête, que la cause se discutât par écrit. Leur demande fut rejetée; et les premiers mémoires que publièrent les avocats de leurs adversaires, les premiers plaidoyers qu'ils prononcèrent, leur firent déjà entrevoir ce qu'on leur préparoit. L'affaire des créanciers du père Lavalette n'y fut traitée que subsidiairement: ce fut sur les constitutions de la société que s'exerça la faconde des légistes, que l'on avoit déchaînés contre eux. Dans ces constitutions, si semblables, pour le fond, à celles de tous les ordres religieux, et spécialement en ce qui concerne la loi d'obéissance entière aux supérieurs, sans laquelle aucune institution de ce genre ne pourroit subsister, loi d'obéissance qui n'avoit ici plus d'extension que parce que la compagnie de Jésus embrassoit un plus grand nombre d'œuvres, ces sophistes gagés virent le germe de tous les crimes que l'hypocrisie peut commander au fanatisme; et les ayant ainsi travesties, ils les exposèrent avec tous les artifices et toutes les brutalités du style de palais, devant un tribunal qui, d'avance, avoit prononcé son arrêt. Sur les conclusions de l'avocat général, Pelletier de Saint-Fargeau (1), janséniste fougueux,

---

(1) Le même qui, depuis, vota la mort de Louis XVI dans la convention nationale, et fut assassiné, peu de jours après, par un garde-du-corps, nommé Pâris. C'étoient de pareils hommes qui, entre autres crimes dont ils accusoient les jésuites, leur reprochoient de professer la doctrine du régicide.

tous les jésuites de France furent déclarés solidaires du père Lavalette, et condamnés à payer les sommes considérables dues à ses créanciers. Cet arrêt fut rendu le 8 mai 1761, au milieu des acclamations, des trépignements de pieds, et de mille autres démonstrations d'une joie furieuse que firent éclater leurs ennemis, accourus en foule pour jouir de leur défaite.

Ce fut comme un signal donné aux libellistes qui, sur le champ, inondèrent le public de pamphlets où reparurent, sous toutes les formes, toutes les calomnies inventées ou recueillies par de plus habiles qu'eux, contre la société; tactique usée et misérable, que nous signalons, pour ainsi dire, à chaque instant, dans cette guerre anti-religieuse, mais toujours nouvelle et décisive pour la multitude dont le vice incurable est d'être ignorante et passionnée. Ce fut en cette circonstance, tant étoit effrénée la haine des jansénistes, que commença leur alliance ouverte avec les philosophes qui, dans une occasion si favorable au succès de leurs doctrines, ne pouvoient manquer d'en faire leurs instruments, en feignant de se présenter comme leurs auxiliaires (1). Les circonstances ne les

---

(1) « Les parlements, disoit d'Alembert, croient servir la reli-
» gion ; mais ils servent la raison, sans s'en douter. Ce sont des
» exécuteurs de la haute justice pour la philosophie dont ils

servoient que trop : une guerre de jour en jour plus désastreuse achevoit d'avilir l'autorité du prince, et l'affoiblissoit de tout ce qu'elle ajoutoit de force au mécontentement de la nation. Ils étoient sûrs du parlement : le ministère, et particulièrement celui qui en étoit alors le chef (1), applaudissoit à leurs doctrines, et étoit affilié à leur clique : la perte des Jésuites fut jurée.

C'étoit dans le plaidoyer de l'avocat général que se trouvoient les déclamations les plus violentes contre les constitutions de la société. Il y insistoit surtout, avec une affectation marquée, sur cette obéissance des religieux envers leur général, obéissance qu'il appeloit passive et aveugle, comparant celui-ci à ce *Vieux de la montagne*, dont le moindre signe dirigeoit à son gré ses bandes d'assassins. La composition en avoit été concertée avec l'abbé de Chauvelin qui, prenant de là son texte, dénonça ces constitutions dans une séance du parlement (2), à laquelle on avoit affecté de donner une grande solennité. Cette dénonciation, faite avec assez

---

» prennent les ordres sans le savoir. » (Lettre à Voltaire, du 4 mai 1762.) « C'est proprement la philosophie qui a détruit les » Jésuites, dit-il ailleurs, le jansénisme n'en a été que le sollici» teur. » (*Voyez* sa brochure intitulée : *De la Destruction des Jésuites.*)

(1) Le duc de Choiseul.
(2) Le 17 avril 1761.

d'art, et qu'il renouvela, quelques jours après, dans un second discours, n'étoit néanmoins, quant au fond, qu'un résumé des vieilles calomnies répétées jusqu'à la satiété contre cette institution religieuse, et toutes constamment fondées sur ce raisonnement absurde : « Que plusieurs Jésuites théologiens, anciens et modernes, ayant publié certaines opinions pernicieuses, tant dans le dogme que dans la morale, il s'ensuivoit nécessairement que tel étoit l'enseignement *constant et non interrompu* de la société (1); » Argument au moyen duquel il n'étoit pas une seule

---

(1) A certaines époques, déjà fort éloignées, où l'on agitoit, dans les écoles, beaucoup plus de questions de morale et de théologie qu'on ne l'a fait depuis, et particulièrement la question si importante des rapports de suprématie et de dépendance qui existent entre les deux puissances, il en sortoit une foule d'opinions plus ou moins hasardées, parmi lesquelles il y en avoit même d'exagérées et de dangereuses. (Celle du régicide, considéré comme *justifiable dans certains cas,* étoit de ce nombre.) L'Église, attentive à toutes ces controverses, s'en emparoit, les examinoit avec soin, condamnoit ce qui étoit condamnable, fixoit les limites du vrai, dans toutes ces questions; et, sous peine d'anathème, il falloit se soumettre à ses décisions. Il n'étoit pas un seul ordre religieux, pas une seule faculté de théologie, qui n'offrît, et en plus grand nombre que chez les Jésuites, de ces doctrines erronées, que le Saint-Siége avoit réprouvées : on le prouvoit jusqu'à la démonstration. On défioit, en même temps, leurs adversaires de citer un seul Jésuite qui eût enseigné, avec l'autorisation de ses supérieurs, une proposition condamnée par l'Église, c'est-à-dire *après que l'Eglise l'avoit condamnée :* il étoit donc d'une absurdité révoltante de s'en prendre,

institution politique et religieuse qu'il n'eût fallu détruire en France, à commencer par le parlement, à qui l'on pouvoit opposer un si grand nombre d'arrêts hérétiques, séditieux et même régicides, qu'il avoit rendus, à peu près dans tous les temps. Il n'est pas besoin de dire que la dénonciation fut accueillie : le parlement ordonna en conséquence qu'examen seroit fait des constitutions de la société de Jésus.

Cependant quelque opposition se manifesta dès lors contre cette persécution inique, et ce fut dans la famille royale qu'elle se forma. La reine, dont la pitié étoit si sincère et si vive, le Dauphin, qui promettoit à la France un règne si différent de celui de son père, savoient les répugnances qu'éprouvoit Louis XV à se prêter aux projets de la cabale, et ne cessoient de l'exciter à montrer enfin qu'il étoit le maître, en arrêtant ce torrent d'intrigues et de basses vengeances. Leurs sollicitations en obtinrent un arrêt qui ordonnoit aux jésuites de remettre à son conseil d'état les titres de leurs divers établissements, et qui défendoit au parlement de rien statuer avant un an, sur l'institut et les constitutions de ces religieux. De pareils ordres

---

sur ce point, aux seuls jésuites, de faire un crime à la société de n'avoir pas été douée du privilége unique et surnaturel d'être composée de membres incapables de se tromper.

n'étoient pas faits pour l'arrêter : il avoit déjà bravé les injonctions royales pour de moins grands intérêts ; et nonobstant l'arrêt du conseil, il reçut le procureur général appelant comme d'abus de toutes les bulles ou brefs promulgués en faveur de la société (1); condamna au feu vingt-quatre ouvrages composés par des jésuites, comme séditieux, destructifs de la morale chrétienne, et enseignant une doctrine coupable et meurtrière ; déclara, d'après l'assertion absurde et calomnieuse du dénonciateur, « Que tel étoit l'enseignement *constant et non interrompu* de la société ; rejetant à cet égard tous *désaveux* ou *rétractations*, comme inutiles et dérisoires ; lui défendit de tenir des colléges, et à tout sujet du roi d'y étudier, ou d'entrer dans son institut. » A cet acte de révolte si insolent, le déplorable prince, qu'ébranloient et commençoient à entraîner les manœuvres artificieuses de sa favorite et de son principal ministre, ne sut opposer que des lettres patentes qui suspendoient l'exécution de ces mesures iniques, lettres que le parlement enregistra, mais avec cette stipulation audacieuse, que la suspension ordonnée auroit pour terme le premier avril 1762.

Le roi profita de cet intervalle qu'avoit bien bien voulu fixer le parlement, pour convoquer

---

(1) Le 12 juillet suivant.

à Paris une assemblée d'évêques, à l'effet d'avoir leur avis sur les constitutions des Jésuites. Cinquante prélats avoient été convoqués : sur ce nombre, quarante-cinq se déclarèrent pleinement et formellement en faveur de ces constitutions, n'y trouvant rien a changer ni à redire sur aucuns points, et représentèrent la destruction de la société de Jésus comme un malheur pour l'Église. Quatre demandèrent quelques modifications dans son régime, et un seul se déclara contre elle (1). Tel fut le triomphe des Jésuites dans cette assemblée vénérable. Quatre évêques, nous venons de le dire, y avoient ouvert un avis plus foible : il devoit plaire à Louis XV, qui crut y avoir trouvé un moyen de concilier les esprits. Cet avis fut donc la base d'un édit qu'il rendit au mois de mars de l'année suivante, peu de jours avant le terme fatal fixé par le parlement. Par cet édit, les Jésuites continuoient d'exister en France, mais sous la condition d'y être as-

---

(1) M. de Fitz-James, évêque de Soissons, et janséniste fanatique. Toutefois, dans la lettre qu'il écrivit contre eux, la force de la vérité lui arracha ce témoignage : « Que les mœurs des Jésuites » étoient pures, et qu'il leur rendoit volontiers la justice de re- » connoître qu'il n'y avoit peut-être point d'ordre dans l'Église » dont les religieux fussent plus réguliers et plus austères dans » leurs mœurs. » (Voyez les *Mém. pour servir à l'Histoire ecclésiastique du dix-huitième siècle*, année 1761.)

sujettis à l'autorité du roi, et à la juridiction des ordinaires; l'autorité du général de l'ordre y était soumise à certains réglements, ainsi que le régime de leurs établissements, etc.

Pendant qu'une réunion si imposante des premiers pasteurs de l'église de France réclamoit ainsi en faveur des Jésuites, leurs ennemis n'avoient eu garde de perdre un temps que tant de circonstances leur prescrivoient de bien employer. A peine la dénonciation de l'abbé de Chauvelin avoit-elle été prononcée, que toutes les presses du parti s'en étoient emparées; on l'avoit répandue avec profusion dans les provinces, et à ce signal convenu, tout avoit commencé à fermenter dans les autres parlements. Trois avocats et procureurs généraux, Joli de Fleury à Paris, Monclar à Aix, La Chalotais à Rennes, s'étoient mis sur le champ à l'œuvre. Un atelier de Jansénistes, établi aux Blancs-Manteaux, leur fournissoit des matériaux, composés, suivant les traditions polémiques de la secte, de textes altérés, isolés, tronqués, falsifiés; des plumes, plus exercées que celles de ces magistrats, étoient employées à revêtir ces compositions mensongères de tous les prestiges de l'art oratoire, et des formes les plus énergiques de la satire. Ce fut ainsi qu'ils publièrent des *Comptes rendus*. L'écrivain choisi pour polir le travail de La Chalotais, s'étoit montré le plus adroit et le plus éloquent (1). Ce fut ce *compte rendu* qui fit le plus de sensation, et cette sensation fut prodigieuse : on se l'arrachoit, on en dévoroit les pages, on croyoit à toutes ces infamies que le silence des jésuites sembloit confirmer, et un cri presque universel s'éleva contre l'*Institut*.

Ce fut une grande faute de leur part que ce silence qu'ils gardèrent trop long-temps : il y avoit, dans cette espèce d'abandon de leur propre cause, cette simplicité trop confiante de l'in-

---

(1) L'abbé Georgel raconte qu'il se trouvoit chez le prince Louis de Rohan, à un dîner auquel avoit été invité M. de La Chalotais, et où se trouvoient réunis, entre autres convives, Buffon, Duclos, d'Alembert et Marmontel. « Quelqu'un, dit-il, voulant » faire sa cour à l'auteur présumé du *compte rendu* à la mode, » fit tomber la conversation sur les jésuites. M. de La Chalotais, » qui savoit sa diatribe par cœur, en fit fort bien les honneurs..... » J'avois fait, pour le prince, quelque temps auparavant, un » petit travail qui démontroit à quel point l'ouvrage du magistrat » breton avoit tronqué, altéré et falsifié l'Institut. Interpelé par » lui et provoqué par M. de La Chalotais lui-même, je me trouvai » tout à coup entré en lice avec ce redoutable athlète. Le combat, » commencé avec sang-froid et sans fiel, se prolongea avec chaleur » d'une manière très pressante...... L'issue n'en fut pas heureuse » pour le *compte rendu*. L'*Institut*, édition de Prague, et le *compte* » *rendu*, furent apportés et confrontés : les altérations étoient » palpables. L'extrême embarras du procureur général fut re- » marqué de tous les assistants : il sortit, pour ne point entendre » sans doute les réflexions que cette vérification faisoit naître. Le » triomphe de l'*Institut* fut complet ; on parut persuadé que » M. de La Chalotais n'étoit point l'auteur de son *compte rendu*. » (*Mém.*, t. 1, p. 80.)

nocence qui ne peut croire au succès de la calomnie, lorsqu'elle est poussée à ce degré qui la confond avec l'extravagance. Ils s'aperçurent enfin qu'ils se trompoient; que tel étoit l'esprit de vertige répandu sur la multitude, que ce qu'il y avoit de plus fou dans ces diatribes, étoit justement ce qui obtenoit le plus de croyance; et leurs apologies commencèrent à paroître. Elles détruisirent sans peine tout cet échafaudage de mensonges et d'infamies que l'on avoit élevé contre eux. Quelques-unes sont restées et resteront comme un éternel monument de la basesse et de la méchanceté de leurs ennemis, qui y sont démasqués et confondus, et dans leurs projets coupables, et dans leurs manœuvres ténébreuses. On n'y répliqua point, parce qu'elles étoient sans réplique. Choiseul, Mme de Pompadour et les parlements, avoient, pour les réfuter, d'autres arguments : arrivés au point où ils avoient voulu parvenir, les jésuites ayant été livrés entre leurs mains par cette suite d'intrigues si savamment ourdies, il n'y avoit plus qu'un dernier effort à faire auprès du monarque pusillanime, que sa famille, le corps des évêques, le souverain pontife, maintenoient encore dans une sorte de résistance à leurs sinistres projets. Son ministre et sa maîtresse l'entraînèrent enfin en l'effrayant sur sa propre sûreté. Depuis l'attentat de Damiens, c'étoit un moyen à peu près immanquable de lui faire faire ce que vouloit le parlement, que de lui montrer un nouvel assassin prêt à sortir de la foule, que cette réunion de factieux exaspéroit à son gré. Ils eurent même l'adresse perfide de faire partager ces alarmes à la famille royale. Elle cessa ses sollicitations en faveur des Jésuites, et Louis XV retira son édit.

Alors se consomma l'iniquité. Le 1er avril 1762, ainsi qu'il l'avoit déclaré, une année à l'avance, le parlement fit fermer tous les colléges des Jésuites; et au même instant, fut publié le recueil fameux « des *Assertions* des écrivains de la société,» recueil composé par des agents de la cabale (1), et avec la même bonne foi qui avoit présidé aux *Comptes rendus*, et à tant d'autres libelles; et cette publication fut faite pour justifier cet acte de violation de tous droits et de toute justice, qui surpassoit ses plus grands excès (2). Le 6

---

(1) On a conservé les noms de ces artisans de mensonges : c'étoient un conseiller nommé Roussel de Latour, un abbé Goujet, et un sieur Minard. (*Mém. pour servir à l'Histoire ecclésiastique du dix-huitième siècle*, année 1762.)

(2) « Ce qui est révoltant à l'excès, dit un contemporain dont l'écrit, encore manuscrit et rempli des détails les plus curieux sur cette grande affaire, est entre nos mains, c'est d'avoir falsifié la doctrine de ces Pères, pour la rendre odieuse ; d'avoir altéré, tronqué, mutilé les textes de leurs auteurs, de manière à leur faire dire précisément le contraire de ce qu'ils disoient, soit pour

août suivant, il rendit son arrêt définitif contre la société. Elle y étoit présentée « comme abusive, inadmissible, par sa nature, dans tout état policé; contraire au droit naturel, attentatoire à l'autorité spirituelle et temporelle (1), etc. » Il étoit ordonné aux Jésuites de sortir de leurs maisons, d'en quitter l'habit, de renoncer à l'institut, à ses règles, à la vie commune, de cesser toutes correspondances avec les membres de leur ordre, etc. Le parlement de Rennes

---

leur faire combattre la doctrine pure et sainte établie et défendue dans ces textes, soit pour leur faire soutenir et appuyer la doctrine erronée, combattue et réfutée dans ces textes mêmes, calomnies horribles, impostures inimaginables, qu'il faut avoir vues et vérifiées pour les croire, et qui donnent l'idée la plus étrange, non seulement des accusateurs, mais de juges assez dégradés, assez corrompus pour avoir prononcé, d'après de pareils témoins. » C'étoit justement ce livre des *Assertions* qui excitoit à ce point l'indignation de cet écrivain. Les infames qui avoient fabriqué ce tissu de mensonges et d'horreurs furent confondus dans un écrit intitulé: *Réponse aux Extraits des Assertions*; mais les calomniateurs étoient les plus forts: ils *brûloient*, et ne répondoient pas.

(1) Il ne se peut rien imaginer de plus odieux et de plus dérisoire, que de voir cette assemblée de gens de robe, qui supprimoit les brefs du pape, exiloit les évêques, emprisonnoit et bannissoit les prêtres, prendre hypocritement fait et cause pour la puissance *spirituelle*, à l'égard d'un ordre religieux que le pape déclaroit utile à l'Eglise, et soutenoit contre les arrêts de ces factieux par de nouveaux brefs qu'ils supprimoient encore; en faveur duquel le corps épiscopal entier élevoit des réclamations qu'ils flétrissoient de condamnations infamantes; et qu'il n'étoit permis à aucun membre du clergé de défendre, sous peine de châtiment.

suivit le premier cet exemple; après lui vint le parlement de Rouen, qui se signala par une fureur encore plus grande, et telle, qu'elle fut blâmée même dans le parti. A Bordeaux, à Metz, à Perpignan, à Aix, à Toulouse, à Pau, à Dijon, à Grenoble, la cabale eut plus d'obstacles à vaincre; mais il est remarquable que, partout, elle ne l'emporta que d'un petit nombre de voix (1). Quelques parlements ne se laissèrent point ébranler, et refusèrent de mentir à leur conscience (2). Clément XIII condamna ce qui venoit de se passer, aussitôt qu'il en eut con-

---

(1) « Ce qui fait douter, dit encore un contemporain, que tous les parlements fussent dans le secret, c'est la diversité des suffrages. A Rouen, 20 contre 13; à Rennes, 32 contre 29; à Toulouse, 41 contre 39; à Aix, 24 contre 22; à Bordeaux, 23 contre 18; à Perpignan, 5 contre 4. De sorte qu'en faisant le résumé des opinions, 5 à Rouen, 3 à Rennes, 2 à Toulouse, 2 à Aix, 5 à Bordeaux, 1 à Perpignan; le nombre se réduit à *dix-huit*. Il se trouve que ce sont dix-huit particuliers qui, malgré l'édit du roi, l'intervention du pape, le suffrage des évêques, le vœu de la nation, détruisent les Jésuites, condamnent un institut religieux, annulent des vœux solennels, disposent de l'enseignement public, et jugent l'affaire du monde la plus importante, qui est le moins de leur compétence, et qui intéresse le plus directement l'autorité de l'Eglise et le gouvernement du roi. » (*Mes Doutes sur l'Affaire présente des Jésuites*, brochure de 49 pages, 1762.)

(2) Les parlements de Douai, de Besançon et d'Alsace. Le conseil provincial de l'Artois se déclara aussi pour les Jésuites; mais il ne put soutenir ses arrêts, qui furent cassés par le parlement de Paris. En Lorraine, ils demeurèrent tranquilles sous la protection du roi Stanislas, et n'en furent expulsés qu'après sa mort.

noissance, par un bref apologétique des Jésuites, annonçant aux cardinaux françois, qu'il avoit déclaré *vains et nuls*, dans un consistoire et par un décret solennel, tous ces arrêts des parlements de France. L'archevêque de Paris, à peine revenu de l'exil, éleva de nouveau cette voix que l'on étoit toujours sûr d'entendre chaque fois qu'il y avoit péril pour la religion; et, dans une instruction pastorale devenue fameuse, attaquant le jugement rendu contre les Jésuites par les tribunaux séculiers, les convainquit de mensonge et d'ignorance dans ce qu'ils avoient avancé sur leur institut, sur leurs vœux, sur leurs doctrines, sur leurs fonctions. Un grand nombre d'évêques, qui n'avoient point encore parlé, rompirent le silence, et unirent leurs réclamations à celles de l'intrépide archevêque; et, à l'exception de quatre de ses membres, ce fut alors le corps épiscopal qui s'éleva tout entier en faveur de la société. Les actes les plus graves et les plus solennels des premiers pasteurs de l'Église, n'étoient pas faits pour en imposer au parlement: on peut dire au contraire que son audace en devint plus insolente. L'instruction de l'archevêque de Paris lui fut dénoncée; et bien que le dénonciateur eût lui-même reconnu qu'elle étoit écrite avec modération, un arrêt la condamna au feu. Ces furieux attaquèrent ensuite le prélat lui-même, et quoique le roi l'eût exilé sur-le-champ à la Trappe, comme pour le soustraire à leur vengeance, et que, dans l'impossibilité de *mieux faire* pour lui, il les conjurât de ne pas aller plus loin, il ne put éviter des remontrances où ils distillèrent, en quelque sorte, leur rage contre les Jésuites et contre leurs généreux défenseurs. Cette rage ne connoissant plus de bornes; ils sévirent contre tous les écrits que l'on publioit en faveur de la société, contre les distributeurs de la lettre pastorale de M. de Beaumont, contre les évêques qui y adhéroient par des mandements, et supprimèrent les brefs du pape (1). Il leur manquoit encore de chasser de Paris le grand nombre d'évêques que ce danger imminent de l'Église y avoit attirés : ils essayèrent de le faire, en ordonnant au procureur-général « de faire exécuter les lois sur la résidence. » Enfin, voulant en finir tout d'un coup avec ses victimes, le parlement rendit un arrêt qui prescrivoit aux Jésuites de renoncer à leur institut « par un serment, » c'est-à-dire, qui leur ordonnoit le parjure contre Dieu même; et comme ils refusèrent presque tous de le prêter, un autre arrêt fut rendu sur le champ,

---

(1) Il n'est pas besoin de dire que les autres parlements suivirent leur exemple. Il y en eut même qui firent brûler ces brefs par la main du bourreau. (*Mém. pour servir à l'Histoire ecclésiastique du dix-huitième siècle*, année 1764.)

et c'étoit celui de leur bannissement. Jamais proscription plus inique ne fut exécutée avec plus de cruauté : ni l'âge, ni les infirmités, ni l'éclat des talents, ni la vertu la plus éprouvée, ni les plus utiles travaux, ni les supplications même de la famille royale qui demandoit que du moins on lui laissât quelques-uns de ces proscrits qu'elle avoit attachés à son service, rien ne put devenir un titre d'exception ; et quatre mille religieux, qu'il avoit plu à ces tyrans en simarre de placer entre leur conscience et la faim, furent arrachés à leur famille, à leur pays, et forcés d'aller mendier leur pain dans une terre étrangère (1). De quoi les accusoient leurs persécuteurs? ils ne leur reprochoient aucun crime; ils avouoient que leur conduite étoit régulière; que leurs mœurs étoient irréprochables: tout leur tort étoit d'être soumis « à une règle

---

(1) Cependant tous ne furent pas exilés. A Brest, on condamna un Jésuite à être pendu pour *quelques indiscrétions*. Semblable arrêt fut rendu à Paris contre un ecclésiastique nommé Ringuet, accusé de s'être *émancipé* sur les parlements, *dans la chaleur de la conversation* : il fut pendu le 30 décembre 1762. Depuis, le tribunal révolutionnaire n'a guère mieux fait. (Voyez les *Mém. pour servir à l'Histoire ecclésiastique du dix-huitième siècle*, année 1762.) Voltaire et d'Alembert s'égaient sur l'exécution de ce prêtre, dans leur correspondance infernale. La lettre de d'Alembert est du 12 janvier 1763, et la réponse de son patron, du 18 du même mois.

impie, sacrilége, attentatoire à la majesté divine et à l'autorité des deux puissances. » C'étoit uniquement pour cela que l'on sévissoit contr'eux. Nous avons vu qu'en Portugal, au contraire, on les avoit chassés, parce que c'étoient des hommes corrompus, abominables, « qui avoient dégénéré de la *sainteté* de leur pieux institut (1). » Telles sont les contradictions monstrueuses de l'iniquité. Cependant ce dernier acte de barbarie trouva des désapprobateurs, même parmi les ennemis les plus ardents des Jésuites. Peu de parlements se sentirent le courage d'imiter celui de Paris; et, de cette diversité de conduite, il résulta que le roi, conseillé par Choiseul qui trouvoit lui-même que les instruments de sa haine avoient trop fait, rendit un édit qui adoucit la rigueur de l'arrêt, soumit les Jésuites à une loi commune, et permit aux bannis de respirer du moins l'air de leur pays.

Cette même année mourut Mme de Pompadour, et la date de sa mort nous dispense de toute réflexion sur cette femme. La faveur de Choiseul, déjà grande, s'accrut de toute celle qu'elle avoit possédée (2): sans en avoir le titre,

---

(1) *Voyez* page 319.

(2) « Il n'a pas échappé au soupçon, bien ou mal fondé, d'avoir contribué à hâter le trépas de cette maîtresse dont le pouvoir étoit

il obtint tous les pouvoirs de premier ministre, les honneurs qu'il voulut, les richesses qu'il lui plut d'accumuler, et n'en devint que plus acharné contre les Jésuites, qu'il avoit des motifs particuliers de haïr, motifs que l'on a crus fort différents de ceux qu'il faisoit publiquement valoir (1). Lié avec les chefs du parti philosophe

---

si absolu, et que Louis XV oublia si facilement après l'avoir perdue. (*Mém. de l'abbé Georgel*, t. 1, p. 96.)

(1) Il racontoit une prétendue conversation qu'il disoit avoir eue, pendant son ambassade à Rome, avec le P. Ricci, général des Jésuites, dans laquelle il s'étoit convaincu que le chef de cet ordre, au moyen du vœu secret qui lioit toutes les volontés de ses religieux à la sienne, étoit instruit de tout ce qui se passoit, et dans les cabinets des princes et dans l'intérieur des familles; ajoutant que, dès lors, il avoit jugé qu'une société semblable étoit dangereuse dans un État. Cette conversation semble fort invraisemblable; mais vraie ou fausse, elle ne fut point le véritable motif de l'acharnement qu'il mit à la destruction des Jésuites. L'abbé Georgel raconte, et son récit est confirmé par d'autres écrits du temps (*), qu'instruite, et dans le plus grand détail, par le dauphin lui-même, des manœuvres secrètes et détestables employées pour lui nuire, par ce ministre et par madame de Pompadour, la société avoit fait faire, par le plus habile de ses écrivains (le P. Neuville), un Mémoire contre lui, et que ce Mémoire avoit été présenté au roi. Cet incident suscita un orage que la favorite et son protégé eurent beaucoup de peine à apaiser; enfin ils parvinrent à persuader à leur dupe qu'on les avoit calomniés, et le

(*) Particulièrement dans une brochure intitulée : « *Destruction des Jésuites en France*, anecdote politique et intéressante, trouvée dans les papiers d'un homme bien instruit des intrigues du temps. » Londres, chez Jos. Booker, n° 56, new Bond Street.

dont il étoit le disciple, poussé par eux et par une perversité égale à la leur, cet homme, devenu le maître de la France, avoit conçu le projet insensé (et des lettres de sa main en font foi) de détruire, dans le monde entier, l'autorité du pape et la religion catholique. Or, l'entière destruction d'un ordre religieux si fortement constitué, et qui, répandu dans les deux hémisphères, soutenoit et propageoit de toutes parts la pureté de la foi et la plénitude de cette autorité apostolique, devenoit la condition première d'un semblable projet : il s'y porta donc de toute l'activité de son esprit, nourri d'intrigues et de fraudes. C'étoit en Espagne que le plus grand coup restoit à frapper : il n'est point encore de notre sujet de raconter, par quels moyens et par quels sacrifices faits aux dépens de la dignité du trône de France, il sut s'introduire dans les bonnes grâces de Charles III, s'ap-

---

Mémoire fut jeté au feu. « Mais, dès ce jour, ajoute cet écrivain, ces âmes vindicatives conjurèrent la perte du dauphin et l'anéantissement de ses protégés. Effectivement, à dater de cette époque, ce prince, calomnié sans cesse près de son père, perdit sa confiance; et une maladie lente, dont il connut la cause, le conduisit au tombeau. Les gens de l'art y découvrirent les traces d'un poison lent et infaillible. » Il ajoute avoir entendu dire à l'empereur Joseph II, dans une conversation familière chez la princesse d'Esterhasy, qu'à l'occasion de cette mort, de fortes présomptions s'élevoient contre le duc de Choiseul. (*Mém.*, t. 1, p. 102.)

puyant en même temps, et par d'autres concessions, de l'influence de la cour de Vienne, afin de se rendre inébranlable dans son pouvoir et dans son crédit; l'horrible machination des prétendues lettres du P. Ricci, dans lesquelles il avoit tracé lui-même le plan d'une conspiration imaginaire contre le monarque espagnol; l'insurrection populaire que, d'accord avec Pombal, il sut exciter à Madrid, pour aigrir encore davantage les ressentiments d'un prince, dont le caractère opiniâtre et impétueux étoit propre à embrasser tous les partis extrêmes auxquels ils vouloient le pousser; l'expulsion des Jésuites de toutes les contrées de l'Espagne, sans en excepter le Paraguay qu'ils avoient civilisé, décidée par le roi dans un conseil mystérieux où furent admis seulement trois de ses plus affidés ministres; l'exécution violente et singulière de cette décision, opérée le même jour, à la même heure, dans toutes les parties du monde; et ces victimes, que l'on disoit possédées de l'esprit d'indépendance et de révolte, étonnant leurs persécuteurs par leur patience et leur résignation; les Jésuites, chassés immédiatement après, du royaume de Naples et du duché de Parme (1), sur une simple invitation de

---

(1) Vers ce temps-là (en 1768), le roi de France s'empara d'Avignon et du Comtat, pour venger ce même duc de Parme d'un bref

Charles III, à son fils et à son frère; Clément XIII recueillant ces pieux exilés que l'on avoit jetés sur les côtes de ses États, et leur faisant partager l'asile qu'il avoit déjà accordé à leurs frères du Portugal; les inutiles efforts de ce saint pape pour ramener à des sentiments plus justes et plus modérés, un monarque dominé par ses terreurs, par ses préventions, et à qui les machinateurs de ce complot avoient eu l'art de persuader qu'il ne pouvoit, sans danger, laisser échapper un secret, dont la découverte les eût perdus (1); ce même Charles III, plongé, par ces terreurs toujours croissantes, dans une sorte d'égarement, et poursuivant les Jésuites dans l'Europe entière après les avoir chassés de ses États; entraînant d'abord le roi de Portugal, plus difficilement Louis XV, mais enfin, à l'aide de Choiseul, le déterminant à s'unir aussi à lui pour demander au pape la suppression de l'ordre, son existence seule étant encore un sujet d'alarmes pour ses implacables ennemis; la résistance inflexible de Clément XIII, et sa mort,

---

d'excommunication que le pape, poussé à bout par les entreprises audacieuses et sacriléges de ce prince sur les droits de l'Église, s'étoit vu forcé de lancer contre lui. Il ne semble pas cependant que ce fût pour se liguer contre le père commun des fidèles, que les Bourbons eussent signé le *Pacte de Famille*.

(1) Voyez les *Mém. de l'abbé Georgel*, t. 1, p. 123.

sur laquelle s'élevèrent d'affreux soupçons (1); les intrigues qui précédèrent le conclave où le cardinal de Bernis, envoyé par Choiseul, continua d'intriguer pour faire élire un pape tel qu'il étoit nécessaire qu'il fût pour l'accomplissement du dessein arrêté par les trois couronnes; Ganganelli élu, et les soupçons qui se répandirent alors, soupçons qui ne sont point encore détruits, d'un marché simoniaque, dont cette suppression des Jésuites devoit être le prix (2); ses indécisions, ses terreurs, ses tergi-

---

(1) Cette mort, ardemment désirée par ceux qui soupiroient après la ruine des Jésuites, ne parut pas naturelle. Les dernières paroles de Clément XIII prouvent qu'il en jugeoit ainsi lui-même. » Je pardonne ma mort, dit-il à ceux qui ne m'ont jamais pardonné » mon attachement pour un ordre, que j'ai toujours regardé comme » un des plus forts boulevarts de l'Église. » (*Mém. de l'abbé Georgel*, t. 1, p. 132.)

(2) Sur ce marché conclu par le cardinal Ganganelli avec les ministres des trois couronnes, l'abbé Georgel donne des détails curieux, circonstanciés, mais qui n'ont pas un caractère suffisant d'authenticité. Cependant il paroît certain que pour arracher un consentement qu'il s'efforçoit encore de refuser, l'ambassadeur d'Espage à Rome, Florida Blanca, le menaça de faire imprimer certaines lettres et certaines promesses; et que sur cette menace, il ne résista plus.

Telles étoient toutefois les angoisses auxquelles il étoit livré, qu'il n'osa exécuter cette destruction de la société de Jésus par une bulle solennelle. Il pensa qu'un simple bref le compromettroit moins; et ne pouvant même prendre sur lui de faire la rédaction de ce bref, ce fut un général d'ordre, celui des *Piaristes*, qu'il en

versations (1) lorsqu'il fut sommé d'exécuter son engagement; les circonstances honteuses et singulières qui accompagnèrent cet acte arraché à sa foiblesse et à sa lâcheté; la vie de ce pontife

---

chargea. Il fallut encore de nouveaux cris et de nouvelles menaces de la part des ambassadeurs-philosophes dont il étoit sans cesse obsédé, pour le déterminer à y mettre sa signature. Enfin il le signa (*); mais ce qui est remarquable, c'est que ce bref ne fut ni publié ni affiché dans les endroits destinés, à Rome, à la publication des lois, ni au Champ de Flore ni aux portes de Saint-Pierre; il ne fut pas non plus enregistré à la chancellerie, publication et enregistrement nécessaires cependant, même aux bulles, pour leur donner force de loi. Il sembloit que ce pape infortuné cherchât ainsi à invalider, autant qu'il étoit en lui, l'acte injuste et honteux que la peur lui avoit arraché.

(1) Nous avons recueilli une lettre curieuse et très rare, que Clément XIV écrivit à Louis XV, en 1769; elle peut donner matière à bien des réflexions.

« Je m'attends que les ambassadeurs de la maison de Bourbon
» vont faire les plus vives instances..... Il est donc à propos que
» je prévienne Votre Majesté sur ces objets, et que je lui déclare
» mes sentiments. 1° J'ai envoyé au duc de Parme les dispenses
» de mariage qu'il m'a demandées. Je suspends, à son égard, tous
» les effets du bref dont il se plaint (**) et des bulles qui y sont
» relatives, et je lui donne cordialement ma bénédiction apos-
» tolique.

» 2° Pour ce qui regarde les Jésuites, je ne puis ni blâmer ni
» anéantir un institut loué par dix-neuf de mes prédécesseurs,
» et le puis d'autant moins qu'il a été confirmé par le saint concile
» de Trente, et que, *selon vos maximes françoises*, le concile général
» est au dessus du pape. Si l'on veut, j'assemblerai un concile

---

(*) Le 21 juillet 1773.
(**) Le bref d'excommunication publié contre lui par Clément XIII, et dont nous venons de parler.

devenue, depuis ce moment, une suite continuelle d'inquiétudes, de remords, et se terminant par une mort effrayante et prématurée (1); sa rétractation trop tardive de la faute qu'il avoit commise, rétractation qu'il fit peu de temps avant de mourir, et dont l'authenticité est incontestable (2); enfin les Jésuites, repoussés et comme exterminés de tous les États catholi-

---

» général, où tout sera discuté avec justice et équité, à charge et
» à décharge, dans lequel les Jésuites seront entendus pour se
» défendre; car je dois aux Jésuites, comme à tout ordre religieux,
» justice et protection. D'ailleurs, la Pologne, le roi de Sardaigne
» et le roi de Prusse même, m'ont écrit en leur faveur; ainsi je ne
» puis, par leur destruction, contenter quelques princes qu'au
» mécontentement des autres.

» 3º Je ne suis point propriétaire, mais administrateur des do-
» maines du Saint-Siége. Je ne puis céder ni vendre le comtat
» d'Avignon, ni le duché de Bénévent; tout ce que je ferois à cet
» égard seroit nul, et mes successeurs pourroient réclamer comme
» d'abus.

» Au reste, je céderai à la force, et ne repousserai pas par la
» force, quand je le pourrois : je ne veux pas répandre une goutte
» de sang pour des intérêts. Vous êtes, Sire, fils aîné de l'Église;
» je connois la droiture de votre cœur. Je travaillerai volontiers,
» seul à seul, avec Votre Majesté, tous les intérêts que nous avons
» à démêler. Je prie, tous les jours, pour votre prospérité, et je
» vous donne cordialement ma bénédiction apostolique. »

Cette lettre a été publiée dans un bulletin du 1er novembre 1769.

(1) Voyez les *Mém. de l'abbé Georgel*, t. 1, p. 158.

(2) Cette rétractation est datée du 29 juin 1774, jour de la fête de Saint-Pierre. Elle est écrite en latin, et se trouve rapportée en entier dans une histoire des Jésuites, écrite en allemand par Pierre-

ques (1), trouvant, par une circonstance qui n'est pas la moins frappante et la moins extraordinaire de cette grande catastrophe, un refuge assuré chez des princes hérétiques et schismatiques, comme si ceux-ci eussent reçu mission de conserver ces restes précieux de la milice

---

Philippe Wolff, imprimée à Zurick, en 1791 ; troisième partie, page 296 et suivantes. (Voyez les *Mémoires de l'abbé Georgel*, t. 1, p. 159.)

Voilà un pape qui se rétracte : que devient donc l'infaillibilité du Saint-Siége, s'écrieront peut-être quelques esprits superficiels? Cette infaillibilité est dans la foi et non dans un fait personnel, à l'occasion duquel un pape, en sa qualité d'homme, peut se tromper et faillir tout comme un autre homme, et même autant que le plus foible des hommes. En détruisant les Jésuites, Clément XIV a-t-il sacrifié la doctrine du concile de Trente et la foi de tous les conciles, soutenues et défendues par cette société? a-t-il approuvé celles des Jansénistes et des Quesnélistes leurs ennemis? Pour s'être fait le complice de leurs passions et de leur animosité, s'est-il fait en même temps le docteur de leur hérésie et de leurs impiétés? Toute la question de l'infaillibilité est là dedans.

(1) Marie-Thérèse ne se prêta qu'avec la plus grande répugnance à l'exécution du bref de destruction des Jésuites ; et pour l'y déterminer, il fallut que Clément XIV lui fît un cas de conscience de sa résistance au chef visible de l'Église. « L'Allemagne, la Pologne, le Piémont, Venise, Gênes, la Suisse, y procédèrent avec des ménagements, qui annonçoient l'estime et la considération qu'on y conservoit pour cette société. Dans tous ces Etats, les individus supprimés reçurent des pensions alimentaires ; les évêques continuèrent de les employer dans le ministère ; et plusieurs Jésuites, sous l'habit de prêtres séculiers, furent réservés pour l'enseignement et l'éducation de la jeunesse. » (*Mém. de l'abbé Georgel*, t. 1, p. 156.)

chrétienne, la plus redoutable au schisme et à l'hérésie (1). Nous passons donc légèrement sur cette suite d'événements qui se prolongèrent jusqu'à l'année 1774, où ils eurent leur dernier accomplissement. Ce qui se passa en France doit seul nous occuper. L'exemple de l'Espagne n'y fut pas perdu pour le parlement : ces nouveaux crimes dont les Jésuites étoient accusés leur fournirent un prétexte d'importuner le roi de nouveaux cris, d'accabler leurs victimes de nouvelles accusations, d'obtenir enfin qu'un nouvel arrêt de bannissement qu'ils prononcèrent ne fût point révoqué par un nouvel édit. Il fut rendu en 1767; et les Jésuites, à l'exception d'un très petit nombre, qui s'étoient parjurés, disparurent entièrement du sol de la France.

Alors se fit sentir, dans toutes les parties du saint ministère, la plaie qu'avoit faite à la France la destruction de cet ordre religieux. La prédication évangélique perdit en eux ses organes les plus éloquents; et les moyens mercenaires que l'on crut devoir employer pour exciter, en ce genre, quelque émulation, ne servirent qu'à

---

(1) Le roi de Prusse et l'impératrice de Russie. Frédéric leur laissa leurs maisons et leurs biens en Silésie; Catherine II, malgré toutes les sollicitations des souverains de la maison de Bourbon, s'obstina à les conserver dans la Russie Blanche, où ils avoient des établissements.

prouver que le zèle et le désintéressement font seuls les orateurs sacrés. On vit, dès lors, languir les missions nationales par lesquelles se renouveloit en quelque sorte la face des diocèses et des paroisses, se réparoient les scandales, se ranimoit la ferveur religieuse, et dont les Jésuites étoient les principaux et les plus habiles ouvriers. Le vide fut plus affligeant encore dans les missions étrangères : elles tombèrent presque entièrement ; la société de Jésus, qui les avoit si admirablement organisées, ayant seule, dans ses institutions, les moyens de les maintenir florissantes et d'en développer complétement les progrès, au milieu de tant d'obstacles dont elles sont environnées. Mais c'est surtout dans l'éducation de la jeunesse que cette plaie fut sensible ; c'est là qu'elle devint irrémédiable. A ces écoles, où les semences des doctrines et des sentiments religieux pénétroient de toutes parts l'intelligence des élèves, en même temps qu'elle se fortifioit de ces études profanes dans lesquelles les Jésuites encore n'avoient point de rivaux, succédèrent des colléges, que nous peindrons d'un seul trait, en disant que d'Alembert fut chargé d'y fournir le plus grand nombre des professeurs. Alors venoit de naître la génération qui a fait la révolution de 1789 ; et c'est là qu'elle a été élevée.

Ce fut immédiatement après la destruction

des Jésuites en France, et seulement après (ceci mérite d'être remarqué) que l'impiété rompit toutes ses digues, déchira ses derniers voiles, et attaqua, non plus obliquement comme elle l'avoit fait jusqu'alors, mais en face, Dieu et le christianisme; c'est alors que parut, dans tout son éclat, le sophiste Jean-Jacques Rousseau, le plus éloquent sans doute et peut-être le plus dangereux de tous ces professeurs d'incrédulité, par cela même qu'il couvroit d'un vernis de *religiosité* ses attaques contre la religion, et calmoit jusqu'à un certain point la conscience en corrompant l'esprit et en justifiant les passions; aussi l'enthousiasme qu'il fit naître alla-t-il jusqu'au fanatisme. Alors Voltaire commença à entrer dans ces fureurs impies, qui firent de son affreuse vieillesse comme une longue possession; et le projet de détruire le christianisme fut publiquement avoué, et, autant qu'il étoit en lui, publiquement exécuté par ce patriarche des modernes philosophes (1). Alors parurent l'*Émile*, la *Nouvelle Héloïse*, le *Dictionnaire philosophique*, les *Lettres de la Montagne*, le *Sermon des cinquante*, le *Testament de Jean Meslier*, la *Profession de foi du vicaire savoyard*, la

---

(1) Ce fut alors que toutes ses missives à ses disciples et à ses frères, se terminèrent par cette formule, qu'aucune expression ne sauroit qualifier, dans aucune langue : *écrasons l'infâme*.

Philosophie de l'Histoire, et tant d'autres écrits où ces deux hommes, dont le talent étoit alors hors de pair, endoctrinoient une génération depuis si long-temps préparée à recevoir leurs funestes leçons; ce fut à cette même époque que la correspondance de Ferney prit une plus grande activité, et multiplia, dans toutes les parties de la France, ses dangereuses relations. Ministres, gens de cour, magistrats, ne craignirent plus d'avouer leurs liaisons de doctrine et d'intérêts avec la secte philosophique; et, le croira-t-on, les livres qu'elle produisoit, dénoncés encore au parlement, et, par la plus absurde des contradictions, quelquefois condamnés, circuloient librement sous la protection du magistrat, qui étoit alors directeur de la librairie (1). Plus d'une fois encore le clergé poussa des cris d'effroi et fit entendre des gémissements qui retentirent jusqu'au pied du trône; et les actes de son assemblée de 1765, dans lesquels sa prévoyance signala tous les maux dont tant de licences inouïes menaçoient la société, et établit, d'une main ferme, les droits de l'autorité spirituelle, que l'on envahissoit de

---

(1) M. de Malesherbes; c'étoit un des protecteurs et des admirateurs les plus déclarés de J.-J. Rousseau. Il a depuis expié, par un acte sublime de dévouement, les graves erreurs de sa carrière administrative; et sa mort demande grâce pour sa vie.

toutes parts, sont au nombre des monuments les plus remarquables que ces assemblées solennelles aient produits. Le corps épiscopal entier, à l'exception de quatre évêques, toutes les facultés de théologie, une foule innombrable de curés et autres ecclésiastiques y adhérèrent : le parlement proscrivit ces actes; l'assemblée protesta contre les violences et les usurpations continuelles du tribunal séculier, et la cour cassa les actes du parlement. Mais (et cette circonstance est surtout digne d'attention) cette cour, qu'importunoit un parlement factieux, s'alarma de la liberté généreuse avec laquelle le clergé venoit de défendre l'indépendance de l'Église; et la bulle *Apostolicum* de Clément XIII (1), dans laquelle cette indépendance de l'autorité spirituelle étoit fortement exprimée, ayant été publiée à cette même époque,

---

(1) Cette bulle, donnée en 1765, fut le dernier effort de ce vénérable et courageux pontife en faveur de la compagnie de Jésus. Ses sollicitations auprès de Louis XV n'ayant pu arrêter la catastrophe qu'il redoutoit, il pensa qu'un acte aussi solennel qu'une bulle du Saint-Siége feroit peut-être plus d'effet : celle-ci confirma de nouveau l'Institut, dont elle louoit la sainteté et l'utilité. Clément XIII ne la publia toutefois qu'après avoir écrit à tous les évêques pour leur demander leur avis. On assure que presque tous, dans leurs réponses, se prononcèrent pour la conservation de l'ordre. (*Mém. pour servir à l'Histoire ecclésiastique du dix-huitième siècle,* année 1765.)

un arrêt du conseil, en date du 24 mai 1766, rappela les dispositions de l'édit de 1682, non seulement tombé en désuétude, mais formellement révoqué par la lettre de Louis XIV à Innocent XII (1), et lui rendit le caractère de loi du royaume, qu'il avoit depuis si long-temps perdu. Ainsi reparurent les quatre articles que, de nos jours, quelques membres du clergé, heureusement peu nombreux, et dont le nombre va toujours décroissant, ont encore le courage de défendre, et que promulguoit alors un ministère philosophe, disputant le servage de l'Église à un parlement janséniste (2).

Ce n'étoit pas contre de semblables édits que ce parlement faisoit des remontrances : il se hâta de montrer combien il approuvoit celui-ci, en rendant un arrêt pour faire exécuter une nou-

---

(1.) *Voyez* la première partie de ce volume, p. 131.

(2) Certes, l'Eglise de France, que nous voyons, pendant tout le cours de ce malheureux siècle, presque uniquement occupée de défendre les droits de la puissance *spirituelle*, sans cesse attaqués et si souvent envahis par l'autre puissance, étoit loin de désirer le rétablissement de cette déclaration fatale, à peu près tombée dans l'oubli depuis près d'un demi-siècle, et dont l'effet devoit être de légitimer tant de violences et d'usurpations. On peut même dire que ces combats qu'elle n'avoit cessé de soutenir contre les parlements, et ces représentations solennelles qu'elle avoit tant de fois adressées au souverain, étoient comme une continuelle protestation contre ce que l'on appeloit si dérisoirement les *libertés gallicanes*.

velle loi de silence (1) que le ministère avoit publiée, en même temps qu'il rétablissoit les quatre articles, ce qui les mettoit sans contredit hors de toute discussion; et sans perdre un moment il fit payer au clergé séculier cette espèce de trève qu'il lui avoit accordée, alors que les jésuites occupoient tout son temps, en recommençant ses procédures sur les refus de sacrements, remettant en vigueur les poursuites, les décrets de prise de corps, les bannissements; ordonnant à des évêques, convoqués à Paris par les agents du clergé, d'en sortir dans trois jours, comme il auroit pu le faire à des malfaiteurs; bravant les arrêts du conseil qui essayoit

---

(1) On a sans doute remarqué ces lois de *silence* qui se renouvellent si souvent, et qui semblent être la dernière ressource du pouvoir, au milieu de ces déplorables débats. Le despotisme n'en sait pas davantage : c'est aux intelligences qu'il en veut, parce qu'il n'y a que le mouvement des intelligences qui le contrarie dans sa marche stupide et orgueilleuse. Dans l'Orient, où tant de causes arrêtent le développement de la raison humaine, il peut régner paisiblement sur des populations abruties et stationnaires dans leur abrutissement : sa folie est de vouloir s'établir au milieu des nations chrétiennes, et même lorsqu'elles abusent le plus de la lumière du christianisme. C'est la région des intelligences : là il est donné au pouvoir, lorsqu'il est intelligent lui-même, de les diriger : les arrêter en une entreprise au dessus de ses forces; et c'est pour n'avoir pas compris cette grande vérité, pour ne pas la comprendre encore, que tout pouvoir chancelle ou périt au sein de la chrétienté.

vainement de modérer ses excès, et qui commençoit à s'en effrayer.

Cependant le torrent des mauvais livres alloit toujours croissant : il débordoit jusque dans les campagnes, attaquant à la fois tous les pouvoirs et toutes les vérités; les brochures de Voltaire, où s'exhaloit, sous les formes les plus cyniques, une fureur d'impiété poussée jusqu'à la rage, se succédoient avec une rapidité prodigieuse, et la police ne sembloit veiller sur lui que pour lui assurer l'impunité (1). Sa considération, son influence s'augmentoient par l'effet même des poisons qu'il répandoit dans la société; ses protecteurs et ses admirateurs étoient partout (2). A leur tête s'étoit placé ce même Frédéric, dont la cour n'avoit cessé d'être le refuge assuré de tous les écrivains impies que la France rejetoit de son sein, qu'il faut considérer lui-même comme le plus coupable et le plus dangereux de tous, parce qu'il étoit roi, qu'il avoit une

---

(1) Toutes ses lettres étoient ouvertes par un sieur Marin, censeur et secrétaire général de la librairie. Il s'en effraya d'abord, et se rassura bientôt, n'ayant point tardé à acquérir la conviction qu'on n'avoit aucun projet hostile contre lui.

(2) Tant qu'elle vécut, Madame de Pompadour le protégea, et, après elle, le duc de Choiseul. Il étoit recherché, on pourroit même dire courtisé, par beaucoup de grands seigneurs; et l'on sait quel étoit le concours de personnages de toutes conditions, qui alloient visiter, dans sa retraite, le seigneur de Ferney.

grande renommée, et qu'ainsi les exemples et les leçons qu'il donnoit, venant de plus haut, avoient plus d'autorité. La coterie, plus détestable encore, du baron d'Holbach (1) s'étoit organisée, et le *Système de la nature* avoit paru, c'est-à-dire un livre où, plus conséquents que tous les libres-penseurs qui les avoient précédés, ceux-ci déclaroient ouvertement la guerre à Dieu, aux prêtres, aux rois, rejetant tout ordre et toute société, livre qui effraya l'autre clique des philosophes (2), et que Voltaire attaqua avec ces foibles armes qui sont à l'usage des déistes contre les athées, et qu'il est si facile à ceux-ci de briser entre leurs mains (3). D'Holbach et son principal auxi-

---

(1) Diderot, Helvétius, Turgot, Naigeon, Grimm, Saint-Lambert, Thomas, Saurin, etc., en étoient les principaux membres; elle comptoit encore un grand nombre d'affiliés étrangers, et entre autres, Hume, Gagliani, le marquis de Caraccioli, le comte de Creutz, le baron de Gleichen, Galli, etc.; Rousseau, d'Alembert et Buffon y avoient été attirés d'abord, et ne tardèrent point à s'en retirer.

(2) Celle-ci se partageoit encore en plusieurs coteries qui, toutes, avoient certaines nuances d'opinions. Les plus célèbres étoient celle de mademoiselle Lespinasse, dans laquelle dominoit d'Alembert; celle de madame Necker, où se réunissoit surtout le troupeau philosophique, à la suite de Voltaire; et la société de Mme Doublet. On étoit plutôt parlementaire et janséniste, dans celle-ci, que philosophe; mais, dit Grimm, on n'*y étoit pas chrétien*, ce qui étoit la première condition de toutes les réunions de ce genre.

(3) Lorsqu'on a secoué le joug salutaire de la révélation, s'ar-

liaire, Diderot, triomphèrent donc, et sans beaucoup d'efforts, de leurs *consciencieux* adversaires, et la nouvelle école de philosophie qu'ils avoient formée, plus positive et plus entreprenante, répandit encore plus de doctrines séditieuses et anarchiques, eut des succès plus décisifs, et un plus grand nombre de sectateurs. Épouvanté de ces ravages que faisoient en France les mauvais livres, Clément XIV en condamna plusieurs par des décrets; l'assemblée du clergé de 1770 renouvela ses avertissements et les accompagna de prédictions sinistres sur ce fléau, le plus grand de tous ceux dont la France étoit désolée; le parlement lui-même, inconséquent jusqu'à la fin, osa condamner de nouveau ces funestes productions, les accusant de saper à la fois le trône et l'autel (1).

C'étoit de sa part folie ou dérision. Il avoit

---

rêter dans le déisme est une absurdité : c'est ce que n'a jamais fait un esprit doué d'une véritable vigueur. Il va droit aux dernières conséquences de l'incrédulité, qui sont l'athéisme et le scepticisme, où il trouve une sorte de repos dans la mort de son intelligence; ou bien il retrograde jusqu'à la foi, qui en est la vie et la véritable paix. Voltaire, Rousseau, et leurs disciples, qui se débattoient dans ce milieu des opinions philosophiques, étoient, sans contredit, les plus foibles de tous ces insensés raisonneurs.

(1) Ce double projet des philosophes fut mis à découvert dans un réquisitoire de l'avocat-général Séguier.

depuis long-temps fait ses preuves contre l'autel : l'année suivante combla la mesure de ses outrages contre le trône. Des troubles s'étoient élevés en Bretagne, où l'administration inepte et arbitraire du duc d'Aiguillon, gouverneur de cette province, avoit fait naître une opposition séditieuse dans la noblesse et dans la magistrature : c'étoit une occasion offerte au parlement de Paris de sanctionner ce principe d'unité et d'indivisibilité de tous les parlements de France, qu'il avoit lui-même établi et qu'il lui importoit de maintenir. Il prit donc fait et cause pour le parlement de Rennes, fit, au sujet du duc d'Aiguillon, des remontrances, et prit à son égard des arrêts qui passoient tout ce qu'il avoit fait jusqu'alors de plus violent et de plus séditieux (1), secrètement soutenu et encouragé en cette circonstance par le duc de Choiseul, qui, jusqu'alors, s'étoit si heureusement servi de ses résistances pour intimider et gouverner son maître ; poussa la témérité jusqu'à braver ouver-

---

(1) Voltaire lui-même en fut choqué au dernier point. « Il m'a toujours paru absurde, dit-il dans une lettre à M. de Florian (25 février 1771), de vouloir inculper un pair du royaume, quand le roi, dans son conseil, a déclaré que ce pair n'a rien fait que par ses ordres et a très bien servi. C'est, au fond, vouloir faire le procès au roi lui-même ; c'est, de plus, se déclarer juge et partie : c'est manquer, ce me semble, à tous les devoirs. »

tement le roi, qui, dans un lit de justice, avoit apporté lui-même à cette compagnie des ordres dont le ton plus ferme auroit dû cependant lui faire soupçonner que quelque chose d'extraordinaire se tramoit contre elle, si une si longue impunité ne l'eût plongée dans le dernier aveuglement (1). Pour sévir contre une magistrature séditieuse qui, depuis tant d'années, le fatiguoit et l'irritoit, Louis XV n'avoit besoin que d'être dirigé et soutenu par une volonté plus ferme que la sienne : le chancelier Maupeou apporta cette volonté dans son conseil. Il arriva que le duc de Choiseul fut disgracié dans ce même temps, pour n'avoir pas su apprécier les justes bornes de sa faveur, et s'être fait un point d'honneur ridicule d'insulter la nouvelle maîtresse du roi (2), après avoir si long-temps rampé devant

---

(1) Ce lit de justice fut tenu le 7 septembre 1770. Le roi y défendoit au parlement de se servir des termes d'*unité*, d'*indivisibilité* et de *classes*, d'envoyer, aux tribunaux des provinces, d'autres mémoires que ceux qui auroient été spécifiés par les ordonnances, de cesser le service, sinon dans les cas prévus par les mêmes ordonnances, de donner des démissions en corps, et de rendre des arrêts pour retarder l'enregistrement.

(2) C'étoit sans doute le dernier degré d'avilissement où pouvoit tomber Louis XV, que d'être joué par les agents de ses débauches, au point de recevoir pour favorite, et comme une conquête qui n'étoit pas à dédaigner même pour un roi, une malheureuse créature, tirée des plus infâmes repaires de la prostitution; mais il n'en est pas moins curieux de voir son premier ministre, faire le déli-

l'autre : alors il fut décidé qu'on auroit raison du parlement, ou qu'il seroit brisé. Il aima mieux rompre que plier, refusa d'obéir, cessa le service et résista aux lettres de jussion. Le chancelier, non moins opiniâtre et plus entreprenant, lui prouva que l'autorité royale, au milieu de toutes ses foiblesses, pouvoit être encore plus forte que lui : tous les membres du parlement furent exilés; la grand'chambre à qui, dans son exil, on avoit encore conservé son caractère et ses fonctions de cour de justice, persistant dans sa révolte, le dernier coup fut frappé, et, dans un lit de justice, tenu à Versailles avec une solennité extraordinaire, le roi cassa le parlement. Tout avoit été préparé par le chancelier pour qu'il fût, à l'instant même, remplacé par une autre cour de justice; et la rapidité d'exécution que l'on mit dans ces mesures bien concertées, en assura l'exécution.

Ce succès sembloit aussi grand qu'inespéré : on étoit ivre de joie à Versailles; on y portoit aux nues ce chancelier « qui, disoient hautement les courtisans, avoit retiré le sceptre du greffe

---

cat avec la comtesse Du Barry, ayant été si long-temps le valet de la marquise de Pompadour : l'une valoit au moins l'autre; et même s'il falloit désigner la moins méprisable des deux, la prostituée auroit notre voix.

du parlement, pour le remettre entre les mains du monarque. » Insensés qui s'arrêtoient à la superficie du mal, parce qu'ils étoient incapables d'en sonder la profondeur! Tandis qu'ils se réjouissoient ainsi de la victoire que venoit de remporter le ministérialisme, le ministre disgracié triomphoit dans sa retraite, où il s'étoit rendu avec un appareil insultant pour son maître, où bientôt se donnèrent rendez-vous tous les mécontents; et la révolte, si long-temps concentrée dans le parlement, éclata partout. On n'avoit point encore vu autant d'exaspération dans les esprits, de violence dans les murmures, de licence dans les discours et dans les écrits; il ne s'étoit point encore élevé tant de clameurs contre le pouvoir, il n'avoit point encore été en butte à tant d'injures et de sarcasmes. Il s'éleva, de la France entière, un cri en faveur des parlements : nobles et plébéiens, quoique leurs intérêts fussent si différents, sembloient animés de la même fureur; on se soumettoit en frémissant, et ainsi se manifestoit, de toutes parts, cette opposition anarchique que le parlement avoit créée et fomentée, et qui alloit être, avant peu, livrée à d'autres chefs dont il n'étoit, depuis près d'un demi-siècle, que l'aveugle instrument. Un écrivain, à qui cette époque de délire a fait un nom, l'abbé de Mably, publia, au milieu de l'effervescence nationale, un livre dans lequel il traçoit le plan d'une révolution, et ce plan est précisément celui qui, depuis, a été exécuté; mais le moment n'étoit pas encore venu. Telle étoit alors la puissance des libellistes, que, ne se sentant pas assez forte pour les atteindre et les punir, la cour, plus d'une fois, composa avec eux; et pour quelques-uns qu'elle avoit achetés, en fit naître mille autres qui espéroient se vendre, ou qui étoient sûrs de pouvoir la braver impunément (1). On vit ce même Malesherbes, que nous ne nommons encore qu'à regret, et qui, sans doute, n'étoit pas un ennemi du trône, adresser à son souverain, sur l'exil du parlement, des remontrances que Voltaire lui-même jugea *trop dures*, et lui parler de la convocation des états-généraux, « comme d'une mesure réclamée par la justice et la nécessité; » tant étoit grand l'esprit de vertige dont tous, et même les plus fidèles, étoient alors possédés.

Cependant, ce même pouvoir qui s'étoit ranimé un moment pour abattre l'opposition parlementaire, quel profit tiroit-il de ce qu'il avoit fait? Il se rioit en quelque sorte de cette oppo-

---

(1) C'est alors que parurent les *Nouvelles à la main*, libelles qui circuloient aussi librement que les feuilles périodiques autorisées; et où l'on déversoit la haine et le mépris sur le roi, sur les ministres, sur la nouvelle magistrature. Il y eut même des placards régicides affichés dans les places publiques de Paris.

sition plus terrible qui le débordoit de toutes parts, et la dédaignoit parce qu'elle se présentoit à lui, sans dessein arrêté et sans point de ralliement. Ce chancelier tant vanté, quelle suite donnoit-il à un grand dessein si vigoureusement exécuté? Il faisoit du cabinet d'une prostituée, le rendez-vous du travail avec le roi; et c'étoit là, qu'entouré des personnages ineptes et corrompus (1) qui formèrent le dernier ministère de ce déplorable règne, il travailloit avec eux à isoler encore davantage le pouvoir, à accroître, s'il étoit possible, ce mélange prodigieux d'impuissance et de despotisme dont il étoit composé. Comme si le parlement lui eût légué sa haine contre les Jésuites, ce ministère redoubloit alors d'instances auprès de Clément XIV, pour qu'il prononçât enfin la sentence fatale de leur suppression; et continuoit, sous l'influence du parti philosophique, d'exécuter le plan, conçu quelques années auparavant, d'une extinction graduelle des ordres religieux (2), qui formoient, avec le Saint-Siége, comme un dernier lien qu'il

---

(1) Le duc d'Aiguillon, l'abbé Terray, etc.
(2) Cette conspiration contre les ordres monastiques avoit pris naissance, en 1766, au sein d'une commission d'évêques et de magistrats, créée, au contraire, pour les revivifier, en ramenant un grand nombre d'entre eux, du relâchement où ils étoient tombés à la pureté de la règle primitive. L'archevêque de Toulouse, Brienne, qui joua depuis un rôle si honteux et si funeste dans le

falloit briser, afin de n'avoir plus en France qu'un clergé séculier, tout entier sous le joug des *libertés gallicanes*. Un système fiscal, le plus machiavélique qu'on eût jusqu'alors imaginé, creusoit, dans les finances, de nouveaux abîmes où se préparoient, sinon les causes premières de la révolution, du moins celles qui devoient la faire éclater; enfin la politique extérieure de la France, subordonnée aux petites vues et aux petits intérêts de ses agents diplomatiques, achevoit de perdre ce qui lui restoit d'influence et de dignité; et le partage de la Pologne, le dernier des brigandages européens qu'ait produit ce système d'équilibre ou plutôt de massacres et de spoliations, que l'on nomme la paix de Westphalie, put se faire impunément sous ses yeux, sans qu'elle y mit le moindre obstacle, sans que ce funeste ministère eût même la pensée d'y intervenir. Tels étoient les hommes qui avoient renversé le parlement : telles furent leurs œuvres ; telles étoient les idées qu'ils s'étoient faites du pouvoir. Ils avoient, comme tant d'autres, la prétention de s'y perpétuer : la mort subite et imprévue de Louis XV renversa leurs projets (1).

---

ministère de Louis XVI, étoit membre de cette commission ; et ce fut lui qui fit prévaloir, dans cette commission, le système d'extinction graduelle.

(1) Louis XV mourut le 10 mai 1774, dans de grands sentiments de piété et de repentir.

A cette mort se termineront nos récits : le tableau du règne de Louis XVI et de la révolution, époque la plus remarquable des annales du monde, depuis la venue de celui qui en a renouvelé la face, n'est point entré dans le plan que nous nous sommes tracé, et qu'autant qu'il est en nous, nous avons rempli, de montrer comment la monarchie françoise s'est formée, fortifiée, agrandie; et par quelles causes, d'abord presque insensibles, ensuite et par dégrés plus actives, puis vers la fin, palpables pour ainsi dire, elle a commencé à décliner, pour se précipiter, après quatorze siècles d'existence, et tomber de cette chute épouvantable, dont il reste encore tant de victimes et tant de témoins. Sous un monarque jeune et sans expérience, doué de beaucoup de vertus, mais de ces vertus privées, qui, dans des circonstances difficiles, ne suffisent pas pour bien jouer le rôle de roi, la philosophie, pénétrant déjà de toutes parts le corps social, continua tranquillement son œuvre si avancée; et, chose aussi horrible qu'étrange, tandis qu'achevant de corrompre le pouvoir et de lui apprendre à ne chercher qu'en lui-même son droit et sa règle, elle l'affermissoit de jour en jour davantage dans les théories de son absurde et intolérable despotisme, ses doctrines, à la fois égoïstes et licencieuses, poussoient, en sens contraire, la multitude qu'elle avoit pervertie, et l'enivroient, de jour en jour davantage, de révolte et d'anarchie. Au reste, la conspiration contre l'autorité spirituelle étoit devenue européenne : elle avoit à sa tête un empereur, que l'on peut compter au nombre des hommes les plus dépourvus de sens qui aient jamais porté le sceptre (1), et à un tel point qu'il sut rendre ridicule en lui un fanatisme anti-religieux qui, dans tout autre, n'eût été que révoltant. Tandis qu'il désoloit, comme à plaisir, l'Église, dans ses vastes états, par des innovations extravagantes et des usurpations sacriléges; sous son influence active et puissante, le conciliabule de Pistoie introduisoit les maximes gallicanes jusqu'aux portes de Rome; et le ministérialisme, non moins puissant à Naples qu'en Toscane, entroit, à son tour, dans les voies qu'il avoit ouvertes. Or, il est remarquable qu'en Allemagne comme en Italie, et de même qu'en France, c'étoient surtout les ordres monastiques dont on poursuivoit la destruction avec le plus d'acharnement, comme si l'on eût voulu faire du pape un roi sans armée, pour ensuite le renverser plus facilement de son trône. Cependant, tandis qu'elle portoit ainsi la sape jusques dans les fondements de la religion du Christ, l'incrédu-

---

(1) Joseph II.

lité se faisoit à elle-même une religion dans l'*illuminisme*; et attirant ainsi à ses doctrines ce qu'il y avoit de plus corrompu, depuis les classes les plus élevées de la société jusqu'aux plus obscures, cachoit d'horribles projets sous d'exécrables mystères; et dans ses divers degrés d'initiation, traçoit à ses adeptes, suivant qu'ils les pouvoient supporter, leurs règles de conduite et leurs articles de foi. Enfin, les temps marqués, où les hommes devoient chercher à résoudre le problême de la société SANS DIEU, étant arrivés, et Dieu s'étant retiré pour les laisser faire, le parlement de Paris (car la France avoit été marquée par la Providence, pour être le principal théâtre de ce prodigieux événement), honorablement rappelé de son exil, afin qu'il trouvât dans ce dernier triomphe son dernier châtiment, essaya vainement de se replacer à la tête d'une opposition qui ne le connoissoit plus, et, devenue trop forte, pendant son absence, pour consentir à rentrer dans le cercle de ses prétentions gothiques, et de ses traditions à la fois séditieuses et monarchiques. Ce fut, au contraire, cette opposition qui fit du parlement l'instrument aveugle de ses vastes desseins. Ce fut au moyen des mutineries nouvelles de ces gens de robe, si puissamment aidées du désordre des finances et de l'ineptie tracassière des ministres, qu'elle obtint les ÉTATS-GÉNÉRAUX, et avec eux le centre d'action dont elle avoit besoin. Alors, puissamment favorisée par le perfectionnement extraordinaire qu'avoit acquis, à Paris et dans les provinces, la partie *matérielle* de la société, la RÉVOLUTION commença.

QUARTIER

SAINT-GERMAIN-DES-PRÉS.

Sous le règne de Louis XIII, ce quartier ne s'étendoit guère au-delà de la rue du Bac, et même la partie de cette rue, située devant l'église de Saint-Thomas-d'Aquin (l'ancien couvent des Jacobins réformés) n'avoit point encore été élevée. La cour de France, devenue, sous Louis XIV, plus nombreuse et plus brillante qu'elle n'avoit jamais été, sembla choisir de préférence le vaste terrain que lui offroit cette extrémité de Paris, pour y bâtir ces demeures magnifiques, qui en ont fait, en moins d'un siècle, la partie la plus considérable et la plus belle de cette capitale; et l'on ne cessa pas d'y construire de nouveaux édifices, de l'embellir de nouveaux monuments, sous Louis XV et sous Louis XVI, jusqu'au moment de la révolution (1).

---

(1) *Voyez* pl. 189 et 190.

L'HOTEL DES MONNOIES.

La fabrication des monnoies, ainsi que l'emploi des matières d'or et d'argent, sont d'une telle importance, que, de tous temps, les souverains ont eu des officiers particuliers, chargés de veiller sur toutes les opérations qui pouvoient y avoir rapport. Les Romains avoient des *triumvirs monétaires* qui, sous Constantin, furent remplacés par un intendant des finances, ayant aussi l'intendance des monnoies, et la juridiction suprême sur tout ce qui tenoit à leur fabrication. Nous trouvons que nos rois de la première race suivirent, de tous points, cette forme d'administration, telle qu'elle étoit pratiquée dans les Gaules, lorsqu'ils les envahirent, avec cette différence seulement que, pour l'activité du service, ils remplacèrent l'intendant par plusieurs officiers, nommés d'abord *généraux des monnoies*, ensuite *maîtres des monnoies, magistri monetæ*. Sous ces grands officiers, étoient des maîtres particuliers qui dirigeoient les chambres des monnoies, établies dans les principales villes. Sous le règne de Charlemagne, on battoit monnoie dans plusieurs villes de son vaste empire (1); et au temps de Charles-le-Chauve, la France seule comptoit déjà neuf hôtels des Monnoies, y compris celui du Palais. (2)

Le nombre des généraux ou maîtres des monnoies a beaucoup varié. Il n'y en eut d'abord que trois, et alors ils furent unis et incorporés aux maîtres des comptes et aux trésoriers des finances, qui n'étoient également que trois, dans chacune de ces deux juridictions; et ces neuf officiers furent placés dans le palais à Paris, au lieu qu'occupe encore aujourd'hui la chambre des comptes. Les généraux des monnoies avoient, dans cette enceinte, une chambre particulière, dans laquelle ils s'assembloient, pour ce qui concernoit le fait de leur juridiction.

Ces trois corps ayant été augmentés sous Charles V, cette circonstance amena leur séparation, qui fut faite vers 1358. Alors la chambre des monnoies fut placée au-dessus du bureau de la chambre des comptes; et ce tribunal y tint ses séances jusqu'en 1686, qu'il fut transféré au pavillon neuf du palais, du côté de la place Dauphine, où, depuis cette époque jusqu'à celle de la révolution, il a toujours été établi.

---

(1) *Car. Calv. Cap.*, tit. 36, c. 12.
(2) *Cap. Lud. Pii.*, an. 23, c. 18.

Les généraux des monnoies étoient alors au nombre de huit; ils furent ensuite successivement maintenus ainsi, ou diminués par les successeurs de Charles V jusqu'à François Ier, qui porta jusqu'à onze le nombre de ces officiers, un président et dix conseillers (1).

Au mois de janvier 1551, la chambre des monnoies fut érigée en cour et juridiction souveraine et supérieure, comme étoient les cours du parlement, pour juger par arrêt, et en dernier resort, toutes matières tant civiles que criminelles, dont les généraux avoient auparavant connu ou dû connoître. Il y eut encore, à cette époque et depuis, plusieurs créations et suppressions dont le détail deviendroit fastidieux : il nous suffira de dire qu'en 1789, on comptoit, dans cette cour, un premier président, huit autres présidents, deux chevaliers d'honneur, trente-cinq conseillers, tous officiers de robe longue, deux avocats généraux, un procureur général et deux substituts, un greffier en chef, deux commis du

---

(1) Jusqu'au règne de ce prince, on trouve encore des seigneurs qui avoient le droit de battre monnoie : ce fut lui qui acheva de l'abolir entièrement. Ses prédécesseurs, depuis Philippe-le-Bel, n'avoient pas cessé de le restreindre ; mais lors même que ce droit étoit dans toute sa vigueur, le roi connoissoit seul, par ses officiers, des contestations qu'il faisoit naître ; et les officiers, que les seigneurs nommoient pour leurs monnoies, devoient être agréés par le souverain, et reçus par les généraux.

greffe, un receveur des amendes et épices, un huissier en chef, et seize huissiers, etc., etc.

Cette cour, suivant sa création, avoit le droit de connoître, en toute souveraineté, du travail des monnoies, des fautes, malversations et abus commis par les maîtres-gardes, tailleurs, essayeurs, monnoyeurs, ajusteurs, changeurs etc., et autres faisant des monnoies, circonstances ou dépendances d'icelles, ou travaillant et employant les matières d'or, d'argent, en ce qui concernoit leurs charges, métiers, etc. Elle connoissoit également par prévention, et en concurrence avec les baillis, sénéchaux et autres juges, des faux monnoyeurs, rogneurs, altérateurs des monnoies, et généralement de tous ceux qui transgressoient les ordonnances sur le fait des monnoies, tant françoises qu'étrangères (1).

La cour des monnoies jouissoit des droits de *committimus*, de franc-salé, et autres droits attachés aux cours souveraines. Elle avait rang, dans les cérémonies publiques, immédiatement après la cour des aides; ses présidents portoient

---

(1) On gardoit, dans cette cour, tous les poids originaux de France, sur lesquels ceux de toutes les villes du royaume devoient être étalonnés. Elle commettoit, tous les ans, un commissaire, chargé de faire marquer, en sa présence, tous les poids publics, au poinçon du roi.

la robe de velours noir; celle des conseillers étoit seulement de satin.

Nous venons de dire que, sous les premières races, on battoit monnoie dans le palais de nos rois: Sous la troisième, on ne sait pas précisément, quand et dans quel endroit, fut construit le premier bâtiment affecté à cet usage. On a vu que saint Louis avoit établi les religieux de Sainte-Croix de la Bretonnerie dans une maison où l'on avoit frappé la monnoie (1). Le nom de *Vieille Monnoie*, que porte une rue du quartier de Saint-Jacques de la Boucherie, semble annoncer qu'anciennement elle y avoit été placée. L'hôtel des Monnoies fut établi, pendant long-temps, dans la rue qui en porte encore le nom, et qui est située entre celle du Roule et la place des trois Maries; mais on ignore également dans quel temps il y fut transféré. Les anciens bâtimens, qui subsistoient encore vers la fin du siècle dernier, annonçoient le règne de saint Louis ou celui de Philippe-le-Hardi. Sous Henri II, le moulin de la monnoie étoit placé sur la rivière, presque vis-à-vis l'endroit où est aujourd'hui la rue de Harlai. On a aussi frappé des espèces dans la rue du Mouton, à l'hôtel de Nesle, et dans d'autres endroits. Louis XIII transporta la monnoie aux galeries du Louvre, dans les salles

---

(1) *Voyez* t. 2, 2e partie, p. 985.

où depuis fut établie celle des médailles ; et il y a grande apparence que l'intention de ce prince étoit de l'y fixer pour toujours, puisqu'il disposa du jardin de l'ancien hôtel en faveur d'un particulier (1). Cependant la monnoie fut de nouveau transférée dans ce local, lequel avoit son entrée principale dans la rue qui porte son nom, et une autre très étroite dans la rue Thibautodé ; elle y resta jusqu'à ce qu'on eût achevé le monument qui lui étoit destiné (2).

Ce fut le dépérissement sensible de ces vieilles constructions qui détermina M. de Laverdy, alors ministre des finances, à faire bâtir un nouvel hôtel des Monnoies. Il choisit, à cet effet, un emplacement d'un bel aspect, mais qui du reste n'étoit rien moins que favorable, dans sa disposition, à la construction d'un semblable monument, l'ancien hôtel de Conti. La première pierre de l'édifice fut posée en 1771, par M. l'abbé Terray, contrôleur général ; et le monument s'éleva sous la direction de M. Antoine, habile architecte, dont le ministre avoit adopté les dessins.

Destiné à contenir une foule d'objets d'une nature différente, tels qu'une école et un cabinet de minéralogie, une grande administration, de

---

(1) JAILLOT, *Quartier du Louvre*, p. 50.
(2) Alors l'ancien édifice fut démoli, et sur son emplacement, on perça les deux rues *Neuve-Boucher* et *Étienne*.

vastes ateliers, une forte manipulation de métaux, une immense réunion d'ouvriers, cet hôtel présentoit à l'architecte de nombreuses difficultés ; et il ne sembloit pas aisé de bien déterminer le genre de décoration propre à un semblable monument; car s'il ne devoit avoir ni l'aspect pompeux d'un arc de triomphe, ni l'élégance magnifique et recherchée d'un palais, destiné cependant à donner une grande idée de la richesse nationale, il ne pouvoit être traité dans le style sévère d'un simple monument d'utilité publique. L'architecte a résolu ce problème avec une habileté et un succès qui ne laissent rien à désirer.

Il sut profiter, avec beaucoup d'art, des deux faces que pouvoit offrir le monument, pour les accorder avec la nature des objets qu'il devoit renfermer, et combiner sa distribution intérieure avec l'effet extérieur de la décoration. Les ateliers furent rejetés sur la rue Guénégaud; les pièces d'apparat et l'entrée principale se développèrent sur le quai de Conti. Il décora cette dernière façade d'une ordonnance d'Architecture et de figures allégoriques, tandis qu'il adoptoit, pour les bâtiments secondaires, un style plus ferme, qui, pour être privé de la présence des ordres, n'en a pas moins le genre de beauté et le caractère qui lui sont propres. Il y joignit la précaution essentielle d'isoler des autres bâtiments celui où l'on frappe la monnoie, pour leur éviter l'ébranlement et la secousse des balanciers (1).

Cet édifice ne présente que deux faces d'un triangle, ayant chacune environ soixante toises. Il est divisé en trois grandes cours et plusieurs autres moins considérables, toutes entourées de bâtiments.

Le principal corps de logis, ayant face sur le quai, renferme un superbe vestibule, orné de vingt-quatre colonnes doriques, un bel escalier que décorent également seize colonnes ioniques, un immense et précieux cabinet de minéralogie, plusieurs cabinets de machines, des salles pour l'administration et de vastes logements.

Au fond de la grande cour, entourée de galeries, est la salle des balanciers; celle d'au-

---

(1) On a reproché à M. Antoine, et beaucoup de gens lui reprochent encore, d'avoir aligné le bâtiment principal avec l'un des pavillons du collége des Quatre-Nations, trop avancé sur le quai, et dont on annonce toujours la prochaine démolition; mais si l'on considère avec attention la forme et le peu d'étendue du terrain qu'occupe l'hôtel des Monnoies, on reconnoîtra qu'il offre une espèce de triangle très irrégulier; que pour donner à cet endroit du quai une largeur telle qu'on l'eût désirée, il eût fallu rentrer parallèlement ce bâtiment d'une grande partie de son épaisseur (car en ne le rentrant que du côté des Quatre-Nations, l'angle que forme le quai avec la rue Guénégaud devenoit encore plus aigu, et eût été insupportable dans la distribution comme dans l'élévation); enfin que l'un et l'autre eussent fait perdre une quantité considérable d'un terrain précieux sur cette face, et qu'il n'en seroit pas resté assez pour les besoins du monument. (LEGRAND.)

dessus est occupée par les ajusteurs. Elles ont chacune soixante-deux pieds de longueur sur trente-neuf de largeur; à côté est une chapelle dont on a fait depuis une pièce de travail. Le surplus des bâtiments se compose d'ateliers et autres dépendances.

La décoration de la façade principale présente un avant-corps de six colonnes ioniques, élevées sur un soubassement de cinq arcades, orné de refends; un grand entablement, avec consoles et modillons, couronne l'édifice dans toute sa longueur. L'avant-corps est surmonté d'un attique, au devant duquel sont six figures isolées. Ces figures exécutées par Pigale, Mouchy et Le Comte, représentent la Loi, la Prudence, la Force, le Commerce, l'Abondance et la Paix (1).

La seconde façade, sur la rue Guénégaud, offre un attique, sur un soubassement de même hauteur que celui de la première, et orné de bossages. Sur l'avant-corps, on a placé les figures des quatre éléments, exécutées par Caffieri et Dupré. L'extrémité du grand bâtiment forme pavillon à l'un des bouts de cette façade. On en a construit un pareil à l'autre bout, mais uniquement pour la régularité de la décoration.

La cour principale a cent dix pieds de profondeur sur quatre-vingt-douze de largeur;

---

(1) *Voyez* pl. 191.

elle est entourée d'une galerie. La salle des balanciers s'annonce par un péristyle de quatre colonnes doriques; quatre colonnes toscanes en supportent la voûte intérieure : dans le fond est la statue de la Fortune, par Mouchy. Sur les arcades et portes carrées dont est alternativement percée la construction circulaire qui termine cette cour, sont placés les bustes de Henri IV, Louis XIII, Louis XIV, et Louis XV (1).

Le cabinet de minéralogie, qui occupe le pavillon du milieu au premier étage, est décoré de vingt colonnes corinthiennes d'un grand module, qui soutiennent une tribune régnant au pourtour dans la hauteur du deuxième étage; il est orné de bas-reliefs et d'arabesques. Les corniches, les chambranles des portes et des croisées, sont enrichis d'ornements sculptés et dorés, mais distribués avec goût et sans confusion. Un lambris circulaire renferme des banquettes pour les personnes qui assistent au cours de minéralogie, et sert de fond aux armoires établies sur sa face extérieure, pour renfermer la collection des minéraux. Personne n'ignore que cette collection précieuse est la plus complète qui existe en Europe.

La pièce qui la contient et que nous venons de décrire est d'un style très noble; mais

---

(1) *Voyez* pl. 192.

elle pèche peut-être par un excès de richesse. Ces dorures, cette variété de couleurs dont elle est parée, lui donnent plutôt l'air d'une salle de concert ou de bal, que d'un lieu destiné à l'étude. Telle qu'elle est cependant, il n'en est aucune du même genre qu'on puisse lui comparer.

Les cours de l'école royale des mines, indépendants des cours publics qui se tenoient trois fois la semaine, avoient lieu tous les jours dans cette salle. Le public pouvoit y assister; mais on n'étoit admis au nombre des élèves qu'après avoir subi des examens. (1)

~~~~~~~~~~~~~~~~~~~~~~~~~~~~~~~~

LE COLLÉGE MAZARIN,

DIT DES QUATRE-NATIONS.

On sait que le cardinal Mazarin, n'ayant pu exécuter lui-même le projet qu'il avoit formé d'établir un collége en faveur d'un certain nombre de jeunes gentilshommes ou principaux bourgeois des pays nouvellement conquis, ordonna, par son testament du 6 mars 1661, que, sous le bon plaisir du roi, il seroit fondé un collége,

---

(1) L'hôtel des Monnoies n'a point changé de destination.

sous le nom et titre de *Mazarin*, pour soixante gentilshommes ou bourgeois de Pignerol et de son territoire, de l'État ecclésiastique, d'Alsace et pays d'Allemagne, de Flandre et de Roussillon (1). Dans le même acte, ce ministre inséra les statuts qu'il avoit fait dresser pour ce collége et académie, et légua, pour assurer le succès de sa fondation, deux millions en argent, 45,000 liv. de rente sur l'hôtel de ville et sa bibliothèque, suppliant en outre S. M. de vouloir bien unir à tous ces dons, et à perpétuité, le revenu de l'abbaye de Saint-Michel en l'Herm, dont il étoit titulaire. Toutes ces dispositions furent exactement remplies par MM. de Lamoignon, Fouquet, Le Tellier, Zongo-Ondedei, évêque de Fréjus, et Colbert, ses exécuteurs testamentaires. Comme un établissement aussi magnifiquement conçu demandoit un très vaste terrain et de nombreux bâtiments, ils jettèrent d'abord les yeux sur le palais d'Orléans dit le *Luxembourg*; mais le prix considérable qu'il auroit coûté, et les changements dispendieux qu'il auroit fallu y faire, les forcèrent d'y renoncer; et ils se déterminèrent à acheter ce qui restoit encore de l'hôtel et du séjour de Nesle. Ils y joignirent quelques maisons voisines, et

---

(1) C'est ce qui a fait donner, à cette fondation, le nom de collége des *Quatre-Nations*.

obtinrent, au mois de juin 1665, des lettres-patentes, enregistrées le 14 août, par lesquelles Sa Majesté confirmant cette fondation, vouloit qu'elle fût considérée comme fondation royale.

Le monument, commencé sur les dessins de Leyau, premier architecte du roi, fut exécuté par deux autres architectes, Lambert et d'Orbay. On démolit à cet effet, en 1662, la tour de Nesle, reste des anciens hôtels dont nous venons de parler; et sur ce vaste emplacement, s'élevèrent assez rapidement, et les immenses constructions qui forment le corps de cet édifice, et cette façade, unique dans son genre à Paris, qui se compose d'un avant-corps, surmonté d'un dôme et de deux ailes en demi-cercle, que terminent deux gros pavillons; mélange singulier de parties incohérentes, de lignes ressautées, de pilastres alliés avec des colonnes et de toutes les combinaisons systématiques de l'ancienne architecture françoise, mais dont la masse présente cependant une décoration d'un effet imposant, et tel qu'on pouvait le désirer pour accompagner heureusement la façade latérale du Louvre, située en regard, sur la rive opposée de la Seine (1).

On a reproché aux deux pavillons du collége des Quatre-Nations d'intercepter le passage et

---

(1) *Voyez* pl. 193.

même la vue du quai dans toute son étendue; et, depuis long-temps, l'opinion générale semble demander leur démolition. Le quai y gagneroit sans doute; mais il faudroit renoncer à l'heureux effet que produisent les masses combinées du dôme et de ces pavillons, disposition pittoresque et théâtrale que l'on trouve si rarement à Paris, où la plupart des monuments, ensevelis au milieu d'une foule de constructions étrangères, ne se présentent presque jamais, dans tout leur développement, et sous un point de vue agréable. Il est certain que, ces deux parties du bâtiment étant détruites, le dôme, isolé dans une trop vaste étendue, ne paroîtroit plus qu'un point maigre et de l'aspect le plus mesquin.

L'avant-corps, décoré de colonnes et de pilastres corinthiens et surmonté d'un fronton triangulaire, sert d'entrée à l'intérieur du dôme, autrefois la chapelle du collége, et dédiée sous le nom de *Saint-Louis*; cet intérieur a cela de singulier, qu'il est de forme elliptique, tandis que le dôme extérieur est circulaire, moyen ingénieux employé par l'architecte pour placer dans l'épaisseur des murs quatre escaliers à vis par lesquels on monte à quatre tribunes, et sur le comble de l'édifice. Autour de cette courbe ovale s'élevoient quatre grandes arcades séparées par des pilastres corinthiens, dont l'une servoit d'entrée et les trois autres de chapelles. La coupole, qui paroît un peu élevée pour son petit diamètre, offroit, dans toutes ses parties, un grand luxe de peinture et de sculpture ; le dôme, décoré extérieurement de pilastres, est garni de bandes de plomb doré qui répondent symétriquement à ces pilastres, et se terminent au campanille placé sur son sommet (1).

CURIOSITÉS DE LA CHAPELLE.

TABLEAUX.

Sur le maître-autel, une Nativité ; par *Alexandre Véronèse*.

SCULPTURES.

Au dessus de la corniche du maître-autel, un bas-relief représentant saint Louis qui reçoit la couronne d'épines des mains du patriarche de Jérusalem ; par *Bocciardi*.

Dans les pendentifs de la coupole, les quatre évangélistes en bas-relief ; par le même.

Dans les angles des arcs, huit figures de femmes offrant les emblêmes des huit Béatitudes ; exécutées en bas-reliefs par *Desjardins*.

Entre les pilastres de l'ordre supérieur, les douze apôtres en médaillons ; par le même.

Sur la balustrade qui règne extérieurement au dessus du portail, les quatre évangélistes et les pères des églises grecque et latine ; par le même.

Dans le fronton, un cadran accompagné des deux figures allégoriques de la Science et de la Vigilance.

Le pavé et toutes les décorations de l'autel, exécutés en marbre, présentoient une grande manificence.

---

(1) *Voyez* pl. 194.

SÉPULTURE.

Dans cette chapelle avoit été inhumé le cardinal Mazarin, fondateur du collége. Son mausolée, de la main de *Coyzevox*, étoit placé dans une chapelle à droite du sanctuaire (1).

Les bâtiments de ce collége sont immenses et se prolongent le long de la rue Mazarine, divisés eu trois cours. Toutes ces constructions, celles de la première cour exceptées, n'ont absolument aucun mérite sous le rapport de l'architecture. Cette première cour présente, de chaque côté, un portique en arcades, orné de pilastres corinthiens ; l'un mène à la bibliothèque qui occupe le pavillon de la gauche, et la plus grande partie de cette face latérale ; l'autre sert d'entrée à la chapelle.

La seconde cour, l'une des plus vastes de Paris, n'a de bâtiments que de deux côtés seulement. Au rez de chaussée étoient les classes, et au premier étage les appartements des maîtres

---

(1) Le cardinal, revêtu des marques de sa dignité, est représenté à genoux sur un coussin, une main sur son cœur, l'autre étendue ; derrière lui, un génie soutient un faisceau d'armes. Au dessus, deux figures qui accompagnent ses armoiries offrent chacune une double allégorie : d'un côté, la Charité et la Foi ; de l'autre, la Religion et la Vigilance. Sur la base du monument sont assises trois figures en bronze, qui, par leurs attributs divers, indiquent la France et la Fidélité, l'Abondance et la Paix, la Prudence et l'art de gouverner. Ce monument, dont l'ensemble n'est pas à la vérité sans magnificence, mais que toutes les descriptions présentent comme un chef-d'œuvre, nous semble d'un style maigre, dépourvu de vérité d'imitation dans les figures, de noblesse et d'élégance dans les draperies. La statue seule du cardinal est traitée avec plus de soin ; la tête peut même passer pour belle. (Déposé, pendant la révolution, aux Petits-Augustins.)

et les dortoirs des boursiers. La troisième, qui est la plus petite, renfermoit les cuisines, les offices, etc. (1).

BIBLIOTHÈQUE.

Cette bibliothèque, l'une des plus belles et des plus nombreuses de Paris, se compose des débris de cette fameuse bibliothèque du cardinal Mazarin, dont le parlement ordonna en 1652 la confiscation et la vente. Elle avoit été formée par Gabriel Naudé, le plus habile bibliographe de son temps; ce fut encore lui que le cardinal chargea, après la fin des troubles, d'en créer une autre en rassemblant ce qu'il pourroit retrouver de l'ancienne, ce qu'il fit avec tant de succès, qu'elle fut rétablie presque en son entier. On y joignit ensuite la bibliothèque de M. Descordès, chanoine de Limoges; après sa mort, celle de Naudé lui-même; et successivement l'on y ajouta tous les bons livres, tant manuscrits qu'imprimés, que l'on put recueillir dans toutes les parties de l'Europe. A la mort du cardinal, elle contenoit vingt-sept mille volumes et un grand nombre de manuscrits, qui furent transportés alors dans la bibliothèque du roi. Vers le milieu du dernier siècle, le nombre des

---

(1) Le collége des Quatre-Nations, connu aujourd'hui sous le nom de *Palais des Sciences et des Arts,* est consacré aux travaux et aux séances des quatre Académies, réunies sous celui d'*Institut.*

livres, presque doublé, s'élevoit à plus de quarante-cinq mille. A cette époque (en 1740) les dimensions de cette bibliothèque furent changées, sur-tout par l'élévation des plafonds, de manière à contenir vingt mille volumes de plus qu'elle n'en renfermoit. Elle a reçu, depuis la révolution, des accroissements considérables, par les nombreux dépôts de livres qui y ont été annexés.

C'est la bibliothèque de Paris la plus riche en livres de médecine et en matériaux pour l'histoire d'Allemagne. Elle est enrichie de globes de *Coronelli*, et de bustes en bronze et en marbre, dont quelques-uns sont antiques.

LES AUGUSTINS RÉFORMÉS,

DITS LES PETITS-AUGUSTINS.

Nous avons fait connoître avec beaucoup de détails l'origine des Augustins, l'époque de leur établissement à Paris (1), la réforme opérée dans leur ordre, la fondation faite dans cette capi-

---

(1) *Voyez* t. 3, 2e part., p. 600.

tale, par la reine Marguerite de Valois, d'un couvent de ces Augustins réformés, et le caprice singulier qui la détermina à révoquer la donation qu'elle avoit stipulée en leur faveur et à leur substituer d'autres religieux du même ordre, tirés de la province de Bourges (1). Quoique le procédé de cette princesse eût toutes les apparences de l'injustice, ce changement n'en fut pas moins approuvé par un bref de Paul V, du 14 août 1613, et confirmé par des lettres-patentes de la même année. L'évêque de Paris et l'abbé de Saint-Germain y donnèrent aussi leur consentement (2).

Deux ans après, la reine Marguerite mourut sans avoir pu exécuter les promesses qu'elle avoit faites; et les nouveaux habitants de ce monastère eussent tiré peu d'avantage de son bienfait, si quelques personnes pieuses ne fussent venues à leur secours, et par leurs libéralités n'eussent contribué à soutenir leur établissement naissant. La fondatrice y avoit fait bâtir une chapelle assez jolie, richement décorée (3), mais beaucoup

---

(1) *Voyez* t. 2, 1ʳᵉ part., p. 217.

(2) MALINGRE, *Antiquités de Paris*, p. 369 et suiv.

(3) Ce petit monument fit alors une très grande sensation à Paris : c'étoit la première voûte en forme de coupole qu'on y eût élevée, et l'on se porta en foule pour voir un genre de construction dont on ne se faisoit pas même une idée.

trop petite : ces religieux se trouvèrent bientôt des ressources suffisantes pour faire construire une plus grande église, dont la reine Anne d'Autriche posa la première pierre le 15 mai 1617. Cet édifice, qui n'avoit rien de remarquable dans son architecture, fut achevé en 1619 et dédié sous l'invocation de *saint Nicolas de Tolentin* (1).

Nous avons dit que le terrain accordé aux Augustins par la fondatrice consistoit en une place qui avoit précédemment appartenu aux Frères de la Charité, et en six arpents du petit pré aux clercs que cette princesse avoit pris à cens et à rente de l'Université (2). Ces pères avoient trouvé le moyen de tirer un parti avantageux de cette partie de leur territoire en le rétrocédant, par portions, à des particuliers, à la charge d'y bâtir, et de leur payer certaines redevances annuelles; c'est ainsi que se formèrent les rues Jacob et des Saints-Pères. Mais les maisons qui les composoient n'étoient pas encore entièrement bâties, que l'Université résolut de rentrer dans ses droits, et se pourvut à cet effet contre le contrat passé entre elle et la reine Marguerite. Le parlement fit droit à sa demande, et donna en 1622 un arrêt pour la faire rentrer dans cette propriété; ce qui priva les Augustins du fruit de

---

(1) *Voyez* pl. 211.
(2) *Voyez* t. 2, 1re part., p. 218.

leurs travaux et de la plus belle partie de leurs revenus.

CURIOSITÉS DE L'ÉGLISE.

TABLEAUX.

Dans le cloître, une suite de tableaux à fresque exécutés par des peintres médiocres et peu connus. Les deux principaux représentoient :

La reine Marguerite donnant à un moine Augustin le contrat de fondation qu'elle avoit passé en faveur de son couvent.

La conversion de saint Augustin : ce tableau, placé à l'entrée du cloître, étoit d'un peintre nommé *de Dieu*.

Le frère François *Gourdes*, religieux de ce couvent, avoit peint le paysage de tous les autres tableaux qui ornoient ce cloître; d'autres peintres les avoient achevés.

SCULPTURES.

Sur le maître-autel, décoré d'un ordre corinthien en menuiserie, un groupe en terre cuite très estimé, représentant un agonisant, accompagné de saint Nicolas de Tolentin, et soutenu par un ange qui lui montroit le ciel; par *Biardeau*.

Aux deux côtés du même autel, les statues de sainte Claire et de sainte Monique; par le même.

Sur le devant de l'autel, un grand bas-relief en métal doré, représentant le baptême de saint Augustin; par *Gaillard*.

SÉPULTURES.

Dans cette église avoient été inhumés :

Dans la chapelle de la reine Marguerite, le cœur de cette princesse; on y lisoit son épitaphe, composée par M. Servin, avocat-général au parlement de Paris.

François Porbus, peintre célèbre, mort en 1622.

René de l'Age, seigneur de Puylaurent, sous-gouverneur de Gaston de France, etc.

Antoine de l'Age, duc de Puylaurent, son fils, mort au château de Vincennes en 1635.

Renée de Kergounadech, femme du marquis de Rosmadec, morte

en 1643. (Son tombeau, placé dans la nef du côté de l'évangile, étoit entouré d'une petite grille de fer.)

Le cœur de Sébastien de Rosmadec, marquis de Molac, etc., mort en 1699.

Nicolas Mignard, peintre, frère de Pierre Mignard, mort en 1668.

Jean Pontas, prêtre, sous-pénitencier de l'église de Paris, l'un des bienfaiteurs de ce couvent, mort en 1728.

Dans la chapelle Saint-Claude, à côté du grand autel, étoit la sépulture de la famille Le Boulanger, l'une des plus illustres de la magistrature.

Dans le cloître, on voyoit la tombe de Mathieu Isoré d'Airvaut, évêque de Tours, mort en 1716.

La bibliothèque de ces pères, riche de dix-huit à vingt-mille volumes, contenoit plusieurs livres rares et quelques manuscrits curieux; ils avoient, en médailles, une collection complète de tous les souverains pontifes.

La réforme qu'ils suivoient avoit été introduite en France par les pères Étienne Rabache et Roger Girard, le 30 août 1594. Elle prit le nom de *Réforme de Bourges*, parce que la maison de cette ville, de la province de Saint-Guillaume, l'avoit acceptée la première; et quoique le chapitre général, tenu en 1693, lui eût donné celui de *province de Paris*, elle étoit plus généralement connue sous le premier nom. Cette réforme, adoptée par trente-un couvents, consistoit particulièrement dans un détachement absolu de toute propriété, et dans la renonciation aux grades qu'on prenoit dans les Universités; ce qui n'a pas empêché cet ordre de produire un grand nombre de personnages recommandables par leurs talents et par leur érudition (1), parmi lesquels il faut distinguer le P. André Le Boulanger, prédicateur célèbre avant que les modèles de la prédication eussent paru; le P. Charles Moreau, qui a donné de Tertullien une édition estimée; les PP. Chesneau et Lubin, tous les deux grands théologiens, et le second habile géographe; le P. Ange Le Proust, instituteur de la congrégation des Filles de Saint-Thomas-de-Villeneuve, et bon prédicateur; les PP. Théophile Loir, Jacques Hommey, distingués par leur érudition; et surtout le P. Pierre de Bretagne, considéré, dans son ordre, comme un des génies les plus heureux qu'il ait produits. Son mérite l'ayant fait appeler à la cour de Bavière, il ne profita des faveurs dont il y fut comblé que pour le bien de son couvent, qui le comptoit, avec raison, au nombre de ses bienfaiteurs.

---

(1) L'église, la maison et le jardin des Petits-Augustins, qui ont subi de grands changements dans leur intérieur, servoient, pendant la révolution, de dépôt à tous les tombeaux qu'on avoit enlevés des églises, et généralement à tous les monuments de la sculpture françoise qu'on avoit pu soustraire au vandalisme révolutionnaire.

LES FRÈRES DE LA CHARITÉ.

Une maison de la ville de Grenade, louée, en 1540, par Jean de Dieu, pour y retirer et soigner les pauvres malades, devint le berceau d'une congrégation qui, dès son origine, s'est répandue dans une grande partie de l'Europe. Le charitable instituteur, que sa vertu sublime a fait mettre au nombre des saints, étoit pauvre et d'une naissance commune; mais la Providence, à laquelle il remit le succès de sa généreuse entreprise, ne l'abandonna point, et lui envoya de pieux associés qui se trouvèrent heureux de partager ses fonctions. Ainsi se forma une petite communauté, qui n'eut d'abord d'autre règle à suivre que l'exemple de son digne chef. Il mourut le 8 mars 1550; et sa congrégation ne fut approuvée par le saint siége et mise sous la règle de Saint Augustin qu'en 1572. Ayant bientôt formé des établissements en Italie, les Frères de la Charité se trouvèrent sous l'autorité immédiate du pape Sixte V, qui leur permit, en 1586, de dresser des constitutions, et de tenir un chapitre général. Leur ordre reçut en même temps le titre de congrégation de *Jean de Dieu*; et Paul V l'érigea en ordre religieux l'an 1609. Aux trois vœux ordinaires, ils ajoutèrent celui d'exercer l'hospitalité, en vertu d'un bref du même pape de l'année 1617.

Marie de Médicis n'amena point des Frères de la Charité en France, comme l'a prétendu le P. Helyot; mais un an après son mariage, en 1601, elle en fit venir quelques-uns de Florence, et les établit, en 1602, au lieu qu'occupèrent depuis les Petits-Augustins. Ils obtinrent presque aussitôt des lettres-patentes du roi, le consentement de l'archevêque de Paris, etc.

Marguerite de Valois, ayant désiré avoir, pour sa fondation, le terrain qu'occupoient ces religieux, en traita avec eux en 1606, et les fit transférer dans une autre maison accompagnée d'un grand jardin, et située rue des Saints-Pères, près de la chapelle Saint-Pierre. Cette chapelle, dont nous allons bientôt parler, appartenoit alors à la paroisse Saint-Sulpice; et les Frères de la Charité, qui obtinrent alors la permission d'y célébrer l'office divin, n'en acquirent l'entière propriété qu'en 1659. Toutefois, à cette dernière époque, l'ancienne chapelle n'existoit plus depuis long-temps : dès 1613, elle avoit été démolie, et l'on avoit commencé aussitôt à en bâtir une plus grande sur le propre terrain de ces religieux. La reine Marguerite en posa la première pierre dans cette même année 1613; mais elle ne fut dédiée sous l'invocation de *saint Jean-Baptiste* qu'en 1621 ; et l'on y mit enfin la dernière main en 1733, en y faisant construire un portail d'assez bon goût, qui fut élevé sur les dessins de de Cotte, architecte. En 1738, ces religieux acquirent une portion de terrain aliénée peu de temps auparavant par l'abbaye Saint-Germain, et sur cet emplacement firent bâtir des salles plus vastes pour y recevoir un plus grand nombre de malades. M. Antoine, architecte de l'hôtel des monnoies, donna le dessin et dirigea la construction d'une de ces salles, disposa la cour sur un nouveau plan, et décora l'entrée de l'hospice d'un petit porche à colonnes sans bases, d'un très bon style (1).

---

(1) *Voy.* pl. 211. Cet architecte, recommandable principalement par le soin qu'il apportoit à l'exécution de ses ouvrages, voulut faire dans ce portail un essai de l'ordre dorique grec, et donner une légère idée de ces propylées célèbres, qu'alors les professeurs d'architecture commençoient à faire connoître dans les leçons académiques. Toutefois, en risquant une semblable nouveauté, M. Antoine crut qu'il étoit prudent de la modifier un peu, pour s'accommoder au goût françois, peut-être aussi pour y apporter quelque perfectionnement ; mais l'événement prouva qu'on ne touche point impunément aux chefs-d'œuvre de l'antiquité. En altérant les proportions générales et particulières de cet ordre, il lui ôta son nerf, son originalité. Cette représentation des propylées parut assez fidèle à ceux qui ne les connoissoient que superficiellement, et par

CURIOSITÉS DE L'HOSPICE DE LA CHARITÉ.

TABLEAUX.

Dans la nef de l'église qui étoit propre et régulière, le martyre de saint Pierre et celui de saint Paul; par *Cazes*.

Saint Jean prêchant dans le désert; par *Verdot*.

La Résurrection du Lazare; pas *Galoche*.

La Multiplication des pains; par *Hallé*.

Notre Seigneur guérissant les malades; par *d'Ulin*.

La belle-mère de saint Pierre guérie de la fièvre; par le même.

Dans le cœur, un Christ; par *Benoît*.

Dans la chapelle à droite, une Annonciation et une Visitation; par *Verdot*.

Dans la chapelle à gauche, l'apothéose de saint Jean de Dieu; par *Jouvenet*.

Sur les deux côtés, Abraham visité par les anges, et le Samaritain; par *Restout*.

Dans la chapelle de la grande salle, saint Louis pansant un malade; par *Tételin*.

Notre Seigneur chez le Pharisien, et les noces de Cana; par *Restout*.

---

les dessins qui en furent donnés dans le temps; mais ceux qui avoient étudié l'ouvrage alors très peu connu de Stuart, regrettèrent qu'on eût ainsi tronqué les proportions de l'original, en élevant le fronton, en retranchant sur l'architrave, en négligeant plusieurs détails dans les profils : les chapiteaux, trop saillants, n'ont point le caractère de l'antique; les triglyphes sont trop longs; en un mot, ce seroit prendre une très fausse idée de la sévérité, de la grâce et de l'harmonie de l'ordre des propylées, que de le juger sur ce petit monument.

Du reste, la disposition est la même à peu près pour les marches, dont une partie servant de base aux colonnes, forme en dehors un petit soubassement; et l'autre se trouve en arrière sous le porche, dans une demi-teinte favorable à l'effet de l'ensemble. (LEGRAND.)

Dans la salle Saint-Michel, la Charité; par *Le Brun*.

Dans les autres salles, plusieurs tableaux de *La Hire*, *Le Brun*, de *Sève*, etc.

SCULPTURES.

Dans une des chapelles de l'église, une statue en marbre de la Vierge; par *Le Pautre*.

SÉPULTURES.

Dans la même chapelle avoit été inhumé Claude Bernard, dit le pauvre prêtre, mort, en 1641, en odeur de sainteté. Sa statue, en terre cuite, étoit d'un sculpteur nommé *Benoît*.

Cet hospice, au moment de la révolution, pouvoit contenir environ deux cent trente malades, qui y étoient traités avec un soin, un zèle et une charité qu'on ne pouvoit trop admirer. Les religieux de la Charité possédoient une pharmacie, un jardin botanique et un cabinet d'histoire naturelle (1).

LES ENFANTS TEIGNEUX.

Presque tous nos historiens ont confondu cet établissement avec les Petites-Maisons, parce-qu'effectivement la ville avoit destiné, dans ce dernier établissement, des salles pour recevoir

---

(1) Au pied d'une butte qui s'élevoit auprès de la rue Saint-Guillaume, étoit, en 1534, le cimetière des lépreux. Il subsistoit encore à la fin du siècle dernier, et servoit de sépulture à ceux qui mouroient à la Charité.

les personnes affligées de la teigne. Dans la crainte que cette maladie ne se communiquât, on les plaça bientôt dans des bâtimens séparés; enfin, pour éloigner jusqu'à l'ombre du danger, on fit construire, rue de la Chaise, un nouvel hospice réservé uniquement pour les teigneux, avec une chapelle, qui fut bénite sous l'invocation de *sainte Reine*. Sauval donne à cet établissement la date de 1655 : il faut qu'il soit antérieur à cette époque, puisqu'on le trouve sur le plan de Gomboust, publié en 1652 (1).

L'ABBAYE ROYALE
DE SAINT-GERMAIN-DES-PRÉS.

Tous nos historiens (2) s'accordent à dire que cette abbaye, l'une des plus anciennes et des plus illustres de France, fut fondée par Childe-

---

(1) L'hôpital de la Charité n'a point changé de destination; les Enfants teigneux sont maintenant réunis aux Petites-Maisons.

(2) MABILLON, *Ann. Bened.*, t. 1, liv. v, ch. 42. — BOUILLART, *Hist. de l'abbaye Saint-Germain*, p. 4 et 297. — *Gall. Chr.*, t. 7, p. 416.

bert Ier, fils de Clovis; mais ils varient entre eux de 543 à 556, sur la date de cette fondation. Jaillot, sans prétendre que la première de ces deux époques, présentée par Adrien de Valois (1), soit appuyée d'autorités incontestables, la considère cependant comme celle qui offre le plus de vraisemblance. Ce critique, même en regardant comme douteuse la tradition qui veut que Childebert, dans son expédition d'Espagne, ait obtenu des habitants de Saragosse, qu'il assiégeoit, la tunique de saint Vincent (2), et n'ait fait bâtir la basilique dont nous parlons que pour l'y déposer, paroît persuadé cependant que ce fut effectivement, à son retour de cette contrée, qu'il éleva ce monument, soit par une dévotion particulière à l'égard de ce saint, soit qu'il voulût placer honorablement quelques unes de ses reliques qu'il auroit pu se procurer à Valence, lieu de son martyre. Alors la date de 543 doit paroître la véritable; et du reste le même historien explique d'une manière assez satisfaisante la charte de Childebert, dont les expressions ont déterminé dom Mabillon et plusieurs autres sa-

---

(1) *Deff. de Basil.*, part. 1, ch. 4.
(2) *Quartier Saint-Germain-des-Prés*, p. 21. Plusieurs de nos historiens prétendent en effet que loin d'avoir rien obtenu des habitants de Saragosse, son armée fut battue devant cette ville, et forcée de se retirer.

vants à reculer de douze à treize ans ce grand événement (1).

Cette église fut dédiée sous l'invocation de *saint Vincent*, *de la sainte Croix* etc., par saint Germain, alors évêque de Paris, le jour même de la mort de Childebert, le 23 décembre 558. C'étoit seulement le 6 du même mois, que ce prince avoit donné sa charte de fondation de la nouvelle abbaye, portant donation du fief d'Issi avec ses appartenances et dépendances, du droit de pêche sur la rivière, depuis les ponts de Paris jusqu'au *ru* de Sèvre, d'un chemin de dix-huit pieds de large des deux côtés de la rivière, et d'une chapelle de Saint-Andéol, qu'on suppose avoir été remplacée depuis par l'église Saint-André-des-Arcs (2).

On sait que les monastères anciens les plus célèbres renfermoient ordinairement, dans leur enceinte ou dans leurs dépendances, plusieurs églises séparées, quelquefois même assez éloignées les unes des autres, et dont les plus petites n'avoient que le simple titre d'oratoire. Saint Germain, qui avoit eu tant de part à la fondation de l'abbaye de Saint-Vincent, fonda une chapelle de ce genre, au midi de l'église, sous

---

(1) *Quartier Saint-Germain-des-Prés*, p. 22.
(2) *Hist. de l'abbaye Saint-Germain*, preuves, p. 1; Du Breul, p. 296.

l'invocation de saint Symphorien; c'est là qu'il fut enterré, ainsi que son père Éleuthère et sa mère Eusébie. Vers le même temps, on construisit au nord, sous le nom de Saint-Pierre, l'oratoire dont nous avons déjà parlé, à l'article de Saint-Sulpice, ainsi que la chapelle Saint-Martin des Orges. Quant au monastère lui-même, il fut occupé d'abord par des religieux soumis à la règle de saint Basile, que le saint évêque fit venir d'Autun, et qu'il mit sous la conduite de Droctové, généralement regardé comme leur premier abbé (1); et telle fut l'affection qu'il porta à cette abbaye, sinon créée, du moins organisée par ses soins, qu'après l'avoir comblée de biens, il voulut encore se démettre, en sa faveur, des droits de son siége, et lui accorder l'exemption de la juridiction épiscopale, dans toute l'étendue du territoire d'Issi, que Childebert venoit de lui donner. Il est vrai que les chartes qui établissent cette exemption ont été vivement attaquées, dans le dix-septième siècle, par des savants du premier ordre; mais il est certain aussi qu'une possession non contestée de onze cents ans formoit un titre de prescription assez respectable; et que, malgré le droit commun et les décrets des conciles qui soumettoient les moines à l'autorité des évêques, il y a des exemples si éclatants d'exemp-

---

(1) *Vita S. Droct.*, lib. 2.

tions de ce genre, et de priviléges particuliers accordés à certains monastères, que la règle générale ne peut être nullement alléguée ici, comme une preuve vraiment péremptoire. Jaillot entre à ce sujet dans une longue discussion, dont le résultat est de prouver, par une foule d'actes solennels, cette *dépendance immédiate du saint siége*, toujours revendiquée avec succès par l'abbaye Saint-Germain, et qui confirme jusqu'à la dernière évidence, l'authenticité des chartes sur lesquelles elle étoit fondée (1).

Le saint évêque de Paris mourut, et bientôt la dévotion des peuples excitée par les miracles qui s'opéroient, dit-on, sur son tombeau, s'empressa de joindre son nom à celui du patron de cette abbaye. Dans une infinité d'actes des 7e et 8e siècles, elle est indistinctement appelée la basilique de *Saint-Germain*, de *Saint-Vincent;* de *Saint-Vincent et de Saint-Germain*. Cependant les fidèles accouroient de toutes parts dans la chapelle Saint-Symphorien, où reposoit le corps du bienheureux, et le concours en devint si prodigieux, que le roi Chilpéric forma le projet de faire bâtir une basilique nouvelle, uniquement pour recevoir les restes de ce saint évêque. Nous avons parlé, à l'article de Saint-Germain-l'Auxerrois, de ce projet qui resta sans exécution; et ce fut

---

(1) *Quartier Saint-Germain-des-Prés,* p. 24 et seq.

seulement en 754, que ces restes précieux furent transférés de la chapelle Saint-Symphorien dans la grande église, cérémonie qui se fit en présence de Pépin et de ses deux fils, Charles et Carloman. On plaça la tombe qui les contenoit dans le rond-point du sanctuaire.

Cette abbaye éprouva, à diverses reprises, toute la rage des Normands. Ils la pillèrent en 845 et 858, et y mirent le feu en 861. Elle fut réparée, huit ans après, par les soins de l'abbé Gozlin; mais, au rapport de Dubreul, ces barbares, revenus en 885 dans les environs de Paris, la détruisirent presque de fond en comble, et tellement, que, soit qu'on craignît de nouvelles incursions, soit que d'aussi grands malheurs eussent réduit ses religieux à l'indigence, l'église et le monastère ne furent entièrement rebâtis qu'en 990. Piganiol place cette construction en 1014; mais il ne fait pas attention que l'abbé Morard, qui en fut l'auteur ainsi qu'il le reconnoît lui-même (1), mourut le 1er avril de cette année, et qu'alors l'église étoit entièrement finie. Elle fut dédiée en 1163 par le pape Alexandre III; et ce souverain pontife déclara lui-même publi-

---

(1) L'épitaphe qu'on lisoit sur sa tombe portoit que l'église Saint-Germain avoit été brûlée trois fois par les Barbares; qu'il l'avoit fait rebâtir de fond en comble; qu'il avoit fait élever une tour dans laquelle il avoit mis des cloches, etc.

quement que cette église n'étoit soumise à aucun archevêque ou évêque, mais au Saint-Siége seulement (1); ce qu'il confirma quelques jours après, dans le concile qu'il tint à Tours.

Le relâchement s'étant introduit parmi les religieux de l'abbaye Saint-Germain, Guillaume Briconnet, évêque de Lodève, qui en étoit abbé au commencement du 16e siècle, résolut de rétablir l'ancienne discipline, et pour y parvenir, appela dans ce monastère environ trente religieux de celui de Chézal-Benoît. Cette réforme se soutint un siècle entier; mais commençant à décliner vers 1618, on fit venir, pour une réforme nouvelle, des religieux de la congrégation de Saint-Maur. Avec eux entrèrent, dans cette maison, la régularité, la piété, la pénitence, l'étude des saintes lettres; et alors commença cette suite d'esprits distingués et de savants illustres, qui ont donné un si grand éclat à cette célèbre abbaye.

Si l'on en croit les anciennes traditions, la première basilique, bâtie par Childebert, étonnoit par sa magnificence. Les colonnes qui en soutenoient la voûte étoient de marbre, l'or éclatoit de toutes parts sur les murs et sur les lambris, l'extérieur même étoit tout couvert

---

(1) *Hist. de l'abbaye Saint-Germain, preuves*, p. 40, 55e pièce.

de cuivre doré (1). Alors l'abbaye Saint-Germain, isolée dans la campagne, avoit toutes les apparences d'une citadelle ; ses murailles étoient flanquées de tours et environnées de fossés; un canal large de treize à quatorze toises, qui commençoit à la rivière, et que l'on nommoit *la petite Seine*, couloit le long du terrain où est présentement la rue des Petits-Augustins, tomboit dans ces fossés, et séparoit le grand pré aux Clercs du petit. Celui-ci étoit le plus proche de la ville. Lorsque l'abbé Morard entreprit de rétablir cette église déjà plusieurs fois dévastée, il n'en conserva qu'une grosse tour sous laquelle il fit construire le portail que l'on voit encore aujourd'hui. Tous les piliers de la nef et de ses collatéraux sont de son temps, ainsi que les quatre piliers qui supportent les petites tours placées des deux côtés du chœur. La tour principale est donc le seul débris des contructions faites par Childebert, et encore faut-il en excepter son couronnement, dont les piliers, entièrement semblables à ceux de la nef, doivent être également attribués à l'abbé Morard. Cependant l'abbé Lebeuf pense que certaines arcades par lesquelles on alloit de la tour septentrionale à la chapelle de la vierge, pourroient être aussi du temps de

---

(1) Elle en avoit reçu la dénomination populaire de *Saint-Germain-le-Doré*.

la fondation de l'abbaye. Les parties extérieures des petites tours lui sembloient être seulement de la fin du onzième siècle.

Après l'abbé Morard, il se fit encore beaucoup de travaux dans l'église; et l'on a remarqué que, dans ces constructions nouvelles, on ne suivit pas exactement l'alignement de l'ancien édifice. L'abbé Eudes éleva un nouveau cloître en 1227. Simon, son successeur, fit construire, en 1239, le réfectoire et les murs de l'abbaye; Hugues d'Issi, qui le remplaça, fit bâtir la chapelle de la vierge dont nous venons de parler; et l'abbé Gérard ordonna, en 1273, la construction du chapitre et du dortoir qui étoit au-dessus.

Cette chapelle de la vierge, située au nord de l'église, en étoit séparée par le petit cloître et par la sacristie, bâtie sous le règne de saint Louis, par le célèbre architecte Pierre de Montereau. Elle étoit admirée comme un des chefs-d'œuvre gothiques les plus élégants qu'il y eût à Paris. Il en étoit ainsi du réfectoire, séparé seulement de ce monument par le dortoir, construit sur le même plan et sans doute par le même artiste. Les anciennes cryptes de l'abbaye étoient, suivant dom Bouillart, à la place où fut depuis élevée la chapelle bâtie par Montereau.

Les dernières réparations faites à l'église, avant la révolution, remontent à l'année 1653. On éleva alors une voûte à la place d'un vieux lambris qui en couvroit les murs, et les deux côtés furent ouverts pour y pratiquer des ailes. Tel qu'il est cependant, ce bâtiment n'offre rien de très remarquable. Construit en forme de croix, il présente une dimension de deux cent soixante-cinq pieds de longueur, sur soixante-cinq de large et cinquante-neuf de hauteur (1). La croisée est éclairée à ses deux extrémités par deux grands vitraux qui en occupent toute la largeur; le chœur, placé dans le rond-point, est entouré de huit chapelles, et le grand autel est isolé entre le chœur et la nef.

Cette basilique n'en méritoit pas moins d'être visitée pour quelques précieux restes d'antiquités qu'elle conservoit. Il est assez probable que nos premiers rois chrétiens l'avoient choisie pour le lieu de leur sépulture. Nous apprenons, par Grégoire de Tours que Childebert et Chilpéric y furent inhumés; les historiens, qui écrivoient après lui, témoignent que plusieurs autres y furent ensevelis; et c'est une ancienne tradition qu'on y déposoit les corps de toutes les per-

---

(1) La plupart des chapiteaux des colonnes ou piliers, qui séparent la nef des bas-côtés, offrent une particularité dont nous ne croyons pas qu'il y ait d'exemple dans aucune autre église de Paris. Ils sont couverts de figures en bas-relief, représentant des oiseaux, des sphinx, des griffons, des apôtres, des saints, etc. Ces sculptures, qui toutes sont du gothique le plus grossier, pourroient bien dater du temps de la construction primitive.

sonnes royales qui, étant mortes de mort violente, n'avoient rien ordonné touchant leurs sépultures. Toutefois, on ne comptoit dans cette église que six tombeaux de ces princes de la seconde race, et encore l'authenticité de plusieurs étoit-elle contestée.

CURIOSITÉS DE L'ÉGLISE SAINT-GERMAIN-DES-PRÉS.

TABLEAUX.

Sur les deux piliers du chœur, près du maître-autel, la translation de saint Germain et le martyre de saint Vincent; par *Hallé*.

Sur la menuiserie qui entouroit le chœur, neuf tableaux par *Cazes* : 1° saint Vincent et l'évêque Valère jugés devant Dacien ; 2° saint Vincent et Valère traînés en prison ; 3° saint Vincent prêchant devant l'évêque Valère ; 4° le saint ordonné diacre par le même évêque ; 5° une descente de croix ; 6° le sacre de saint Germain ; 7° saint Germain présentant au roi Childebert le plan de l'abbaye ; 8° le roi Clotaire malade, guéri miraculeusement par saint Germain ; 9° la mort de saint Germain.

Dans la nef :

Saint Pierre guérissant le boiteux ; par le même.

Ananie et Saphire ; par *Le Clerc*.

Le Baptême de l'Eunuque ; par *Bertin*.

Ananie imposant les mains à saint Paul ; par *Restout*.

Saint Pierre ressuscitant Tabithe ; par *Cazes*.

Saint Pierre délivré de sa prison ; par *Vanloo* aîné.

La conversion de Serge-Paul et l'aveuglement de Barjésu ; par *Le Moine*.

Saint Paul et saint Barnabé refusant les sacrifices de la ville de Lystre ; par *Christophe*.

Les portes de la prison s'ouvrant miraculeusement devant saint Paul; dans la même ville ; par *Hallé*.

Saint Paul mordu d'une vipère dans l'île de Malte ; par *Verdot*.

Dans la chapelle Saint-Symphorien : Hérode-Agrippa frappé de Dieu ; par *Pierre*.

Saint Pierre guérissant les malades avec son ombre ; par le même.

Saint Étienne devant les docteurs ; par *Natoire*.

La conversion de saint Paul ; par *Jeaurat*.

A l'autel, le martyre de saint Symphorien ; par *Hallé*.

Dans la sacristie neuve, les esquisses terminées de tous les tableaux de la nef ; une copie de la Transfiguration de Raphaël, et l'ancien tableau dont nous avons déjà parlé (1), représentant l'abbé Guillaume et sa famille, en adoration auprès d'un Christ mort.

Dans le réfectoire : une Nativité, par *Van-Mol*; et une copie des Pélerins d'Emmaüs, de *Paul Véronèse*, dont l'original est à Versailles.

Dans la bibliothèque, le meurtre d'Abel ; par *Le Brun*.

Dans l'apothicairerie, Apollon et Esculape ; par *Cazes*.

SCULPTURES.

Sur le maître-autel, décoré de six colonnes de marbre cipolin, avec baldaquin, palmes, feuilles d'acanthe, etc., un ange tenant le suspensoir du Saint Sacrement, et deux autres à genoux sur des enroulements, supportant la châsse de saint Germain, suspendue au milieu de cette décoration ; le tout exécuté, sur les dessins d'*Oppenord*, par les frères *Slodtz*.

La châsse de saint Germain, en vermeil, exécutée en 1408 par les soins et les libéralités de l'abbé Guillaume III. Ce monument d'orfévrerie, d'un travail très délicat, et couvert de pierres précieuses, avoit la forme d'une église entourée d'arcades en ogives, et offrant douze niches où étoient placés les douze apôtres. Le portail étoit orné d'un groupe représentant la Sainte Trinité, l'abbé Guillaume, le roi Eudes (2), saint Germain, saint Vincent et saint Étienne, ces deux derniers en habit de diacre.

---

(1) *Voyez* t. 1, 2ᵉ part., p. 768. On conserve ce tableau au Musée des Petits-Augustins ; il est remarquable non seulement pour les antiquités curieuses dont il retrace seul l'image, mais encore pour le mérite de la peinture, qui réunit un bon coloris à une vérité d'imitation, à une délicatesse de pinceau, vraiment étonnantes dans un siècle où l'art étoit encore à sa première enfance.

(2) C'étoit à ce prince que l'on devoit l'ancienne châsse, dont l'or fut employé dans la construction de la nouvelle. Celle-ci avoit environ deux pieds dix pouces

Un devant d'autel en cuivre doré, autre don du même abbé, et offrant, sous sept arcades très précieusement terminées, d'abord et au milieu, un Christ accompagné d'un groupe, dans lequel on reconnoissoit la figure du donataire; ensuite, et de chaque côté, les figures de divers saints apôtres et archanges. (Toutes ces figures étoient en vermeil.)

Sur l'autel, une belle croix, exécutée sur les dessins du frère *Bourlet*, religieux de cette maison.

Dans la chapelle Saint-Maur, au retable de l'autel, un bas-relief en pierre de Tonnerre, représentant l'apothéose du saint; par *Pigale*.

Dans la chapelle de Sainte-Marguerite, la statue de cette sainte; par le frère *Bourlet*.

Dans le vestibule de la chapelle de la Vierge, un Christ en plâtre; par le même.

Dans la bibliothèque, un bas-relief en marbre à la gloire du comte de Caylus; par *Bouchardon*; et plusieurs bustes en bronze, parmi lesquels on remarquoit ceux du janséniste Arnauld et de Boileau; par *Girardon*.

Dans le vestibule de l'église, des deux côtés de la porte, huit statues gothiques représentant des rois, des reines et un évêque (1).

Dans la sacristie, un grand nombre de reliques précieuses, de

---

de longueur, et contenoit vingt-six marcs deux onces d'or, et deux cent cinquante marcs d'argent.

(1) Ces statues, détruites pendant les jours révolutionnaires, ont fait naître de grands débats parmi les antiquaires. D. Ruinart, qui les regarde comme aussi anciennes que l'église, prétend qu'elles représentoient saint Remi, Clovis, la reine Clotilde, Clodomir et Thierri leurs fils, Childebert, Ultrogothe et Clotaire II. L'abbé Lebeuf, qui ne peut nier que les deux figures les plus éloignées de la porte ne fussent effectivement celles de Clodomir et de Clotaire II, parce qu'elles portoient leurs noms gravés sur des inscriptions, soutient que les autres statues offroient, suivant un usage assez commun, des rois et des reines de l'ancienne loi; et que Jésus-Christ, placé au milieu de la porte sur un trumeau qui n'existe plus, étoit le symbole de la nouvelle. D'autres y voyoient la famille de Charlemagne, saint Germain à la place de saint Remi, et rapprochoient ainsi de plusieurs siècles l'antiquité de ce monument. De toutes ces opinions, la première nous semble encore celle qui présente le plus de probabilités.

croix, de vases sacrés, d'ornements, où éclatoient l'or, les diamants, les pierreries, et qui n'étoient pas moins remarquables par l'excellence du travail que par la richesse de la matière.

SÉPULTURES.

Dans cette église avoient été inhumés :

Dans le chœur, Childebert, roi de France, et fondateur de cette abbaye, mort en 551, et Ultrogothe sa femme. La pierre qui couvroit sa tombe le présentoit couché, tenant son sceptre d'une main, et de l'autre, le modèle de l'église de Saint-Germain (1).

Dans le sanctuaire, du côté de l'évangile, Chilpéric Ier, roi de France, assassiné en 584, et Frédégonde sa femme, morte en 597 (2); Childéric II, assassiné en 673.

Du côté de l'épître, Clotaire II, mort en 628, et Berthrude, sa première femme, morte en 620, Bilihilde, femme de Childéric II, et son fils Dagobert, assassinés en 673 (3).

Clovis et Mérovée, fils de Chilpéric Ier, morts en 577 et 581, tous les deux victimes des fureurs de Frédégonde.

Catherine de Bourbon, fille de Henri de Bourbon, prince de Condé, et de Marie de Clèves, morte en 1595.

Marie de Bourbon-Conti, fille de François de Bourbon-Conti et de Louise de Lorraine, morte en 1610, douze jours après sa naissance.

François de Bourbon-Conti son père, mort en 1614.

---

(1) Cette pierre avoit été déposée au Musée des Petits-Augustins. L'antiquité n'en est point équivoque.

(2) La pierre qui couvroit la tombe de cette reine offre une mosaïque formée d'un nombre considérable de petits émaux liés ensemble par un mastic, et incrustés dans une pierre de liais, où ils représentent une figure, dont le visage est indiqué par un simple contour, sans aucun trait intérieur; il en est ainsi des pieds et des mains. Elle est couronnée de trois fleurs-de-lis, revêtue d'une longue robe, et porte à la main un sceptre terminé également par des fleurs-de-lis. Ce monument curieux, et qui date certainement du temps de Frédégonde, étoit déposé aux Petits-Augustins.

(3) Les tombes de Clotaire II, de Berthrude, de Childéric II, se voyoient dans le même Musée; mais elles sont modernes, et furent exécutées, dans le siècle dernier, d'après les débris d'anciens monuments.

Le cœur de Henri de Bourbon, duc de Verneuil, fils naturel de Henri IV, et abbé de Saint-Germain, mort en 1682.

Louis-César de Bourbon, comte de Vexin, fils naturel et légitimé de Louis XIV, mort en 1683.

Dans la chapelle Saint-Christophe, consacrée à l'illustre famille des Douglas, princes d'Écosse, Guillaume Douglas, comte d'Auguise, mort en 1611 (1).

Jacques Douglas, son petit-fils, mort en 1645 (2).

Robert Douglas, capitaine aux gardes, mort en 1662.

La comtesse de Dumbarton, femme de Georges Douglas, morte en 1691.

Georges Douglas, comte de Dumbarton, général des armées de S. M. britannique en Écosse, mort en 1692.

Guillaume-Mathias Douglas, mort en 1715.

Dans la chapelle de Saint-Casimir, le cœur de Jean Casimir, roi de Pologne, mort en 1672, abbé de Saint-Germain (3). (Son corps avoit été transporté en Pologne.)

Dominique du Gabré, évêque de Lodève, mort en 1558.

Jean Grollier, trésorier de Milan et de France, mort en 1565.

Pierre Danez, évêque de Lavaur, envoyé de François Ier au concile de Trente, mort en 1577.

---

(1) Il est représenté couché, revêtu de ses armes, la tête appuyée sur son coude : c'est de la sculpture la plus barbare. (Déposé aux Petits-Augustins.)

(2) Il est, comme son père, à moitié couché sur des coussins, et couvert de son armure, avec cette différence qu'il tient un livre de la main droite. Sculpture moins mauvaise que la précédente, mais qui ne s'élève pas au dessus de la médiocrité. (Déposé dans le même Musée.)

(3) Il est représenté en marbre blanc, sur un tombeau de marbre noir, soutenant d'une main une chape sur ses épaules, étendant l'autre pour offrir son sceptre et sa couronne à saint Casimir, dont l'image étoit sur l'autel ; devant et derrière lui sont groupées ses armes ; aux angles, des captifs enchaînés à des trophées désignoient ses victoires sur les Turcs, les Tartares et les Moscovites. Ce monument, exécuté par Gaspard *de Marsi*, et comblé d'éloges par tous les historiens de Paris, est une production de la dernière médiocrité.

Au milieu de la base, un bas-relief en plomb, ouvrage d'un frère convers de cette maison, nommé Jean *Thibaut*, représente une des batailles de Casimir. Il est encore plus mauvais que le mausolée. (Le tout avoit été déposé aux Petits-Augustins.)

Eusèbe Renaudot, de l'Académie françoise et de celle des Inscriptions et belles-lettres, mort en 1720.

Dans la chapelle Sainte-Marguerite, Charles de Castellan, abbé commandataire de Saint-Evre-de-Toul et de la Sauve-Majeure, mort en 1677.

François de Castellan, seigneur de Blénot-le-Ménil, mort en 1683.

Le cœur d'Olivier de Castellan, lieutenant-général des armées du roi, tué au siége de Tarragone en 1644.

Celui de Louis de Castellan, brigadier d'infanterie, blessé à mort au siége de Candie en 1669 (1).

Ferdinand Égon, landgrave de Furstenberg, mort en 1696.

François de La Marck, colonel du régiment de cavalerie de Furstenberg, mort en 1697.

François Henri, prince de La Tour-et-Taxis, chanoine de Cologne, mort en 1700.

Guillaume Égon, cardinal de Furstenberg, etc., abbé de Saint-Germain, mort en 1704.

N....., comtesse de La Marck, morte en 1704, peu de temps après sa naissance.

César, cardinal d'Estrées, abbé de Saint-Germain, mort en 1714.

Dans la chapelle de la Vierge, Pierre de Montereau, architecte célèbre du treizième siècle, mort en 1266 (2). (Agnès, sa femme, étoit inhumée dans le même tombeau.)

---

(1) Leur monument, que l'on prétend être de la main de *Girardon*, se compose d'un tombeau de marbre blanc, au dessus duquel s'élève une colonne surmontée d'une urne antique. Deux statues, de grandeur naturelle, placées de chaque côté, et représentant la Piété et la Fidélité, soutiennent les portraits d'Olivier et de Louis Castellan; sculpture peu remarquable sous tous les rapports. (Déposé dans le même Musée.)

On voit encore dans le jardin de ce Musée une tombe de six pieds de longueur, dont le couvercle, fait en dos d'âne, est orné d'écailles de poisson, de palmettes et d'un cep s'échappant d'un vase. Il fut trouvé en 1704, dans une fouille faite à six ou sept pieds de profondeur, près du maître-autel de l'église Saint-Germain, et découvert de nouveau au commencement de la révolution. Ce tombeau renfermoit un personnage inconnu, mais couvert de vêtements qui annonçoient une haute dignité.

(2) La pierre qui couvroit son tombeau, gravée en creux, le représentoit,

Le P. Jean Mabillon, savant illustre, mort en 1707, etc.

Les historiens de Paris parlent encore de plusieurs tombeaux découverts dans les fouilles faites, à différentes époques, dans cette église, et dont quelques uns contenoient des squelettes enveloppés dans des étoffes précieuses, des restes de bottines, de baudriers et d'autres attributs, qui indiquoient des personnes du rang le plus illustre, et la plupart inhumées sous la seconde race.

Les bâtiments de ce monastère éprouvèrent successivement des changements et des augmentations considérables jusque dans le dix-huitième siècle. Vers 1585, le cardinal de Bourbon commença la construction du palais abbatial qui existe encore aujourd'hui, et les religieux relevèrent les murailles qui entouroient les fossés, du côté des rues Saint-Benoît et du Colombier. En 1684, ils firent élever le bâtiment qui régnoit le long du parvis, en face de leur jardin, et dans lequel étoient établis les bureaux de leurs officiers. Depuis 1699 jusqu'en 1715, on ouvrit plusieurs rues dans l'enclos abbatial, où se logèrent aussitôt un grand nombre d'artisans, dans l'intention de jouir du droit de franchise qui y étoit attaché. En 1715, on bâtit une nouvelle sacristie auprès de l'ancienne; enfin dans ce même siècle on reconstruisit, sous la direction du père de

---

une règle et un compas à la main. (Ce monument a été détruit dans les démolitions faites sur le terrain de l'abbaye.)

Creil, une partie du cloître et deux grands corps de logis qui renfermoient un vestibule et de grandes salles basses. Tous ces bâtiments, de vastes cours, plusieurs jardins, et une foule d'autres dépendances, étoient renfermés dans un espace circonscrit par les rues du Colombier, Saint-Benoît, Sainte-Marguerite, et de l'Échaudé.

BIBLIOTHÈQUE.

La bibliothèque de ce monastère, la plus belle et la plus nombreuse de Paris, après celle du roi, avoit été commencée par le père Dubreul; et dès-lors composée d'excellents livres, depuis sans cesse augmentée par les bibliothécaires qui lui succédèrent, elle reçut ses accroissements les plus considérables, d'abord en 1685, que Noël Vallant, médecin de mademoiselle de Guise, lui donna tous ses livres par testament. En 1700, Michel Antoine Baudran, prieur de Rouvres et de Neumarché, l'enrichit encore de sa bibliothèque. Elle eut en 1718 celle de l'abbé Jean d'Estrées; en 1720 les livres de l'abbé Renaudot; en 1732 la bibliothèque des manuscrits du chancelier Séguier; en 1744 et en 1762 les livres et manuscrits du cardinal de Gèvres, archevêque de Bourges, et de M. de Harlay, conseiller d'état. Cette précieuse collection contenoit environ cent mille volumes imprimés, parmi lesquels on comptoit un grand nombre d'éditions rares et anciennes; quinze à vingt mille manuscrits dans toutes les langues, dont plusieurs très précieux et très rares, surtout un psautier latin en lettres onciales, et deux ou trois bibles de la plus haute antiquité. On y voyoit le manuscrit des Pensées de Pascal, sur de petits papiers écrits de sa main et réunis dans un volume *in-folio*.

CABINET D'ANTIQUITÉS ET D'HISTOIRE NATURELLE.

Ce cabinet, formé vers la fin du dix-septième siècle contenoit une assez grande quantité d'antiquités égyptiennes, grecques, romaines, gauloises, chinoises, indiennes, des vases étrusques, des médailles, des pierres gravées, etc., et quelques objets d'histoire naturelle.

L'abbaye de Saint-Germain possédoit en outre un immense chartier, dans lequel étoient réunis un nombre considérable de titres et pièces très précieuses concernant l'abbaye elle-même, le faubourg Saint-Germain, la ville de Paris, et qui ont fort aidé à en débrouiller les antiquités.

BAILLIAGE DE L'ABBAYE.

Les abbés de Saint-Germain-des-Prés avoient autrefois toute juridiction, tant spirituelle que temporelle, sur le faubourg Saint-Germain.

Ce n'est qu'en 1668 que M. de Péréfixe prétendit soumettre ce faubourg à la juridiction de l'ordinaire, comme tout le reste de la ville de Paris. Cette prétention, devenue la matière d'un procès, fut terminée par une transaction, dans laquelle il fut convenu que les droits de l'abbé seroient restreints à l'enclos de son monastère, mais sous la condition que le prieur de l'abbaye seroit vicaire général né et perpétuel de l'archevêque.

Les audiences de ce baillage se tenoient en conséquence dans l'enclos. Le bailli portoit le titre de juge civil, criminel et de police, et remplissoit toutes ces attributions. Les appels se relevoient au châtelet.

PRISON DE L'ABBAYE.

Cette prison, située rue Sainte-Marguerite au fond du petit marché, étoit particulièrement affectée aux Gardes Françoises et autres militaires. Il y avoit une chapelle desservie par un prêtre de Saint-Sulpice (1).

---

(1) Les bâtiments de l'abbaye Saint-Germain ont été en partie détruits, et l'on a percé plusieurs rues sur l'emplacement qu'ils occupoient. Le palais abbatial est habité par des particuliers. Sur l'emplacement de la chapelle de la Vierge, on a bâti des maisons; l'église, dépouillée de presque tous ses ornements, a été rendue au culte. (*Voyez* l'article *Monuments nouveaux*.)

LE SÉMINAIRE

DES MISSIONS ÉTRANGÈRES.

Le désir de voir la lumière de l'Évangile pénétrer dans les contrées encore plongées dans les ténèbres des fausses religions donna naissance a cet établissement. Ce fut M. Bernard de Sainte Thérèse, évêque de Babylone, qui en conçut le dessein; et en formant une société de Missionnaires qu'il destinoit à parcourir les pays étrangers, son intention étoit surtout qu'ils fissent de la Perse le théâtre de leurs travaux apostoliques. Il y consacra tous ses biens, ainsi que le prouve le contrat de donation passé le 16 mars 1663. Une des conditions portées dans cet acte fut que la maison qu'on alloit bâtir seroit appelée le *Séminaire des Missions Étrangères*, et qu'on en dédieroit la chapelle sous l'invocation de la *sainte Famille*. Les bâtiments furent élevés immédiatement après, sur un terrain appartenant à cet évêque, et situé au coin des rues du Bac et de la Fresnaie, dite depuis de *Babylone*. Des lettres-patentes du mois de juillet de la même année 1663 confirmèrent cette fondation; l'abbé de Saint-Germain ayant donné son consentement le 10 octobre suivant, les sieurs Poitevin et Gasil, au profit desquels la donation avoit été faite, y entrèrent le 27 du même mois. Une-salle de cette maison leur servit d'abord de chapelle, et continua d'en servir jusqu'en 1683, époque à laquelle on en bâtit une plus régulière, dont la première pierre fut posée, au nom du roi, par M. François de Harlai, archevêque de Paris. Cette chapelle, qui est double, n'a rien de remarquable dans son architecture.

CURIOSITÉS.

TABLEAUX.

Dans la chapelle basse, sur l'autel principal, une Adoration des Mages; par *Mauperrin*.

Sur les deux autels à droite et à gauche, la Vierge et saint François-Regis; par le même.

Dans la chapelle haute, sur le maître-autel, l'Adoration des Mages; par *Carle Vanloo*.

Dans la chapelle à droite, la Sainte Famille; par *Restout*.

Dans la chapelle à gauche, une Vierge; par *d'André-Bardon*.

SÉPULTURES.

Dans cette église avoient été déposés :

Le cœur de Bernard de Sainte-Thérèse, archevêque de Babylone, fondateur de cette maison.

Le cœur de Louis Le Voyer d'Argenson, doyen et chanoine de Saint-Germain, l'un de ses bienfaiteurs.

Le cœur de Louise de La Tour d'Auvergne, dite mademoiselle de Bouillon, morte en 1683.

La maison de ce séminaire, qui fut entièrement rebâtie en 1736, étoit accompagnée d'un assez grand enclos. Elle possédoit une bibliothèque d'environ vingt-cinq mille volumes, où l'on comptoit plusieurs manuscrits intéressants, et une collection précieuse de livres chinois.

Quoique l'objet principal des directeurs de ce séminaire fût de former, suivant le vœu du fondateur, des ecclésiastiques propres à suivre la carrière des missions, et à travailler à la conversion des infidèles, cependant ils se rendoient encore utiles, à Paris même, dans les fonctions du saint ministère. Aux sermons publics ils joignoient des instructions particulières, faisoient le cathéchisme aux enfants, rassembloient des artisans et des ouvriers auxquels ils apprenoient leurs devoirs, et à sanctifier les dimanches et fêtes; enfin ne négligeoient aucune œuvre de religion et de charité (1).

---

(1) L'église a été rendue au culte; les bâtiments, long-temps habités par des particuliers, sont maintenant occupés par des prêtres de la mission.

LES CONVALESCENTS.

Le projet de cet établissement, destiné à donner un asile aux pauvres convalescents qui sortent des hôpitaux, et qui, faute des secours nécessaires pour achever de revenir à la santé, sont exposés à des rechutes dangereuses et souvent mortelles, fut conçu par plusieurs personnes pieuses et charitables, dès 1628, ainsi que le prouvent les lettres-patentes de Louis XIII données cette même année ; mais il ne fut exécuté qu'en 1650 par madame Angélique Faure, veuve de M. Claude de Bullion, sur-intendant des finances. Voulant suivre le précepte de l'évangile, elle essaya de cacher son bienfait en se servant du nom et du ministère d'un ancien chanoine de Reims, nommé André Gervaise. Celui-ci acheta à cet effet, de M. Le Camus, évêque de Bellay, une maison située rue du Bac, la fit disposer convenablement pour recevoir huit convalescents, et obtint, le 6 août 1650, la permission d'y faire bâtir une chapelle. Cette maison fut donnée, en 1652, aux religieux de la Charité : ils y furent introduits, le 15 août de cette année, par le premier grand-vicaire de Saint-Germain, qui bénit la chapelle sous le nom de *Notre-Dame des Convalescents*.

L'exemple de madame de Bullion eut quelques imitateurs; et, vers les derniers temps, on comptoit dans cette maison vingt-un lits pour les convalescents, qui pouvoient y rester huit jours (1).

LE MONASTÈRE ROYAL

DE L'IMMACULÉE CONCEPTION.

Cet ordre, fondé à Tolède en 1484 par Béatrix de Silva, fut mis, en 1501, sous la direction des Frères Mineurs par Alexandre VI, qui donna à ses religieuses la règle de Sainte-Claire : ce fut alors qu'elles prirent le nom de *Récolettes,* sous lequel elles ont été introduites en France. Quelques-unes d'entre elles, établies à Verdun, obtinrent, en 1627, par la protection de madame la présidente de Lamoignon, le consentement de l'abbé de Saint-Germain pour former un établis-

---

(1) C'est maintenant une fabrique d'ouvrages en cuivre.

sement sur son territoire; consentement que confirmèrent des lettres-patentes données en 1635. Sans entrer ici dans les discussions assez futiles qui se sont élevées entre nos historiens sur la date de leur établissement, il nous suffira de dire, d'après les autorités qui nous ont semblé les plus sûres (1), que ces Récolettes de Verdun, n'ayant pas jugé à propos de profiter de la permission qu'elles venoient d'obtenir, cédèrent, en 1634, à celles de Saint-Nicolas de Tulle, tous leurs droits et privilèges. En conséquence de cette cession, celles-ci achetèrent, rue du Bac, une maison où elles se logèrent en 1637.

Ces religieuses étoient sous la direction des Récollets. La distance qui séparoit les deux maisons rendant ce devoir extrêment pénible à remplir pour ces religieux, ils obtinrent, en 1658, la permission de faire bâtir près de ce couvent un hospice pour quelques-uns d'entre eux. On le construisit, du côté de la rue de la Planche; mais depuis il fut entièrement abandonné.

La vie exemplaire des Récollettes avoit engagé la reine Marie-Thérèse d'Autriche à jeter les yeux sur elles, pour remplir le dessein qu'elle avoit formé d'établir un couvent de l'ordre de la Conception de Notre-Dame. Ces religieuses y ayant donné leur consentement avec joie, cette

---

(1) JAILLOT, *Quartier Saint-Germain*, p. 11.

princesse obtint pour elles, en 1663, une bulle d'Alexandre VII, qui leur permettoit « de prendre « l'habit, l'institut, la règle et la dénomination « de religieuses de l'Immaculée Conception de « la B. V. Marie, en demeurant toujours sous la « direction des Récollets de la province Saint-« Denis. » Les lettres-patentes qui confirmèrent cette bulle, en 1664, déclarèrent ce monastère de fondation royale ; et les libéralités de Louis XIV procurèrent les moyens d'en rebâtir l'église. En 1693 la première pierre en fut posée par M. de Ligny et mesdemoiselles de Furstenberg, ses petites-filles. Elle fut achevée et bénite à la fin de l'année suivante (1).

CURIOSITÉS.

Sur le maître-autel, l'Immaculée Conception ; par *La Fosse*.

LES FILLES
SAINTE-MARIE, OU DE LA VISITATION.

Nous avons déjà parlé de l'origine de ces religieuses, de leur établissement à Paris, et des

---

(1) L'église est changée en magasin ; les bâtiments sont habités par des particuliers.

circonstances qui leur procurèrent en peu de temps trois couvents dans cette capitale (1). Celui-ci, qui fut établi le dernier, devoit sa fondation à madame Geneviève Derval-Pourtel, qui consacra à cette bonne œuvre un don que lui avoit fait, par testament, M. d'Eufréville-Cizei son mari, pour la fondation et dotation d'un monastère de tel ordre qu'il lui plairoit de choisir. En vertu de ce testament, approuvé par deux arrêts du parlement de Rouen en 1656 et 1657, madame d'Eufréville passa un contrat de fondation avec les religieuses de la Visitation du faubourg Saint-Jacques, ajoutant aux libéralités de son mari une somme de 40,000 livres. Les sœurs qui devoient former la nouvelle maison s'établirent d'abord, en 1660, rue Montorgueil; mais ne s'y trouvant pas logées commodément, elles achetèrent, rue du Bac, une maison dont elles prirent possession en 1673. On y construisit aussitôt les lieux réguliers et une chapelle, dont la première pierre fut posée par une pauvre femme, sans autre cérémonie.

Cette chapelle fut reconstruite dans le siècle dernier, sur les dessins et sous la conduite de M. Hélin, architecte. C'est un assez joli petit bâtiment, décoré d'un porche d'ordre ionique,

---

(1) *Voyez* t. 2, 2ᵉ part., p. 1249.

avec fronton. La reine en avoit posé la première pierre en 1775 (1).

CURIOSITÉS.

Sur le maître-autel, la Visitation; par *Philippe de Champagne*.

En face de la porte d'entrée, Notre Seigneur au jardin des Olives; par *Hallé*.

Dans les chapelles, des statues de saints et saintes; par *Bridau*.

LES JACOBINS RÉFORMÉS.

En parlant du couvent qu'avoient ces religieux dans la rue Saint-Honoré, nous avons fait mention de la réforme que le P. Sébastien Michaëlis avoit introduite dans leur ordre. Afin d'en assurer le succès, le P. Nicolas Rodolphi, général de l'ordre, résolut d'établir en France un noviciat général pour ceux qui voudroient embrasser cette réforme. Il y fut autorisé par un bref d'Urbain VIII, donné en 1629, par des lettres-patentes de Louis XIII, et trouva en même temps, dans le cardinal de Richelieu, un protecteur puissant, qui, par ses bienfaits, mérita d'être considéré comme le fondateur du nouvel

---

(1) *Voyez* pl. 211. Ce couvent est maintenant habité par des particuliers.

établissement. Dès 1631, quatre religieux, tirés de la maison de la rue Saint-Honoré, avoient été placés dans celle-ci, située rue Saint-Dominique, et qui n'étoit alors qu'un bâtiment très simple, avec un jardin et un clos contenant sept arpents et demi. Ils y firent construire aussitôt une petite chapelle, qui fut bénite en 1632. Mais le nombre des sujets qui se présentoient pour subir les épreuves et obtenir leur admission dans l'ordre, augmentant chaque jour, il fallut penser à bâtir des lieux plus réguliers. Ils commencèrent par l'église, qui fut élevée sur les dessins de l'architecte Pierre Bullet. La première pierre en fut posée, en 1682, par M. Hyacinthe Serroni, archevêque d'Albi, et par madame Anne-Montbazon, duchesse de Luynes. Elle fut achevée l'année suivante.

Ce bâtiment, d'une médiocre grandeur, et décoré intérieurement d'un ordre de pilastres corinthiens, offre tous les caractères de l'architecture employée à cette époque dans les édifices sacrés, et du reste n'a rien de remarquable. Le portail, rebâti quelques années avant la révolution par le frère Claude, religieux de cette maison, se compose de deux ordres élevés l'un sur l'autre, dans la forme pyramidale adoptée pour le plus grand nombre des églises de Paris; mais ces deux ordres, dont l'ensemble a quelque apparence, sont d'une proportion, et surtout d'une maigreur qui peut choquer l'œil le moins exercé (1).

CURIOSITÉS DE L'ÉGLISE.

TABLEAUX.

Dans les panneaux du chœur, dont la boiserie étoit exécutée avec soin, et très estimée, neuf tableaux, dont les sujets étoient tirés de la vie de Jésus-Christ; par le frère *Jean André*, religieux de cette maison.

Dans le plafond de ce chœur, la Transfiguration de Notre Seigneur; par *Le Moine*.

Au milieu du rond-point de l'église, la Résurrection de Jésus-Christ; par le frère *André*.

Dans l'attique, à l'entrée du chœur, saint Thomas-d'Aquin en extase; par le même.

En regard, le pape Pie V à genoux devant un crucifix, adressant ses vœux au ciel pour l'heureux succès de la bataille de Lépante; par le même.

Dans la chapelle du Rosaire, à gauche du maître-autel, la sainte Vierge donnant un rosaire à saint Dominique; par un peintre inconnu.

Dans la chapelle Sainte-Hyacinthe, sur l'autel, l'image de ce saint traversant un grand fleuve pour dérober les choses saintes aux Tartares qui pilloient la ville de Kiovie; sans nom d'auteur.

Dans la chapelle en regard de celle du Rosaire, la sainte Vierge donnant à un religieux de l'ordre le portrait de saint Dominique; la Visitation; la Présentation au Temple : ces trois tableaux étoient de frère *André*.

Dans la chapelle Saint-Barthélemi, le martyre de ce saint; par le même.

Dans la sacristie, les Pélerins d'Emmaüs, la Naissance de Jésus-Christ, saint Louis recevant les reliques de la Sainte-Chapelle, etc.; par le même.

Dans le réfectoire, le repas chez Simon le lépreux; par le même. Des portraits en médaillons représentant plusieurs religieux de cet ordre martyrisés à la Chine.

---

(1) *Voyez* pl. 210.

Dans une salle du premier étage, où se faisoient les offices nocturnes, cinq tableaux, par le même. Un Christ, par *Girault*.

Dans la salle des récréations, huit portraits par *Rigaud*, représentant le duc de Bourgogne, le duc de Vendôme, le comte de Toulouse, le duc de Bouillon, le comte d'Évreux, le maréchal de Villars, etc.

Dans une autre salle, tous les dessins et esquisses des tableaux du frère *André*, et le portrait du frère *Romain*, architecte célèbre.

Dans le parloir des étrangers, les portraits en pied de plusieurs papes de l'ordre de saint Dominique, de quelques généraux de l'ordre, du cardinal de Richelieu, etc.

SCULPTURES.

Le maître-autel, construit à la romaine, étoit orné de huit colonnes de marbre, offroit une gloire en bronze doré, accompagnée de chérubins. On y voyoit aussi la résurrection de Jésus-Christ, exécutée par *Martin*, sur les dessins de *Le Brun*.

Dans une salle à la suite de la bibliothèque, des bustes de divers personnages.

SÉPULTURES.

Dans cette église avoient été inhumés :

Le P. Vincent Baron, religieux de cet ordre, fameux théologien, mort en 1674.

Le frère François Romain, ingénieur et architecte, mort en 1735.

Dans la chapelle du Rosaire :

Philippe de Montault, duc de Navailles et maréchal de France, mort en 1684.

Suzanne de Parabère, sa femme, morte en 1700 (1). (Cette même chapelle contenoit la sépulture d'un grand nombre d'autres membres de cette famille.)

Charles de Lorraine, duc d'Elbeuf, troisième du nom, mort en 1692.

---

(1) On avoit élevé à ces deux époux un tombeau qui a été détruit.

Suzanne d'Elbeuf, duchesse douairière de Mantoue, morte en 1710.

Françoise Berteau de Freuville, femme du marquis de Coetenfao, morte en 1715.

Louis Le Gay, l'un des bienfaiteurs de cette maison, mort en 1732.

Maximilien de Bellefourrière, marquis de Soyecourt, mort en 1649.

Hyacinthe Serroni, archevêque d'Albi, mort en 1687.

Jacques de Fieux, évêque et comte de Toul, mort en 1687.

Henriette de Conflans, marquise d'Armentières, morte en 1712.

René de Bec-Crespin, Grimaldi, marquis de Vardes, mort en 1688.

Marie de Bellevenave, veuve du marquis de Clérembaut, dame d'honneur de Madame, morte en 1724.

Marguerite de Laigue, veuve du marquis de Laigue, morte en 1700 (1).

Ferdinand, comte de Relingue, lieutenant-général des armées du roi, mort en 1704.

François-Amable de Monestay, marquis de Chazeron, lieutenant des gardes-du-corps et des armées du roi, gouverneur de Brest, mort en 1719.

L'abbé Arthus Poussin, docteur en théologie, l'un des bienfaiteurs de cette maison, mort en 1735.

Barthélemi Mascarini, maître des requêtes, l'un des bienfaiteurs de cette maison, mort en 1698.

Charles Gigault, seigneur de Merlus, mort en 1644.

La bibliothèque de ces pères, composée de plus de vingt-quatre mille volumes, étoit ornée de deux globes de Coronelli. Ils avoient partagé leur terrain : le cloître et le jardin en occu-

---

(1) Le tombeau de cette dame, exécuté sur les dessins d'*Oppenord*, n'avoit point été déposé aux Petits-Augustins.

poient une partie; l'autre étoit couverte de maisons qu'ils louoient à des particuliers (1).

Parmi les religieux qui ont illustré cette maison, on distingue le P. Vincent Baron, docteur conventuel de l'Université de Toulouse, et considéré comme l'un des premiers théologiens du dix-septième siècle; le frère Jean André, peintre habile, et dont les tableaux faisoient le principal ornement de l'église et du monastère; le frère François Romain ingénieur et architecte très estimé. On lui doit le plan du pont de Maëstricht et une partie de sa construction. Louis XIV, qui l'avoit chargé de la conduite du Pont-Royal, fut si content de ses travaux, qu'il lui confia l'inspection des ouvrages des ponts et chaussées, et la réparation des bâtiments dépendants de son domaine.

LES THÉATINS.

Ces religieux étoient des clercs réguliers institués en Italie dans l'année 1524, par saint Gaë-

---

(1) L'église des Jacobins réformés a été rendue au culte, et est devenue une des paroisses de Paris sous le titre de Saint-Thomas-d'Aquin; les bâtiments du couvent sont habités par des particuliers.

tan de Thiéne, Jean-Pierre Caraffe, archevêque de Théate, aujourd'hui Chieti, au royaume de Naples, Paul Consiglieri et Boniface de Colle. Leur institut, approuvé d'abord par Clément VII, sous le simple titre de *clercs réguliers*, prit celui de *Théatins*, lorsque l'archevêque de Théate, qui s'étoit démis de son siége pour entrer dans cette nouvelle congrégation, eut été élu pape en 1555, sous le nom de Paul IV. Le cardinal Mazarin, qui connoissoit cet ordre, ayant formé le dessein de lui faire avoir un établissement à Paris, acheta en 1642, sur le quai Malaquais, une maison qu'il fit arranger convenablement, et appela en France quatre religieux Théatins. Ils y vinrent en 1644; mais leur établissement légal n'eut lieu que quatre années après. Ce fut seulement en 1648 que, sur leur requête présentée à Henri de Bourbon, abbé de Saint-Germain, ils obtinrent toutes les permissions nécessaires. Le 7 août de la même année, le prieur de l'abbaye bénit leur chapelle, et le roi plaça lui-même la croix sur le portail de la maison, qui, d'après ses ordres, fut nommée *Sainte-Anne la royale*. Des lettres-patentes confirmèrent, en 1653, tout ce qui avoit été fait (1).

Le cardinal de Mazarin laissa aux Théatins une somme de 300,000 liv. pour bâtir une église,

---

(1) *Histoire de Paris*, t. 4, p. 160 et suiv.

à la place de leur chapelle qui étoit beaucoup trop petite. Ils en confièrent l'exécution à un de leurs religieux nommé Camille Guarini, qu'ils firent venir exprès d'Italie, et qui passoit pour un grand architecte. Non seulement il fit un édifice du plus mauvais goût, mais il le construisit dans de si vastes proportions qu'il fallut en suspendre l'exécution. Cette église avoit été commencée en 1662, et le prince de Conti en avoit posé la première pierre au nom du roi : ce ne fut qu'en 1714 qu'il fut possible d'en reprendre les travaux, au moyen d'une loterie que Sa Majesté voulut bien accorder; et de toute l'ancienne, on ne conserva que la croisée. Elle fut bénite en 1720.

Le portail, sur le quai, fut érigé en 1747 par les libéralités du dauphin, père de Louis XVI, et à la sollicitation de M. Boyer, évêque de Mirepoix, qui avoit été religieux dans cette maison. Les dessins en furent donnés par M. Desmaisons, architecte; et tout médiocre qu'il est, ce portail passoit alors pour un morceau distingué, en le comparant à ce que produisoit le goût bizarre de cette époque (1).

---

(1) *Voyez* pl. 210. Les bâtiments des Théatins sont occupés par des particuliers; l'église a été convertie, d'abord en une salle de spectacle, depuis, en habitations particulières.

CURIOSITÉS DE L'ÉGLISE.

TABLEAUX.

Derrière l'autel, le Paralytique à la piscine; copie du tableau de *Restout*, qui se voyoit à Saint-Martin-des-Champs.

Dans la chapelle Sainte-Anne, la Visitation; sans nom d'auteur.

Dans la chapelle située vis-à-vis, saint Gaëtan; également sans nom d'auteur.

Dans le réfectoire, une Cène attribuée au *Titien*.

SÉPULTURES.

Dans cette église avoient été inhumés :

Le cœur du cardinal Mazarin.

Pompée Varesi, nonce du pape, mort en 1678.

Delorme, médecin célèbre, mort en 1678.

Edme Boursault, auteur comique, mort en 1701.

Louis d'Aubusson, duc de la Feuillade, mort en 1725.

Frédéric-Jules de La Tour-d'Auvergne, connu sous le nom de chevalier de Bouillon et du prince d'Auvergne, mort en 1733.

Dans la chapelle de la Vierge on voyoit le mausolée du marquis du Terrail, maréchal des camps et armées du roi, exécuté par *Broche* jeune (1).

La bibliothèque de ces pères étoit composée d'environ douze mille volumes.

Cette maison, la seule qu'il y eût en France de cet ordre, a produit plusieurs sujets d'un vrai mérite, et s'est toujours soutenue avec honneur, quoique la règle de son institut défendît, à la fois, à ses membres d'avoir aucune propriété, et de demander l'aumône. Ils se contentoient seulement de recevoir ce qu'on leur donnoit.

---

(1) Ce monument n'avoit point été déposé au Musée des Petits-Augustins.

Parmi les personnages célèbres qui sont sortis des Théatins, il faut distinguer le P. Alexis du Buc, controversiste fameux; le P. Quinquet, et le P. Boursault, fils de l'auteur comique du même nom, tous les deux habiles prédicateurs; surtout le P. François Boyer, devenu successivement évêque de Mirepoix, membre des trois académies, aumônier de la dauphine, etc., etc. Ses talents pour la prédication, ses vertus religieuses, et les invectives des philosophes modernes, dont il ne cessa pas un seul instant de signaler les doctrines dangereuses, sont des titres sans doute suffisants pour rendre sa mémoire respectable à tous les gens de bien.

LE PONT ROYAL.

Jusqu'en 1632, on ne communiquoit, du faubourg Saint-Germain, au Louvre et aux Tuileries que par un bac établi en cet endroit. A cette époque, un particulier nommé Barbier fit construire un pont de bois que l'on nomma successivement le pont Barbier, le pont Sainte-Anne en l'honneur de la reine d'Autriche, le pont des Tuileries, parce qu'il y conduisoit, enfin plus communément le pont Rouge, de la couleur dont il étoit barbouillé. Ce pont, qui étoit aligné avec la rue de Beaune, ainsi que le prouve l'inspection de tous les plans, fut brisé plusieurs fois par l'effort des glaces et par la rapidité de l'eau, enfin emporté tout-à-fait le 20 février 1684. Alors Louis XIV ordonna qu'il seroit rebâti en pierre et à ses dépens; les fondements en furent jetés le 25 octobre 1685, sous la conduite des sieurs Mansart et Gabriel, auxquels succéda bientôt le frère François Romain, dont les talents supérieurs étoient reconnus dans ce genre de construction, et qui en effet surmonta avec beaucoup de hardiesse et de bonheur toutes les difficultés que lui présentoient, en cet endroit, la profondeur de l'eau et la rapidité du courant. Ce pont, dont la dépense ne monte qu'à 720,000 fr., fut, dès-lors, appelé *Pont-Royal*.

Il a soixante-douze toises de long sur huit toises quatre pieds de large, y compris l'épaisseur des parapets; on y compte quatre piles et deux culées, formant cinq arches dont la construction a plus de solidité que d'élégance.

CHAPELLE DE LA VIERGE.

Cette chapelle, qui existoit dans le dix-septième siècle, avoit été élevée sur l'emplacement qu'occupe aujourd'hui la rue Sainte-Marie, pour servir de succursale à la paroisse Saint-Sulpice.

Elle est indiquée en 1652 sur le plan de Gomboust; on ignore quand elle fut démolie, mais il est prouvé par d'autres plans qu'elle n'existoit plus en 1674.

LES CHANOINESSES DU SAINT-SÉPULCRE.

Ces chanoinesses étoient vulgairement appelées les religieuses de *Belle-chasse.* Leur ordre, institué en Palestine vers la fin du onzième siècle, ne fut connu en Europe que long-temps après, ce qui vient de ce que les rois de Jérusalem ne l'avoient d'abord formé que pour des hommes destinés à la garde du Saint-Sépulcre; les femmes n'y furent admises par la suite que parce qu'elles devinrent nécessaires pour remplir un grand nombre de fonctions et de détails qui semblent appartenir particulièrement à leur sexe. Quelques-unes de ces religieuses établies à Viset, dans le pays de Liége, en furent appelées en 1622 par la comtesse de Challigni (1), qui les fixa à Charleville (2). En 1632, la baronne de

---

(1) *Histoire des Ordres religieux,* t. 2, p. 124.
(2) *Histoire de Lorraine,* t. 3, p. 775.

Planci en fit venir cinq à Paris. Leur établissement dans cette ville éprouva d'abord quelques difficultés, parce que l'on ne vouloit point y agréer de nouvelles institutions religieuses, à moins qu'elles ne fussent suffisamment dotées. Enfin, en 1635, la mère Renée de Livenne de Verville acheta d'un particulier nommé Barbier une maison située au lieu dit *Belle-chasse*; et l'année suivante, la duchesse de Croy les gratifia de 2000 liv. de rente. On acheva, dans cette même année, de bâtir leur monastère, où elles entrèrent le 20 octobre. Des lettres-patentes, données en 1637, confirmèrent cet établissement, qu'elles qualifient « Chanoinesses régulières de « l'ordre du Saint-Sépulcre de Jérusalem, sous « la règle de Saint-Augustin. » Ces religieuses ont augmenté depuis leurs jardins, leurs bâtiments, et fait reconstruire leur chapelle, qui fut bénite en 1673 (1).

LES PETITES CORDELIÈRES.

Nous avons déjà parlé de l'établissement de ces religieuses au faubourg Saint-Marcel (2). Leur nombre s'étant fort augmenté, elles obtin-

---

(1) Une partie des bâtiments de cette communauté a été détruite, l'autre est changée en habitations particulières. On a aussi percé une rue nouvelle sur le terrain qu'elle occupoit.

(2) *Voyez* t. 3, 1re part., p. 530.

rent, en 1632, des lettres-patentes qui leur permettoient « de fonder et instituer dans la ville un « petit couvent de leur ordre, par forme de se- « cour à leur monastère du faubourg (1) ». Sur le consentement que l'archevêque donna la même année à ces lettres, elles s'établirent, sous le titre de religieuses de *Sainte-Claire de la Nativité*, dans une maison située rue des Francs-Bourgeois et Payenne, qui leur avoit été donnée par M. Pierre Poncher, auditeur à la chambre des comptes. En 1687, ayant acquis, à titre d'échange, l'hôtel de Beauvais, rue de Grenelle, elles obtinrent de Louis XIV la permission d'y transférer leur communauté, et y demeurèrent jusqu'en 1749, que ce monastère fut supprimé par un décret.

L'ABBAYE

DE NOTRE-DAME-DE-PENTEMONT.

Deux pieuses personnes, Catherine Florin et Jeanne-Marie Chésar de Martel, s'étoient associées dans l'intention de former une commu-

---

(1) *Histoire de Paris*, t. 1, p. 465, et t. 5, p. 89.

nauté qui se destineroit à l'instruction des jeunes filles. Ce nouvel institut, créé à Lyon en 1625, fut approuvé en 1631 par une bulle du pape Urbain VIII. Dès 1627, des affaires ayant appelé à Paris la dame de Martel, l'utilité déjà reconnue de son établissement la fit accueillir de la reine Anne d'Autriche, et de plusieurs personnes de la plus haute qualité; et, soutenue par d'aussi puissantes protections, elle forma aussitôt le projet d'avoir une seconde maison dans cette capitale. Ce ne fut toutefois qu'en 1643 qu'on lui accorda les lettres-patentes qui lui permettoient de s'y établir. Elle plaça son petit troupeau dans une grande maison accompagnée de jardins, dont la propriété appartenoit à l'hôpital général, et qui étoit située rue de Grenelle, au lieu dit *l'Orangerie*. La chapelle en fut bénite par le prieur de Saint-Germain, qui, en 1644, introduisit ces filles dans ce monastère, sous le titre d'*Augustines du Verbe Incarné et du Saint-Sacrement*. Cependant, comme cette communauté n'avoit pas de revenus suffisants pour assurer sa subsistance, les lettres-patentes de 1643 n'avoient point été enregistrées. Les filles du Verbe Incarné sollicitèrent et obtinrent en 1667 des lettres de surannation, au moyen desquelles elles espérèrent en 1670 se soustraire à la suppression qui fut faite alors de plusieurs hospices et maisons; mais ce fut moins en raison de ce titre qu'elles échappèrent alors à cette mesure générale, que parce que l'archevêque de Paris jugea leur maison propre à recevoir une partie des religieuses qui sortoient des couvents supprimés. Leurs lettres furent donc enregistrées, mais sous la condition de ne point recevoir de novices, jusqu'à ce qu'il en eût été autrement ordonné. Cette faveur qu'on leur accordoit étoit en effet bien illusoire; car, dès l'année suivante, une ordonnance du prieur de l'abbaye, confirmée par des lettres-patentes et par arrêt du parlement, les supprima et appliqua tous leurs biens à l'hôpital général (1).

Ce fut cet événement qui procura aux religieuses de Pentemont l'occasion de s'établir à Paris. Cette abbaye avoit été fondée, en 1217, par Philippe de Dreux, évêque de Beauvais, pour des Bénédictines : cinq ans après, elles embrassèrent la règle de Cîteaux. On pense que c'est de la situation de leur monastère, bâti près de Beauvais sur le penchant de la montagne de Saint-Symphorien, que le nom de *Pentemont* leur a été donné. Cette situation étoit extrêmement désagréable, et les débordements de la ri-

---

(1) Les filles du Verbe incarné furent alors transférées à la place du Puits-de-l'Ermite, dans la maison dite *de la Crèche*. (*Voyez* t. 3, 1ʳᵉ part., p. 501.

vière d'Avalon avoient plusieurs fois dégradé leurs bâtiments; enfin, en 1646, les ravages qu'y causa l'inondation furent tels, que ces religieuses se virent forcées de se retirer dans les faubourgs de Beauvais. S'y trouvant trop à l'étroit, et jugeant leur maison désormais inhabitable, elles obtinrent en 1672 des lettres-patentes qui leur permirent de s'établir à Paris; et, sur le consentement de leurs supérieurs, de l'archevêque et du prieur de Saint-Germain, elles achetèrent, à titre d'échange, des administrateurs de l'Hôpital général, le couvent dont nous venons de parler.

L'église de ce couvent fut rebâtie dans le siècle dernier sur les dessins et sous la conduite de M. Coutant, architecte du roi. Depuis, M. Fransque, son élève, et comme lui architecte du roi, acheva plusieurs détails de ce monument, que son maître avoit laissés imparfaits. La première pierre en avoit été posée, en 1755, par le dauphin père de Louis XVI.

C'est une assez jolie coupole, supportée par quatre pendentifs. Le maître-autel, placé en face de la porte d'entrée, étoit adossé à la grille du chœur; et l'église, du reste, n'offroit rien de remarquable que la fraîcheur de son exécution et l'extrême propreté des ornements dont elle étoit décorée. Le portail sur la rue est orné de deux colonnes ioniques que surmonte un fronton circulaire dont la forme pesante s'accorde mal avec la délicatesse de l'ordre (1).

~~~~~~

LES CARMÉLITES.

Ces religieuses, établies d'abord à Notre-Dame-des-Champs, désirant avoir dans l'intérieur de Paris une maison qui, dans les cas extraordinaires, pût leur servir de refuge et de retraite, obtinrent en 1656 des lettres-patentes qui leur permirent d'établir, rue du Bouloi, un monastère dépendant de celui de la rue Saint-Jacques, toutefois avec défense d'y recevoir des novices, des professes ou d'autres religieuses que celles qui seroient envoyées de cette première maison. Ces défenses subsistèrent jusqu'en 1663 que la reine Marie-Thérèse d'Autriche voulut, en l'honneur de sa patrone et en action de grâces de la naissance du dauphin, fonder un nouveau couvent de Carmélites. Elle obtint en conséquence du roi de nouvelles lettres-patentes datées de cette même année, qui, détruisant les premières,

---

(1) *Voyez* pl. 211. Les bâtiments de l'abbaye ont été changés en caserne; on a fait de l'église un dépôt d'effets militaires.

déclarèrent l'indépendance de la maison de la rue du Bouloi, et permirent d'y recevoir des novices, des donations, des gratifications, etc. La reine fondatrice et la reine Anne d'Autriche posèrent la première pierre de l'église, le 20 janvier 1664; mais le peu d'étendue et l'incommodité du lieu qu'elles habitoient firent désirer à ces religieuses d'être transportées dans le faubourg Saint-Germain. Elles en obtinrent la permission en 1687, suivant l'historien de l'abbaye; en 1689, si l'on en croit Piganiol et de La Barre (1).

Le terrain qu'elles y occupoient, dans la rue de Grenelle, étoit vaste; les religieuses y étoient bien logées; mais leur église étoit petite et peu commode.

LES FILLES DE SAINTE-VALÈRE.

C'étoit une communauté de filles pénitentes que le succès de plusieurs autres établissements du même genre engagea quelques personnes pieuses à former. Le P. Daure, Dominicain de la maison du noviciat, y eut la plus grande part. Le 30 avril 1704, on acheta un terrain qui contenoit neuf cent trente toises de superficie; on y éleva les bâtiments nécessaires, avec une chapelle, et les filles pénitentes y furent admises

---

(1) Ce couvent a été changé en une caserne de cavalerie.

en 1706. Cet établissement fut confirmé en 1717 par des lettres-patentes (1).

LES FILLES DE SAINT-JOSEPH OU DE LA PROVIDENCE.

Cette communauté de filles séculières devoit son origine à Marie Delpech, connue sous le nom de mademoiselle de Létan. Élevée à Bordeaux dans une maison d'orphelines, elle en devint la bienfaitrice, et lui procura des statuts, dressés en 1638 par Henri d'Escoubleau de Sourdis, archevêque de cette ville. L'utilité de cet établissement fit naître à quelques personnes pieuses le projet d'en former un semblable à Paris. Mademoiselle de Létan y fut appelée en 1639, et se logea d'abord, rue du Vieux Colombier. Le nombre toujours croissant de ses élèves la détermina, peu de temps après, à prendre à loyer, près du noviciat des Jésuites, une maison qui devint bientôt trop petite pour quatre-vingts orphelines, dont elle dirigeoit déjà les travaux. Elle acheta donc, en 1640, rue Saint-Dominique, la maison que cette communauté a occupée jusque dans les derniers temps, et l'agrandit, la même année, par l'acquisition de sept quartiers de terre contigus. Le roi permit cet établissement par lettres-patentes; et M. Henri de Gondi

---

(1) Les bâtiments de cette communauté sont maintenant habités par des particuliers.

donna à ces filles des statuts, qu'elles ne cessèrent point d'observer avec la plus grande exactitude.

L'objet de cette institution étoit d'instruire des orphelines et de leur apprendre toutes les petites industries convenables à leur sexe, jusqu'à ce qu'elles fussent en âge d'être mariées, d'entrer en religion, ou de se mettre en service (1).

LE PALAIS BOURBON.

Ce palais, situé dans la rue de l'Université, à peu de distance de l'hôtel des Invalides, doit sa première construction à Louise-Françoise, duchesse de Bourbon. C'est en 1722 qu'il commença à s'élever sur les dessins de Girardini, architecte italien; continué par l'Assurance, élève de Jules-Hardouin Mansart, il fut successivement augmenté par Gabriel Barreau, Charpentier, Belisart, etc. On avoit, dans ces augmentations diverses, réuni aux constructions primitives, l'hôtel de Lassai, de manière à n'en former qu'un seul ensemble de bâtiments, dans lesquels les

---

(1) Les bureaux de la guerre sont placés dans cette maison.

princes de la maison de Condé avoient rassemblé tout ce que la distribution intérieure a de plus recherché, tout ce que le luxe d'ameublement pouvoit offrir de plus élégant. La position de ce palais sur les bords de la Seine, en face des Tuileries et des Champs-Élysées, en faisoit une maison de plaisance autant qu'un palais, et du côté de la rivière, le caractère de l'édifice annonçoit moins un palais qu'une maison de plaisance.

Son aspect, sur cette face, se composoit de deux pavillons en longueur, symétriques par la dimension seulement, et formés chacun d'un simple rez-de-chaussée. Cette composition pouvoit déjà sembler assez mesquine; mais lorsque Louis XVI eut fait bâtir en avant de ces deux pavillons le pont auquel on donna son nom, l'obligation absolue où l'on se trouva de relever le terrain de ce côté fut cause que la façade entière se trouva masquée dans son soubassement et parut de loin comme enterrée. La petitesse de l'ordonnance n'en devint que plus choquante, et l'on peut présumer que, sans la révolution, le prince qui en étoit propriétaire eût senti la nécessité de faire disparoître de semblables incohérences (1).

---

(1) *Voyez* pl. 198. Cette façade a éprouvé plusieurs changements : on avoit d'abord élevé un attique sur l'ordonnance, ce qui exhaussa un peu la masse sans la rendre beaucoup meilleure. De-

L'entrée de ce palais sur la rue est une des plus magnifiques qui existent à Paris. Elle consiste en une grande porte accompagnée de chaque côté d'une colonnade d'ordre corinthien. Ce vestibule donne bien l'idée d'un grand et riche palais (1). La première partie de la cour n'y répond que par son étendue (2); et les bâtiments dont elle est formée n'ont aucun caractère. Mais la seconde cour offre un assez bel ensemble de portiques et de masses bien distribués. L'avant-corps du fond étoit couronné par un groupe de la main de Coustou jeune, représentant le Soleil sur son char, entouré des Saisons, que figuroient quatre Génies tenant les rênes des chevaux. A droite et à gauche, deux vastes péristyles en colonnes isolées servoient d'entrée aux appartements. Sur les avant-corps de ces ailes s'élevoient les statues des Muses, exécutées par Pajou (3).

---

puis on l'a changée en un péristyle composé de douze colonnes corinthiennes, avec fronton. On doit cette construction à M. Poyet. (Voyez *Monuments nouveaux*.)

(1) *Voyez* pl. 197.

(2) Cette cour a deux cent quatre-vingts pieds de long sur cent soixante-deux de large; et ses bâtiments se lient par une corniche continue à celle de l'ancien palais, qui formoit alors une cour d'honneur de cent quarante-un pieds de profondeur sur quatre vingt-seize dans l'autre dimension.

(3) *Voyez* pl. 199. Au fond de cette seconde cour, s'élève et se détache maintenant, sur le nu du mur, un portique orné de co-

L'ancien hôtel de Lassai formoit le petit palais Bourbon, et avoit subi, dans sa jonction avec le grand palais, des changements et des augmentations considérables. Dix cours principales composoient le commun des deux palais réunis, et les écuries pouvoient contenir plus de deux cent cinquante chevaux.

Le jardin du palais, auquel avoit été également réuni celui de l'hôtel de Lassai, étoit terminé par une terrasse de cent cinquante-une toises de long, qui régnoit le long de la Seine, et d'où la vue s'étendoit sur la plus belle partie de Paris et sur toutes les routes et promenades qui, de ce côté, y aboutissent.

Les petits appartements, avec leur jardin parculier, étoient situés à l'extrémité de cette terrasse, du côté des Invalides.

L'HOTEL ROYAL DES INVALIDES.

Dès long-temps, la sollicitude de nos rois s'étoit étendue sur les vieux soldats qui, après

---

lonnes corinthiennes qui annoncent l'entrée du monument. Cette décoration est de M. Gisors, architecte.

avoir consumé leurs plus belles années au service de l'État, se trouvoient, par l'âge et par les infirmités, dans l'impossibilité de pourvoir à leurs besoins, et souvent réduits à mendier leur pain. Henri IV avoit projeté de former un établissement en leur faveur; et, sous son règne, on en plaça un certain nombre, rue de l'Oursine, dans la maison de la Charité chrétienne. Animé du même esprit, et voulant exécuter avec plus de grandeur le plan conçu par son père, Louis XIII y destina le château de Bicêtre, qui tomboit alors en ruine : en 1634 on y fit, par son ordre, des réparations considérables; on y ajouta de nouveaux bâtiments, et cette maison fut appelée la *commanderie de Saint-Louis*. La mort de ce prince, et les troubles qui la suivirent, arrêtèrent ce dessein, et Louis XIV disposa de cette maison en 1656 en faveur de l'Hôpital général (1). Ce fut alors qu'il conçut l'idée d'une fondation encore plus vaste et plus magnifique; ainsi que nous l'avons déjà dit, il y eut, dans le plan de ce monument et dans son exécution, plus d'ostentation que de véritable uti-

---

(1) Vers ce temps-là, M. et madame Berthelot avoient fait bâtir, rue de la Lune, une maison assez spacieuse, qu'ils consacrèrent à recevoir cinquante soldats estropiés. (*Voyez* t. 2, 1re part., p. 526.) Il y avoit aussi dans la rue de Sèvre un hôpital destiné au même usage, mais seulement pour un très petit nombre d'individus.

lité (1). Les premiers fondements en furent jetés en 1671, au plus fort de la guerre; et cependant, dès 1674, il étoit déjà très avancé et en état de recevoir des soldats. Alors le monarque donna son édit de fondation, dans lequel cette maison fut qualifiée *d'hôtel royal des Invalides*. L'église, commencée presque en même temps, ne fut achevée que trente ans après, et dédiée en 1706 par M. le cardinal de Noailles, archevêque de Paris, sous le titre et l'invocation de *Saint-Louis*. Deux architectes unirent leurs talents dans cet immense travail : Libéral Bruant construisit tous les bâtiments d'habitation et la première église ; Jules-Hardouin Mansart éleva la seconde église ou le dôme.

Le vaste emplacement de l'hôtel des Invalides a dix-huit mille sept cent quarante-quatre toises de surface. Il est divisé sur la longueur, qui est de cent trente toises, et sur une profondeur de soixante-dix toises, en cinq parties principales : celle du milieu offre une grande cour de trente-deux toises de largeur sur cinquante-deux de profondeur; de chaque côté sont deux autres cours, chacune de quinze toises sur vingt-deux et demi, toutes entourées de grands corps de bâtiments, et au delà desquelles sont de vastes terrains servant de promenoirs. Le surplus de

---

(1) *Voyez* 1re part. de ce volume, p. 80.

la profondeur de l'enceinte est occupé, au milieu, par les églises, qui sont isolées, et, de chaque côté, par des cours et jardins entourés de bâtiments, au-delà desquels sont encore de vastes terrains clos de murs.

Le premier corps de bâtiment, du côté de la rivière, est précédé d'une avant-cour fermée d'une grille et entourée de fossés. La grande face de ce bâtiment a cent deux toises de longueur et présente trois avant-corps : celui du milieu est décoré de pilastres ioniques, qui reçoivent un grand arc dans lequel étoit autrefois un bas-relief représentant la statue équestre de Louis XIV, accompagnée de la Justice et de la Prudence, par Coustou le jeune. La statue a été détruite (1) : on a laissé subsister les deux autres figures.

Cette façade présente trois étages de croisées au-dessus du rez-de-chaussée, dont les ouvertures sont en arcades ; des deux côtés de la porte sont les statues de Mars et de Minerve, exécutées par le même sculpteur (2).

La première cour, dite, avant la révolution, *cour royale*, est entourée, tant au rez-de-chaussée qu'au premier étage, de portiques ouverts en arcades, et formant des avant-corps au milieu de chacune des quatre faces et dans les angles.

---

(1) Elle a été rétablie.
(2) *Voyez* pl. 200.

L'avant-corps du fond, qui conduit à l'église, est décoré de deux ordres de colonnes ioniques et composites, l'un sur l'autre, et couronnés d'un fronton. Toutes les autres faces des bâtiments, sur les cours et sur les jardins, sont régulièrement percées d'un grand nombre de croisées, sans autre décoration que l'entablement. Il y a, dans tout ce plan et dans son exécution, autant de grandeur que de simplicité (1).

L'intérieur du grand corps de bâtiment, du côté de la rivière, est divisé de la manière suivante: Le pavillon du milieu offre, au rez-de-chaussée, un vestibule; au premier, une bibliothèque servant aussi de chambre de conseil; l'aile gauche est occupée par le gouverneur et l'état-major; la droite par les médecins et chirurgiens en chef; le surplus sert de logement aux soldats et officiers, ainsi qu'aux divers usages de la maison. Les réfectoires sont ornés de peintures à fresque par Martin, et de six tableaux de Parrocel, représentant des traits pris dans les diverses campagnes de Louis XIV.

La première église, destinée aux personnes de la maison, se compose d'une grande nef et de deux bas-côtés. Elle a un porche d'entrée, un sanctuaire et deux sacristies ou chapelles par lesquelles on communique à la seconde église:

---

(1) *Voyez* pl. 201,

la nef est décorée d'un grand ordre de pilastres avec entablement corinthien : les bas-côtés sont du même ordre, mais beaucoup plus petits : les deux églises ont un autel commun.

Cette seconde église, dite le *dôme*, doit être considérée du côté du midi, si l'on veut jouir de tout l'effet qu'elle peut produire. Le portail de ce dôme a trente toises de largeur sur seize de hauteur; il est élevé sur un perron de plusieurs marches, et décoré des ordres dorique et corinthien, enrichis l'un et l'autre de tous les ornements qu'ils peuvent admettre. Un troisième ordre de quarante colonnes corinthiennes règne au pourtour du tambour de cette vaste construction, et supporte un attique qui reçoit la coupole. Cette dernière partie est elle-même surmontée d'une lanterne au dessus de laquelle s'élève une aiguille, terminée par une croix (1).

Ce morceau d'architecture jouit en France d'une grande réputation; et l'on ne peut disconvenir que sa forme svelte et élégante ne se dessine agréablement à une très grande distance, et même lorsqu'on s'en rapproche assez pour jouir à la fois du dôme et du portail. Mais quel que soit alors l'effet imposant de l'ensemble, l'amateur éclairé reconnoît aussitôt que ce portail est d'une trop petite masse, et trop subdivisé

---

(1) *Voyez* pl. 202.

dans ses parties pour servir d'empatement à une décoration d'une hauteur si colossale. C'est alors qu'il faut plus que jamais déplorer ce malheureux esprit de système qui égara, dans le dix-septième siècle, tant d'artistes doués des plus heureuses dispositions, leur fit dédaigner la route ouverte par les anciens, et préférer, à l'imitation de ces modèles uniques du grand et du beau, les productions froides et bizarres de leur imagination désordonnée. Ils prétendoient créer un goût *françois*, une architecture *françoise*, et gâtèrent ainsi à grands frais tout ce qu'ils firent, et même ce qu'ils avoient d'abord le plus heureusement conçu, par la manie de vouloir innover et perfectionner.

L'intérieur présente également un mélange de beautés et de défauts. C'est là surtout que Louis XIV prétendit déployer toute sa magnificence : il y employa les plus habiles artistes, voulut qu'on n'épargnât ni les soins ni la dépense; et en effet, la blancheur de la pierre, la profusion et le fini précieux des ornements de sculpture, les peintures du dôme, la richesse des marbres qui forment le pavement, le superbe baldaquin de l'autel, modèle de celui qui devoit être exécuté en bronze doré d'or moulu, frappent d'admiration tous les étrangers (1).

---

(1) *Voyez* pl. 203.

La disposition du plan est ingénieuse; et l'effet des quatre chapelles que l'on aperçoit du centre de la rotonde a quelque chose de séduisant. On est également frappé de l'effet magique et extraordinaire que produit l'autel placé dans le sanctuaire élevé que l'on a pratiqué entre le dôme et l'église. Toutefois la réunion des deux édifices par cette ouverture commune établie à l'extrémité de l'église et à la circonférence du dôme auroit plus de grandeur, si elle étoit un peu moins resserrée.

Lorsqu'on arrive du côté de l'église, on est fâché que le sol du dôme soit aussi renfoncé, et l'on ne peut se dissimuler que cette construction, placée au centre, auroit encore plus de majesté. Si l'on entre au contraire par le dôme, on est étonné qu'il ne soit pas précédé d'une nef, ou du moins d'un très grand vestibule : de quelque côté qu'on se place, on ne peut jouir de l'ensemble; ce sont toujours deux monuments contigus qu'il faut considérer l'un après l'autre, ce qui laisse quelque chose à désirer. « On ne peut excuser cette disposition extraordinaire, dit un habile architecte (2), qu'en considérant l'église comme appartenant à la maison et formant la chapelle destinée aux vieux militaires qui l'habitent, et le dôme comme une

---

(1) Feu M. Legrand.

chapelle royale où Louis XIV se plaisoit à joindre les actions de grâces qu'il rendoit au Dieu des armées, à celles de ses compagnons d'armes. Dès lors, on est moins surpris de trouver de ce côté un portail et des avenues superbes, puisque toute la pompe royale devoit se déployer avant d'entrer dans ce dôme, dont la porte ne s'ouvroit que pour le monarque. »

CURIOSITÉS DE L'HOTEL DES INVALIDES.

TABLEAUX.

Dans la première voûte du dôme, distribuée en douze parties égales, les douze Apôtres peints à fresque; par *Jouvenet*.

Dans la seconde coupole, l'apothéose de saint Louis; par *Lafosse*.

Entre les arcs-doubleaux, les quatre Évangélistes; par le même.

Dans la voûte du sanctuaire, le mystère de la Trinité et l'Assomption de la Vierge; par *Noël Coypel*.

Dans les embrasures des fenêtres, des groupes d'Anges formant des concerts; par *Louis* et *Bon Boulongne*.

Dans la chapelle Saint-Grégoire, divers événements de la vie de ce père de l'Église; par M. *Doyen*. (Ces peintures avoient été faites quelques années avant la révolution pour remplacer celles de *Le Brun*, que l'humidité avoit détruites.)

Dans la chapelle Saint-Jérôme, la vie, la mort et l'apothéose de ce saint; par *Boulongne* aîné.

Dans la chapelle Saint-Augustin, les principaux événements de la vie de ce saint évêque; par *Boulongne* le jeune.

Dans la chapelle Saint-Ambroise, les principaux événements de sa vie; par *Boulongne* aîné.

SCULPTURES.

Sur le maître-autel, six colonnes torses, groupées trois à trois, entourées d'épis de blé, de pampres, de feuillages, et portant quatre faisceaux de palmes qui se réunissoient pour soutenir le baldaquin : les figures d'amortissement et les autres ornements par *Vanclève* et *Coustou* jeune.

Sur la face de cet autel, au midi, la Sépulture du Sauveur ; par *Vanclève*.

Au dessus de l'entablement des vingt-quatre pilastres composites qui ornent l'intérieur du dôme, les portraits en médaillons de douze rois de France : Clovis, Dagobert, Childebert, Charlemagne, Louis-le-Débonnaire, Charles-le-Chauve, Philippe-Auguste, Saint-Louis, Louis XII, Henri IV, Louis XIII et Louis XIV.

Dans la chapelle Saint-Grégoire, la statue de ce saint, par *Le Moyne*; sainte Émilienne sa tante, par *Dhuez*; sainte Silvie sa mère, par *Caffieri*; au dessus de la porte, saint Louis servant les pauvres, bas-relief par *Le Gros*.

Dans la chapelle de la Vierge, sa statue par *Pigale*; la translation faite par saint Louis de la couronne d'épines, bas-relief par *Vanclève*.

Dans la chapelle Saint-Jérôme, sa statue, par *Adam* aîné; sainte Paule, par *Granier*; sainte Eustochie sa fille, par *Dieu*; des groupes de prophètes, bas-reliefs, par *Coustou* l'aîné; le pape bénissant saint Louis, bas-relief par l'*Espingola*; des Anges au dessus de la porte, par *Vanclève*.

Dans la chapelle Saint-Augustin, la statue du saint, par *Pajou*; saint Alipe, par *Mazière*; sainte Monique, par *François*.

Dans la chapelle Sainte-Thérèse, la statue de la sainte, par *Le Moyne*; deux anges en plomb, par le même et par *Lapierre*.

Dans la chapelle Saint-Ambroise, sa statue par *Slodtz*; saint Satyre son frère, par *Bertrand*; sainte Marcelline sa sœur, par *Le Pautre*.

Sur les portes qui communiquent du dôme dans les chapelles, quatre bas-reliefs représentant : 1º un Ange armé d'un bouclier, par *Coustou* aîné; 2º un Ange portant un casque, par *Coyzevox*; 3º un Ange chargé d'un étendard, par *Vanclève*; 4º un Ange tenant la sainte ampoule, par *Flamen*.

Dans les niches de la façade méridionale, deux statues colossales : saint Louis, par *Coustou* aîné, d'après un modèle de *Girardon*; Charlemagne, par *Coyzevox* (1).

Sur la balustrade, les huit Pères des Églises grecque et latine :

---

(1) Ces deux statues avoient été déposées, pendant la révolution, dans le jardin du Musée des Petits-Augustins.

1º saint Basile et saint Ambroise, par *Poultier*; 2º saint Jean Chrysostôme et saint Grégoire-le-Grand, par *Mazeline*; 3º saint Grégoire de Nazianze et saint Athanase, par *Coyzevox*; 4º saint Jérôme et saint Augustin, par *Hurtrelle*.

Sur le fronton et dans diverses parties du portail, plusieurs groupes de figures allégoriques : 1º quatre vertus couchées : la Justice, la Tempérance, la Prudence et la Force, par *Coyzevox*; 2º la Foi et la Charité accompagnant les armes de France ; 3º quatre autres vertus : la Constance, l'Humilité, la Confiance et la Magnanimité, sans nom d'auteur.

La chaire, exécutée sur les dessins de *Vassé*, formoit une espèce de dais supporté par deux palmiers; l'amortissement offroit la couronne de France soutenue par des chérubins (1).

On compte dans cette maison environ trois mille soldats et officiers, tous nourris et entretenus convenablement suivant leurs grades et leurs infirmités. Deux compagnies, chacune de cent hommes, y montent journellement la garde.

Avant la révolution, le ministre de la guerre, ou, à son défaut, le contrôleur général, présidoit le conseil qui se tenoit tous les jeudis.

Les revenus de l'établissement se composoient de pensions que payoient les abbayes en raison de la renonciation faite par le roi au droit des *oblats* (2) : on y ajouta depuis trois deniers pour livre sur toutes les dépenses de la guerre.

---

(1) On avoit transporté dans les combles immenses de cet hôtel tous les plans déposés d'abord dans la grande galerie du Louvre, que l'on destinoit, dès avant la révolution, à former un Muséum.

(2) Ces oblats, fort anciens dans l'église, étoient des moines-lais que le roi plaçoit dans chaque abbaye de sa nomination, pour

Une grande place en demi-lune précède l'entrée de l'avant-cour; et toute l'esplanade, qui s'étend jusqu'à la rivière, forme une promenade plantée d'arbres, dont on est redevable à M. le comte d'Argenson, ministre de la guerre. Les allées pratiquées sur l'esplanade méridionale, et qui se prolongent jusqu'à l'École militaire, ont été percées, peu de temps avant la révolution, sous la direction de feu M. Brongniart, architecte des Invalides.

Les PP. de Saint-Lazare gouvernoient le spirituel de cette maison, dont l'état-major étoit composé d'un gouverneur, d'un lieutenant du roi et d'un major (1).

---

y être nourris et entretenus. Cette faveur tomboit ordinairement sur des soldats estropiés,

(1) Lorsque le roi entroit aux Invalides, la garde ordinaire cessoit ses fonctions, pour être relevée sur-le-champ par une compagnie de ces vieux soldats. Cela fut ainsi décidé, dès les premiers temps que Louis XIV alla visiter cet établissement. Les Invalides qui se pressoient autour de lui, se voyant repoussés un peu brusquement par la garde, parurent sensibles à cette espèce d'affront : le roi s'en aperçut, et avec cette bonté qui lui étoit naturelle, il déclara qu'il vouloit qu'on traitât plus doucement ses anciens serviteurs et qu'il étoit en sûreté au milieu d'eux. Ils composèrent dès ce moment sa garde, et cet usage s'est perpétué sous ses successeurs. (L'hôtel des Invalides n'a point changé de destination.)

L'ÉCOLE MILITAIRE.

Ce monument fut construit par Louis XV, en faveur de la noblesse pauvre de son royaume. L'édit de fondation, donné au mois de janvier 1751, porte que S. M. établit l'hôtel de l'École royale et militaire en faveur de cinq cents jeunes gentilshommes, pour y être entretenus et élevés dans toutes les sciences convenables et nécessaires à un officier. Pour fournir aux dépenses de cette École, le monarque accorda le bénéfice d'une loterie, et y annexa les revenus de l'abbaye de Laon alors vacante; on choisit, dans la plaine de Grenelle, un vaste terrain (1), à peu de distance de l'hôtel des Invalides; et tandis que l'édifice s'élevoit sur les dessins de Gabriel, architecte du roi, l'École s'organisoit provisoirement dans le château de Vincennes. Quatre-vingts élèves y entrèrent en 1753; et dès 1756, ils purent être transférés, en beau-

---

(1) Ce terrain étoit anciennement une garenne appartenant à l'abbaye de Saint-Germain. De là est venu par corruption le nom de *Grenelle*, comme nous le dirons en son lieu.

coup plus grand nombre, dans leur nouvelle et magnifique demeure. La première pierre de la chapelle fut bénite par l'archevêque de Paris, en présence du roi qui la posa au même instant. Ceci n'arriva qu'en 1769.

Toute l'étendue des bâtiments, cours et jardins, est comprise dans un parallélogramme de deux cent vingt toises de largeur sur cent trente de profondeur, précédé et entouré de grandes avenues plantées d'arbres : l'entrée opposée est par le Champ-de-Mars.

La façade de ce dernier côté est décorée d'un seul avant-corps de colonnes corinthiennes; au centre est un vestibule à quatre rangs de colonnes d'ordre toscan, ouvert de trois portes sur les deux faces. A gauche de ce vestibule, on trouve la chapelle, dont la voûte, en arc surbaissé, est portée par des colonnes corinthiennes, engagées dans les murs (1).

Le principal corps de bâtiment, du côté de la cour, est décoré d'un ordre de colonnes doriques, surmonté d'un second ordre ionique. Au milieu s'élève également un avant-corps d'ordre corinthien, dont les colonnes embrassent les deux étages; il est couronné d'un fronton et d'un attique.

Deux cours, dont la première a soixante-dix

---

(1) *Voyez* pl. 205.

toises en carré, et la seconde environ quarante-cinq, précèdent le principal corps de bâtiment : le reste consiste en cours adjacentes, jardins et constructions d'un goût plus simple, pour tous les besoins de ce vaste établissement (1).

Dans les bâtiments en aile qui bordent la première cour, on éleva, en 1788, un très beau manège et un observatoire, qui existent encore et dont la construction fut dirigée par M. La Lande.

CURIOSITÉS DE L'ÉCOLE MILITAIRE.

TABLEAUX.

Dans la chapelle, onze tableaux représentant les principaux événements de la vie de saint Louis, savoir :

1º Saint Louis s'élançant du vaisseau à l'attaque de Damiette; par *Restout* fils.

2º Saint Louis rendant la justice sous un chêne dans le bois de Vincennes; par *Lépicier*.

3º Saint Louis portant la couronne d'épines de Vincennes à Paris; par *Hallé*.

4º Le mariage de saint Louis; par *Taraval*.

5º Saint Louis remettant la régence du royaume à la reine Blanche sa mère; par *Vien*.

6º Saint Louis donnant à son fils les instructions nécessaires pour bien régner; par *Beaufort*.

7º L'entrevue de saint Louis et du pape Innocent IV à Lyon; par *Lagrenée* aîné.

8º Saint Louis recevant les ambassadeurs du Vieux de la Montagne; par *Brenet*.

9º Saint Louis lavant les pieds aux pauvres; par *du Rameau*.

10º Le sacre de saint Louis; par *Carle Vanloo*.

---

(1) *Voyez* pl. 204.

11° Sur l'autel, saint Louis malade de la peste à Tunis, et recevant le Viatique; par *Doyen*.

Dans la chambre du conseil, le portrait de Louis XV; par *Carle Vanloo*.

Plusieurs tableaux de siéges, batailles et autres faits militaires, arrivés sous le règne de ce dernier monarque; par *Le Paon*.

Sur les frontons des deux faces des bâtiments en aile qui se prolongent jusqu'à la première grille, des grisailles à fresque; par *Gibelin*. La première représente deux athlètes, dont l'un arrête un cheval fougueux; l'autre, la figure allégorique de l'Étude avec ses attributs.

SCULPTURES.

Au milieu de la cour royale, la statue pédestre de Louis XV, tête nue et cuirassé; par *Le Moyne*.

Sur le grand escalier, les statues du grand Condé, par *Le Comte*; de Turenne, par *Pajou*; du maréchal de Luxembourg, par *Mouchy*; du maréchal de Saxe, par *d'Huez*.

Une machine hydraulique, posée sur quatre puits, faisoit mouvoir quatre pompes, et fournissoit à la maison quarante muids d'eau par heure : elle existe encore.

Le réfectoire est immense et d'une belle construction. La bibliothèque, contenant environ cinq mille volumes, méritoit d'être vue.

La façade méridionale est fermée par une grille et un fossé en avant duquel on a planté, sur les dessins de M. Brongniart, une magnifique avenue qui croise celle des Invalides et se prolonge jusqu'à la rue de Sèvre.

L'état-major de cette maison se composoit d'un gouverneur, d'un inspecteur général des colléges du royaume (1), d'un directeur des études, d'un capitaine de la compagnie des cadets, d'un contrôleur général, etc. Elle étoit gardée journellement par une compagnie de cent vingt invalides.

L'École militaire, quant au spirituel, étoit entièrement sous la direction de l'archevêque de Paris (2).

CHAMP-DE-MARS.

C'est ainsi qu'on appeloit, et qu'on appelle encore aujourd'hui, une immense esplanade, entourée d'un fossé revêtu de pierres, qui, du côté de la rivière, sert d'avenue à l'École royale militaire et fait partie de la plaine de Grenelle; quatre rangées d'arbres plantés sur les côtés, tant en dedans qu'en dehors des fossés, y forment de longues et belles allées. Cinq grilles de fer en ouvrent les entrées. Ce champ, destiné aux évolutions des élèves de cette école, servoit également aux exercices du régiment des Gardes-

---

(1) Ces colléges ou écoles royales militaires étoient au nombre de dix : Sorèse, Brienne, Tiron, Rebais, Beaumont, Pont-le-Voy, Vendôme, Effiat, Pont-à-Mousson, Tournon. Il y avoit, en outre, au collège de La Flèche, un pensionnat dépendant de l'école de Paris, où les élèves étoient placés depuis huit ans jusqu'à quatorze.

(2) Cet établissement est aujourd'hui une caserne d'infanterie.

Françoises : il peut contenir dix mille hommes rangés en bataille (1).

HÔPITAL DES GARDES-FRANÇOISES.

Cet hôpital, vaste, commode et situé en bon air, fut établi en 1765 au Gros-Caillou, sous les ordres et par les soins de M. le maréchal duc de Biron, colonel des Gardes-Françoises. Il étoit spécialement et exclusivement destiné aux soldats de ce régiment.

Dans la chapelle, un tableau représentant saint Louis en adoration; par *du Rameau*.

CHATEAU DE GRENELLE.

En sortant de l'École militaire par la première grille à gauche du Champ-de-Mars, on trouvoit le château de Grenelle, situé dans la plaine du même nom. Ce château, qui n'offroit rien de remarquable que sa position, avoit haute et basse justice, relevant de l'abbaye de Sainte-Geneviève. Il dépendoit, ainsi que les maisons qui l'entouroient, de la paroisse Saint-Étienne du Mont (2).

---

(1) Le Champ-de-Mars n'a point changé de destination; il sert aux exercices militaires de toutes les troupes stationnées à Paris.

(2) Ce château, dont on avoit fait une poudrière au commencement de la révolution, sauta avec un grand fracas et d'horribles accidents, dans l'année 1793.

HOTELS.

ANCIENS HOTELS DÉTRUITS.

HÔTEL DE NESLE, NEVERS, GUÉNÉGAUD ET CONTI
(quai de Conti).

Cet hôtel, l'un des plus vastes et des plus magnifiques parmi ceux qui faisoient l'ornement de l'ancien Paris, occupoit une grande étendue de terrain : les rues de Nevers, d'Anjou et Guénégaud, ont été, en partie, percées et bâties sur son emplacement. Il se prolongeoit le long de la rivière, jusqu'à la porte et à la tour nommées *Philippe-Hamelin*, dites depuis *de Nesle*, et à la place desquelles on a bâti le pavillon gauche du collége Mazarin. En 1308, Amauri de Nesle le vendit 5000 liv. à Philippe-le-Bel; Charles V. le donna au duc de Berri, son oncle, en 1380. Charles VI, qui confirma ce don en 1385, y joignit deux tuileries et deux arpents et demi de terre, pour agrandir *le séjour de Nesle*, maison de plaisance qui étoit séparée de l'hôtel par le fossé de l'enceinte de Philippe-

Auguste (1). On trouve ensuite qu'en 1446, Charles VII donna cet hôtel à François, duc de Bretagne, son neveu. Il passa ensuite en 1461 au comte de Charolois(2).

Henri II ayant ordonné, par un édit de 1552, que le pourpris, maison et place du *grand Nesle*, seroient vendus et délivrés par lots, portions et places aux plus offrants et derniers enchérisseurs, le duc et la duchesse de Nivernois en firent l'acquisition en 1580, et obtinrent de l'abbé de Saint-Germain qu'il fût érigé en fief, sous la condition de foi et hommage, et d'une redevance annuelle de 50 sols parisis. Jaillot dit avoir lu l'acte de foi et hommage rendu par le duc de Nevers le 3 août 1618, « pour *l'hôtel de Nevers* « anciennement appelé hôtel *de Nesle* (3). »

Ce ne fut qu'en 1646, et sur la réquisition de M. de Guénégaud, secrétaire d'état, qui en étoit alors propriétaire, que l'abbé et les religieux de Saint-Germain consentirent à transiger pour l'extinction de ce titre de fief. Madame Anne-Marie Martinozzy, veuve d'Armand de Bourbon de Conti, en devint ensuite propriétaire en 1670. Les princes de Conti et de La Roche-sur-Yon

---

(1) C'est ce séjour que le commissaire Delamare a pris pour l'hôtel de Nesle, qu'il place, par erreur, hors de la ville.
(2) Chamb. des comptes, mémorial L, f° 172, et K, f° 140.
(3) *Quartier Saint-Germain-des-Prés*, p. 68.

l'augmentèrent en 1679, par l'acquisition qu'ils firent du petit hôtel Guénégaud. Enfin, en 1718, madame la princesse de Conti acheta, sur le quai, une maison joignant cet hôtel, et qui porta depuis le nom de *petit hôtel de Conti*. L'hôtel de Nevers étoit dès-lors connu sous ce nom, qu'il a porté jusqu'à sa destruction. Dans le temps qu'il appartenoit à M. de Guénégaud, il avoit été réparé et embelli, dans toutes ses parties, par François Mansart.

Depuis long-temps, le corps municipal désiroit pour ses assemblées un lieu plus vaste et plus commode que l'ancien hôtel-de-ville : il jeta les yeux sur le terrain qu'occupoit l'hôtel de Conti; et la permission de l'acquérir lui ayant été donnée par Louis XV, un arrêt du conseil, donné en 1750, en fixa le prix à 1,600,000 liv.; mais des obstacles forcèrent de renoncer au projet de bâtir en cet endroit une maison municipale, et l'on y éleva, comme nous l'avons déjà dit, l'hôtel des Monnoies, qui existe aujourd'hui.

Sur les deux vues que nous donnons de l'hôtel de Nesle, celle qui le représente du côté du jardin, copiée d'après une gravure ancienne et de la plus grande rareté, le montre sans doute tel qu'il étoit, après l'acquisition qu'en avoient faite les ducs de Nevers. On y reconnoît en effet le caractère de l'architecture du seizième siècle, et ce dessin donne l'idée d'un immense et somptueux édifice. L'autre vue, plus moderne, offre la porte à laquelle il avoit donné son nom, et la masse extérieure de ses bâtiments; mais il est difficile d'y reconnoître les constructions régulières tracées sur le premier dessin (1).

HÔTEL DE LA REINE MARGUERITE (rue de Seine).

Cette princesse le fit bâtir, sur une portion du petit pré aux clercs, qu'elle avoit acquise, et quitta l'hôtel de Sens pour venir l'habiter. Ceux qui ont pu voir encore cet hôtel, dans le dix-septième siècle, disent qu'il étoit composé de trois corps de logis contigus, de jardins qui s'étendoient jusqu'à la rue des SS. Pères, et de plusieurs allées d'arbres plantés le long de la rivière, qu'on appeloit *le cours de la reine Marguerite* (2). Sauval se trompe lorsqu'il avance que « la veuve de Jean-Baptiste de Budes, comte
« de Guébriant, maréchal de France, acheta un
« hôtel à la rue de Seine, bâti sur les ruines du
« palais de la reine Marguerite (3) ». Les titres démentent cette assertion : 1° l'hôtel dont il s'agit n'ayant été bâti au plus tôt qu'en 1606, ne pouvoit être en ruine, trente-sept ans après sa construction. 2° S'il fut acquis par la veuve du

---

(1) *Voyez* pl. 206 et 207.
(2) SAUVAL, t. 2, p. 250.
(3) *Ibid.*, p. 157.

maréchal de Guébriant, ce ne put être avant 1643, puisque le maréchal ne mourut que dans le courant de cette année; mais un rôle de taxes, fait en 1639 et cité par Jaillot (1), marque que les trois corps de logis, formant l'hôtel de la reine Marguerite, appartenoient à madame de Vassan, et qu'ils étoient alors occupés par le président Séguier. Cet hôtel fut acquis en 1718 par MM Gilbert de Voisins.

HÔTEL DE BEAUVAIS (rue de Grenelle).

Cet hôtel, qui, vers la fin du dix-septième siècle, fut changé en maison religieuse (2), est remarquable par deux particularités : l'une, qu'en 1685, il servit de logement au doge et aux quatre sénateurs de Gênes, lorsqu'ils vinrent faire au roi les satisfactions qu'il avoit exigées de leur république; l'autre que, dans la métamorphose qu'il éprouva, la salle de bal fut conservée et changée en église. Après que le monastère des Petites-Cordelières eut été supprimé, on vendit l'emplacement qu'il occupoit à des particuliers, qui y élevèrent de nouveaux bâtiments.

---

(1) *Quartier Saint-Germain*, p. 79.
(2) *Voyez* p. 442.

HOTELS EXISTANTS EN 1789.

HÔTEL DE LA ROCHEFOUCAULD (rue de Seine).

Sauval, en parlant de cet hôtel, dit (1) « que « Louis III de Bourbon, premier comte de Mont- « pensier, qui devint dauphin d'Auvergne par « son mariage, et ses descendants, avoient un « hôtel dans cette rue, qu'ils vendirent à Henri « de La Tour, duc de Bouillon, maréchal de « France, et qui a passé ensuite au duc de Lian- « court. » Ceci paroît exact; mais il ajoute que, « tant que ces princes logèrent là, leur hôtel fut « appelé *l'hôtel Dauphin*, qui donna le nom à la « rue; et bien que depuis, changeant de maître, « il eût été appelé l'hôtel *de Bouillon* et l'hôtel « *de Liancourt*, la rue s'est toujours appelée et « s'appelle encore la rue *Dauphine*. » Jaillot combat cette seconde partie de son récit, démentie par tous les plans de Paris, dont aucun, depuis quatre siècles, n'offre la rue de Seine sous le nom de rue Dauphine. Les titres ne présentent également rien qui puisse appuyer une semblable assertion.

M. François, duc de La Rochefoucauld, ayant épousé, en 1659, Jeanne-Charlotte du Plessis-Liancourt, fille unique du duc de Liancourt,

---

(1) T. 2, p. 67 et 120.

devint, par ce mariage, propriétaire de l'hôtel dont nous parlons: on lui donna dès-lors le nom de La Rochefoucauld, qu'il n'avoit point cessé de porter jusqu'à ce jour (1).

C'étoit un édifice d'assez belle apparence qui, du côté de la cour, présentoit un carré de bâtiments décoré d'un ordre dorique en pilastres et bizarrement couronné de grandes croisées à la mansarde, avec tout le luxe d'ornement employé dans l'architecture du dix-septième siècle. Mais ce qui méritoit plus d'attention, c'étoit le jardin dessiné, dit-on, dans le siècle dernier, par le peintre *Robert*, et sans contredit l'un des jardins particuliers les plus agréables et les plus pittoresques qu'il y eût à Paris.

HÔTEL MAZARIN (quai Malaquais).

Cet hôtel appartenoit, dans l'origine, à la princesse de Conti, qui l'échangea pour l'hôtel Guénégaud. Il passa successivement aux ducs de Créqui, de La Trémouille et de Lauzun. On le voit rentrer ensuite dans la maison de Conti, par l'acquisition qu'en fit mademoiselle de La Roche-sur-Yon. Après sa mort, cet édifice

---

(1) Cet hôtel vient d'être démoli; et sur l'emplacement très vaste qu'occupoient les bâtiments, il vient d'être percé une rue nouvelle, dont les constructions ne sont pas encore entièrement achevées.

fut loué pour les écuries de la dauphine; acquis depuis par le duc de Mazarin, il passa ensuite dans la famille de Juigné, dont il portoit le nom, au commencement de la révolution.

HÔTEL DE BOUILLON (même quai).

Cet hôtel, bâti pour un trésorier de l'épargne, nommé Macé-Bertrand de La Basinière, fut acquis depuis par M. de Bouillon. C'est un bel édifice, dans une très-belle position.

HÔTEL DE SALM (rue de Lille, ci-devant de Bourbon).

Cet hôtel, que l'on cite avec raison au nombre des édifices les plus remarquables de Paris, a plutôt les apparences d'un monument public que d'une habitation construite pour un particulier. Sa porte d'entrée, établie sur la rue, offre la forme d'un arc de triomphe, flanqué de chaque côté par une colonnade d'ordre ionique, laquelle s'appuie à des corps de bâtiments avancés, dont la masse est parallèle à celle de la porte, et qui, par leur attique orné de bas-reliefs, se rattachent à la décoration et au motif de l'ensemble.

La colonnade se réunit, dans l'intérieur de la cour, à celle des ailes ou parties latérales, et forme tout autour un promenoir couvert et continu qui aboutit à un frontispice en colonnes d'ordre corinthien, annonçant le corps de logis principal et donnant entrée au vestibule (1).

La partie que nous venons de décrire, modèle de grâce et d'élégance, est aussi la plus parfaite de l'édifice. Le reste consiste en cours adjacentes et en un corps d'habitation, qui, se prolongeant sur le quai, se termine par une partie demi-circulaire et deux corps de bâtiments continus. On regrette que cette façade ne réponde, ni par sa décoration ni par son élévation, au reste du monument (2).

AUTRES HOTELS LES PLUS REMARQUABLES.

Il n'est aucun quartier de Paris qui en contienne un plus grand nombre. La plupart, bâtis dans le dix-septième siècle et au commencement du dix-huitième, sont vastes et magnifiques, mais plus remarquables par la solidité de leur construction, et par cet air de grandeur que présente la masse de leurs bâtiments, que par l'élégance ou la sévérité de leur architecture. La description de ces édifices, qui, généralement n'ont point à l'exté-

---

(1) *Voyez* pl. 208.
(2) *Voyez* pl. 211. L'administration de la Légion-d'Honneur est établie dans cet hôtel.

rieur un caractère déterminé, et dont la décoration intérieure a subi tant de changements depuis la révolution, deviendroit embarrassante pour nous, et sans doute fastidieuse pour nos lecteurs : nous nous bornerons à en donner une nomenclature la plus exacte possible.

Hôtel d'Aiguillon, rue de l'Université.
—— Amelot, même rue.
—— d'Angennes, rue de Varennes.
—— des Archives de l'ordre de Saint-Lazare, rue de Monsieur.
—— d'Avaray, rue de Grenelle.
—— d'Avrincourt, rue Saint-Dominique.
—— de Bandeville, rue des Saints-Pères.
—— de Barbançon, rue de Babylone.
—— de Beaupréau, rue de l'Université.
—— de Benonville, rue Belle-Chasse.
—— de Bentheim, rue de Bourbon.
—— de Béthune, rue Saint-Guillaume.
—— de Béthune-Charost, rue de Bourbon.
—— de Béthune-Pologne, rue de la Chaise.
—— de Bezenval, rue de Grenelle.
—— de Biron, rue de Varennes.
—— de Bois-Geslin, même rue.
—— de Bréant, rue de Grenelle.
—— de Brienne, rue Saint-Dominique.
—— de Brissac, rue de Grenelle.
—— de Broglie, rue de la Planche.
—— de Broglie, rue Belle-Chasse.
—— de Broglie, grand et petit, rue de Varennes.
—— de Cassini, rue de Babylone.
—— de Castellane, rue de Grenelle.
—— de Castries, rue de Varennes.
—— de Caumont, rue de Grenelle.
—— de Chabannes, rue des Saints-Pères.
—— du Châtelet, rue de Grenelle.

SAINT-GERMAIN-DES-PRÉS.

Hôtel de Châtillon, rue de Babylone.
—— de Choiseul, quai des Théatins.
—— de Choiseul Praslin, rue de Bourbon.
—— de Mademoiselle de Condé, abbesse de Remiremont, rue de Monsieur.
—— du prince de Conti, rue de Grenelle.
—— de Créqui, même rue.
—— de Croy, rue de Bourbon.
—— de Damas d'Anlezy, rue de Babylone.
—— de Dillon, rue Saint-Dominique.
—— des Écuries de la Reine, rue de Bourgogne.
—— des Écuries de Monsieur, rue de Monsieur.
—— des Écuries de la comtesse d'Artois, rue des Saints-Pères.
—— de Feuquières, rue de Grenelle.
—— de Galiffet, rue du Bac.
—— de Gensac, rue de l'Université.
—— de Goubert, rue de l'Université.
—— de Grammont, rue de Bourbon.
—— de Guerchi (deux), rue de Belle-Chasse.
—— de Guines, rue de Varennes.
—— d'Harcourt (deux), rue de Grenelle.
—— de Jarnac, rue de Monsieur.
—— de Jaucourt, rue de Varennes.
—— de Kunsky, rue Saint-Dominique.
—— de La Briffe, quai des Théatins.
—— de La Châtre, rue de l'Université.
—— de Lamoignon, rue de Grenelle.
—— de La Rochefoucauld, rue de Varennes.
—— de La Salle, rue de Grenelle.
—— de La Trémouille, rue de Belle-Chasse.
—— de Lautrec, quai Malaquais.
—— de Lignerac, rue Saint-Dominique.
—— de Ligny, rue du Bac.
—— de Luynes, rue Saint-Dominique.
—— de Maillebois, rue de Grenelle.
—— de Mailly, rue de l'Université.
—— de Matignon (grand), rue de Varennes.
—— de Matignon (grand et petit), rue Saint-Dominique.

Hôtel de Maupeou, rue de l'Université.
—— de Maurepas, rue de Grenelle.
—— de Mesgrigni, même rue.
—— de Mirabeau (1), rue de Seine.
—— de Mirepoix, rue Saint-Dominique.
—— de Molé, rue de Belle-Chasse.
—— de Monaco, rue Saint-Dominique.
—— de Montboissier, rue de Verneuil.
—— de Montesquiou, même rue.
—— de Montmorenci, rue de Bourbon.
—— de Montmorenci-Tingri, rue de Varennes.
—— de Montmorin, rue Plumet.
—— de Mortemart, rue Saint-Guillaume.
—— de Narbonne-Pelet, rue de la Planche.
—— de Noailles-Mouchy, rue de l'Université.
—— de Novion, rue de la Planche.
—— d'Orsai, rue de Varennes.
—— de Périgord, rue de l'Université.
—— de Phelippeaux, rue de Grenelle.
—— de Polignac, rue des Saints-Pères.
—— de Pons, rue de Taranne.
—— de Queuille (la), rue de Babylone.
—— de Rochechouart, rue de Grenelle.
—— de Rohan, rue de Varennes.
—— de Rohan-Chabot, même rue.
—— de Rohan-Montbazon, rue de l'Université.
—— du Roure, rue Saint-Dominique.
—— du Roure, rue de Bourbon.
—— de Saumeri, rue de Belle-Chasse.
—— de Seignelai, rue Saint-Dominique.
—— de Senectère, rue de l'Université.
—— de Sens, rue de Grenelle.
—— de Seysseval, rue de Bourbon.
—— de Soyecourt (grand), rue de l'Université.
—— de Soyecourt (petit), rue de Belle-Chasse.

---

(1) Cet hôtel a été bâti sur les ruines de celui de la reine Marguerite.

Hôtel de Tessé, quai des Théatins.
—— de Valbelle, rue du Bac.
—— de Vaudecourt, quai des Théatins.
—— de Vaudreuil, rue de la Chaise.
—— de Villeroi, rue de l'Université.

HÔTEL DES MOUSQUETAIRES-GRIS (rue de Beaune).

On sait que la première compagnie de cette troupe fut créée en 1622, par Louis XIII, sous le nom de *Grands Mousquetaires du roi pour sa garde*. On les logea d'abord chez les habitants du faubourg Saint-Germain, tandis que l'on cherchoit un emplacement pour leur bâtir un hôtel. La halle du Pré-aux-Clercs, plus connue sous le nom de la *halle Barbier*, parut propre à l'exécution de ce projet : ce ne fut toutefois qu'en 1659 que le roi donna ordre à la ville d'acheter cette halle, qui comprenoit le carré borné par les rues de Beaune, de Bourbon, du Bac, et de Verneuil, ainsi que les vingt-six échoppes ou maisons bâties au pourtour, et d'y faire élever les bâtiments nécessaires. On voit ensuite, par deux arrêts du conseil de 1707 et 1715, que cet édifice, achevé seulement en 1671, commençoit déjà à menacer ruine. Il fut question alors d'en rebâtir un nouveau sur une grande place achetée par le roi, rue de Bourgogne, et sur le quai d'Orsai ; mais ce terrain ne se trouvant pas assez spacieux, il fallut renoncer à ce projet, et l'on se contenta de rebâtir à neuf l'ancien hôtel, tel qu'on l'a vu jusqu'au commencement de la révolution (1).

POMPE A FEU.

Cette pompe à feu, établie au Gros-Caillou, sur le bord de l'eau, est composée d'un corps de bâtiments décoré d'arcades, et offre dans sa masse un aspect peu différent de l'édifice du même genre, que nous avons décrit dans le premier volume de cet ouvrage. Elle fournit de l'eau aux Invalides, à l'École militaire, et aux maisons du faubourg Saint-Germain.

GROS-CAILLOU.

A l'extrémité du quartier Saint-Germain et le long de la rivière, est un terrain couvert de maisons et de jardins, que l'on nomme *le Gros-Caillou*. Piganiol dit (2) « que son nom très-« ancien étoit *la Longray*, et que le moderne « vient d'un caillou énorme qui servoit d'en-« seigne à une maison publique de débauche. »

---

(1) Sur l'emplacement de cet hôtel on a construit un marché qui se nomme le marché *Boulainvilliers*.
(2) T. 8, additions, p. 339.

Jaillot (1), qui trouve avec raison cette opinion très singulière, surtout parce qu'elle est avancée sans la moindre preuve, observe que le Gros-Caillou n'occupe qu'une partie du terrain que l'on nommoit effectivement *la Longue Raie*, il y a trois ou quatre cents ans, parce qu'il s'étendoit depuis la rue de Bourgogne jusqu'à l'endroit où sont aujourd'hui les barrières, formant dans ce long espace une lisière très étroite. A l'égard de *l'énorme caillou* qui servoit d'enseigne à une maison de débauche, il ne pense pas même qu'une semblable assertion mérite d'être réfutée, et se contente de dire que ce gros caillou étoit une borne naturelle qui servoit à distinguer les limites des seigneuries de Sainte-Geneviève et de Saint-Germain-des-Prés; ce qui est constaté par un plan manuscrit.

Le terrain du Gros-Caillou s'étant insensiblement couvert de maisons, et l'administration des sacrements y devenant, par la trop grande distance des lieux, également pénible pour le curé de Saint-Sulpice et pour ses paroissiens, on pensa à y faire construire une succursale entre les rues de Grenelle et de Varennes, ce qui fut définitivement arrêté dans une assemblée générale de la paroisse, tenue le 18 août 1652.

---

(1) *Quartier Saint-Germain*, p. 82.

Mais le terrain destiné à l'exécution de ce projet, et qui appartenoit à la fabrique, ayant été vendu en 1686 par arrêt du conseil, ce n'est qu'en 1735 qu'on put songer à la construction du monument, et qu'on obtint de l'archevêque et de l'abbé de Saint-Germain la permission définitive de faire bâtir une chapelle au Gros-Caillou. Toutefois, les moyens des habitants ne répondant point à leur zèle, ce projet eût encore échoué pour la seconde fois, si le roi ne leur eût permis une quête de trois ans, tant pour la construction de la chapelle que pour l'achat des vases sacrés et les honoraires du desservant. La première pierre en fut posée le 19 mars 1738, et l'Église fut achevée le 11 août suivant. Quoiqu'elle eût été bénite sous le titre de *l'Assomption de la Vierge*, et que les habitants lui eussent donné celui de *Notre-Dame-de-Bonne-Délivrance*, les registres de l'archevêché l'offrent sous la dénomination de *Saint-Pierre du Gros-Caillou*, succursale de Saint-Sulpice. Au commencement de la révolution on travailloit à la construction d'une Église plus grande, dont M. Chalgrin étoit l'architecte, et qu'on avoit le projet d'ériger en cure (1).

---

(1) Les premières constructions de cette église, restées imparfaites, ont été depuis entièrement démolies. (*Voyez* l'article *Monuments nouveaux.*)

L'ILE MAQUERELLE OU DES CYGNES.

Vis-à-vis le Gros-Caillou, étoit une île assez grande, qu'un très petit courant d'eau séparoit du rivage, et qu'on y a réunie en comblant cet espace. Cette île s'étoit formée par la réunion de plusieurs autres, et par des atterrissements, que l'amas des sables et les dégradations de ces petites îles avoient occasionnés. On nommoit île *de Grenelle* celle qui faisoit face à *la Longue Raie*; elle s'accrut depuis par l'adjonction de l'île *des Treilles*, qui étoit au-dessus, et de l'île *aux Vaches*, qui étoit au-dessous. Dès 1494, on l'appeloit île *Maquerelle*, nom dont on n'a pu découvrir jusqu'à présent ni l'origine ni l'étymologie (1). Jaillot dit avoir lu, dans les archives de l'abbaye Saint-Germain, que la plus grande partie de cette île étoit en prés, et que les soldats alloient s'y exercer, ce qui causa un assez grand dommage pour que les religieux prissent la résolution de l'affermer à divers particuliers, qui séparèrent leurs portions par des haies, des fossés, ou des rigoles, ce qui formoit autant de

---

(1) Jaillot pense que cette île a pu servir de rendez-vous pour terminer par le duel des querelles particulières, et qu'elle a pu en tirer son nom; mais il observe qu'alors il faudroit écrire *Ma-Querelle*. Il auroit mieux fait, selon nous, de renoncer à chercher cette étymologie, que d'en présenter une aussi bisarre, et qu'il ne soutient d'aucune preuve.

petites îles. Ce lieu fut destiné, dans le seizième siècle, et par arrêt, à servir de sépulture aux pauvres décédés à l'Hôtel-Dieu; mais cet arrêt ne fut point exécuté. Le nom d'île des Cygnes lui vient de ce qu'au commencement de ce siècle, on y avoit placé quelques oiseaux de cette espèce (1).

---

(1) L'état de la Seine étoit autrefois bien différent de ce qu'il est aujourd'hui, et nous pensons qu'une courte description de ce que les traditions nous en font connoître se trouvera bien placée ici et s'y fera lire avec intérêt. Cette rivière, dont les bords n'étoient point resserrés, comme aujourd'hui, par des quais, étendoit alors ses eaux sur une plus grande surface, et formoit un assez grand nombre d'îles ou atterrissements, emportés depuis par la violence des débordements, ou détruits lorsqu'on rétrécit le lit du fleuve, pour la facilité de la navigation. Indépendamment des îles dont nous avons parlé, et qui s'étendoient depuis l'Arsenal jusqu'à la pointe occidentale de la Cité, il s'en présentoit d'abord deux autres qui se prolongeoient parallèlement depuis les Augustins jusqu'à la tour de Nesle; on y blanchissoit des toiles : et la Seine couvroit tout le terrain jusqu'à l'endroit où depuis l'on a bâti la chapelle du collége Mazarin. Vis-à-vis, et du côté du Louvre, il y avoit encore quelques petites îles, mais peu considérables, et qui paroissent ne point avoir eu de dénomination particulière. Plus bas étoit l'île *aux Treilles* (*). Vis-à-vis l'emplacement du palais Bourbon, au delà duquel elle se prolongeoit, cette île étoit séparée, par un petit bras d'eau, d'un autre atterrissement, qu'on appeloit, en 1250, l'île *de Seine*, et qui fut depuis l'île *aux Vaches*, dont nous venons de parler; celle-ci étoit située vis-à-vis de Chaillot. Le long de ces deux îles s'en étendoit une troisième, longue et étroite, appelée l'île de *Hiérusalem*. Toutes ces îles étoient, partie en pâtures, et partie en saussaies et ose-

(*) Il y a grande apparence que cette île avoit pris son nom des vignes qu'on y avoit anciennement plantées.

Le bac des Invalides, pour la communication du quartier Saint-Germain avec le faubourg Saint-Honoré, étoit situé près de cette île. Il fut concédé, pour la première fois, en 1542, par les religieux de Saint-Germain, à qui il appartenoit.

raies. Elles étoient louées ou acensées à divers particuliers, qui, pour marquer les limites de leurs possessions, les entouroient de petits fossés ou rigoles, souvent remplis d'eau, lesquels formoient autant d'îles particulières, qu'on désignoit par les noms de leurs possesseurs ou autres : de là les îles à *Prunier*, de *la Garenne*, de *Long-Champ*, *Merdeuse*, de *la Pierre*, de *Bucy*, du *Passeur* et *Pasteur-aux-Vaches*, etc. Elles étoient mentionnées et décrites dans un registre de Saint-Germain-des-Prés, qui en contenoit la recette depuis 1489 jusqu'à 1521.

De l'autre côté, et au dessous des Tuileries, étoit l'île ou *les mottes de la Saumonnière*; toutes ces îles existoient encore au milieu du quinzième siècle. Vers ce temps-là, la rivière cessa de séparer l'île des Vaches de celle des Treilles; mais on continua de les distinguer, et long-temps après, on disoit encore l'île *Maquerelle* dite *des Treilles*, ou l'île *des Treilles* dite *Maquerelle*. Insensiblement plusieurs parties de ce terrain furent abandonnées par les propriétaires qui n'en retiroient presque rien ; les canaux ou fossés se comblèrent, et ce lieu devint une espèce de promenade publique. On s'y promenoit à pied, et en voiture au commencement du dix-septième siècle ; les soldats y faisoient l'exercice ; ce qui détermina les propriétaires à le mettre en jardinage. Les deux îles ainsi confondues contenoient vingt arpents et demi, qui, en 1645, furent vendus 60,000 liv. à M. de Guénégaud, secrétaire d'État.

A l'égard de l'île de Bucy, elle étoit située plus bas, vis-à-vis d'Issy et du port de Javel. Dans un acte de 1529, cité par Jaillot, elle est désignée sous le nom d'île de *Bucy* ou le *Pressouer-aux-Vaches*, nom qu'on a peut-être corrompu ou altéré en disant le *Passeur* ou le *Pasteur-aux-Vaches*, qui ne se trouve point dans les actes originaux.

FONTAINES.

Fontaine de Conti. Cette fontaine existoit encore, vers le milieu du siècle dernier, près de l'emplacement où depuis on a bâti l'hôtel des Monnoies. Elle n'avoit point d'inscription, quoique ce fût pour elle que Santeul eût fait celle-ci :

> Sequanides flebant imo sub gurgite nymphæ,
>   Cùm premerent densæ pigra fluenta rates :
> Ingentem Luparam nec jam aspectare potestas,
>   Tarpeii cedat cui domus alta Iovis.
> Huc alacres, rex ipse vocat, succedite, nymphæ;
>   Hinc Lupara adverso littore tota patet (1).

Fontaine de l'abbaye Saint-Germain. Cette fontaine, située dans un angle, près de la porte de l'abbaye qui conduit à la rue Sainte-Marguerite, fut construite aux frais des religieux, pour la commodité des habitants de ce quartier. Elle

---

(1) Nous citerons la traduction de cette inscription, non qu'elle soit élégante, ni même fort exacte, mais parce qu'elle est de Pierre Corneille :

> C'est trop gémir, nymphes de Seine,
> Sous le poids des bateaux qui cachent votre lit,
> Et qui ne vous laissoient entrevoir qu'avec peine
> Ce chef-d'œuvre étonnant dont Paris s'embellit,
>   Dont la France s'enorgueillit ;
> Par une route aisée aussi bien qu'imprévue,
> Plus haut que le rivage un roi vous fait monter,
>   Qu'avez-vous plus à souhaiter?
> Nymphes, ouvrez les yeux, tout le Louvre est en vue.

fournit de l'eau de la Seine, et l'on y lisoit cette inscription :

Me dedit urbs claustro, claustrum me reddidit urbi :
Ædibus addo decus, faciles do civibus undas.

Un puits situé à l'angle opposé avoit aussi une inscription conçue en ces termes :

Quam puteus non dat sanctæ tam proximus ædi,
A Christo vivam poscere monstrat aquam.

Fontaine de la Charité. Cette fontaine, située dans la rue Taranne, à peu de distance de l'église de la Charité, fournit de l'eau d'Arcueil, et offroit l'inscription suivante, composée par Santeuil :

Quem pietas aperit miserorum in commoda fontem,
Instar aquæ, largas fundere monstrat opes.

Fontaine de Grenelle. Cette fontaine, construite aux frais de la ville, et achevée en 1739, sous la prévôté de M. Turgot, est un monument remarquable par sa masse et par la richesse de sa décoration. Elle s'élève sur un plan demi-circulaire de quinze toises de largeur sur six de hauteur, et présente une ordonnance de pilastres, de niches, de croisées feintes, avec un entablement surmonté d'un acrotère. L'avant-corps, qui occupe le milieu de la façade, se compose de quatre colonnes ioniques, accouplées deux à deux et couronnées d'un fronton. Ce morceau d'architecture fut élevé sur les dessins et sous la conduite d'Edme Bouchardon, le meilleur sculpteur de son temps, qui lui-même exécuta toutes les figures, tous les bas-reliefs, et même quelques-uns des ornements dont il est décoré.

Sur un socle de glaçons que soutient l'avant-corps, sont trois statues. On reconnoît d'abord la ville de Paris dans celle qui s'élève au milieu : couronnée de tours et assise sur la proue d'un vaisseau. Les deux autres, couchées au milieu des roseaux, et appuyées sur des urnes, représentent la Seine et la Marne. Ces trois figures sont en marbre blanc. Dans les niches pratiquées sur les ailes, sont placées les quatre Saisons en pierre de Tonnerre ; chacune est accompagnée d'un bas-relief indiquant ses divers attributs. Les armes de la ville s'élèvent au milieu de ces quatre niches ; et deux mascarons fixés sur la partie avancée du soubassement donnent de l'eau de la Seine.

Si l'on considère en elle-même toute cette sculpture, elle est d'un style bien mesquin et d'une bien médiocre exécution ; le monument n'offre pas non plus un grand caractère d'architecture ; mais ces figures sont des chefs-d'œuvre, comparées aux productions ignobles de la plupart des sculpteurs d'alors ; et si l'on compare également l'édifice aux constructions bisarres qui se faisoient à la même époque, on y trouvera une certaine pureté de lignes et d'ensemble, qui devoit sembler extraordinaire à la plupart des architectes du siècle de Louis XV. Il n'en est pas moins vrai que, dépouillé de sa sculpture, ce monument n'offriroit qu'un bien médiocre intérêt : des portes, des croisées lui donnent l'aspect d'une habitation particulière ; le soubassement, trop élevé pour l'ordonnance, la fait paroître grêle ; et la décoration générale n'indique pas plus une fontaine que tout autre édifice. Ces deux maigres filets d'eau qui sortent par les deux mascarons contribuent encore à détruire, sous ce rapport, toute espèce d'illusion (1).

Sur une table de marbre noir on lit l'inscription suivante :

Dum Ludovicus XV, populi amor et parens optimus, publicæ tranquillitatis assertor, gallici imperii finibus innocuè propagatis, pace Germanos Russosque inter et Ottomanos feliciter conciliatâ, gloriosè simul et pacificè regnabat, fontem hunc civium utilitati urbisque ornamento consecrârunt præfectus et ædiles, anno Domini M. D. CC. XXXIX.

Une autre inscription offre les noms des officiers municipaux alors en exercice.

Fontaines des Incurables. C'est un simple tuyau qui sort de cet hôpital, et qui fournit de l'eau d'Arcueil.

_____

(1) *Voyez* pl. 209.

BARRIÈRES.

Barrière du Bord-de-l'Eau (1).   Barrière de l'École-Militaire.
——— des Ministres (2).   ——— de l'Observatoire (3).

NOUVEAUX BOULEVARDS.

Les boulevards qui entourent la partie méridionale de Paris, ne furent entièrement achevés qu'en 1761. Ils commencent à la rue de Grenelle, et forment, à quelque distance de leur origine, une patte d'oie qui unit leur contre-allée en dehors avec le quinconce des Invalides. De là les allées, tirées partout en ligne droite, traversent l'extrémité de la rue de Babylone, la rue Plumet (4), un terrain qui servoit de dépôt aux boues du quartier Saint-Germain, la rue de Sèvre, celle de Vaugirard, et, passant ensuite le long du clos des Chartreux, se prolongent jusqu'à la rue d'Enfer, vis-à-vis celle de la Bourbe et le monastère de Port-Royal. Il fallut les arrêter là, parce que l'on n'aurait pu les prolonger sans violer le territoire de ce monastère, et peut-être sans détruire son église, ainsi que beaucoup d'autres édifices.

---

(1) Maintenant barrière de la *Cunette*.
(2) Maintenant barrière de Grenelle.
(3) Cette barrière est aujourd'hui fermée.
(4) On a établi à cet endroit, en dehors du rempart, un puisart qui reçoit toutes les eaux des environs.

On prit alors le parti d'aplanir une ancienne butte, dite du Mont-Parnasse, et de former un embranchement qui traverse la chaussée du Bourg-la-Reine, et que termine une demi-lune. De là cette promenade se continue, et toujours par des lignes droites, jusqu'à la barrière Saint-Jacques, passe ensuite au-dessus de la rue des Capucins et de la rue de Seine ; traverse le Clos-Payen, où sont deux ponts de pierre jetés sur deux branches de la rivière de Bièvre; sortant de ce clos, forme un angle qui conduit à la barrière de Fontainebleau et de Choisy-le-Roi ; enfin vient aboutir en droite ligne au bord de la Seine, en face de la rue Contrescarpe et du jardin de l'Arsenal, laissant en dehors l'hôpital de la Salpétrière.

Ces boulevards, composés, comme ceux du nord, d'une grande allée pour le passage des voitures, et de deux contre-allées, suivent ainsi les murs d'enceinte de la ville, depuis la rivière jusqu'à la rue d'Enfer, et de là rentrent dans son intérieur pour partager en deux le faubourg Saint-Germain jusqu'à l'hôtel des Invalides, parcourant dans leur totalité un espace de trois mille six cent quatre-vingt-trois toises (1). Moins variés que ceux de la partie septentrionale,

---

(1) Les anciens boulevards n'ont que deux mille quatre cents toises de longueur.

moins riches en monuments et en aspects pittoresques, beaucoup moins fréquentés des promeneurs, ils offrent, par une sorte de compensation, des arbres plus élevés, un ombrage plus agréable et plus épais.

Dans ce grand circuit qu'ils décrivent, leur nom change aussi plusieurs fois, et dans l'ordre suivant :

Depuis le bord de l'eau, du côté du jardin des Plantes, jusqu'à la barrière de Fontainebleau, *boulevard de l'Hôpital*.

Depuis la barrière de Fontainebleau jusqu'à celle de Gentilli, *boulevard des Gobelins*.

Depuis la barrière de Gentilli jusqu'à celle d'Enfer, *boulevard Saint-Jacques*.

Depuis la barrière d'Enfer jusqu'à la jonction du boulevard du Mont-Parnasse, *boulevard d'Enfer*.

Depuis la rue d'Enfer jusqu'à la rue de Sèvre, *boulevard du Mont-Parnasse*.

Depuis la rue de Sèvre jusqu'à la rue de Grenelle, *boulevard des Invalides*.

BARRIÈRES NOUVELLES DE PARIS.

Il n'est pas besoin de dire que les barrières de Paris étoient autrefois beaucoup plus rapprochées du centre qu'elles ne le sont aujourd'hui, et qu'elles en ont été successivement éloignées, à mesure que la ville elle-même a étendu sa circonférence. Ces barrières sont maintenant à mille huit cents toises de distance d'une borne militaire placée, comme point central, près de l'église Notre-Dame.

Jusqu'en 1787, ces limites de la capitale n'étoient autre chose que des murailles informes et grossières, ou de foibles cloisons de planches mal assemblées; les recettes se faisoient dans de simples guérites de bois; et l'on ne s'étoit encore occupé, dans cette grande opération, que du résultat utile le plus important, la perception des droits d'entrée. Ce fut M. de Calonne, alors ministre des finances, qui, sur la demande des fermiers généraux, conçut le projet de renfermer la ville dans une enceinte, projet dont l'exécution devoit offrir le double avantage d'opposer un obstacle efficace à l'audace des fraudeurs, et d'orner Paris d'un grand nombre de monuments utiles. M. Le Doux, architecte de la ferme générale, fut chargé de cette vaste entreprise.

Cet artiste, doué d'une imagination féconde, ardente, et même exaltée, conçut la plus haute idée de la mission dont il se vit chargé : il s'agissoit de bâtir près de soixante monuments (1) pour l'embellissement d'une ville que l'on regardoit déjà comme la plus belle du monde. Aucun architecte n'avoit encore rencontré une occasion aussi favorable de montrer à l'Europe l'étendue et la variété de son talent; aussi Le Doux donna-t-il un libre essor à toute la fougue de ses conceptions. Avec une rapidité sans exemple, il enfanta une multitude de projets dont la plupart eurent presque simultanément leur exécution;

---

(1) Les barrières de Paris sont effectivement au nombre d'environ soixante; mais il n'y en avoit que vingt-quatre principales, conduisant aux principales grandes routes, où l'on payât et acquittât les droits de toutes les denrées qui entroient dans la ville, pour la consommation de ses habitants. Ces barrières étoient celles de Saint-Victor, Saint-Marcel, l'Oursine, Saint-Jacques, Saint-Michel, des Carmes, Saint-Germain, la Conférence, Chaillot, du Roule, la Ville-Lévêque, Montmartre, Sainte-Anne, Saint-Denis, Saint-Martin, la Croix-Faubin, Picpus, Rambouillet. Les autres étoient des traverses et des communications. Cependant les monuments élevés par Le Doux sont au nombre de quarante-trois.

Il y avoit aussi deux entrées par eau, l'une à la Rapée, l'autre vis-à-vis les Invalides.

et dans ce travail immense, il ne fut gêné ni par la lenteur des moyens pécuniaires, ni par la demande d'un devis et de soumissions au rabais, ni par aucune des circonstances qui dérangent souvent les projets les plus heureusement conçus.

Le Doux construisit, d'abord, cette grande muraille qui renferme la ville dans une enceinte d'environ douze mille toises; ensuite il éleva, à la rencontre de toutes les grandes routes qui y aboutissent, des édifices de grandeur et de caractères différents; il construisit encore, aux angles que forme le mur d'enceinte, des pavillons d'observation, et dans les intervalles, le long du mur en dehors, des guérites en pierre et en brique, pour y placer des sentinelles; enfin cette immense clôture fut entourée d'un large boulevard, orné de trois allées plantées d'arbres, et formant ce qu'on appelle un *chemin de ronde*. Les réclamations nombreuses qui, pendant le cours de ces travaux, s'élevèrent contre l'énormité de la dépense, un arrêt même du conseil d'état, qui ordonnoit l'examen des plans et des dépenses faites et à faire, n'apportèrent que peu de changement aux ouvrages commencés; et à l'exception de deux ou trois barrières qui n'ont point été achevées, et dont les pierres taillées sont encore éparses sur le terrain, l'architecte termina ses constructions dans l'état où on les voit aujourd'hui.

Elles ont essuyé bien des critiques : quelques personnes ont pensé qu'à la place de ce haut mur d'enceinte, qui masque le point de vue et semble, en quelque sorte, arrêter la libre circulation de l'air, on eût mieux fait de pratiquer un fossé qui n'eût pas eu ce double inconvénient et auroit peu coûté. D'autres ont trouvé peu convenable que l'artiste eût donné des caractères si différents et même si opposés à des bâtiments qui ont tous la même destination. On pourroit ajouter encore qu'il a sacrifié la distribution et les commodités de l'intérieur à l'effet pittoresque du dehors; mais, quoi qu'il en soit de ces observations plus ou moins fondées, on ne peut nier qu'il convenoit, pour l'embellissement d'une ville telle que Paris, que des édifices, élevés à chacune de ses entrées, fussent d'un grand caractère; et qu'on ne pouvoit éviter la monotonie dans un si grand nombre de monuments, presque tous construits dans les mêmes proportions, qu'en s'efforçant d'en varier beaucoup les formes et l'ordonnauce. Il en résulte que Le Doux mérite des éloges pour la fécondité extraordinaire qu'il a montrée dans ses diverses compositions, pour les idées neuves et heureuses qui s'y font remarquer; et qu'il ne lui a manqué que de savoir réprimer ces écarts d'imagination, qui lui ont fait prendre quelquefois la bizarrerie pour l'originalité.

Parmi ces édifices, dont il seroit inutile et même fastidieux de répéter ici la nomenclature en donnant de chacun une description particulière, il en est plusieurs qui se font distinguer par un accord heureux de parties, par une pureté de style qui les mettent au nombre des monuments les plus élégants de Paris. Nous citerons entre autres, 1° la barrière du Trône, composée de deux corps de bâtiments offrant une dimension de sept toises de largeur sur chaque face, et de cinquante pieds d'élévation. Dans l'intervalle de ces deux édifices, placés de front à cinquante toises de distance l'un de l'autre, s'élèvent deux colonnes d'ordre dorique, de soixante-quatre pieds, sur un soubassement qui leur sert de piédestal : cette composition est sage et d'un aspect imposant. 2° La barrière de Fontainebleau, qui se compose également de deux corps de bâtiments pareils, placés en regard de chaque côté de la route : les cinq arcades de ce pavillon forment un porche couvert pour le corps-de-garde pratiqué dans son intérieur, et présentent ainsi une façade d'un effet simple, gracieux et piquant. 3° La barrière Saint-Martin, que nous considérons comme la plus belle de toutes : on peut même dire que, par son caractère et par l'importance de son architecture, elle annonce une autre destination que celle d'une simple barrière; on croiroit plutôt que l'artiste a voulu construire un édifice destiné à servir de douane, et propre, par sa position entre deux routes (celles de Pantin et de la Villette), à faire également le service de l'une et de l'autre. Il se compose d'un plan carré, dont les quatre faces présentent chacune un péristyle de huit pilastres isolés. L'étage circulaire, placé au dessus du soubassement (1), offre une galerie percée de vingt arcades, d'où l'on peut facilement observer les opérations d'emballage et de transport. Des logements sont pratiqués dans l'espèce d'attique qui règne au dessus de cette galerie. Une cour circulaire occupe le milieu du bâtiment. Les sculptures qui devoient orner ce monument n'ont point été exécutées.

« Cette architecture, pleine de force et de grace, » dit M. Le Grand, n'est ni égyptienne, ni grec- » que, ni romaine ; c'est de l'architecture fran- » çoise : elle est neuve, et l'artiste n'en a puisé » le goût et les formes que dans son imagina- » tion. (2) »

---

(1) Ce soubassement a quinze toises de largeur sur chaque face : la rotonde a douze toises de diamètre.

(2) Les trois planches que nous joignons ici, offrent des vues exactes des quarante-trois monuments composés et exécutés par *Le Doux*; mais l'espace dans lequel le graveur étoit renfermé ne lui ayant pas permis de développer ceux qui se composent d'un double pavillon, nous avons eu soin, pour les faire reconnoître, de les marquer d'un *. (*Voyez* p. 212, 213, 214.)

RUES ET PLACES

DU QUARTIER SAINT-GERMAIN-DES-PRÉS.

Rue Abbatiale ou de l'Abbaye. Elle aboutit d'un côté à la cour abbatiale, dont elle tiroit son nom, et de l'autre à la boucherie du Petit-Marché. Le cardinal de Furstenberg, abbé de Saint-Germain-des-Près, aliéna, en 1699, plusieurs places de l'enclos abbatial, à la charge par les acquéreurs d'y faire bâtir des maisons. Elle formèrent trois rues, qu'on nomma *Abbatiale*, *Cardinale* et *de Furstenberg*.

Rue des Deux-Anges. Elle forme une équerre qui aboutit dans les rues Jacob et Saint-Benoît. On la connoissoit, dès le commencement du dix-septième siècle, sous ce nom qu'elle devoit à deux statues d'anges placées à ses deux extrémités.

Rue d'Anjou. Elle aboutit, d'une part à la rue Dauphine, de l'autre à celle de Nevers. On l'ouvrit, en 1607, ainsi que les rues Dauphine et Christine. Le nom qu'elle porte lui fut donné en l'honneur de Jean-Baptiste Gaston de France, duc d'Anjou, fils de Henri IV.

Rue des Petits-Augustins. Elle traverse du quai Malaquais à la rue du Colombier, et fut ouverte sur le *petit Pré-aux-Clercs*. Ce pré, qui comprenoit deux arpents et demi, avoit été donné, en 1368, à l'Université, à titre d'indemnité ou d'échange du terrain que les religieux de Saint-Germain s'étoient vus obligés de prendre, pour faire creuser des fossés autour de leur abbaye. Il étoit séparé du grand pré par un canal de quatorze toises de large qui aboutissoit à ces fossés ; ce canal s'appeloit la *Petite-Seine*, et traversoit le terrain qui servit depuis de cloître aux Petits-Augustins. C'est par cette raison que le nom de *Petite-Seine* fut d'abord donné à la rue dont nous parlons, lorsqu'on commença à bâtir sur le petit pré, après avoir comblé le canal. Elle le portoit encore en 1640, quoique les Petits-Augustins, qui lui ont enfin donné le leur, y fussent déjà établis depuis vingt-sept ans.

Rue de Babylone. Elle commence à la rue du Bac, et aboutit aux nouveaux boulevards. Elle s'appeloit d'abord rue *de la Fresnaie*, ensuite *petite rue de Grenelle* ou *de la Maladrerie*, ce qui dura jusqu'en 1669 (1). On la trouve indiquée pour la première fois, en 1673, sous celui qu'elle porte aujourd'hui. Elle le doit à Bernard de Sainte-Thérèse, évêque de Babylone, lequel y possédoit plusieurs maisons et jardins, sur l'emplacement desquels fut construit le séminaire des Missions-Étrangères.

Grande rue du Bac. Elle aboutit, d'un côté, sur le quai des Théatins, vis-à-vis le Pont-Royal, de l'autre, à la rue de Sèvre. Ce nom lui vient d'un bac établi vis-à-vis, par lettres-patentes données

---

(1) *Archiv. de Saint-Germain*, 2ᵉ inv., f° 92, v°

en 1550 (1). Il subsista jusqu'en 1632, qu'un particulier nommé Barbier fit construire un pont de bois pour servir de communication du faubourg Saint-Germain aux Tuileries. Sur quelques-uns de nos plans cette rue est nommé *du Barc*.

Rue de Beaune. Elle aboutit au quai des Théatins et à la rue de l'Université. Sauval lui donne le nom de rue *du Pont*, (2) lequel est populaire, et ne se trouve que sur un plan de 1651. Auparavant et après, elle a toujours été nommée rue de Beaune.

Rue de Belle-Chasse. Elle aboutit au quai d'Orsai et à la rue Saint-Dominique. Ce nom est dû à un terrain situé en face de cette rue. Elle ne fut d'abord percée que pour communiquer du Pré-aux-Clercs à la rue Saint-Dominique, appelée alors le *chemin aux Vaches*. On l'a continuée depuis jusqu'au quai d'Orsai.

Rue Saint-Benoît. Elle commence au bout des rues Jacob et du Colombier, et aboutit au carrefour Saint-Benoît et à la grande rue Taranne. Cette rue n'étoit autrefois qu'un chemin qui longeoit le fossé de l'abbaye ; lorsque ce fossé eut été comblé, et qu'on eut élevé des maisons sur le clos de ce monastère, on y conserva un petit fossé pour l'écoulement des eaux, ce qui lui fit donner le nom *des Égouts* et de *l'Egout*, qu'elle conserve encore dans la partie qui aboutit à la rue du Four. Ce canal fut

---

(1) *Reg. de la ville*, f° 147.
(2) T. 1, p. 115.

voûté et couvert en 1640. La rue fut alors appelée des *Fossés-Saint-Germain*; mais lorsque, l'année suivante, l'hôtel de Bourbon eut été aliéné, et qu'on eut ouvert une porte de l'abbaye dans les nouveaux murs de clôture, le carrefour et la rue reçurent les noms de Saint-Benoît, parce que l'abbaye étoit sous la règle de ce saint.

Rue de Blomet, voyez *rue Plumet*.

Rue de Bourbon. Elle aboutit à la rue des SS. Pères et à celle de Bourgogne. Cette rue fut percée, vers l'an 1640, sur le grand Pré-aux-Clercs, et ainsi nommée en l'honneur de Henri de Bourbon, alors abbé de Saint-Germain.

Rue de Bourbon-le-Château. Elle aboutit d'un côté à la rue de Buci, de l'autre à l'entrée de la rue Abbatiale. Son nom lui vient du cardinal de Bourbon, abbé de Saint-Germain, qui construisit en 1586 le palais abbatial, que le cardinal de Furstenberg fit depuis réparer. Sur un plan de 1652, elle est nommée *du Petit-Bourbon*.

Rue de Bourgogne. Elle aboutit à la rue de Varennes et à la Grenouillère ou quai d'Orsai. Louis XIV ordonna, par arrêt de son conseil du 23 août 1707, que cette rue seroit ouverte et nommée rue de Bourgogne : elle fut alignée et commencée peu de temps après, discontinuée ensuite, enfin reprise en exécution des arrêts du conseil du 1er décembre 1713 et 15 mars 1717, et prolongée dans sa longeur actuelle, en vertu de lettres-patentes du 18 février 1720.

Rue des Brodeurs. Elle va, d'un bout à la rue de

Sèvre et de l'autre à celle de Babylone. Il en est fait mention dans un bail à cens, fait en 1642, et qui se trouvoit dans le cartulaire de Saint-Germain (1). En 1644 on la trouve sous le nom de rue du *Lude*, et sous les deux noms, dans un plan de 1676. Dans le titre cité ci-dessus, elle est appelée de *Brodeval derrière les Incurables*. Est-ce une faute de copiste ou une appellation populaire? c'est ce qu'on ne peut décider. Cette rue se bornoit d'abord à la rue Plumet; mais, en vertu des lettres-patentes citées dans l'article précédent, elle fut continuée jusqu'à la rue de Babylone (2).

Rue Cardinale. Elle donne d'un bout dans la rue de Furstenberg, et de l'autre dans la cour abbatiale. Nous avons déjà fait observer qu'elle devoit ce nom au cardinal de Furstenberg, qui aliéna, en 1699, plusieurs places vagues, dépendantes de son abbaye, à la charge d'y faire bâtir. Elle se nomme maintenant rue de Gunzbourg.

Rue de La Chaise. Elle traverse de la rue Grenelle dans celle de Sèvre. On l'appeloit anciennement *Chemin* ou *petite rue de la Maladrerie*. Les copistes en ont défiguré le nom en écrivant *la Chèze*, *la Chaire*; *la Chaîne*; quelques plans l'indiquent sous le nom de rue des *Teigneux*, à cause de l'hôpital qui y étoit situé.

Rue Childebert. Elle a été percée dans l'ancien

---

(1) F° 139.

(2) Dans cette rue, est un cul-de-sac situé en face de la rue *Plumet*, et qui porte le nom de cette dernière rue.

enclos de l'abbaye Saint-Germain. Les embellissements faits au palais abbatial, et les rues ouvertes par le cardinal de Furstenberg, ayant fait naître aux religieux le projet de tirer parti d'un terrain inutile qui rendoit leur cour irrégulière, ils firent élever, du côté de la rue Sainte-Marguerite, plusieurs bâtiments contigus et uniformes, qu'ils firent continuer en retour parallèlement à la rue Saint-Benoît, jusqu'à cette entrée de leur monastère, laquelle donnoit alors sur cette rue; ce qui forma trois rues nouvelles, dont la principale fut appelée Childebert, du nom du fondateur de l'abbaye. La première pierre de ces édifices fut posée par le cardinal de Bissi, abbé de Saint-Germain, le 11 avril 1715 (1).

Rue des Ciseaux. Elle traverse de la rue Sainte-Marguerite à la rue du Four. Ce nom vient d'un hôtel appelé *des Ciseaux*, dont il est fait mention dans les titres de Saint-Germain en 1453, et dans plusieurs actes postérieurs. Le procès-verbal de 1636 la nomme rue des *Fossés-Saint-Germain*.

Rue du Colombier. Elle commence à la rue de Seine, et finit au coin de celle des Petits-Augustins. Ce n'étoit anciennement qu'un chemin entre l'abbaye Saint-Germain et le Pré-aux-Clercs. Jaillot dit avoir vu quelques titres qui indiquoient une maison dite

---

(1) Depuis les changements faits dans tout ce terrain, la rue Childebert communique d'un bout à la rue Sainte-Marthe, de l'autre à la petite rue Sainte-Marguerite.

le *Colombier*, *près les murs de l'abbaye* (1); et Sauval prétend que (2), suivant un registre du trésor des chartes, à l'année 1317 et suivantes, il est fait mention d'une maison et dépendances sises à Saint-Germain, au lieu nommé le *Colombier*; d'où l'on peut inférer que c'est de là que cette rue a tiré son nom. En 1585, on l'appeloit rue *du Pré-aux-Clercs*. Cette rue, ou plutôt ce chemin, étoit auparavant plus reculé du côté de la rivière, parce que Charles V ordonna de creuser des fossés autour de l'abbaye; mais comme par la suite ils furent jugés inutiles, les religieux les firent combler, excepté dans une longueur de cent toises, qu'ils réservèrent pour faire un vivier. C'est sur l'espace qu'avoit occupé ce vivier, et qui depuis fut aussi rempli, qu'en 1585 le bailli de Saint-Germain fit faire l'alignement d'un nouveau chemin. Il y eut d'abord à ses deux extrémités des portes qui se fermoient la nuit; et, le jour, les gens de pied pouvoient seuls y passer. On trouve depuis que les religieux permirent à des particuliers d'y bâtir; et peut-être furent-ils troublés dans la jouissance de ce terrain par les écoliers de l'Université; car, en 1641, le parlement rendit un arrêt pour que les bâtiments commencés fussent continués (3). Ce sont les maisons que nous voyons dans cette rue et dans celle des Marais.

Rue Saint-Dominique. Elle commence au haut de la

---

(1) *Quartier Saint-Germain-des-Prés*, p. 36.
(2) T. 1, p. 127.
(3) 2ᵉ invent., fº 48.

rue Taranne, et finissoit jadis à la barrière des Invalides ; mais depuis elle fut prolongée jusqu'à l'extrémité du Gros-Caillou. Avant que les religieux de Saint-Dominique vinssent s'y établir, on l'appeloit *Chemin des Vaches*, parce qu'on les conduisoit par-là, au Pré-aux-Clercs et à la plaine de Grenelle. Dans un titre de 1542 elle porte ce nom et celui de *la justice*, parce qu'alors celle de Saint-Germain étoit située à son extrémité. Les Dominicains obtinrent, en 1643, du bailli de Saint-Germain, la permission de mettre, aux deux bouts de ce chemin, un marbre avec cette inscription, *rue Saint-Dominique, jadis des Vaches*.

Rue du Dragon, voyez *rue du Sépulcre*.

Cour du Dragon. Elle est située à l'extrémité de la rue de l'Égout, presqu'en face de la rue Sainte-Marguerite, et donne de l'autre bout dans celle du Sépulcre. Au milieu du dix-septième siècle, il y avoit en cet endroit une Académie royale. Madame Crozat en ayant fait l'acquisition, y fit construire plusieurs maisons et ouvrir un passage de communication. On l'appela *cour du Dragon*, sans doute par allusion à celui que l'on voit sous les pieds de Sainte-Marguerite, et qu'on a sculpté au-dessus de la principale porte de cette cour; on la fermoit encore des deux côtés à la fin du siècle dernier.

Rue de Durnstein, voyez *rue de l'Echaudé*.

Rue de l'Echaudé. Nous avons déjà eu occasion de remarquer qu'on appelle ainsi une île de maisons en forme triangulaire, qui donne sur trois rues ; aussi celle-ci aboutit-elle aux rues de Bourbon-le-Château, du Colombier et de Seine. En 1541, elle n'étoit désignée que sous le nom de «ruelle qui va du guichet de l'abbaye à la rue de Seine,» et en 1549, «ruelle qui « descend de l'abbaye à la rue de Seine (1). » Malgré cette désignation, il faut observer qu'elle ne passoit pas alors la rue du Colombier, et que la partie qui se prolonge au-delà n'a été continuée qu'en 1586. Ce fut sur une place triangulaire, de cinq toises de long sur trois toises un pied de large, donnée à cens, dans cette même année, par le cardinal de Bourbon à un particulier nommé Geoffroy Lambert (2), qu'on permit, en 1608 seulement, d'élever les maisons dont elle est formée. On ignore quand cette rue a commencé à porter le nom de l'Échaudé; mais elle est ainsi désignée sur le procès-verbal de 1636. La plupart des plans ne la distinguent pas du cul-de-sac du *Guichet*, dont elle fait la continuation. Ce cul-de-sac tiroit son nom du guichet de l'abbaye, qui étoit situé à son extrémité. La rue et le cul-de-sac portent aujourd'hui le nom de *Durnstein*.

Rue de l'Égout. Elle aboutit au carrefour Saint-Benoît et à la rue du Four. Ce nom est dû à un égout, lequel y passe encore. Elle fut anciennement nommée rue *Forestier*, ensuite *de la Courtille*, parce qu'elle conduisoit à la Courtille ou clos de l'abbaye Saint-Germain. Au quinzième siècle, on l'appeloit rue de *Tarennes*, et ce nom lui venait de ce qu'elle régnoit le long d'une grande maison dite l'hôtel de *Tarennes*:

---

(1) *Arch. de Saint-Germain.*
(2) *Id.*, 2ᵉ invent, fº 82.

on lui donnoit encore cette dénomination en 1523 (1). On l'appeloit rue de l'Égout, dès le commencement du dix-septième siècle.

Rue d'Erfurt, voyez *Petite rue Sainte-Marguerite*.

Rue de Fréjus, voyez *rue de Monsieur*.

Rue de Fustenberg. On avoit donné ce nom au passage qui conduit, de la rue du Colombier au palais abbatial. Nous avons déjà dit que cette rue fut ouverte en 1699. On la nomme maintenant rue de *Wertingen*.

Rue de Grenelle. Elle commence à la Croix-Rouge, et finit à l'extrémité du Gros-Caillou. A l'endroit où étoit situé le château de Grenelle, et sur l'emplacement qu'occupe l'hôtel de l'École militaire, étoit anciennement une garenne appartenant à l'abbaye Saint-Germain. Les titres latins la nomment *Garanella*; les traducteurs ont corrompu ce nom en écri- *Guernelles*, *Guarnelles*, *Guarnelle* et *Grenelle*. Lorsqu'on eut relevé et redressé ce chemin, on l'appela simplement le *chemin Neuf*, le *chemin de Garnelle*, enfin rue *de Grenelle*.

Rue de Guénégaud. Elle aboutit au quai de Conti et à la rue Mazarine. Le duc de Nevers ayant fait bâtir un hôtel sur une partie du terrain qu'avoit occupé celui de Neslé, la princesse Marie de Gonzague de Clèves, sa veuve, obtint, en 1641, des lettres-patentes portant permission de vendre le terrain et les matériaux de cet hôtel à des particuliers, pour y bâtir des maisons et pour y percer des rues. Henri de Gué-

---

(1) *Arch. de Saint-Germain.*

négaud, ministre et secrétaire d'état, fut un des acquéreurs : il fit construire l'hôtel qui portoit son nom, et qui le donna ensuite à la rue, pratiquée le long de son jardin. Au bout de cette rue est un égout : c'est en cet endroit que passoit autrefois le mur de l'enceinte de Philippe-Auguste.

Rue Saint-Guillaume. Elle commence à la rue des Saints-Pères, et, retournant en équerre, aboutit à la rue Saint-Dominique, vis-à-vis celle des Rosiers. Cette situation lui a quelquefois fait donner, dans cette partie, le nom de *rue Neuve des Rosiers :* c'est ainsi qu'elle est indiquée dans le procès-verbal de 1636. Ce n'étoit autrefois qu'un petit chemin qui tournoit autour d'une butte, sur laquelle il y avoit en 1368 un moulin qui fut reconstruit en 1509 : c'est pourquoi, sur un plan manuscrit, elle est nommée rue *de la Butte.*

Rue de Gunzbourg, voyez *rue Cardinale.*

Rue Hillerin-Bertin. Elle traverse de la rue de Grenelle dans celle de Varennes. On n'a pas moins varié sur le nom de cette rue que sur la manière de l'écrire. Elle est successivement indiquée dans les plans, rue *Villeran, des Bohêmes, Guilleri-Bertin, Hillorai, Hillorain-Bertin: Valeran Hillorain, de Saint-Sauveur, Villerin.* Son véritable nom est celui qu'elle porte; elle le devoit au sieur d'Hillerin, qui possédoit en cet endroit plusieurs pièces de terre, dont il vendit une partie au roi pour l'emplacement des Invalides.

Rue Jacob. Elle commence au bout de la rue du Colombier, au coin de celle des Petits-Augustins, et finit à celle des Saints-Pères. Plusieurs plans ne la distinguent point de la rue du Colombier, dont elle fait la continuation. Cette rue doit le nom qu'elle porte à l'hôtel de Jacob, que la reine Marguerite avoit fait vœu de faire bâtir. Le terrain sur lequel on l'ouvrit, s'appeloit anciennement *l'Oseraie;* il contenoit, en 1344, trois arpents, et étoit contigu à celui que l'on nommoit *la Saumonerie,* lequel s'étendoit le long de *la petite Seine.*

Rue des Marais. Elle traverse de la rue de Seine dans celles des Petits-Augustins. L'espace qu'elle occupe, faisoit partie du *petit Pré-aux-Clercs,* que l'Université aliéna en 1540. Comme ce terrain étoit couvert de marais, c'est-à-dire de jardins fruitiers et potagers, on en donna le nom à la rue qu'on y ouvrit.

Rue Sainte-Marguerite. Elle commence au carrefour des rues de Buci, des Boucheries et du Four, et finit à la rue de l'Égout. On la bâtit sur l'ancien fossé que l'abbé Richard avoit fait faire, en 1368, autour de l'abbaye, et qui fut comblé en 1636, en vertu d'une transaction passée entre les religieux et Henri de Bourbon, leur abbé. Ce concordat est du premier juillet 1635, et fut homologué au parlement, le 26 février de l'année suivante.

Avant l'existence du fossé remplacé par cette rue, il y avoit, sur ce même emplacement, une ancienne rue, dont Sauval a fait mention, et qui se nommoit rue *Madame la Valence* (1). On la désignoit ainsi en 1412, et elle conservoit encore ce

---

(1) T. 1, p. 149, et t. 3, p. 126.

nom en 1368, lorsqu'on la détruisit. Piganiol, qui n'a point compris ici le texte de Sauval, l'accuse mal à propos d'erreur et de contradiction (1).

Petite rue Sainte-Marguerite. On a donné ce nom à l'espace qui conduit de la porte de l'abbaye Saint-Germain, rue Sainte-Marguerite, à celle de l'église. Elle fut bâtie en 1715, partie sur le jardin de l'abbé, partie sur le terrain qu'il avoit cédé aux religieux. On la nomme aujourd'hui rue d'*Erfurt*.

Rue Sainte-Marie. Cette rue traverse de la rue de Bourbon dans celle de Verneuil. Elle doit, sans doute, son nom à la chapelle de la Vierge qu'on voyoit en cet endroit, au siècle dernier, et sur l'emplacement de laquelle elle fut ouverte, avant 1674.

Rue Sainte-Marthe. C'est une de celle qu'on ouvrit en 1715, lorsqu'on fit à l'abbaye Saint-Germain-des-Prés les changements dont nous avons parlé. Celle-ci commence à la porte située dans la rue Saint-Benoît, et retournant en équerre, finit à la rue Childebert. Le nom qu'elle porte lui fut donné par reconnoissance, en l'honneur de D. Denis de *Sainte-Marthe*, alors général de la congrégation de Saint-Maur.

Rue Mazarine. Elle aboutit d'un côté au carrefour des rues Dauphine, Saint-André, des Fossés-Saint-Germain et de Buci; de l'autre, à la rue de Seine. Elle prit le nom qu'elle porte du collége Mazarin, lequel en occupe une partie: auparavant, on l'appe-

---

(1) T. 8, p. 86. JAILLOT. *quartier Saint-Germain*, p. 57.

loit rue *du Fossé* ou *des Fossés;* c'est ainsi qu'elle est désignée, sur presque tous les plans du dix-septième siècle ; cependant elle n'a pas été bâtie sur le fossé même de l'enceinte de Philippe-Auguste, mais sur le chemin qui le bordoit, et qu'on appeloit anciennement rue *des Buttes*. Ce nom lui venoit de plusieurs élévations, formées en cet endroit par les débris de deux tuileries voisines. On les aplanit ensuite, et l'on en fit un lieu d'exercice pour ceux qui apprenoient à tirer de l'arc. Le retour d'équerre que forme cette rue pour aboutir à la rue de Seine, est indiqué sous le nom de *Traversine* dans un terrier de 1540 ; et dans le procès-verbal de 1636, il est nommé rue *de Nesle* et petite rue *de Nesle*, parce qu'il conduisoit directement à la porte et à l'hôtel de ce nom.

Rue de Monsieur. Cette rue, ouverte depuis 1780, donne, d'un bout, rue de Babylone, de l'autre, rue Plumet. On la nomme aujourd'hui rue de *Fréjus*.

Rue de Nevers. Elle commence au quai de Conti, et aboutit à la rue d'Anjou. Ce n'étoit au treizième siècle qu'une ruelle qui servoit de passage aux eaux et aux immondices de la maison des frères Sachets, et du jardin du collége Saint-Denis. Dans un acte de 1571, (1) elle est simplement indiquée « ruelle « par laquelle on entre et sort du quai et jardin de « l'hôtel St.-Denis. » On la fermoit à ses deux extrémités, circonstance qui l'avoit fait nommer

---

(1) *Arch. de Saint-Germain.*

rue *des Deux Portes*. Dans le procès-verbal de 1636, on lui a donné le nom de *Nevers*, parce qu'elle régnoit le long des murs de l'hôtel qui portoit ce nom.

Rue d'Olivet. Elle aboutit à la rue de Traverse et à celle des Brodeurs. Plusieurs plans l'indiquent *petite rue de Traverse*. Le territoire dit *d'Olivet*, sur lequel elle est située, lui en a fait donner le nom.

Rue Saint-Père, vulgairement dite *des Saints-Pères*. Elle commence au quai Malaquais et finit à la rue de Grenelle. Son véritable nom est rue *Saint-Pierre*, qu'elle avoit pris, parce que la chapelle Saint-Pierre y étoit située : le peuple altéra ce nom en l'appelant *Saint-Père*, et par une seconde altération, *des Saints-Pères*. On voit, par les titres de Saint-Germain, qu'elle portoit, ainsi que la rue Saint-Dominique, et par la même raison, le nom de *Chemin* et de rue *aux Vaches*. Dans plusieurs titres de la même abbaye, elle est nommée, avant le milieu du seizième siècle, rue de la *Maladrerie*, de *l'Hôpital de la Charité*, de *l'Hôtel-Dieu appelé la Charité*, aliàs la *Satinat*. Ce nom ne venoit pas de l'hôpital de la Charité que nous y voyons aujourd'hui, parce qu'il n'y étoit pas encore établi, qu'il n'étoit pas même institué ; mais d'un hôtel-Dieu qu'on avoit commencé à construire sur le bord de la rivière, presque vis-à-vis cette rue. Il est marqué sur le plan de Saint-Victor, publié par d'Heuland. Le procès-verbal de 1636 désigne cette rue, sous la dénomination vague de « rue des Jacobins réformés, allant de la Charité au « Pré-au-Clercs ; » mais on la voit sous le nom de *Saint-Père* dès 1643, sur le plan de Boisseau. En

1652, le plan de Gomboust lui donne déjà celui des *Saints-Pères*.

Rue de la Planche. Elle donne d'un bout dans la rue du Bac, de l'autre dans celle de la Chaise; sur les plans du dix-septième siècle, elle n'est point distinguée de la rue de Varennes dont elle fait la continuation. Son nom actuel lui vient du sieur Raphaël de La Planche, trésorier général des bâtiments de Henri IV, à qui ce prince avoit donné des lettres de privilége pour l'établissement d'une manufacture de tapisseries de haute-lice. Comme cette manufacture étoit située, en 1640, dans la rue de la Chaise, au coin de celle de Varennes, on donna le nom de la *Planche* à la partie de cette dernière rue qu'occupoient ses ateliers : elle l'a toujours conservé depuis.

Rue Plumet. Elle commence à la rue des Brodeurs et aboutit aux nouveaux boulevarts. Sur les plans de la Caille et autres, elle est déjà nommée *Plumet;* et ce nom, répété dans des actes authentiques, est écrit encore aujourd'hui à ses deux extrémités; mais Jaillot prétend que le véritable nom est *Blomet*, et qu'elle est indiquée ainsi dans tous les titres de l'abbaye.

Rue de Poitiers. Elle aboutit au quai d'Orsai ou à la Grenouillère, et à la rue de l'Université. Elle ne fut ouverte qu'à la fin du dix-septième siècle ; et on la trouve sous le nom de *Potier* dans tous les plans de ce temps-là.

Rue des Rosiers. Elle traverse de la rue Saint-Dominique à celle de Grenelle. Il paroît qu'elle fut ouverte au commencement du dix-septième siècle. On la nommoit alors rue *Neuve des Rosiers*. Il est probable qu'elle fut percée sur un terrain où les roses étoient abondantes, ce qui lui en aura fait donner le nom. Elle a pris le nom de la *rue St.-Guillaume,* dont elle est la continuation.

Rue Rousselet. Elle donne, d'un bout dans la rue Blomet ou Plumet, de l'autre, dans celle de Sèvre. Ce n'étoit en 1672 qu'un simple chemin de traverse qu'on nommoit alors rue des *Vachers* ou des *Vaches.* Elle porte encore ce dernier nom, en 1714, sur divers plans. Cette rue doit sa dénomination actuelle à un particulier nommé *Rousselet,* qui y fit bâtir des maisons.

Rue du Sabot. Elle aboutit à la rue du Four, et à la petite rue Taranne. Dès le quinzième siècle, il y avoit dans le carré qu'elle forme avec la rue de l'Egout un clos appelé le clos *Copieuse* et depuis *l'Hermitage.* Ce nom de *Copieuse* venoit des propriétaires de ce clos, ainsi nommés, et plusieurs fois mentionnés dans les titres de Saint-Germain. Ils l'avoient fait donner également au chemin qui régnoit le long de leur domaine. Dans le terrier de l'abbaye de 1523 on lit: « Maison rue du Four, faisant le coin de la rue « *Copieuse*, où pend le sabot. » C'est de cette enseigne que lui vient le nom qu'elle porte aujourd'ui.

Rue de Seine. Elle va de la rue de Buci au quai Malaquais. Ce n'étoit autrefois qu'un chemin qui descendoit du bourg Saint-Germain à la rivière, dont cette rue a pris le nom. Après la clôture de Philippe-Auguste, on la nomma comme auparavant: « Chemin du Pré-aux-Clercs, chemin tendant de la « porte de Buci au Pré-aux-Clercs, chemin de la porte de Buci à la Seine, rue qui tend du pilori au

« Pré-aux-Clercs ; enfin rue de Seine. » Elle fut percée en 1545, d'après deux arrêts rendus à ce sujet, à la réquisition du cardinal de Bourbon, alors abbé de Saint-Germain-des-Prés.

Rue du Sépulcre. Elle aboutit à la rue de Taranne et à celle de Grenelle. Ce nom lui vient d'une maison appelée *le Petit Sépulcre*, située à côté de l'hôtel Taranne, une ruelle entre deux. Elle étoit ainsi nommée, parce qu'elle avoit été donnée aux chanoines du Saint-Sépulcre, dès le commencement du quinzième siècle. On la nomme aujourd'hui *rue du Dragon*.

Rue de Taranne. Elle commence au carrefour Saint-Benoît et finit à la rue des Saints-Pères. Sauval (1) et Piganiol se sont probablement trompés, en la désignant, en 1531, sous le nom de rue *aux Vaches*, parce qu'elle faisoit la continuation de celle de Saint-Dominique. Jaillot trouve que, dès le quatorzième siècle, on la nommoit rue de la *Courtille*, parce que ce chemin régnoit le long de la courtille où clos de l'abbaye Saint-Germain. On la trouve aussi sous le nom de *Forestier*. Au siècle suivant elle fut appelée *de Tarennes*, parce que Jean et Christophe de Tarennes y avoient plusieurs maisons et jardins, sur partie desquels fut construite la cour du Dragon dont nous avons déjà parlé.

Petite rue Taranne. Cette rue, qui aboutit à la rue de l'Égout et à celle du Sépulcre, doit aussi cette dénomination à l'hôtel de Tarennes ; et c'est

---

(1) Sauv., t. 1, p. 163 ; Pigan., t. 8, p. 293.

la ruelle, d'abord indiquée *sans nom* qui séparoit cet hôtel de celui du Sépulcre.

Rue de Traverse. Elle est ainsi nommée, parce qu'elle traverse de la rue Plumet dans celle de Sèvre. Sur le second plan de Bullet elle est appelée *de Traverse* ou *de la Plume*.

Rue de Varennes ou *de Varanne*. Elle commence rue du Bac, au bout de la rue de la Planche, et finit au nouveau cours, en face des Invalides. Sur un plan manuscrit de 1651, on lit rue de *la Varenne* ou *du Plessis* : c'est le nom d'un particulier.

Rue de Verneuil. Elle donne d'un bout dans la rue des Saints-Pères, de l'autre dans celle de Poitiers. Elle doit ce nom à Henri de Bourbon, duc de Verneuil, abbé de Saint-Cermain, et fut percée sur le grand Pré-au-Clercs vers 1640.

Rue de l'Université. Elle aboutit à la rue des Saints-Pères et à l'extrémité du Gros-Caillou. Plusieurs plans lui donnent le nom de *Sorbonne*, que porte la rue Saint-Dominique dans quelques titres. Jaillot pense que cette double dénomination vient peut-être de ce que le peuple, confondant assez ordinairement l'Université avec la Sorbonne, a pu l'appeler indifféremment des deux manières, parce qu'effectivement elle fut bâtie sur le Pré-aux-Clercs que l'Université aliéna en 1639. Anciennement et même encore en 1529 ce n'étoit qu'un chemin nommé le chemin *des Treilles*, parce qu'il conduisoit à l'île des Treilles, dite depuis l'île *Maquerelle* ou *aux Cygnes*.

Rue de Wertingen, voyez *rue de Furstenberg*.

QUAIS.

Quai de Conti. Il commence au bout du pont Neuf, et finit au pavillon du collége Mazarin, près de la rue de Seine. Au dix-septième siècle on l'appeloit quai *Guénégaud*, à cause de l'hôtel que M. de Guénégaud, secrétaire d'état y avoit fait construire : auparavant on le nommoit quai *de Nesle*, parce que l'hôtel de Nesle y étoit situé.

Quai Malaquais. Il fait la continuation du quai de Conti depuis la rue de Seine jusqu'à celle des Saints-Pères. Tous les titres de l'abbaye portent que l'espace qu'il occupe se nommoit le *port Malaquest* ; et l'on trouve que l'endroit où étoit établi le bac, remplacé depuis quelques années par le pont des Arts, s'appeloit en 1530 *le Heurt du port aux Passeurs*. Jaillot dit avoir vu qu'en 1641 il étoit désigné sous le nom de quai de *la Reine Marguerite*.

Quai des Théatins. Ce quai doit son nom aux religieux qui s'y sont établis; et, commençant à la rue des Saints-Pères, vient finir à la rue du Bac. Nous avons souvent parlé du grand Pré-aux-Clercs sur lequel il a été construit. (Il se nomme maintenant quai *de Voltaire*.)

Quai d'Orsai. Avant l'établissement des Théatins, tout l'espace qui s'étend jusqu'à la rue du Bac faisoit la continuation du quai Malaquais et en portoit le nom. Les bâtiments qui s'élevèrent successivement le long de la rivière et au delà du pont Royal, commencèrent à former un autre quai, qui devoit se prolonger jusqu'à l'avenue des Invalides. Cet espace auquel sa situation marécageuse avoit fait donner le nom de *la Grenouillère*, qu'il portoit encore à la fin du siècle dernier, offroit un point de vue très désagréable au jardin des Tuileries situé vis-à-vis. M. Boucher d'Orsai, prévôt des marchands, fut autorisé, par arrêt du conseil du 18 octobre 1704, « à faire « continuer le quai de la Grenouillère, de ligne « droite de dix toises de largeur, dans toute son éten- « due depuis le pont Royal et l'encoignure de la rue « du Bac jusqu'à la rencontre du boulevart, etc. » Des obstacles suspendirent l'exécution de ce projet qu'un second arrêt fit revivre en 1707. On y fixoit la largeur du trottoir à huit pieds, et la longueur du quai à quatre cents toises ou environ ; et le roi y déclaroit que le quai seroit nommé quai *d'Orsai*. En conséquence, M. d'Orsai, accompagné du corps de ville, en posa la première pierre le 3 juillet 1708. Toutefois, malgré ces deux arrêts, l'ouvrage demeura imparfait jusqu'au commencement de la révolution (1).

---

(1) On l'achève en ce moment, et le projet paroît être de prolonger ce quai, jusque vis-à-vis l'École militaire.

RUES DU GROS-CAILLOU.

Le Gros-Caillou est coupé dans sa longueur par les rues Saint-Dominique, de l'Université et de Grenelle; et dans sa largeur par quatre autres rues :

Rue de la Boucherie. Elle est ainsi nommée, parce qu'elle conduit à la boucherie des Invalides (1).

Rue Neuve-de-l'Église. Elle a été percée vis-à-vis de l'église à laquelle elle conduit.

Rue Saint-Jean ou *des Cygnes.* Elle avoit été ouverte devant le pont qui servoit de communication avec l'île des Cygnes (2).

Rue de la Vierge. Elle est voisine de la chapelle qui porte ce nom (3).

Rue de la Comète. C'est une rue nouvelle ouverte depuis 1780, laquelle donne d'un bout rue Saint-Dominique, de l'autre rue de Grenelle, près de la boucherie.

---

(1) Entre cette rue et l'esplanade des Invalides, est une rue nouvelle appelée rue *de Nicolet*, qui donne sur le bord de l'eau.

(2) Entre cette rue et celle de la Boucherie est un cul-de-sac nommé *de l'Étoile*. En face de la même rue on en a ouvert une autre qui se nomme rue *de la Pombe*, et qui aboutit également à la rivière.

(3) Une nouvelle rue, percée à peu de distance de celle-ci, se nomme rue *du Vert-Buisson*. Il y a encore dans ce quartier deux rues nommées grande et petite rue *Chevert*, et plusieurs autres rues jusqu'à présent sans nom.

AVENUES DES INVALIDES ET DE L'ÉCOLE MILITAIRE.

Avenue de la Bourdonnaie. Elle commence à celle de la Motte-Piquet, à l'angle de l'École Militaire, longe la partie orientale du Champ-de-Mars, et vient finir sur le quai.

——— *De Breteuil.* Començant au point central de l'église des Invalides, elle vient aboutir à la rue de Sèvres.

——— *De Lowendal.* Elle prend naissance à l'avenue de Tourville, longe la partie méridionale de l'École Militaire, et se termine à la barrière qui porte le nom de ce monument.

——— *De la Motte-Piquet.* Elle commence à l'esplanade des Invalides, est interrompue par le Champ-de-Mars, et va finir de l'autre côté à des jardins potagers.

——— *De Saxe.* Elle commence au centre méridional de l'Ecole Militaire, traverse la place de Breteuil, et finit à la rue de Sèvres.

——— *De Ségur.* De même que l'avenue de Breteuil, elle prend naissance au point central de l'église des Invalides, et suivant une direction divergente, vient aboutir à l'avenue de Saxe.

——— *De Suffren.* Elle commence à l'avenue de Lowendal, longe la partie occidentale de l'Ecole Militaire, et vient finir sur le quai.

Avenue De Tourville. Commençant au boulevart des Invalides, elle longe la partie méridionale de l'hôtel; et vient aboutir à l'angle de l'Ecole Militaire.

—— *De Villars.* Elle commence, comme les avenues de Breteuil et de Ségur, au point central de l'église des Invalides, et va aboutir, en divergeant, au boulevart qui porte le même nom.

MONUMENTS NOUVEAUX

ET RÉPARATIONS FAITES AUX ANCIENS MONUMENTS, DEPUIS 1789.

ÉGLISE SAINT-GERMAIN-DES-PRÉS.

Ce monument, qui tient une place si importante parmi les antiquités de Paris, menaçoit ruine, il y a quelques années; et à un tel point, qu'il y avoit lieu de craindre qu'il ne s'écroulât, et que le danger parût assez grand pour y suspendre le service divin; on assure même qu'il fut mis en question si on ne le démoliroit pas, pour le remplacer par un autre édifice : un meilleur avis a heureusement prévalu. L'antique édifice, étayé de toutes parts par une opération de charpente des plus ingénieuses et des plus hardies, a pu être repris en sous-œuvre jusque dans ses fondations; et l'église de Saint-Germain, scrupuleusement restaurée dans son ancienne forme et dans tous les détails de ses constructions (1), se trouve ainsi conservée pour plusieurs siècles.

---

(1) On a seulement abattu les deux petites tours carrées qui s'élevoient des deux côtés de l'église, vers la croisée, parce que la voûte en étoit trop surchargée.

DÉCORATIONS NOUVELLES.

Les deux autels des chapelles pratiquées dans les croisées ont été enrichies de colonnes en marbre; on a également élevé un nouvel autel dans la chapelle de la Vierge qui occupe le rond-point de l'église. La nef est décorée de plusieurs peintures, parmi lesquelles il faut remarquer le très beau tableau de M. Steuben, représentant saint Germain qui distribue des aumônes.

Dans les diverses chapelles, ont été replacés quelques-uns des tombeaux qu'on y voyoit avant la révolution, ceux de Casimir, roi de Pologne, des deux Douglas, de Louis de Castellan; plusieurs tables de marbre noir portant des inscriptions latines y ont été élevées à la mémoire de Nicolas-Boileau Despréaux, de Jean Mabillon, de Bernard de Montfaucon, etc.

LES PETITS AUGUSTINS.

On sait que l'église et le cloître de ce couvent ont servi, pendant la révolution, de dépôt aux tombeaux et autres monuments de sculptures que l'on avoit enlevés aux églises, et que c'est ainsi que ces monuments ont été préservés d'une entière destruction. Depuis la restauration, presque tous ont été rendus aux saintes demeures qui en avoient été dépouillées; quelques-uns ont été transportés au cimetière du Père-la-Chaise; et ce qui en reste encore sera, dit-on, déposé dans la salle des Thermes, que l'on restaure à cet effet.

L'Académie de peinture, sculpture et architecture, est maintenant établie dans ce couvent.

PALAIS DE LA CHAMBRE DES DÉPUTÉS.

La façade de ce palais, qui remplace, du côté de la rivière, l'ancienne façade si mesquine du palais

Bourbon, se compose d'une décoration de douze colonnes avec fronton, imitée, comme tant d'autres, du célèbre monument d'Agrippa (1). On critiqua beaucoup, dans le temps, la hauteur prodigieuse du perron, l'espace trop resserré des entre-colonnements, et les portés trop étroites qui en étoient la conséquence nécessaire : ces critiques qui sont justes n'empêchent pas que ce monument, dû à feu M. Poyet, ne soit d'un bel effet.

Les sculptures du fronton représentoient, dans le principe, Buonaparte à cheval, au milieu d'un groupe de personnages indiquant le commerce et les arts. Cette figure a été remplacée par une statue colossale qui nous semble être celle de *la Loi*; elle est accompagnée, d'un côté, par la Justice qui tient un glaive à la main, de l'autre par la Force, sous les traits d'Hercule armé de sa massue. Les figures symboliques du commerce, des arts, des deux principales rivières de Paris, la Seine et la Marne, se groupent autour de ces trois principales figures.

SAINT-THOMAS D'AQUIN.

Cette église a été décorée de deux nouveaux tableaux : Saint-Thomas d'Aquin apaisant une tempête par ses prières, par M. Scheffer; une descente de croix par M. Guillemot. Ce sont des morceaux fort remarquables; ils lui ont été donné par la ville, le premier en 1723, le second en 1719.

---

(1) Le Panthéon.

ÉGLISE DES INVALIDES.

Tous les ornements intérieurs du dôme ont été redorés à neuf, depuis quelques années. Dans la nef de l'église, sont deux tombeaux ; celui du comte de Guibert, mort en 1786 : il se compose d'une pyramide ornée d'un trophée d'armes; celui du maréchal duc de Coigni, mort en 1821 : il offre un cippe accompagné de lances, d'épées, de guirlandes de cyprès.

ÉGLISE DE SAINT-PIERRE.

Cette église, commencée avant la révolution, dans la partie de la rue Saint-Dominique qui traverse le Gros-Caillou, et ensuite démolie, vient d'être rebâtie sur son ancien emplacement. La façade se compose de six colonnes d'ordre toscan, dont quatre forment un porche, élevé sur cinq marches et supportant un fronton. La porte de l'église se trouve placée entre les deux dernières colonnes, et sur un second plan. Un campanille en bois, que surmonte une croix dorée, couronne cet édifice, dont l'aspect est d'une élégante simplicité.

L'intérieur offre, de chaque côté, sept arcades que soutiennent six colonnes également d'ordre toscan, et auxquelles correspondent autant de pilastres, qui supportent les arcs-boutants des voûtes de la nef. Dans le chœur, dont la forme est circulaire, est placé le seul autel qui existe dans cette église. La voûte est ornée de caissons peints, imitant la pierre.

NOUVEL HÔTEL DES AFFAIRES ÉTRANGÈRES.

Ce grand et bel édifice, élevé jusqu'à la moitié du second rang des colonnes, et dont les travaux ont été interrompus depuis quelques années, se doit composer, du côté de la rue de Bourbon où est son entrée, d'un portique en arcades qui embrassera toute la largeur de la cour principale, et se liera à d'autres portiques dont cette cour sera entourée ; à droite et à gauche des cours de service donneront des dégagements commodes sur les rues de Belle-Chasse et de Poitiers. La disposition et la distribution du plan sont combinées de manière que les voitures puissent arriver jusqu'aux pieds des escaliers qui conduiront aux appartements du ministre, et dans les diverses divisions du ministère.

La façade d'entrée, sur la rue de Bourbon, se développe sur une longueur de 115 mètres ; elle se compose de deux avant-corps, qui font saillie sur la partie du milieu, occupée par le portique dont nous venons de parler.

Du côté du quai, l'autre façade présente un avant-corps de 90 mètres, et deux arrières-corps reculés, de 20 mètres. Dans cet avant-corps, doivent être pratiqués : au rez-de-chaussée les cabinets de travail et un vaste appartement de réception, au premier étage le logement du ministre et de sa famille.

Les deux parties, en arrière-corps, semblent avoir été conçues, pour tenir éloignées du reste et en quelque sorte isolées, toutes les pièces destinées à la représentation, aux cabinets et bureaux particuliers du ministre, et celles qui composent ses appartements.

Les deux façades auront la même hauteur dans tout le pourtour de l'édifice, et seront couronnées du même entablement. Leur décoration sera formée par deux ordres d'architecture, disposés à peu près comme les deux premiers de la cour du palais Farnèse : et l'on voit que l'intention de l'architecte a été de rappeler, dans sa composition, le caractère de ces grandes et somptueuses habitations dont la Rome moderne est ornée.

MANUFACTURE ROYALE DES TABACS.

Elle est située au Gros-Caillou, sur le quai et près de la pompe à feu. C'est un bâtiment qui n'a rien de remarquable.

HOSPICE LE PRINCE.

Cet hospice, situé au Gros-Caillou, presque en face de l'église Saint-Pierre, et qui a reçu le nom de son fondateur, a été créé en 1819 pour un certain nombre de femmes âgées et infirmes. En remplissant les deux conditions de payer une modique somme d'argent et d'apporter un petit mobilier, elles y sont nourries et entretenues, leur vie durant. La maison est administrée par des Sœurs de la Charité.

HÔPITAL MILITAIRE DE LA GARDE.

Il est situé dans la rue Saint-Dominique.

HOSPICE D'ENGHIEN.

Il est situé dans la rue de Babylone.

FONTAINES.

FONTAINE DES INVALIDES.

Elle se compose d'un piedestal carré, qui s'éleve au milieu du bassin circulaire, et sur lequel on avoit placé le lion de Saint-Marc. Ce monument ayant été rendu à la ville de Venise, le piedestal a été démoli et remplacé par une gerbe de fleurs-de-lys dorées, par laquelle l'eau jaillit dans le bassin.

FONTAINE DE LA RUE DE SÈVRES.

Elle a été construite, près des incurables, par M. Bralle. Cette fontaine se compose d'un massif à parois inclinés, couronné de l'entablement ordinaire des temples d'Egypte ; au milieu est une figure égyptienne, dans l'attitude symétrique de l'Antinoüs, et qui verse de l'eau de deux vases qu'elle tient, dans chacune de ses mains. Cette figure a été exécutée par M. Beauvallet.

FONTAINE DE MARS.

Cette fontaine qui s'élève, vis-à-vis l'hôpital militaire de la garde, offre d'un côté la figure en pied de ce dieu, de l'autre celle d'Hygie, ou la déesse de la santé. Ces deux figures sont encore de M. Beauvallet.

RUES ET PLACES NOUVELLES.

Rue de l'Abbaye. Elle longe le côté septentrional de l'église, et aboutit, d'un côté à la rue Saint-Germain-des-Prés, de l'autre à la rue Bourbon-le-Château.

Rue des Acacias. Elle commence à la rue de Vaugirard, et vient aboutir à la rue Plumet.

Rue Amélie. Cette rue, percée presque en face de la rue Saint-Jean, aboutit, d'un côté à la rue Saint-Dominique, de l'autre, à la rue de Grenelle (1).

Rue Barthelémy. Elle longe le côté méridional de l'Abattoir de Grenelle.

---

(1) Des lettres-patentes du 6 septembre 1772, enregistrées au parlement de Paris le 23 août 1774, avoient ordonné l'ouverture de cette rue, par suite de cessions de terrain faites à cet effet. Elle fut donc ouverte, et l'on y construisit quelques habitations ; mais, long-temps encore, elle ne forma qu'un cul-de-sac, dont l'entrée étoit dans la rue Saint-Dominique : à son autre extrémité, le propriétaire l'avoit fait fermer par des barricades en planches.

Ce ne fut qu'en 1822, et sur la requête de M. Pilian de Laforest, qui venoit d'acquérir une maison dans cette rue, qu'un arrêt du préfet de la Seine ordonna qu'elle seroit achevée. Depuis son ouverture, autorisée en 1772, jusqu'à son entier achèvement en 1824, elle n'étoit indiquée, sur les plans de Paris, que sous le nom de rue *projetée.*

Ce fut à cette époque qu'elle reçut celui d'*Amélie,* l'un des prénoms de la fille de ce même M. Pilian de Laforest, à qui l'on en doit l'ouverture. On se plut à accorder cet honneur à la mémoire de cette jeune personne, morte en 1823, à la fleur de son âge, et dont la vie si courte avoit été un modèle de toutes les vertus chrétiennes.

Rue Bayard. Elle fait la continuation de la rue Duguesclin, au côté nord de la caserne de la poudrière.

Rue Neuve Belle-Chasse. Elle aboutit d'un côté à la rue Saint-Dominique, de l'autre à la rue de Grenelle.

Place de Breteuil. C'est le nom que l'on a donné à l'espace circulaire où se croisent les deux avenues, qui commencent, l'une en face de l'hôtel des Invalides, l'autre en face de l'École Militaire.

Rue de la Bourdonnaie. Elle longe le côté septentrional de l'Ecole Militaire.

Passage Dauphine. Ce nouveau passage percé dans la rue Dauphine, en face de la rue Christine, vient aboutir dans la rue Mazarine.

Rue Duguesclin. Elle longe le côté nord de la caserne de la poudrière, et vient donner dans la rue Bayard, avec laquelle elle fait un angle.

Place Dupleix. C'est ainsi que l'on nomme le carré pratiqué devant l'ancienne poudrière.

Rue Dupleix. Elle commence à la barrière de Grenelle, et aboutit à l'avenue de Suffren.

Rue d'Estrées. Elle commence à la place de Fontenoy, et vient finir au boulevard des Invalides.

Place de Fontenoy. C'est l'espace demi-circulaire qui a été pratiqué devant l'Ecole Militaire.

Place Saint-Germain-des-Prés. Elle est située devant l'église qui porte le même nom.

Rue Saint-Germain-des-Prés. Elle aboutit d'un côté à la place ci-dessus mentionnée, de l'autre à la rue des Petits-Augustins.

Rue Kléber. Elle commence au bord de l'eau, vers la barrière des Cunettes, et finit près de l'Ecole Militaire.

Rue Malar. Elle est ouverte dans la rue Saint-Dominique, à peu de distance de l'église du Gros-Caillou, et vient aboutir dans la rue de l'Université.

Rue des Paillassons. Elle traverse les Marais, et aboutit à la barrière du même nom.

Rue Pérignon. Elle longe le côté nord de l'abattoir de Grenelle.

Passage du Pont-Neuf. Il a été ouvert, depuis peu, rue Mazarine, en face de la rue Guénégaud, et vient aboutir dans la rue de Seine.

Place Saint-Thomas d'Aquin. Elle a été pratiquée devant l'église qui porte ce nom.

Rue Saint-Thomas d'Aquin. Elle aboutit d'un côté à cette place, de l'autre à la rue Saint-Dominique.

Rue Saint-Vincent de Paul. Elle donne d'un bout sur la place Saint-Thomas d'Aquin, de l'autre dans la rue du Bac (1).

ABATTOIRS DE PARIS.

Les opérations sanglantes des bouchers se faisoient, il y a encore peu d'années, dans l'intérieur même

---

(1) Les marais situés à l'extrémité de ce quartier sont traversés par plusieurs ruelles *sans nom*, où sont éparses quelques petites habitations. L'une donne sur la place Dupleix, une autre dans l'avenue de Suffren, deux dans l'avenue de Lowendal, une autre sur la place de Fontenoy, deux dans l'avenue de Saxe.

de Paris; et l'on appeloit *tuerie* l'endroit où l'on assommoit et égorgeoit le bétail, et où il étoit coupé par quartiers, avant d'être distribué au public. La police de Paris, à laquelle il faut accorder de s'être extrêmement perfectionnée, dans tout ce qui touche à l'ordre matériel et à la salubrité de cette ville immense, a pensé, avec juste raison, qu'il convenoit de rejetter, si non hors de son enceinte, du moins à ses extrémités, ces foyers d'infection, et le spectacle dégoutant de ce carnage. Des emplacements aérés ont donc été choisis sur divers points très rapprochés des barrières; et sur ces emplacements, se sont élevés, sous le nom d'*abattoirs* (mot nouveau inventé pour des établissements d'une espèce toute nouvelle) d'immenses boucheries, où, sous les yeux de quelques préposés, les bouchers amènent le bétail qu'ils ont acheté, l'*abattent* et le partagent pour la consommation journalière, mettent leurs cuirs en réserve, et fondent leurs suifs, avant de les livrer au commerce.

Ces édifices sont au nombre de cinq; et leurs dimensions, qui ne sont pas les mêmes, ont été déterminées, d'après les besoins des diverses parties de la ville auxquelles ils correspondent. Les abattoirs du Ménil-Montant et de Montmartre sont les plus considérables; après, vient celui de Grenelle; ceux de Mousseaux et de Villejuif sont d'une moindre étendue.

Tous ayant été conçus dans un même système, et offrant ainsi, dans l'ensemble et dans les détails, beaucoup de ressemblance, il suffira d'en décrire un seul, pour donner une idée exacte des autres : nous choisirons celui du Ménil-Montant.

Cet abattoir est situé sur un terrain incliné, dont la pente, quoique douce et presque insensible, contribue cependant beaucoup, et à la salubrité de cet établissement, et à l'effet général des fabriques dont il se compose. Tout l'espace compris entre les quatre rues, au milieu desquelles il est isolé, forme un trapézoïde, dans lequel est inscrit un parallélogramme de 215 mètres de face sur 190 de profondeur, l'architecte ayant judicieusement négligé quelques irrégularités qu'il lui sera facile de masquer, soit par des plantations, soit par quelques bâtimens de service. Une grille, de plus de 100 pieds de développement, appuyée sur deux pavillons où sont placés les bureaux de l'administration, forme l'entrée principale de cet édifice. Elle s'ouvre sur un espace libre, dont l'aspect est moins celui d'une cour que d'une place publique; et en effet, du centre de cet espace, l'œil embrasse la totalité des bâtimens qui, au nombre de vingt-trois, composent l'ensemble de l'abattoir.

A droite et à gauche de cette cour immense, large de 97 mètres, et sur ses grands côtés dont la longueur est de 146, s'élèvent quatre bâtiments doubles, séparés par une voie qui traverse tout le terrain, parallèlement à la façade principale. Ce sont ces bâtiments qui ont reçu plus particulièrement le nom d'*Abattoirs* : ils ont, chacun, 47 mètres de longueur sur 32 de largeur. Une cour dallée en pente pour l'écoulement des immondices, les sépare dans le sens de leur longueur, en deux corps semblables, qui, l'un et l'autre, renferment huit abattoirs à l'usage des bouchers. Chaque abattoir reçoit l'air et le jour par deux grandes arcades, percées, l'une vis-à-vis de l'autre, dans les murs de face. Au-dessus, on a ménagé de vastes abris, pour y sécher les peaux et y déposer les suifs en branche ; et afin que ces lieux, quoique extrêmement aérés, demeurâssent toujours frais, on a donné une projection considérable à la saillie des toitures plates, dont ils sont recouverts.

On trouve, derrière ces abattoirs, deux bergeries qui leur sont parallèles, et à leur extémité, en retour d'équerre, deux étables. Ces bâtiments renferment, chacun, un abreuvoir particulier, leur grenier à fourrage, et complètent, de chaque côté de la cour, les deux principales masses d'édifices qui forment l'établissement.

Au fond de cette cour, dans laquelle on a construit un abreuvoir commode, et pratiqué deux parcs pour la première distribution du bétail, s'offrent deux pavillons isolés, destinés à la fonte des suifs. Ils sont traversés, dans leur longueur, par un large corridor qui donne accès à quatre fonderies séparées, au-dessous desquelles sont des caves voûtées, servant de rafraîchissoirs. Dans ces mêmes pavillons sont placées les *échauderies*, pour les têtes et pieds de moutons.

Au delà de ces fondoirs, et sur une ligne parallèle au mur de clôture, ont été construits deux longs bâtiments, divisés en un assez grand nombre de magasins particuliers, tant au rez de chaussée qu'au premier étage. Ils sont élevés sur des caves où l'on tient les cuirs en vert; la partie supérieure est destinée aux peaux de veaux et de moutons.

Enfin, dans la partie la plus élevée du terrain, précisément en face de l'entrée, on a établi un double réservoir, tout en maçonnerie: il est porté sur deux rangs de voûtes en berceau, sous lesquelles sont des remises. Les eaux y sont montées au moyen d'une pompe à feu, placée entre les deux bassins, qui ont ensemble 76 mètres de longueur. Toutes ces constructions ont été commencées au mois d'avril 1810, sur les desseins de M. Happe, qui en est l'architecte.

Il ne faut point chercher ici de nombreux détails de décorations: les convenances d'un édifice de ce genre les rejettent. On n'y doit exiger, et l'on n'y trouve en effet, d'autre luxe que celui qu'on a pu mettre dans le choix et dans l'emploi des matériaux. Excellents moëllons liés avec un bon mortier, belles pierres bien appareillées, bois sains coupés à vive-arrête, c'est avec ces éléments, mis à la disposition d'un architecte habile, que l'on est toujours sûr de faire des édifices remarquables, quelle que soit d'ailleurs leur destination; et l'on pourroit presque dire, quel que soit le goût de leur architecture. Que l'on ajoute à ce genre de mérite, une grande, belle et commode distribution des diverses parties, la concordance et la variété pittoresque des masses, et l'on aura une juste idée des *Abattoirs* de Paris, qui doivent être comptés au nombre de ses monuments d'utilité publique, les plus remarquables.

FIN DE LA DEUXIÈME PARTIE DU QUATRIÈME VOLUME.

TABLE DES MATIÈRES.

QUATRIÈME VOLUME. — DEUXIÈME PARTIE.

QUARTIER SAINT-GERMAIN-DES-PRÉS.

Paris sous la régence et sous Louis XV.................. Page	1
Quartier Saint-Germain-des-Prés.........................	373
L'hôtel des Monnoies....................................	374
Le collége Mazarin......................................	384
Les Augustins réformés..................................	391
Les Frères de la Charité................................	397
Les Enfans teigneux.....................................	401
L'abbaye royal de Saint-Germain-des-Prés................	402
Bailliage de l'abbaye...................................	420
Prison de l'abbaye......................................	421
Le séminaire des Missions-Étrangères....................	422
Les Convalescents.......................................	425
Les Filles de la Conception.............................	426
Les Filles Sainte-Marie ou de la Visitation.............	428
Les Jacobins réformés...................................	430
Les Théatins..	435
Le Pont-Royal...	439
Chapelle de la Vierge...................................	440
Les Chanoinesses du Saint-Sépulcre......................	441
Les Petites-Cordelières.................................	442
L'abbaye de Notre-Dame-de-Pentemont.....................	443
Les Carmélites..	447

QUARTIER SAINT-GERMAIN-DES-PRÉS.

Les Filles de Sainte-Valère.................................. Page 448.
Les Filles de Saint-Joseph de la Providence. 449
Le Palais Bourbon.. 450
L'hôtel royal des Invalides...................................... 453
L'École-Militaire.. 463
Le Champ de Mars... 469
L'Hôpital des Gardes-Françoises.................................. 470
Le Château de Grenelle... Id.
Hôtels... 471
Le Gros-Caillou.. 484
Fontaines, Boulevards et Barrières............................... 497
Rues, Places et Avenues du quartier Saint-Germain-des-Prés. 503
Monuments nouveaux... 527
Table générale des Matières...................................... 543

FIN DE LA TABLE DES MATIÈRES.

TABLE GÉNÉRALE

DES MATIÈRES

DU TABLEAU DE PARIS.

Les tomes sont indiqués par les chiffres romains : I, II, III, IV ; *a*, marque la première partie ; *b*, la seconde. Les chiffres arabes indiquent la pagination.

A.

Abailard, III, *a*, 553.
Abattoir de Villejuif, III, *a*, 661.
Abattoirs de Paris, leur nombre, IV, *b*, 536. — Description, 537.
Abbaye Notre-Dame-aux-Bois, IV, *a*, 292.
Abbés de Saint-Vincent de Senlis (hôtel des), III, *a*, 615.
Abbés de Saint-Denis, leur hôtel, III, *b*, 709.
Abbon, auteur d'un poëme latin sur le siége de Paris par les Normands, I, *a*, 29.
Académies, I, *b*, 802.
— françoise, son origine, I, *b*, 802. — Son état au 17ᵉ siècle, *ib*. — Ce qu'elle fut au 18ᵉ, 803. — Son triomphe à la révolution, *ib.* — Rampe sous le tyran, *ib.* — Ce qu'elle est aujourd'hui, *ib*.
— royale des Inscriptions et Belles-Lettres, I, *b*, 804. — Ses services, *ib*.
— des Sciences, reçut une forme régulière en 1699, I, *b*, 805. — Son but, *ib*.
— de Peinture et Sculpture, I, *b*, 806. — Ses succès, 807.
— d'Architecture, I, *b*, 808.
Adam, clerc du Roi, lègue deux maisons dans Paris à l'Hôtel-Dieu, I, *a*, 372.
Affaires étrangères (nouvel hôtel des), IV, *b*, 1531.
Agathe (les filles de Sainte-), origine, III, *b*, 485.
Agio, ce que c'étoit, IV, *b*, 49.
Agnès (chapelle Sainte-) ou Saint-Eustache, II, *a*, 298.

Agnès (communauté de Sainte), II, *a*, 313. — Zèle et charité de ces religieuses, 314.
Agnès de Russie, femme de Henri 1ᵉʳ, I, *b*, 543.
Agobard rejette les épreuves de l'eau, du feu, etc., I, *a*, 357.
Agriculture (société royale d'), II, *b*, 1137.
Aides (cour des), son origine, I, *a*, 185. — Costume des membres de cette cour, 188. — Ses attributions, *ib*. — Lieu de ses séances, 189. — Son rang dans les cérémonies, *ib*.
Aignan (la chapelle Saint-), I, *a*, 280. — Son origine et son emplacement, *ib*.
— (hôtel Saint-), II, *b*, 1004.
Aiguillon (le duc d') excite en Bretagne une opposition séditieuse, IV, *b*, 361.
Alais (Jean), tradition sur ce personnage, II, *a*, 298.
Albiac (hôtel d') détruit, III, *a*, 615.
Albigeois, I, *b*, 691.
Albret (hôtel d'), II, *b*, 1319 ; III, *b*, 569.
Alençon (hôtel d'), I, *b*, 594 et 827.
Alexandre VIII succède à Innocent XI, IV, *a*, 130.
Alexia, défaite des Gaulois auprès de cette ville, I, 10.
Aligre (hôtel d'), I, *b*, 832.
— (ancien hôtel d') détruit, II, *a*, 329.
Allemands (collège des), III, *a*, 598.
Amalarion, diacre, rédige une règle pour les chanoines, I, *a*, 358.
Ambigu-Comique, II, *b*, 1133.

Amboise (le cardinal d'), sa réponse aux députés de l'Université, II, *b*, 906.

— (hôtel d'), détruit, III, *a*, 614.

Ambroise, (séminaire Saint-), II, *b*, 1370.

Amelot, anecdote sur ce Janséniste, IV, *a*, 181, note.

Amet (le père), confesseur de Marguerite de Valois, II, *a*, 217.

Amiot (Jacques), maître de la librairie, II, *a*, 187.

Amortissement, I, *a*, 223.

Anastase (Sainte-), II, *b*, 1163.

Anceline, avocat, III, *a*, 374.

Andelot (d'), chef des réformés, III, *a*, 4. — Sa mort, 150.

André-des-Arcs (quartier Saint-), sa position et son origine, III, *b*, 599. — Église de ce nom, 617. — Description, 621. — Curiosités, 622. — Circonscription, 625. — Hospice de ce nom, 627.

Angevilliers (hôtel d'), I, *b*, 832.

Angleterre, son gouvernement, IV, *b*, 80. — Son commerce maritime, 82. — Crédit public, 83. — Pourquoi elle exclut les catholiques des affaires, 84. — Payoit une pension à Dubois, 85.

Anglois (rois), vassaux des rois de France, II, *a*, 13.

Anglois (les), envahissent la France à la faveur des troubles civils, II, *a*, 151. — Pourquoi ne sont pas demeurés maîtres de la France sous Charles VII, 371. — Songent à s'emparer du Canada, IV, *b*, 272.

Angloises (religieuses), origine, II, *b*, 1269. — Église, 1279, III, *a*, 464. — Curiosités de leur église, 455. — Les filles angloises, 536.

Angoulême (hôtel des comtes d'), détruit, II, *b*, 1316.

Anjou (le duc d'), frère du roi Charles V, II, *a*, 77. — Sa régence, 79. — Appelé au trône de Naples, 83. — Ses exactions avant de quitter la France, 83-89. — Part pour la conquête de Naples, 89. — Sa mort, III, *a*, 257.

— (hôtel d'), détruit, II, *b*, 85c.

Anne (communauté Sainte-), I, *b*, 969.

Anne (chapelle Sainte-), II, *a*, 555.

Anne-la-Royale (communauté de Sainte-), III, *b*, 446.

Anne d'Autriche, régente, III, *b*, 110. — Accusée de trop de familiarité avec Mazarin, 117. — Reçoit le parlement au Palais-Royal à la journée des Barricades, 150. Emmène le roi à Ruel, 156. — Ramène le roi à Paris, 160. — Quitte une seconde fois Paris, 165. — Désire la paix, 186. — Revient à Paris avec le Roi, 197.

Annonciades célestes, institution de cet ordre, II, *b*, 1184. — Leur établissement à Paris, 1185. — Genre de vie, *ib*. — Curiosités de l'église, 1186.

— du Saint-Esprit, origine, II, *b*, 1273. — Supprimées, 1277.

Annonciation (Filles de l'), IV, *a*, 256.

Antoine (le Petit-Saint-), origine, II, *b*, 1167. — Établissement de ces religieux à Paris, 1167. — Changement dans l'administration, 1171. — Maison rebâtie, 1172. — Église, *ib*.

Antoine (abbaye Saint-), II, *b*, 1293. — Curiosités, 1300.

Antoine (M.), architecte, auteur du dépôt des archives au Palais-de-Justice, I, *a*, 164. — Restaure ce palais après un incendie, *ib*.

Appels d'abus et appelants, IV, *b*, 200 et suiv.

Aqueducs de Belleville, I, *b*, 833. — Réparés sous Henri IV, 834.

Arc de triomphe de la barrière du Trône, II, *b*, 1309. — Pourquoi appelée du Trône, 1310. — Description, 1311.

Arcades de la Chambre des Comptes, I, *a*, 169. — Mérite de ce monument, 405.

Archevêché, I, *a*, 327. — Érigé en 1622, 354.

Arcis (Saint-Pierre-des-), étymologie de ce nom, I, *a*, 256. — Détails sur cette église, curiosités, tableaux, *ib*. — Paroisse au commencement du 12ᵉ siècle, 258. — Ses droits curiaux, *ib*.

Arcueil (aqueduc d'), I, *b*, 834. — Alimente 14 fontaines, 835.

Ardents (mal des), I, *a*, 289.

Argenson (hôtel d'), II, *b*, 1319.

Armagnac (le comte d') fait connétable, II, *a*, 144. — Son retour à Paris, 147. — Difficultés que lui suscite la reine, 149. — Arrêté, 154. — Sa mort, 156.

Armagnacs (la faction des), II, *a*, 117. — Poursuivis dans Paris par les bouchers, 120. — Aux portes de Paris, 124. — Défection parmi eux, 125. — Le dauphin les favorise, 127. — Doivent exciter moins d'indignation que les Bourguignons, 134. — Réflexions en leur faveur, 136. — Leur conduite à Paris, 140.

Arnauld retiré à Port-Royal-des-Champs, IV, *a*, 179, note.

Arnaud (Jacqueline-Marie-Angélique) réforme l'abbaye de Port-Royal, IV, *a*, 338.

Arnolfini, moine espagnol député aux frondeurs, III, *b*, 182. — Introduit dans le parlement, 184. — Sa harangue, 185.

Arquebuse (hôtel de l'), II, *b*, 1333.

Arques (la journée d'), III, *a*, 336.

Arras (collège d'), III, *a*, 598.

Arsenal (l'), ancienneté des établissemens de ce genre, II, *b*, 953. — Arsenal particulier de Paris, *ib.* — Devient la propriété des rois, 954. — Henri IV l'augmente, *ib.* — Grand et petit, 955. — Inscription, 956. — Changemens et réparations, 975.

Artois (hôtel du comte d'), détruit, II, *a*, 459.

Asfelt (marquis d'), IV, *b*, 105.

Assomption (les religieuses de l'), leur couvent, I, *b*, 999. — Appelées d'abord Haudriettes, *ib.* — Au faubourg Saint-Honoré, 1001. — Attaquées juridiquement par les héritiers de Jean Haudri, 1003. — Fondation de l'église actuelle, 1004. — Curiosités, 1005.

Aubin (bataille de Saint-), II, *b*, 894.

Aubriot (Hugues), prévôt de Paris, I, *b*, 539, II, *a*, 70. — Pose la première pierre de la Bastille, 72.

Audran (Gérard), sa sépulture, III, *b*, 361.

Audrouet du Cerceau, commença le Pont-Neuf, I, *a*, 91.

Augustin (saint), restaurateur de la vie commune en Occident, I, *a*, 356.

Augustins (les grands), III, *b*, 600. — Epoque de leur établissement à Paris, 602. — Accroissement, 603. — S'établissent dans la rue qui porte leur nom, 607. — Eglise et curiosités, 608. — Bibliothèque, 612. — Leurs querelles, 614. — Quai, 750.

Augustins réformés (ou petits), IV, *b*, 391. — Curiosités de l'église, 394. — Bibliothèque, 395.

Aumont (hôtel d'), II, *b*, 965.

Aure (les filles de sainte), III, *b*, 438.

Auroux, capitaine de quartier, III, *a*, 374.

Austerlitz (pont d'), III, *a*, 660.

Autriche (maison d'), sa politique, III, *b*, 76. — Se met à la tête du parti catholique, *ib.* — Justifiée d'avoir aspiré à la monarchie universelle, 79.

Autun (collége d'), III, *b*, 685.

Auvergne (le comte d'), III, *b*, 27.

Avançon (Guillaume d'), archevêque d'Embrun, II, *a*, 216.

Ave Maria (les religieuses de l'), II, *b*, 917. — Origine, 918. — Austérités, 923. — Curiosités du couvent, 924. — Sépultures, *ib.*

Avenues des Invalides et de l'École-Militaire, IV, *b*, 455.

Avoués des églises. Ce que c'étoit, I, *a*, 207.

Avoie (les religieuses de sainte). Origine, II, *b*, 989. — Statuts, 991. — Adoptent la règle des Ursulines, *ib.* — Eglise, 993.

Avoie (fontaine Sainte-), II, *b*, 1012.

Azincourt (bataille d'), II, *a*, 143.

B.

Baillet (Jean), trésorier général, assassiné, I, *b*, 552, II, *a*, 42.

Bailliage du palais, I, *a*, 190. — Du Temple, II, *b*, 1187.

Banque de France, II, *a*, 367.

— de Law, IV, *b*, 29. — Sa chute, 52. — On essaie en vain de la relever, 53.

Bar (hôtel des comtes de), III, *a*, 615.

Barbe (collége et communauté de Sainte-), III, *b*, 482. — Discipline, 535. — Saint Ignace de Loyola y avoit étudié, 536.

Barbeaux (hôtel des), II, *b*, 963.

Barbette (hôtel), II, *b*, 1313.

Barnabites. Leur couvent, I, *a*, 224. — Origine et emplacement, 227.

Barre (Jean de la), gardien de la bibliothèque, II, *a*, 186.

Barre (hôtel de), II, *b*, 962.

Barricades (journée des), III, *a*, 298; III, *b*, 150.

Barrière (Jean de la), abbé commandataire des Feuillants, I, *b*, 983. — Merveilles de sa vie, 984. — Vient à Paris, *ib.* — Henri III envoie des seigneurs au devant de lui, *ib.*

Barrière avoit comploté la mort de Henri IV, III, *a*. 434.

Barrières de Paris, I, *b*, 1074; II, *a*, 260-562; II, *b*, 765-1344; III, *a*, 631, *b*, 573; IV, *a*, 368, *b*, 497.

Barry (la du), IV, *b*, 362.

Barthélemi (Saint-), église royale et paroissiale, I, *a*, 250. — Origine et emplacement, 251. Par qui desservie, 252. — Confiée aux religieux de St-Benoît, 253. — Curiosités, 254.

Barthelemi (massacre de la Saint-). Ne doit pas retomber sur la religion, III, *a*, 153. — La reine y détermine le roi, 177. — Préparatifs, 181. — Signal du massacre, 185. — Scènes en divers lieux, 186. — N'a eu lieu qu'à Paris, 196. — N'eut lieu que par représailles, 204.

Basoche, I, *a*, 166.

Basochiens (les) jouent des pièces de théâtre, IV, *a*, 312.

Baschi (Mathieu de) réforme les frères de saint François, I, *b*, 992.

Bassompierre (le maréchal de) à la Bastille, III, *b*, 74.

Baudoyer (place), étymologie, II, *b*, 834.

Baudrier; le clergé en obtient les honneurs, I, a, 205.

Bavière (hôtel de), III, a, 615.

Bayeux (collège de), III, b, 697.

Beaufort (le duc de), son rôle, III, b, 172. — Accusé, 206. — Nommé gouverneur de Paris, 305. — Suit Gaston dans son exil, 317.

Beaugé (bataille de), II, a, 161.

Beaujeu (madame de), II, b, 880. — Déconcerte les projets du duc d'Orléans, 883. — Veut le faire enlever, 889. — Sa conduite impolitique, 893.

Beaujon, conseiller d'état et receveur des finances, I, b, 1035.

Beaujon (chapelle), dédiée à saint Nicolas. — Sa description, I, b, 1035. — Intérieur, 1036. — Architecture de cette église, 1037.

Beaujon (hospice), son emplacement et ses fondateurs, I, b, 1038.

Beaumont (M. de), archevêque de Paris, nouvel Athanase, IV, b, 240. — Prend le parti des jésuites, 339.

Beautreillis (hôtel), II, b, 960.

Beautru (hôtel de), II, a, 249.

Beauvais (hôtel de), II, b, 965, II, b, 1331, IV, b,

Bedfort (le duc de) fait prêter serment au roi d'Angleterre par le parlement, II, a, 373. — Assiège Meulan, ib. — Son retour en France après la bataille de Montargis, 383. — Fait les derniers efforts contre le roi de France, 384. — Ouvre la campagne, 385. — Assiège Orléans et est repoussé par la Pucelle, 389. — Abandonne Paris, 392. — Y rentre, 396. — Se retire, 406. — Meurt, 407.

Béguines, II, b, 917.

Belle-Isle (le comte et maréchal de), IV, b, 118. Sa retraite, 124. — Fait la guerre en Provence, 147. — Combat à Exiles, ib.

Bénédictines de la Ville-l'Évêque, I, b, 1026. — Deviennent plus austères, 1027. — Ce monastère, d'abord prieuré dépendant de Montmartre, 1027. — Leurs différends avec ce couvent, 1028. — Curiosités de leur église, ib. — Église détruite, ib.

— de Notre-Dame de Liesse, IV, a, 260. — Fondation, 261.

Bénédictins anglais, III, b, 453. — Église, 456.

Bénéfices, leur origine, I, a, 77.

Bénéfices royaux, I, a, 203, 208.

Benoît (Saint-), quartier), III, b, 337. — Église collégiale et paroissiale, 355. — Particularités sur le chevet de cette église, 359. — Curiosités, 360. — Circonscription, 362.

Bertichram, Bertchram ou Bertrand, évêque du Mans, I, b, 741.

Bernard (Saint) engage inutilement les jeunes gens de Paris à embrasser la vie monastique, I, a, 281.

Bernard (porte Saint-), origine, III, a, 438. — Renouvelée, 439. — Description 440.

Bernardins (les), origine, III, a, 450. — Église, 454. — Curiosités, 455.

Bernin (le chevalier), architecte et statuaire, I, b, 787. — Détails sur ce personnage, 788. — Son plan du Louvre critiqué, 790.

Bernis (l'abbé de), son caractère, IV, b, 278. — Se charge du traité entre la France et l'Autriche, 279.

Berulle (le cardinal de), fondateur de l'Oratoire, I, b, 810. — Achète l'hôtel du Bouchage, 812. — Bâtit une nouvelle maison, 813.

Berry (duc de), frère du roi Charles V, I, a, 77. — Perd la confiance des Parisiens, 119. — Assiégé dans Bourges, 126. — Reçoit des ambassadeurs anglais, 141. — Sa mort, 145.

— (ancien hôtel de), II, a, 341.

Bertholot (François), fonde une maison.

Berwik fait la guerre en Alsace, IV, b, 104. — Assiège Philisbourg et y meurt, 105.

Besançon (hôtel de), III, b, 715.

Beze (Théodore de), III, a, 74.

Bibliothèque royale, son origine et ses progrès, II, a, 182. — Fondée par Charles V, 184. — Presqu'entièrement détruite sous Charles VI, 185. — Son état sous Louis XI, François Ier, 186. — Ordonnance de Henri II en sa faveur, ib. — Sous les rois suivants, 187. — Bâtiments, 190. — Dépôt des livres imprimés, 191. — Curiosités, 192. — Manuscrits, 194. — Médailles, 197. — Estampes, 201. — de la ville, II, b, 1262. — Description, 1263. — Devient un magasin d'armes, 1266.

Bièvre, petite rivière, III, a, 627.

Biscornet, serrurier de la façade Notre-Dame, I, a, 310.

Blaise (chapelle Saint-) et Saint-Louis, III, b, 344.

Blanche (la reine), son administration pendant la minorité de son fils, I, b, 694. — Soin qu'elle mit à le bien élever, 695. — Echappe à une embuscade près d'Etampes, 696. — Délivrée à Montlhéri, 697. — Traite rigoureusement l'Université, ib. — Sa régence, 704. — Favorise les affranchissements, 707. — Sa mort, 708.

Blancs-Manteaux (monastère des), II, b, 998. — Concession de Philippe de Valois, 1001. Église, 1002. — Curiosités, bibliothèque, 1003. — Marché 1370.

Blanc-Menil, président du parlement, III, b, 2.

Blois (Charles de), ses démêlés avec Jean de Montfort, II, a, 21.

Blondel, auteur d'un Traité sur l'architecture, I, b, 934.

Boileau, son tombeau dans la Sainte-Chapelle, I, a, 116.

Bois-Bourdon, ses intrigues avec la reine, II, a, 150.
Bois-Dauphin, maréchal de France, III, b, 20.
Boissy (collége de), III, b, 686.
Bonald (de), montre les avantages de la féodalité, I, a, Avert., 73. — Cité, 217.
Bonami, académicien, a répandu des lumières sur les antiquités de Paris, I, a, avert. xiii, note.
Boncourt (collége de), III, a, 609.
Bonfons, retouche le livre de Corrozet sur Paris, I, a, Avert. iij.
Bonneau (Marie), fondatrice des Miramiones, III, a, 444.
Bons-Enfants (collége des), II, a, 320. — Boursiers nommés par l'évêque, 321. — L'enseignement y cesse, 332. — Annexé au chapitre, ib.
— (le séminaire des), Voy. *Firmin* (Saint-)
Bont (chapelle Saint-), II, b, 821.
Boucherie (grande), I, b, 537. — Origine et emplacement, 539. — Bouchers de Paris pendant les troubles du règne de Charles VI, 540. Grande boucherie rasée par les ordres du duc d'Orléans, ib. — Rétablie, 541.
Bouchers, leur milice, et leurs cruautés, II, a, 155.
Boufflers, IV, a, 147. — Au siége de Lille, 160.
Bouillon (le duc de), frustré du commandement de l'armée, III, b, 5. — Ses services, 9. S'aigrit et excite le prince de Condé, 11.
Bouillon (hôtel de), IV, b, 478.
Boulevards anciens, II, b, 1343.
Bouquet (Geneviève), dite du saint nom de Jésus, réforme les religieuses de l'Hôtel-Dieu, I, a, 373.
Bourbon (Louis de), fait bâtir un hôpital pour les pèlerins, I, b, 578.
Bourbon (Antoine de), roi de Navarre, III, a, 39. — Attaché à la réforme, 40. — Se rend aux états généraux, 62. — Ebranlé par les variations des réformés au colloque de Poissy, 76. — Gagné par les Guises, 77. — Catholique, 81. — Blessé à la prise de Rouen, 105.
Bourbon (le cardinal de), proclamé roi, III, a, 335. — Sa mort, 346.
Bourbon (le duc de) intente un procès aux princes légitimés, IV, b, 21. — Issue de ce procès, 23. — Premier ministre, 83. — Son ministère pire que celui de Dubois, 87. — Est menacé de perdre le pouvoir, 89. — renvoie l'Infante d'Espagne, ib. — Fait épouser au roi Marie Leczinska, 90. — Exilé à Chantilly, 91. — Mendie le secours des Anglais, 122. — Entre dans Paris, 124. — traite avec les Anglais, 137. — Fuit et demande la paix, 140. — Offre en vain ses services contre les Anglais, 143. — S'unit à Henri V, 149. — Délivre la reine, 151. — Rentre dans Paris, 156.

Bourbon, célèbre poëte latin, I, b, 880.
Bourbon (hôtel de la duchesse de), II, a, 252.
Bourbon (le palais), IV, b, 450.
Bourbon (hôtel de), III, a, 615, IV, a, 363.
Bourgeois (grande confrérie des), I, a, 267.
Bourgogne (le duc de), frère du roi Charles V, II, a, 77 — premier ministre, 101. — Sa mort, 102.
Bourgogne (hôtel de), II, a, 556. — Devient la propriété des confrères de la passion, 558. — Leur salle louée aux comédiens d'Italie, 559, III, b, 569.
— (collége de), III, b, 692.
— (le duc de), IV, a, 147.
— (le duc de) élève de Fénélon, IV, b, 4.
Bourguignons. Leur faction, II, a, 117. — Les paysans prennent ce nom pour se livrer à divers excès, 121. — restent maîtres des environs de Paris, 125. — Nouveaux excès, 129. — Reçoivent un coup mortel, 133. — Abandonnés du duc de Bourgogne, 134. — Conspiration contre le roi, 146. — rentrent dans Paris, 153. — Versent des torrents de sang, 155.
Bourse (la), II, a, 291.
Bouthellier, maçon de Notre-Dame, I, a, 309.
Boutteville veut émouvoir le peuple en faveur de Condé, III, b, 213.
Bretagne (le duc de) devient le chef des mécontents, II, a, 611. — Fait de fausses promesses, 612. — Devient chef de la ligue des grands vassaux, 613. — Condamné à Tours par la noblesse, 618. — Paix de Conflans, 635.
Brétigny (paix de), II, a, 63.
Bretonvilliers (hôtel de), I, a, 418. — Par qui bâti, 419. — Ce qu'il devint en 1719, 419. — Décoré par Bourdon et par Baptiste, ib.
Breul (dom Jacques du) retouche l'ouvrage de Corrozet et Bonfons, I, a. Avert. IV, jugement sur son travail, ib.
Brissac (le maréchal de) défend Paris, III, a, 102. — Médite d'y introduire Henri IV, 415. — Livre Paris au roi, 421.
Brisson (président du parlement) III, a, 322. — Sa mort, 375.
Broglie, IV b, 302.
Brongniart, architecte, de l'Eglise des Capucines (Chaussée d'Antin), II, a, 245. — De la Bourse, 292.
Broussel, conseiller, devient l'idole du peuple, III, b, 134. — Envoyé en exil, 142. — Troubles à son occasion, 143. Son retour, 163.
Bullion (hôtel de), II, a, 342.
Bureau des Pauvres (grand), II, b, 820.
Bureaux (l'isle aux), ce que c'était, I, a, 8.

C.

Cabinet d'histoire naturelle, III, *a*, 494.
Caboche et cabochiens, II, *a*, 123.
Caillard (Pierre), gouverneur du Louvre, II, *a*, 60.
Calais (hôtel), II, *a*, 341.
Calvaire (le), II, *a*, 455.
— (les religieuses du), II, *b*, 1088, 1090.
— (les dames du), IV, *a*, 281. — Chapelle, 284.
Calvin, son portrait, III, *a*, 3. — Retiré à Genève, 4.
Calvinistes (les) se font craindre, III, *a*, 21. — Brûlés, 22. — Leurs premières églises, *ib*. — Leurs progrès, 23. — Se défendent l'épée à la main auprès de la Sorbonne, 26.— Conquête de leur parti, 28. — Deviennent un parti politique, 41.
Cambray (collége de), III, *b*, 512.
Cambrai (place), III, *b*, 578.
Cambis (hôtel de), II, *b*, 1135.
Camisards, révoltés des Cévennes, IV, *a*, 150.
Camulogène, général des parisiens, I, *a*, 9. — Défait par Labiénus, *ib*.
Camus (hôtel le) II, *b*, 1135.
Canning (lord), rapprochement curieux d'une de ses démarches avec la conduite de Walpole envers Fleury, IV, *b*, 101, note.
Canaye, détails sur cette famille, III, *a*, 538.
Capets, obstacles qu'ils eurent à vaincre dans l'origine, II, *a*, 5. — Cessation du plaid général, 6. — Nouvel ordre de succession, 7. — Désignoient, jusqu'à Louis VIII, l'héritier du trône 9. — Cherchent un appui dans le peuple, 10. — Ne comprirent pas assez la nécessité de la puissance spirituelle, 11.
Capetiens, flattent le tiers-état, II, *b*, 590. — Auraient dû chercher plutôt leur appui dans la puissance spirituelle, 591.
Capuce, signe de ralliement des factieux, II, *a*, 40.
Capucines (monastère des), II, *a*, 171. — Sa construction, 172. — Leur régle, 173. — Transférées rue Neuve-des-petits-Champs, 174. — Portail de leur église, *ib*. — Intérieur, 175. — Curiosités, 176.
Capucins (les), origine, I, *b*, 992. — S'établissent à Picpus, 994. Catherine de Médicis leur donne une maison, 995. — Eglise, 996. — Ne méritaient pas les dédains de la philosophie moderne, 997. — Curiosité de leur église, 998. — Bibliothèque, *ib*.
— de la Chaussée d'Antin, II, *a*, 243.—Eglise, 244.
— du Marais, II, *b*, 1084.—Curiosités, 1085.
— du quartier Saint-Benoît, III, *b*, 486.

Cardinal (Palais-), V. *Palais-Royal*.
Carlos (l'infant don) envahit le royaume de Naples, IV, *b*, 106.
Carmélites de la rue du Chapon, II, *b*, 683.
— (les), III, *b*, 462. — Curiosités, 468.
— (les), IV, *b*, 447.
Carmes billettes, II, *b*, 978. — Embrassent le tiers-ordre, 981.— Leur relâchement, 982. — On laisse cet ordre s'éteindre, 983. — Eglise, 984.
Carmes (les), III, *b*, 346. — Leur arrivée en France avec saint Louis, 347.—Eglise, 350.
Carmes déchaussés, IV, *a*, 269.—Eglise, 271.—Monastère, 272.
Carnavalet (hôtel de), II, *b*, 1327.
Carrouge (la dame de) accuse Legris d'avoir attenté à son honneur, II, *a*, 165.
Carrousel (le plan du), I, *b*, 912.— Origine de ce nom, 913. — Détails sur les carrousels, 914.
Cas royaux, I, *b*, 514-516.
Cas de conscience, IV, *a*, 168.
Capel (hôtel de), IV, *a*, 365.
Catherine (l'hôpital Sainte-), I, *b*, 570.— Son plus ancien titre, 571. — Par qui administré anciennement, *ib*. — Religieuses, 572. — Statue de sainte Catherine, 573.
Catherine du Val-des-Ecoliers (les chanoines réguliers de sainte), I, *b*, 1214. — Leurs progrès, 1218. — Eglise, 1220. — Réparations, 1223.—Curiosités, 1225.
Catholiques (la religion). Son influence sur l'homme et la société, IV, *a*, 187. — Régulatrice universelle, 188.
Catholiques (les Nouvelles-). But de cette communauté, II, *a*, 178. — Libéralités à leur égard, 180.— Leur maison, 181.— Curiosités, *ib*.
Catinat, IV, *a*, 142. — Rappelé, 143.
Caumont (Anne de) fonde le monastère des Filles-Saint-Thomas, II, *a*, 230.
Célestins, II, *b*, 935. — Introduits en France, *ib*.— Affection de Charles V pour eux, 937. — Eglise, 938.— Richesse de leur couvent, 940.— Curiosités, *ib*.— Chapelles, 942.— Vitraux, 950.
Cent-Filles (les), III, *a*, 505.
César fait rebâtir Paris, I, *a*, disc. prél., 9.
Chaillot, village près de Paris, I, *b*, 1039. — Origine et étymologie de ce nom, 1040. — Coutume singulière qui y régnoit, 1042. — Eglise, 1097. — Dépendoit du prieuré de Saint-Martin-des-Champs, 1045.—Position remarquable de Chaillot, 1044.

Chalotais (la), IV, *b*, 333. — Sa dispute avec l'abbé Georgel au sujet des Jésuites, 334, note.

Chambre des comptes. Son origine, I, *a*, 180. Etoit résidente à Paris, 181. — But de cette institution, 182. — Divers ordres d'officiers et leurs fonctions, 183. — Dignité du président, *ib.* — Droits honorifiques de ce magistrat, 184. — Bâtiment de la chambre des comptes, *ib.* — Arcades de la chambre des comptes, 405.

— du domaine et du trésor, I, *a*, 190.

— de saint Louis, III, *b*, 137. — Cesse de s'assembler, 139.

— royale et syndicale des imprimeurs et libraires de Paris, III, *b*, 723.

Chamillart (hôtel de), II, *a*, 330.

Champagne (Philippe de), peintre, I, *b*, 879.

Champ-de-Mars, I, *a*, 133; IV, *b*, 469.

Champigny (Jean-Simon de), évêque de Paris, I, *b*, 585.

Champeaux (Guillaume de), III, *a*, 552.

Champs-Elysées, I, *b*, 1017.

Chanai (collége de), III, *a*, 584. — Nombre de boursiers, 585.

Chancellerie du palais, I, *a*, 190.

Change (pont au), I, *a*, 88-391.

Chanoines. Leur origine, I, *a*, 355. — Louis-le-Débonnaire leur donne une règle fixe, 358.

— De Paris, sous le nom de Frères de sainte Marie, 258.

Chantier du roi, II, *b*, 964.

Chapelle (la Sainte-), I, *a*, 107. — Anciennes chapelles sur le même terrain, 110. — Chapelle de Saint-Nicolas, 111. — Saint Louis la fait bâtir pour y déposer la couronne d'épines, *ib.* — Description, 113. — Ses vitraux, 114. — Basse Sainte-Chapelle, 115. — Par qui elle était desservie, 116. — Reliques et autres objets précieux, 118. — Tableaux, 120. — Sculptures, 121. — Tombeaux, *ib.* — Cérémonie du vendredi saint, *ib.* — Trésor des chartres, 123.

Chapitre. Ce que c'est, I, *a*, 355.

Charenton (attaque de), III, *b*, 176.

Charité (les filles de la), II, *a*, 548. — Fondation, 549. — Composées d'abord de filles de campagne, 551. — Appelées sœurs grises, 552.

— Notre-Dame (hôpital de la), I, *b*, 1244. — Vœux des religieuses, 1245.

— (frères de la), origine, IV, *b*, 397. — S'établissent rue des Saints-Pères, 398. — Curiosités de l'hospice, 400. — Fontaine, 491.

Charlemagne et les Carlovingiens, I, *a*, 65. — Ce qu'il faisoit avant de se mettre en campagne, 135. — Interdit au clergé le service militaire, 206. — Chute des Carlovingiens, I, *b*, 48.

Charles-le-Mauvais deux fois emprisonné au Louvre, I, *b*, 771; II, *a*, 25. — S'évade, 35. — Gouverneur général de Paris, 52. — Veut traiter, 53. — Devient suspect, 54.

Charles, dauphin. Idée qu'on avoit de lui, II, *a*, 26. — Est fait lieutenant général du royaume, *ib.* — Va trouver à Metz l'empereur Charles IV, 28. — Revient à Paris et harangue le peuple, 37. — Conduite de Charles envers Marcel et Charles-le-Mauvais, 39. — Harangue le peuple aux halles, 41. — Contient les factieux, 43. — Demande la vie à Marcel, 47. — Signe un traité rédigé par les factieux, 48. — Quitte Paris, 49. — Demande qu'on lui livre les chefs de la faction, 50. — Se prépare à rentrer dans Paris, 52. — Se justifie devant le peuple d'avoir fait arrêter douze bourgeois, 61. — Devient roi, 68.

— V. Etat de la France à son avènement, 68. — Merveilles des cinq premières années de son règne, 69. — Fixe la majorité des rois à quatorze ans, 73. — Sa mort, 75. — Bienfaits de son règne, 76.

— VI. Sa minorité, II, *a*, 79. — Son sacre, 80. Troubles; états-généraux, 82. — Sédition, 85. — Marche au secours du comte de Flandre, 90. — Exécutions terribles, 92. — Paix avec les Flamands, 94. — Anecdote de la forêt du Mans, 98. — Premiers signes d'aliénation, 99. — Naissance de son cinquième fils, 102. — Fin malheureuse de ce règne, 103. — Troubles des Armagnacs et des Bourguignons, 117. — Reçoit son épouse, 156. — Sa mort, 162.

— VII. Monte sur le trône, II, *a*, 372. — Sacré, *ib.* — Conspiration en sa faveur, 374. — Revers, 375. — Bataille de Verneuil, 376. — Ce qui le sauve, 378. — Il offre l'épée de connétable à Richemont, 380. — Est abandonné du duc de Bretagne, 383. — Ses défenseurs assiégés dans Orléans, 385. — Journée aux harengs, 386. — La pucelle, 387. — Charles est conduit à Reims et sacré de nouveau, 389. — S'avance jusqu'à Dammartin, 391. — Reprend Saint-Denis, 393. — Succès, 399. — Se réconcilie avec le duc de Bourgogne, 406. — Sa valeur à Montereau Faut-Yonne, 415. — Entre à Paris, *ib.* — Sa mort, 420.

— le Téméraire, duc de Bourgogne, II, *b*, 639. — Son ambition, 647. — Cède aux troupes du roi, 649. — Perdu par ses succès, 651.

— VIII, II, *b*, 880. — Etats de Tours, 881. — Son armée triomphe à Saint-Aubin, 894. — Se marie, 895. — Fait revivre ses prétentions sur Naples, 897. — Conquête de l'Italie, 898. — Demande des secours aux Parisiens, 900. — Mort du roi Charles VIII, 902.

Charles IX s'avoue auteur de la Saint-Barthélemy, 209. — Sa mort, 218.
— IV donne ses états à Louis XIV, IV, *a*, 27.
— II, roi d'Angleterre, IV, *a*, 50. — Sa politique, 51. — Révoque la liberté de conscience, *ib*. — Fait épouser sa fille au prince d'Orange, 76.
Charni (le sire de) frappe Marcel d'un coup de hache, II, *a*, 59.
Charni (hôtel de), II, *b*, 854.
Charniers (les), II, *a*, 451. — Inscription, 452. — Curiosités, *ib*. — Démolis, 458.
Charollais (le comte de), chef des mécontents, II, *b*, 611. — A la tête des flamands, 621. — Veut s'emparer de Paris, 623. — Fuit à Monthléri, 625. — Revient contre Paris, 627. — Entre en conférence avec les parisiens, 628. — Veut passer la Seine, 632. — Conférences, 633. — Fait la paix, 635.
Chanon (Jean), prévôt des marchands, III, *a*, 182.
Charonne (les religieuses de), IV. *a*, 87.
Chartreux, IV, *a*, 326. — Constructions, 328. — Eglise, 330. — Curiosités, *ib*. — Sculptures, 333. — Entrée, 335. — Cloître, 336. — Dépendances, 337.
Chasse-midi (le prieuré de), IV, *a*, 244.
Château-Neuf (garde des sceaux), III, *b*, 113. — Exilé, 124.
Châtel (Jean), sa pyramide, I, *a*, 228. — Tente d'assassiner Henri IV, III, *a*, 434.
Châtelet (le grand et le petit), n'étaient point des forteresses, I, *a*, 12 ; III, *b*, 338.
Châtelet (le grand), I, *b*, 509. — Opinions sur l'origine de ce monument, *ib*. — Sa juridiction, 511. — Le prévôt de Paris y siégeoit, 520. — Disposition en faveur du Châtelet, consignée dans le grand coutumier de France, 522. — Etendue de la juridiction de cette cour, 527. — Bâtiment du Châtelet, 528. — Ses prisons, 530.
Châtillon (le cardinal de), III, *a*, 41.
Châtillon (le comte de), III, *a*, 360. — Il échoue en voulant escalader les murs de Paris, 361.
Châtre (le maréchal de la), III, *b*, 6.
Chaumont (les filles de Saint), V. Union chrétienne.
Chavigny, ministre, III, *b*, 104. — Gouverneur de Vincennes, 113. — Exilé, 156. — En liberté, 160.
Chenart (Hôtel-Dieu de Jean), II, *a*, 507.
Chereins ou Cherei, fondateur de l'église Saint-Honoré, I, *b*, 818.
Chirurgie (académie royale de), III, *b*, 654. — Chaires, 662.
Chiverny disculpe Jean Châtel, I. *a*, 234.
Choiseul (ancien hôtel), II, *a*, 250-252.
Choiseul (le duc de), au ministère, IV *b*, 301. et suiv. — Poursuit les Jésuites, 344. — Disgracié, 362.

Cholets (le collége des), III, *b*, 530.
Christophe (Saint), I, *a*, 286. — Origine de cette église et par qui elle était desservie, 287.
Cippe antique, découvert dans la Cité, I, *a*, 463.
Cité (île de la), différente autrefois de ce qu'elle est, I, *a*, 88.
Cités. Leur administration à la chute de l'empire romain, II, *b*, 801. — Décurions, 802. — Decemvirs, 803. — Régime municipal sous les rois de France, 807. — Prévôts, 809.
Clair (Saint), chapelle, II, *a*, 322. — *V*. bons enfants.
Clarence (le duc de), défait à Beaucé, II, *a*, 161.
Clamart (hôtel), III, *a*, 620. — Cimetière, 627.
Clément (Jacques), III, *a*, 329.
Clercs irlandais, II, *b*, 559.
Clergé, commence à jouir d'une existence politique, II, *b*, 594.
Clergé (assemblée du), IV, *a*, 89. — Assemblée générale, 90. — Examine la question de l'autorité du pape, 91. — Déclaration, 92. — S'assemble en 1754, IV, *b*, 255. — Il dénonce le philosophisme, 256. — Se montre faible, 257.
Clermont (le comte de), II, *a*, 398.
— (le comte de), IV, *b*, 294.
Cléry (ancien hôtel), II, *a*, 250.
Clèves (hôtel de), I, *b*, 825.
Clisson (Olivier de), arrêté dans un tournoi, I, *b*, 794. — Son supplice, II, *a*, 21.
Clisson (le connétable de), II, *a*, 94. — Assassiné, 97.
Clopinel continue le roman de la rose, III, *b*, 417.
Clos Saint-Victor, III, *a*, 627.
Clotilde (congrégation de Sainte), II, *b*, 1372.
Clovis s'établit à Paris, I, *a*. Disc. prél., 14. Son gouvernement, 55. — Sa conversion, 194. Son cénotaphe, III, *b*, 380. — Palais de Clovis, 385.
Cluny (collége de), III, *b*, 704. — Hôtel, 716.
Collége royal, III, *a*, 515. — Chaires diverses, 520.
Colbert (hôtel de), II, *a*, 252.
Colbert, IV, *a*, 9. — Jugement, 14. — Décrie les billets d'épargne, 15. — Ses succès, 17-26. — Epoque de sa gloire, 83. — Excite le roi contre le pape, 87. — Sa mort, 126. — Il commence la dette publique, 193.
Colombes (pont aux), I, *a*, 86.
Côme (église Saint) et Saint-Damien, III, *b*, 650. — Curiosités, 651. — Circonscription, 652.
Comédiens italiens, leur origine en France, II, *a*, 232. — Premiers acteurs, 235. — Adoptent des pièces françoises, *ib*. — Interdits, 236. — Rappelés, *ib*. — Leurs progrès, 238. — Elèvent un théâtre, 239. — Description, *ib*. — Intérieur, 243.

Comédia françoise, IV, *a*, 302. — Fête des fous, 303, note. — Progrès, 304. — Tragédies, 305. — Pèlerins, 307. — Leur manière de jouer, 309. — Des jeunes gens de Paris forment un théâtre, 311. — Les bazochiens, 312. — Moralités, 313. — Arrêt du parlement sur les spectacles, 314. — Epuration du goût, 316. — Molière, 318. La comédie françoise s'organise, 329. — Son théâtre, 320. — Description, 322. — Incendié et reconstruit, 322.

Compagnies (grandes), I, *a*, 51. — Leurs ravages, 66. — Détruites, 69.

Comtes de Paris. Leur usurpation, I, *a*, 67.

Conception (filles de la), origine, I, *b*, 1006. Exiguité de leurs revenus, 1008. — Louis XIV les secourt, *ib*. — Eglise, *ib*.

— Immaculée (le monastère royal de la), IV, *b*, 426.

Conciles. De l'idée de leur souveraineté, dérive la souveraineté du peuple, III, *a*, 232.

Concini, son ascendant sur la reine, III, *b*, 7. — S'enfuit, 24. — Assassiné, 32. — Insulte faite à son cadavre, 34. — I, *a*, 96. — Sa femme est exécutée en place de Grève, 34.

Condé (le prince de), III, *a*, 40. — Chef de la réforme, 41. — Se justifie d'un complot, 50. — Veut s'emparer de Lyon, 61. — Condamné à mort, 63. — Se reconcilie avec le duc de Guise, 73. — Quitte Paris, 95. — Revient avec une armée, 97. — Reçoit des renforts, 105. — Entre en conférence avec la reine, 109.

— (fils du précédent), revient d'un exil volontaire, III, *b*, 6. — Se retire de nouveau, 12. — Ses manifestes, 13. — Nommé président du conseil, 22. — Cabale de nouveau, 23. — Arrêté au Louvre, 25. — Conseille de continuer la guerre contre les protestants, 50. — Travaille au renvoi de Mazarin, 158. — Menace le parlement, 161. — Prépare le siége de Paris avec 8,000 hommes, 174. — Ses railleries sur les frondeurs, 177. — Fait outrage à Mazarin, 197. — Rompt ouvertement avec lui, 201. — Arrêté au Palais-Royal, 202. — Mis en liberté, 243. — Ses projets ambitieux, 244. — Cède aux intrigues de Gondi, 254. — Condé à Saint-Maur, 256. — Sort de nouveau de Paris à la majorité du roi, 258. — Sa révolte, 266. — Entre à Paris, 286. — Combat aux portes de Paris, 296. — Se retire derrière la Seine, 299. — Veut forcer le cardinal de Retz à quitter Paris, 301. — Horribles scènes, 303. — Il est accusé d'être l'auteur d'un massacre, 304. — Sort de France, 315. — Opposé aux Hollandais par Louis XIV, IV, *a*, 60. — Remplace Turenne en Alsace, 67. — Battu à Dreux et fait prisonnier, 108. — Fait la paix, 117. — Sa conduite à la Cour, 120. — Fait enlever le roi, 133. — Assiége Paris, 137. — Perd la bataille de Saint-Denis, 140. — Paix, 143. — Nouveaux troubles, 145. — Bataille de Jarnac, 147. — Mort de Condé, 148.

Condé (ancien hôtel de), IV, *a*, 363.

Conflans (le seigneur de), assassiné par les ordres de Marcel, II, *a*, 45.

Conflans (traité de), II, *b*, 635.

Conférence (porte de la), I, *b*, 955. — Quand elle fut construite, 958.

Confession (billets de), IV, *b*, 240.

Confréries. Causes morales de ces associations, I, *b*, 559. — Civiles et religieuses, 561. — Chez tous les peuples, *ib*. — Confréries religieuses dès les premiers siècles de l'église, 562. — Confréries des arts et métiers, *ib*. — Corruption de ces établissements, *ib*. — Confréries des états modernes, 563. — Leurs différentes espèces, 564. — Confréries pour le salut des âmes, 564. — Pour les œuvres de charité, 565. — Des pénitents, *ib*. — De négociants, 166. — Des officiers de justice, 167. — Des artisans, *ib*. — De la passion, 168. — Confréries de factieux, *ib*.

Congrégation de Notre-Dame (les filles de la), III, *a*, 469.

Conseil (le grand), en quoi il différait du parlement, I, *a*, 170. — Reçoit une forme permanente, 177. — Confirmé, *ib*. — Ses attributions depuis Louis XII, 177. — De quoi il se composait dans les derniers temps de la monarchie, 179. — Où il tenait ses assemblées, 180.

Constance (le concile de), II, *b*, 599. — Devient conciliabule, 600.

Constantinople. Sa fondation. Disc. prél., 2.

Conti (fontaine de), IV, *b*, 490.

Contrôleur-général (hôtel du), II, *a*, 252.

Convalescents (les), IV, *b*, 425.

Convertis (les nouveaux), III, *a*, 484.

Coqueret (collége), III, *b*, 536.

Cordelières, III, *a*, 530. — Reçoivent une maison, 533. — Leur règle, *ib*. — Eglise, 534. — Forcées différentes fois d'abandonner leur maison, 535.

Cordeliers, III, *b*, 663. — Eglise, 668.

Cordonniers (la communauté des frères), III, *b*, 615.

Cornouaille (collége de), III, *b*, 499.

Corrozet publie son livre sur Paris, I, *a*, Avertiss. iij. — Ce livre retouché par Bonfons, *ib*. — Ne compte que quatre cents rues et ruelles à Paris, 441.

Cossé-Brissac (hôtel de), II, *b*, 1315.

Cotte (Jules et Robert de), architectes, I, *b*, 962.

Coucy (Enguerrand de), enfermé dans la tour du Louvre, I, *b*, 771.

Couronne-d'Or (maison de la), I, *b*, 653. — Habitée en 1698 par Guy de la Trémouille, 653.

Cours-la-Reine, I, b, 1016. — On y joint les Champs-Elysées, 1017.

Coutras (bataille de), III, a, 284.

Craon (Pierre de), II, a, 95. — Obtient sa grâce, 99.

Crécy (bataille de), II, a, 22.

Créqui (le duc de), IV, a, 21.

— (le maréchal de), IV, a, 68. — Remplace Villars, IV, b, 106.

Crévant (bataille de), II, a, 375.

Croisades, I, b, 688. — Leurs avantages extérieurs, 689. — Intérieurs, ib. — Contre les Albigeois, 691.

Croix de la Cité (Sainte-), I, a, 259. — Origine, ib. — Sa cure, 260. — Curiosités de cette église, ib. — Confrérie en l'honneur des cinq plaies de Notre-Dame, 261. — Circonscription, 261.

Croix-du-Tiroir (fontaine de la), I, b, 837. — Inscription, 838.

— Gastine (la), II, a, 454.

— (les filles de la congrégation de Sainte-), II, b, 848. — Leur maison, 850.

— la Bretonnerie (les chanoines réguliers de Sainte-), I, b, 985. — Eglise, ib. — Curiosités, 988.

— (les religieuses de la), III, b, 1287. — Eglise, 1289.

— (les filles de la), II, a, 504.

Cromwell s'empare de la Jamaïque, IV, a, 4.

Culture-l'Évêque, I, a, 347.

Cybèle, adorée à Paris, I, a, Disc. prél., 7, note.

Cyran (Saint-) à Port-Royal, IV, a, 179.

D.

Damiens assassine Louis XV, IV, b, 265. — Ses déclarations relativement aux Jésuites, 266.

Dammartin (hôtel du comte de), I, b, 594.

Darnville (collège de), III, b, 694.

Dauphine (place), I, a, 102. — D'où lui vient ce nom, 103. — Son irrégularité, 104.

Dauphin (le), Louis, fils de Charles VI. II, a, 135. — Retiré à Bourges, 141. — S'empare de Paris, 142. — Appelle les princes d'Orléans à son secours, 143. — Sa mort subite, 144.

— fils de Louis XIV, IV, a, 81. — Epouse la fille de l'électeur de Bavière, ib.

Davilar. III, a, 301.

Décrétoire (année), III, b, 332.

Décurions, premiers magistrats des cités, II, b, 802.

Delamare. Son Traité sur la police, I, a, X.

Deni de justice, I, b, 481.

Denis de la Chartre (Saint-), I, a, 268. — Pourquoi ainsi appelée, ib. — Desservie par des chanoines séculiers, 270. — Rebâtie, 271. Curiosités, 272. — Vitrages, 273.

— du Pas (Saint-), cause de ce surnom, I, a, 364. — Existait avant le 12e siècle, 365. —

— (quartier Saint-), origine, II, a, 481.

Députés (palais des), IV, b, 528. — Le fronton, ib.

Desbrosses, architecte, termine la grande salle du palais, I, a, 163. — Construit l'aqueduc d'Arcueil, I, b, 834.

Descartes. Son buste et son épitaphe, III, b, 381.

Dessessarts (Pierre), enfermé au Louvre, I, b, 771. — Occupait l'hôtel des Tuileries, 915.

— (Pepin), poursuit Marcel, prévôt des marchands, II, a, 58. — Prend la fuite, 128. — S'empare de la Bastille et est pris, 129. Livré à la populace, ib.

Desjardins, architecte de la place des Victoires, II, a, 210.

Desmarets (Jean), II, a, 86. — Son éloge et sa mort, 92.

Desnoyers, ministre, III, b, 104.

Dessin (école gratuite de), III, b, 695.

Dinocheau (Jean), marchand de bétail, fondateur d'une chapelle des cinq plaies, I, b, 960.

— (Etienne), neveu du précédent, courrier ordinaire du roi, I, b, 960.

Doctrine chrétienne (les prêtres de la), III, a, 466. — Eglise et curiosités, 469.

Doriole (Pierre de), chancelier de France devient président de la cour des comptes, I, a, 185.

Dormans-Beauvais (collège de), III, b, 507. — Chapelle et curiosités, 509.

Double (pont au), I, a, 378.

Douglas (le comte de) fait connétable, II, a, 162.

Doyenné (maison du), I, b, 830. — Célèbre par la mort de Gabrielle d'Estrées, ib.

Drapiers, chaussetiers. — Leur confrérie, I, a, 273.

Drapiers (bureau des marchands), I, b, 659.

Dreux (bataille de), perdue par les reformés, III, a, 108.

Droit (école de), III, b, 550. — Histoire du droit français, ib. — Composition de la Faculté de droit, 558. — Curiosités, 559.

Dubois (l'abbé), au conseil d'état, IV, b, 14. — Gagne le duc de Noailles et Canillac, 15. — Conclut en Hollande la quadruple alliance, 18. — Sa faveur s'accroît au milieu des misères publiques, 37. — Archevêque de Cambrai, 58. — D'où venait son crédit auprès du régent, 60. — Vise au cardinalat, 64. — Veut faire casser le parlement, 66. — Reçoit le chapeau, 67. — Ce qui a pu décider le pape à le nommer, 68. — Fait exiler ses adversaires, 71. — Premier ministre, 73. — Atteint d'une maladie mortelle, 74. — Sa mort impie, 75. — Ses turpitudes révélées après sa mort, ib.

Dubourg (Anne), arrêté en plein parlement, III, a, 33. — Son procès, 43.

Duchâtel (Pierre), gardien de la bibliothèque, II, a, 186.

Duel judiciaire sous Charles VI, II, a, 165.

Dufour, arrêté en plein parlement, III, a, 33.

Duguesclin. Ses exploits, II, a, 169.

Dunois, bâtard d'Orléans, II, a, 389.

Dupes (journée des), III, b, 72.

Dupleix disculpe les Jésuites de l'attentat de Jean Châtel, I, a, 231.

Duprat (chancelier), et la pragmatique, II, b, 1029.

Dupuy (Raymond) organise une milice parmi les hospitaliers, II, b, 1093.

E.

Ecole-Militaire, IV, b, 465. — Curiosités 467.

Ecoles Chrétiennes (frères des), IV, a, 357. — Leurs différens noms, 358. — Arrivent à Paris, ib.

Écossais (collége des), III, a, 611. — Tombeaux, 613.

Ecquevilly (hôtel d'), II, b, 1136.

Édit de juillet contre les Calvinistes, III, a, 72.
— de janvier, et ses effets, III, a, 83.
— d'Amboise, III, a, 117.
— d'Union, III, a, 309.
— de Nantes, III, b, 2. — Confirmé pendant la minorité de Louis XIII, III, b, 4.

Édouard Ier, ses débats avec Philippe-le-Bel, II, a, 14.
— II, laisse reprendre aux rois français leur ascendant, II, a, 17.
— III, dispute le royaume de France à Philippe-de-Valois, II, a, 17. — Reçoit à bras ouverts Robert III, banni de France, 21. — Prend le parti de Jean-de-Montfort, 21. — Débarque en Normandie, 22. — Défait les Français à Crécy, et s'empare de Calais, ib. — Vient de nouveau au secours des révoltés, 25. — Vainqueur à Maupertuis, 25. — Propose un traité honteux, 62. — Rentre en France, et sans succès, 63. — Cité devant le parlement, 71.

Église de France, son état sous Louis XV, IV, b, 156 et suiv.

Egmont (Juste d'), peintre, I, a, 879.

Elbeuf (le duc d') et ses trois fils intriguent à Paris, III, b, 169. — Éprouve un échec, 171.

Éléonor (comtesse de Vermandois), dote l'église de Saint-Symphorien, I, a, 274.

Éléonore de Guyenne, II, a, 13.

Élisabeth (les religieuses de Sainte-), II, b, 1126. — Église, 1128. — Curiosités, ib.

Éloi (Saint-), orfèvre, établit une communauté de filles, I, a, 234. — Ceinture de Saint-Éloi, 225.
— (chapelle Saint-), I, b, 626. — Hôpital des orfèvres, 627. — Rendu plus vaste et plus commode, 629. — Par qui la chapelle était desservie, 629.

Emery (le surintendant), III, b, 126. — Sa disgrace, 130. — Sa réintégration, 202.

Emmenot, capitaine de quartier, III, a, 374.

Enfant-Jésus (les filles de l'), IV, a, 263. — Sœurs de l'Enfant-Jésus, ou École de charité, 356.

Enfants-Rouges (hôpital des), par qui fondé et à quelle occasion, II, b, 1090. — Supprimé, 1092.

Enfans-Teigneux, IV, b, 401.
— Trouvés (hôpital des), II, b, 1271. — Curiosités, 1272.
— Trouvés (maison des), I, a, 384. — Reconstituée par Saint-Vincent-de-Paule, 387. — Revenus et usages de cette maison, 388.

Enghien (le duc d'), à Rocroy, III, b, 115. — Ses liaisons avec la duchesse de Montbazon, 116. — Victoire de Lens, 140.
— (hospice d'), IV, b, 533.

Épernay (conférences d'), III, a, 269.

Épernon (le duc d'), quitte le parti de Henri Quatre, III, a, 333. — Force le parlement à donner la régence à Marie de Médicis, III, b, 3. — Conseille sagement la régente, 12. — Écoute les propositions de Marie de Médicis, 36. — Reçu en grâce, 37. — Refuse d'obéir au roi, 51.

Épiscopal (palais), quand bâti et par qui, I, a, 328. — Agrandi, 329.

Esprit (hôpital du Saint-), III, b, 818. — Curiosités, 819.
— (séminaire du Saint-), III, b, 562. — Chapelle et curiosités, 564.

Estrées (hôtel d'), II, b, 1318.

Essarts (Marie des), sa sépulture, III, b, 361.

Étampes (hôtel de la duchesse d'), III, *b*, 711.

États-Généraux sous Charles Dauphin, II, *a*, 27.

Étienne, doyen de Paris, dresse des statuts pour l'Hôtel-Dieu, I, *a*, 370.
— prévôt de Paris, I, *b*, 521.

Étienne-du-Mont (Saint-), église paroissiale, III, *b*, 388. — Architecture, 391. — Curiosités, 392. — Circonscriptions, 395.

Étienne-des-Grès (collégiale), III, *b*, 419. — Ancienneté, 421. — Son état au 11ᵉ siècle, 422. — Curiosités, 424. — Inscription grecque retrograde, 425.

Étoile (de l'), justifie les Jésuites de l'attentat de Jean Châtel, I, *a*, 232.

Étuves (maison ou hôtel des), I, *a*, 89.

Eudes, comte de Paris, *b*, I, 490, note.

Eudistes (communauté des), III, *b*, 560.

Eusèbe (Saint-) de Verceil soumet ses clercs à la vie monastique, I, *a*, 356.

Eustache (quartier Saint-), II, *a*, 296. — Antiquités romaines, 364. — Monuments nouveaux, 365.
— (église Saint-), origine, II, *a*, 298. — Paroisse, 300. — Fondation, 301. — Confréries, 302. — Reparée et agrandie, 302. — Son architecture, 303. — Nouveau portail, 304. — Sa critique, 305. — Intérieur, 306. — Curiosités, 307. — Circonscription, 312. — Réparations, 363.

Évêché de Paris, séparé de la métropole de Sens, I, *a*, 354. — Devient archevêché, *ib*.

Évêques, leur autorité sous les rois de France, I, *a*, 330. — Prennent le baudrier, 331. — Leur puissance sous Pépin, 333. — Se mêlent de la police temporelle, 335. — Tenaient des plaids, 338. — N'infligeaient point arbitrairement l'excommunication, 340. — S'ils allèrent trop loin dans l'assistance qu'ils prêtèrent à l'autorité séculière, 342.
— de Paris. Leur maison, I, *a*, 327. — A quelle occasion ils firent construire des chapelles, 329. — Terrain qu'ils possédaient au couchant de Paris, 347. — Leur puissance au temps de Saint-Louis, *ib*. — Offrent une suite nombreuse de grands et pieux personnages, 354.

Excommunication. Ses effets, I, *a*, 340.

F.

Farnhèse (Élisabeth) épouse Philippe V, IV, *b*, 11. — Son ambition, 12.

Faubourgs de Paris. Leur origine, I, *a*, 83.

Félibien, bénédictin, auteur d'un ouvrage sur Paris, I, *a*, VII.

Féodalité, son origine, I, *a*, 45. — Plus naturelle qu'on ne pense, 61. — Condamnée par Mably, défendue par M. de Bonald, 73. — Ses abus, 75.

Ferdinand, empereur d'Allemagne, a recours à Walstein, III, *b*, 83. — Fait assassiner Walstein, 85. — Rétablissement de ses affaires, 86.

Fermes (hôtel des), II, *a*, 342. — Acheté par Pierre Séguier, 343. — Décoration intérieure, *ib*.

Ferté Senectère (ancien hôtel la), II, *a*, 250.

Fenrand, comte de Flandre, enfermé dans la tour du Louvre, I, *b*, 730.

Ferrière-Maligni établit la première église réformée à Paris, III, *a*, 23.

Feu sacré, I, *a*, 289.

Feuillade (le duc de la), II, *a*, 205. — Fait ériger un monument à Louis XIV, 206. — Précautions qu'il prend pour rendre son monument durable, 211. — Plaisanterie de l'abbé Perrin sur ce maréchal, 213, IV, *a*, 150.

Feuillantines (les religieuses), origine, III, *b*, 457. — Curiosités de l'église, 459.

Feuillants de la rue Saint-Honoré, I, *b*, 982. — Leur règle, 983. — Leur congrégation érigée à Paris, 985. — Faveurs dont les comble Henri IV, 986. — Église, portail, 987. — Description et curiosités, 989. — Bibliothèque, 991.
— des Anges gardiens, IV, *a*, 324.

Feux de Saint-Jean, II, *b*, 796.

Feydeau (théâtre), II, *a*, 290.

Fiacres (maison des), II, *b*, 762.

Fiffer, commandant des Suisses, III, *a*, 134.

Filles-Dieu (communauté des), II, *a*, 508. — Époque de leur établissement, 509. — Abandonnent leur maison, 512. — Leur translation, *ib*. — Le relâchement s'y introduit, 513. — Nouvelles religieuses, 514. — Église, 515. — Crucifix, 516.

Firmin (le séminaire Saint-), remonte au moins à 1247, 592. — Bibliothèque, 595.

Flandre (ancien hôtel de), II, *a*, 331.

Flamel (Nicolas), I, *a*, 291. — Bâtit le portail de Saint-Jacques-la-Boucherie, *b*, 548. — Représenté sur un pilier de cette église, 551.

Fleming (Reinier), bourgeois de Paris, II, *b*, 978.

Fleury (l'abbé de), évêque de Fréjus, IV, *b*, 86. — Vise au ministère, 87. — Y parvient, 91. — Son caractère, 92. — Nommé cardinal, 93. — Sans rivaux et sans ennemis, 94. — Réforme les finances, 95. — Sa politique inepte, 96. — Dupe de Walpole, 100;

note. — Foiblesse de ce ministre, 103. — Au comble de la puissance, 109. — Ferme les yeux sur les dissolutions du roi, 111. — S'oppose à la guerre, 116. — Son innocence diplomatique, 123. — Meurt, 127. — Sa conduite dans les affaires du jansénisme, 170 et suiv.

Foire Saint-Germain, IV, *a*, 345. — Où elle se tenoit, 346. — Supprimée, 347. — Rétablie, 348. — Nouvelles acquisitions, *ib.* — Loges construites et brûlées, 349. — Préau de la foire, 351. — Marché, 352.

Foires de Paris, IV, *a*, 350, note.

Foix (Sainte-). Ses *Essais sur Paris*, I, *a*, VIII. — Ses défauts, IX.

Foix (le comte de) défend Meaux, II, *a*, 52.

Fontaines de Paris sous Philippe-Auguste, I, *b*, 832. — Depuis Philippe-Auguste jusqu'à Louis XII, *ib.* — Sous Louis XIII, 834. — En 1669, 835. — Nouvelles en 1671, 886. — Sous Louis XV, *ib.* — Pompe à feu, 837.

Fort-l'Évêque (le), étymologie de ce mot, I, *b*, 620. — Inscription, 623 et la note.

Force (prison de la). Histoire de cet hôtel II, *b*, 1173. — Description, 1174.

Force (la petite). Destination de cette prison, 1183. — Description, *ib.*

Force (M. de la), gouverneur du Béarn, III, *b*, 21.

Fortet (collége de), III, *b*, 540.

Fouace (Pierre) tue Marcel, prévôt des marchands, II, *a*, 59.

Foulon (hôtel de), II, *b*, 1137.

Fouquet, IV, *a*, 16.

Fourcy (hôtel de), II, *b*, 965.

Fous (fête des), IV, *a*, 303, note.

France chrétienne (*Gallia christiana*) a répandu des lumières sur les antiquités de Paris, I, *a*, XIII, note.

François de Sales (les prêtres de saint), III, *a*, 501.

— de Paule (saint), I, *b*, 1054.

*François I*er. Etat de la France au commencement de son règne, II, *b*, 1024. — Songe à reconquérir le duché de Milan, 1026. — Concordat, 1030. — Résistance du parlement, 1031. — Doctrines sur la souveraineté du peuple, 1034. — Troubles dans l'Université, 1037. Le roi la réduit à la raison, 1039. Rivalité du roi avec Charles d'Autriche, 1041. — Conquête du Milanois, 1042. — Revers et dévouement des Parisiens, 1048. — Pavie, 1053. — Le roi revient à Paris, 1065. — Sa conduite envers les réformés, 1072. — Nouvelle guerre, 1073. — Bataille de Cerisolles, 1078. — Dernières années de ce prince, 1080. — Sa mort, 1082.

François II. Commencements de son règne, III, *a*, 37. — Sa foiblesse, 38. — Assemblée de Fontainebleau, 58. — Revient à Paris bien accompagné, 62. — Sa mort subite et imprévue, 63.

François II, duc de Bretagne, II, *b*, 890. — Fait la guerre au roi, 894. — Sa mort, 895.

Frédégaire, ancien chroniqueur, II, *a*, 166.

Frédéric II, roi de Prusse, s'empare de la Silésie, IV, *b*, 114. — Gagne la bataille de Molwitz, 115. — Ligue contre lui, 289. — Son intrépidité, 291. — Vainqueur à Rosbach, 292. — Éprouve des revers, 295-303. — Fait la guerre en partisan, 305.

Frondeurs. Leur armée, III, *b*, 175. — Attaque de Charenton, 176. — Disposés à la paix, 178. — Nouveaux troubles, 204. — Ils demandent le jugement de leurs chefs Gondy et Beaufort, 209. — Siége et paix de Bordeaux, 222.

G.

Galerie (la grande) du Louvre, I, *b*, 931. — Sous qui commencée et achevée, 932. — Description extérieure, 937. — Distribution intérieure, 939. — Tableaux, 941. — Sculpture, 942.

Galigaï, épouse de Concini, III, *b*, 7.

Galles (le prince de), vainqueur à Maupertuis, II, *a*, 25.

Galon, évêque de Paris, I, *b*, 536.

Ganganelli (Clément XIV), IV, *b*, 347. — Abolit l'ordre des Jésuites, *ib.*, note.

Garancière (hôtel de), IV, *a*, 364.

Garde (hôpital de la), IV, *b*, 532.

Garde-meuble. Description, I, *b*, 1014. — Comparable à la façade du Louvre, *ib.*

Gare (la), II, *b*, 976.

Garin Masson consacre une maison à l'établissement des pauvres passants, I, *b*, 497.

Garlande (Étienne de) fonde la chapelle de Saint-Agnan, I, *a*, 280.

Gaston, ennemi de Richelieu, III, *b*, 73. — Lieutenant-général du royaume, devient le jouet de Gondy, 235. — Ses irrésolutions, 255. — Excite une émeute contre Mazarin, 274. — Exilé à Blois, 317.

Gauguin (Simonne) fonde l'hôpital de la Charité Notre-Dame, II, *b*, 1244.

Genève (petite). Pourquoi le faubourg Saint-Germain fut ainsi appelé, I, *a*, xxj.

Généraux super-intendants, I, *a*, 186. — Généraux conseillers, 187.

Généraux des aides, I, *a*, 187.

Geneviève (Sainte-). Son emplacement, I, *a*, 83, sa fondation, III, *b*, 368. — État des chanoines au 12e siècle, 371. — Réformés, 373. — Relâchement, 374. — Antiquités de l'église, 372. — Reliques de sainte Geneviève, 376. — Chapelle, 378. — Curiosités, *ib.* — Châsse et tombeau de sainte Geneviève, 380. — Cloître, 381. — Bibliothèque, 383. — Communauté des Filles de Sainte-Geneviève, 397. — Nouvelle église, 398. — Réparations, 402. — Carré, 384.

— *des Ardents* (Sainte-), I, *a*, 288. — Pourquoi ainsi nommée, 289. — Miracles à l'occasion du mal des ardents, *ib.* — Sainte-Geneviève (la petite église), 290, — Cédée à Eudes de Sully, 291.

— (cour et hôpital Sainte-), III, *b*, 437.

Geoffroy de Saint-Omer, fondateur des templiers, II, *b*, 1094.

Georges (Saint-), oratoire sur le chemin de Saint-Denis, I, *a*, 252.

Gérard, fondateur des hospitalières, II, *b*, 1099.

Germain (le vieux Saint-), I, *a*, 261. — Origine, *ib.* — Pourquoi ainsi surnommé, 263. Le recteur de l'Université nommait à cette cure, *ib.* — Curiosités, 264. — Circonscription, 265. — Les fonts baptismaux de Paris étoient jadis dans cette église, 361.

Germain-des-Prés (Saint-), I, *a*, 83.

— *l'Auxerrois* (Saint-), I, *a*, 83. — Son origine, I, *b*, 740. — Opinion de Jaillot, 741. — De Lebeuf, 743. — Sa dépendance de l'église cathédrale, 746. — Détruite par les Normands, 747. — Rebâtie, *ib.* — N'était pas un monastère, 748. — Avait un chapitre, 749. — Réuni au chapitre de Notre-Dame, 752. — Église royale, *ib.* — Antiquité de ses constructions, *ib.* — Devient paroissiale, 755. — Curiosités, 757. — Circonscription, 760.

— (Saint-) et Saint-Marcel-les-Paris, I, *b*, 502.

— (nouveau marché Saint-), IV, *a*, 407.

— (quartier Saint-), IV, *b*, 373. — L'Abbaye, *b*, 402. — Curiosités, 412. — Décorations nouvelles, 418. — Bibliothèque, 419. — Cabinet d'antiquités, 420. — Hôtels divers, 480. — Fontaines, 490.

Gervais (l'église Saint-). Origine, II, *b*, 836. — Paroissiale, 837. — De qui dépendante au 11e siècle, 838. — Rebâtie, 843. — Curiosités, 844. — Circonscription, 845. — Hôpital, 847. — Nouvelles décorations, 874.

— (filles de Saint-), II, *b*, 1163.

Gesvres (hôtel de), II, *a*, 253, 347.

Giffart, partisan de Marcel, II, *a*, 59.

Gilles et Saint-Leu (Saint-), I, *a*, 272.

Glaces (manufacture royale des), II, *b*, 1301.

Glocester (le duc de), II, *a*, 378. — Manque l'occasion d'écraser le parti de Charles VII, 379.

Grenier à sel, I, *b*, 624.

Gloriette (cul-de-sac), III, *b*, 585.

Gobelins. Détails sur cette famille, III, *a*, 537.

— (la manufacture royale des), III, *a*, 537.

— La première de l'Europe en ce genre, 539. — Produits, *ib.*

Gondi, premier archevêque de Paris, en 1622, I, *a*, 354.

Gondi, coadjuteur de Paris, III, *b*, 135. — Frondeur, 140. — Sa conduite au sujet de Broussel, 142. — Maître de Paris, 147. — Se lie avec le prince de Condé, 154. — Fait chansonner Mazarin et le régent, 164. — Se fait arrêter par le peuple, 168. — Prend la Bastille, 171. — Veut empêcher la paix de Charenton, 180. — Négocie secrètement avec l'Espagne, 182. — Fait trembler le parti modéré du Parlement, 189. — Retire seul tous les avantages de la paix, 195. — Ses liaisons avec la duchesse de Chevreuse, 196. Essaie de ranimer la guerre, 201. — Accusé d'avoir voulu faire assassiner Condé, 206. — Devient l'appui du trône, 211. — Mazarin se prononce contre lui, 224. — Orage contre lui, 237. — Cite, en se justifiant, un prétendu passage de Cicéron, 238. — Sa retraite feinte à l'archevêché, 248. — Comment il reçut la nouvelle que la reine, conseillée par Mazarin, l'appeloit au ministère, 252. — Se déclare contre Condé, 255. — L'accuse en parlement, et est lui-même accusé, 258. — Se fait défendre par la reine d'assister au parlement, 262. — Refuse de consentir au retour de Mazarin, 272. Nommé cardinal, 278. — Se retire de nouveau à l'archevêché, 279. — Reparoît avec un appareil formidable, 306. — Reçoit le chapeau des mains du roi, 313. — Sa mort, 318. Note.

Godin (hôpital de Pierre), II, *a*, 507.

Goujon, le plus grand statuaire moderne, I, *b*, 781.

Gourdaine (l'isle à la). Ce que c'était, I, *a*, 89.

Grammont (ancien hôtel), II, *a*, 250.

Grange (Jean de la). Son portrait sur les vitraux de Saint-Denis de la Chartre, I, *a*, 273.

Grassins (le collége des), III, *b*, 547. — Chapelle, 549.

Gratien, l'empereur, habita Paris, I, *a*, dis., p., 13.

— jurisconsulte, sa compilation fait instituer les écoles de droit canonique, III, *a*, 557.

Grégoire XIII approuve la ligue, III, *a*, 262.

Grenier de réserve, II, *b*, 975.

Grève (quartier de la), II, *b*, 793. — Place, 795.

Gros-Caillou, IV, *b*, 484.

Guemené (hôtel) II, *b*, 1332.

Gueret (le père), précepteur de Jean Châtel, disculpé, I, *a*, 233. — Son courage dans les tourments de la question, 236. — Banni à perpétuité, 237.

Guerri Changeur, I, *b*, 538.

Guet (maison du chevalier du), I, *b*, 656.

Guignard (le père), Jésuite, justifié de l'attentat de Jean Châtel, I, *a*, 233. — Sa mort courageuse, 235.

Guillaume, roi d'Angleterre, à la tête de la grande alliance, IV, *a*, 139.

Guillot, poète du XIIIe siècle, I, *a*, 430. — Son *Dict* sur les rues de Paris, 431. — Nombre de rues à Paris au temps de Guillot, 440.

Guise (François de), ses commencements, III, *a*, 16. — Nommé lieutenant-général du royaume, 17. — Parti qu'il prend à l'égard des réformés, 49. — Déclaré conservateur de la patrie, 54. — Feint de se réconcilier avec le prince de Condé, 73. — Entre à Paris, 93. — Prépare le siège d'Orléans, 111. — Sa mort, *ib*. — Son apologie, 113.

Guise (le jeune duc de), chargé de tuer Coligny, III, *a*, 182. — Chef des ligueurs, 264, somme Henri III de faire la guerre au roi de Navarre, 272. — Sa conduite avec l'armée allemande, 285. — Est rejoint par les principaux ligueurs, 287. — Entre à Paris, 291. — Se présente devant le roi, 294. — Exige le renvoi des favoris, 295. — Sa conduite à la journée des Barricades, 300. — Traité qu'il voulait faire avec le roi, 301. — Rétablit le calme dans Paris, 304. — Edit d'union, 309. — Assassiné par l'ordre du roi, 316.

Guises (les), leur parti, III, *a*, 37. — Leur conduite prudente, 42. — Poursuivent la réforme avec vigueur, 46. — Découvrent la conspiration d'Amboise, 52. — Pourquoi ils ménagent le prince de Condé, *ib*. — Leur crédit effraye la reine, 56. — Leur exil, 89.

Gustave, roi de Suède, entre en Allemagne, III, *b*, 83. — Ses conquêtes, *ib*. — Tué, 84.

Guy, comte de Flandre, enfermé au Louvre, I, *b*, 771.

H.

Hainault (Jacqueline de), épouse le duc de Glocester, II, *a*, 378.

Halles. Leur origine, II, *a*, 427.
— (au blé), son origine, 323. — Description, 324. — La cour couverte, 325. — Colonne et fontaine, 327. — Voûte en fer, 365.
— (aux cuirs), II, *a*, 439.
— (aux draps et aux toiles), II, *a*, *ib*.
— (aux fromages), II, *a*, 438.
— (aux fruits), II, *a*, 437.
— (aux herbes et aux choux), II, *a*, 438.
— (à la marée), II, *a*, 436.
— (aux poirées), II, *a*, 438.
— (au poisson d'eau douce), II, *a*, 437.
— (aux veaux), III, *a*, 447.
— (à la viande), II, *a*, 437.
— (au vin), III, *a*, 447. — La nouvelle, 459.

Harcour (collège de), III, *b*, 701.

Harengs (journée des), II, *a*, 386.

Harlay de Chanvallon, archevêque de Paris, I, *a*, 354.
— (hôtel de), II, *b*, 1136.

Haudri, fondateur des Haudriettes, I, *b*, 1000.

Haudriettes, religieuses, I, *b*, 999. — Hospice et chapelle, II, *a*, 798. — Statuts, 800.

Hélyot, son témoignage sur les religieuses de l'Hôtel-Dieu, I, *a*, 376.

Héloyse, III, *a*, 553.

Henri II, réprime l'hérésie, 5. III, *a*, 4.
— Ménage les Anglais, 6. — Refuse de recevoir les décrets du concile de Trente, 9. — Conclut une alliance avec le corps germanique, 10. — Assemble le parlement, 11. — Son expédition contre l'empereur, 14. — Cède, 15. — L'ennemi en France, 16. — Paix de Cateau-Cambresis, 18. — Son antipathie pour la réforme, 27. — Fait saisir deux membres du parlement, 33. — Son apologie, 35.

Henri III. Son avénement, III, *a*, 219. — Ses concessions aux réformés, 224. — Son indolence quand la guerre s'allumait de toutes parts, 244. — Chef de la Ligue, 245. — Ses débauches, 251. — Ses mignons, 253. — Conspiration contre lui, 254. — Devient l'objet de l'animadversion publique, *a*, 269. — Son discours à l'assemblée qu'il avait convoquée au Louvre, 273. — Effet de sa harangue, 276. — Guerre des trois Henri, 277. — Ne veut pas détruire les huguenots, 278. — Nouvelle guerre, 279. — Déconcerte un complot de ligueurs, 283. — La haine publique se déchaîne contre lui, 286. — Son indécision, 288. — Promet le renvoi des favoris, 296. — Journée des barricades, 298. — Quitte Paris, 303. — Fait paraître un manifeste, 305. — Edit d'union, 309. — Etats de Blois, 311. Veut faire assassiner le duc de Guise, 314. — Se jette entre les bras du roi de Navarre, 324.

— Se présente devant Paris avec une armée, 328. — Assassiné par Jacques Clément, 331.

Henri IV ne croyait point les Jésuites complices de Jean Châtel, I, a, 240. — Pourquoi il les laissa proscrire par le parlement, 244. — Les rappelle, 245. — Son avénement au trône, III, a, 332. — Journée d'Arques, 336. — Assiége Paris, ib. — Se rend à Tours, 337. — Différents compétiteurs, 339. — Assiége Dreux, 343. — Bataille d'Ivry, ib. — Investit Paris, 350. — Nourrit les assiégés, 352. — Reçoit une députation des Parisiens, 355. — S'éloigne de Paris, 368. — Découvre les projets de Charles de Bourbon, 370. — Guerre civile dans les provinces, 380. — Henri négocie avec Mayenne, 384. — Etat de la ligue, 389. — Se déclare catholique, 398. — Abjure, 407. — S'empare de Paris, 420. Gagne les cœurs, 423. — Meurt, 435.

— (place de) et sa statue, I, a, 92. — Sa statue détruite et rétablie, 97. — Inscription, 94. — Jugement sur cette statue et ses reliefs, 96. Ses inscriptions, 99.

Henri V s'avance en conquérant dans la Normandie, II, a, 157. — Trompe le Dauphin, 158. — Déclaré régent et héritier du trône, 160. — Entre à Paris, ib. — Meurt à Vincennes, 162.

Henri VI quitte Rouen, II, a, 402. — Est reçu et sacré à Paris, 403. — Retourne en Angleterre, 404.

Henri-de-Merle (hôtel de), III, b, 720.
Herbouville (hôtel d'), II, b, 1320.
Hercule (hôtel d'), III, b, 712.
Hibernois (hospice des), IV, a, 256.
Hilaire (Saint-), son origine, III, b, 364. Curiosités, 365.
Hilduin, auteur des aréopagitiques, II, a, 166.
Hippolyte (église paroissiale de Saint-), III, a, 526. Description, 528. — Curiosités et circonscription, 529.
Hocstet, bataille perdue, IV, a, 151.
Holbach (le baron d'), IV, b, 359.

Hollandais. Leur orgueil, IV, a, 36. — Attaqués par toute la puissance de Louis XIV, 40. — Demandent la paix, 42. — Acceptent la médiation de la Suède, 49. — Les hostilités continuent, 54. — Ils font de nouvelles propositions et les retirent, 55. — Font la paix, 77.
Honel (Nicolas), fonde un hôpital, III, a, 514.
Honoré (l'église Saint-), sa fondation, I, b, 818. — Appelée une des filles de Notre-Dame, 819. — Curiosités, 820.
Hôpital (Michel de l'), III, a, 54. — Sa conduite au sujet de Condé, 63. — Colloque de Poissy, 76. — Plan de conciliation qu'il offre à la cour, 101.
Hôpital (hôtel de l'), II, b, 1136.
Hôpital-Général. Voyez Salpétrière.
Hôpitaux, leur établissement est un bienfait du christianisme, I, a, 366. — Leur origine en France, 367.
Hospice de la rue de Grenelle, II, a, 328.
Hospitaliers de Jérusalem, II, b, 1092.
Hospitaliers de la Miséricorde de Jésus, III, a, 502. — Curiosités, 504.
Hospitalières de la Roquette, II, b, 1278.
Hospitalières de Sainte-Anastase, II, b, 164. — A quel ordre elles appartenoient, 1165.
Hôtel-Dieu, I, a, 366. — Premier titre relatif à cet établissement, 369. — Intérieur, 372. — Bâtimens anciens et modernes, 376. — Incendies, 379. — Réparations, ib.
Hôtel-de-Ville, II, b, 813. — Description, 814. Curiosités, 816. — Brûlé, III, b, 302.
Huguenots. Etymologie de ce mot, III, a, 52. — Leurs alarmes après la mort de Henri IV, b, 4. — Se réunissent en assemblée générale, 8. — Se conduisent comme une puissance indépendante, 13. — Conférences de Loudun, 22. — Leur conduite factieuse, 44. — Courent aux armes, 45. — Leur assemblée à La Rochelle, 46. — Rendent la ville de Montpellier et font la paix, 54.
Hugues Capet appelé au trône, I, a, 83. — b, 491. — La France sous Hugues Capet, 683.

I.

Ignace de Loyola, fonde les Jésuite à Montmartre, II, b, 1187.
Ile Saint-Louis. Sa description, I, a, 408. — Projets de Henri IV sur ce terrain, 411. — Ses hôtels, 415. — Ses ports, 420. — Rues, 460. — Quais, 461.
Importants, factieux ainsi appelés, III, b, 109. — Leurs chefs aspirent au ministère, 113. — Leur défaite, 118.
Imprimerie introduite à Paris, II, b, 658.

Immunité (privilége de l'), I, a, 209.
Inchade cède plusieurs terres aux chanoines de Notre-Dame, I, a, 359.
Incurables, IV, a, 257. — Administration de cet hospice, 258. — Curiosités, 259.
Indes (hôtel de la Compagnie des), II, a, 252. — Sa magnificence, 253.
Instruction chrétienne (les filles de l'), IV, a, 279.
Innocents (église des Saints-), son antiquité, II,

a; 440. — D'où lui venoit ce nom, 443. — Sa dédicace, *ib*. — Curiosités, 446. — Circonscription, 448. — Cimetière, *ib*. S'augmente, 450. — Charniers, 451. — Curiosités, 454. — Sculptures, 456. — Place et fontaine, 460. — Epoque de la fondation de ces deux monuments, 461. — Leur mérite, 450. — Inscription de Santuel, 464. Marché, 478.

Institut. *Voyez* Mazarin (collége).

Invalides (église des), IV, *b*, 457. — Avenues, 525. — Hôtel (royal des), 453. Description extérieure, 455. — Le dôme, 458. — Description intérieure, 459. — Curiosités, 461.

Isabeau de Bavière entre à Paris, I, *a*, 394.

Isabelle de Bavière. Son inconduite, II, *a*, 150. — Reléguée à Tours, est délivrée, 151. — Son entrée triomphante à Paris, 156. — Meurt, 406.

Isis. Collége de ses prêtres à Issy, I, *a*, disc. prél., 7.

Isis-Cybèle (tête d'), II, *a*, 364.

Italien (théâtre), II, *a*, 241. — Description de l'extérieur, *ib*. — Intérieur, 243.

J.

Jacobins de la rue Saint-Honoré. Origine, I, *b*, 971. — Leur réforme, 971. — Détails sur leur maison, 973. — Tableaux, curiosités, *ib*. — Bibliothèque, 974. — Evénement qui eut lieu dans ce couvent, *ib*.

— *réformés*, IV, *b*, 430. — Bibliothèque, 434.

Jacquerie, I, *a*, 159.

Jacques-de-la-Boucherie (Saint), quartier, I, *b*, 471.

Jacques-de-la-Boucherie (église Saint-), I, *b*, 541. — Opinion de l'auteur sur son origine, 545. — Paroisse, 546. — Augmentée, 547. — Ses parties plus modernes, *ib*. — Tour, 548. — Petit portail, *ib*. — Curiosités, 552. — Droit d'asile, *ib*. — Circonscription, 553. — Confréries, 557.

Jacques-l'Hôpital (Saint-), II, *a*, 482. — Epoque de sa fondation, 484. — Comment il étoit administré, 485. — Eglise, 489. — Inscription, 490.

Jacques-du-Haut-Pas (Saint-), III, *b*, 433. — Eglise nouvelle, 435. Circonscription, 437. — Curiosités, 436. — Hospice, 486.

Jaillot, ses recherches sur Paris, I, *a*. Avert. x.

Jansénisme. Idée de cette hérésie, IV, *a*, 24. S'introduit dans le parlement, 25. — Où étoit son foyer, 179, Note. Réflexions sur les querelles de jansénisme, 179.

Jansénistes, manœuvres des évêques de cette secte, IV, *b*, 180. — Difficultés qu'éprouve le pape à les réprimer, 161. — Leurs intrigues multipliées, 163 et suiv. — Détails sur la doctrine de Jansénius, 166, Note. — Opposants et appelants, 173. — Silence absolu, 176. — Bulle de séparation, 180. — Calme apparent, 188. — Nouvelles manœuvres, 191. — Conséquence rigoureuse de cette hérésie, 205. — Les Jansénistes travaillent le peuple, 211. — Miracles prétendus, *ib*. et suiv. Leur doctrine sur leur droit d'absoudre, IV, *b*, 241. — Leurs manœuvres, 251. — S'allient aux philosophes, 327.

Jardin des Tuileries, I, *b*, 944. — Sa distribution primitive, 946. — Moderne, 948. — Statues et autres ornements, 953.

— Turc, II, *b*, 1160.

— du Roi (pont du), II, *b*, 1370.

— et cabinet du Roi, III, *a*, 488. — Origine, 489. — Jardin botanique, 491. — Cabinet d'histoire naturelle, 494. — Agrandi, 660.

Jarnac (bataille de), III, *a*, 147.

Juveaux ou *Javiaux* (île des), ou *Louvier*, I, *a*, 423.

Jean-le-Rond (Saint-), I, *a*, 361. — Cause de ce surnom, 362. — Par qui ce baptistère étoit desservi, 362. — Sépultures, 363. — Démoli, 363.

Jean (le roi), I, *b*, 736. — Défait à Maupertuis, II, *a*, 25. — Prisonnier, 31. — Rendu à la liberté, 63. — Retourne à sa prison, 67.

Jean II, duc d'Alençon, prisonnier, I, *b*, 772.

Jean, comte de Richemont, I, *b*, 771.

Jean-sans-Peur, fils du duc de Bourgogne, II, *a*, 102. — Fait assassiner le duc d'Orléans, 108. — Fuit, 110. — Revient avec une armée, et entre à Paris, 112. — Marche contre les Liégeois, 114. Fait la paix, 115. — Est nommé surintendant de l'éducation du Dauphin, 117. — Assassiné, 158.

Jean-porte-Latine (chapelle Saint-), II, *a*, 249.

— en Grève (Saint-), église paroissiale, II, *b*, 822. — Agrandie, et restaurée, 824. — Curiosités, 825. — Circonscription, 826. — Détruite, 829. — Restes de cette église, 874.

— (le marché Saint-), II, *b*, 833.

— de Latran (la commanderie de Saint-), III, *b*, 352. — Curiosités, 354.

— en Vallée (hôtel Saint-), III, *b*, 717.

Jean-de-Saint-Michel rédige la règle des Templiers, II, *b* 1095.

Jeanne (la reine), II, *a*, 54.

Jeanne d'Arc. Voyez *Pucelle d'Orléans*.

Jeannin (le président), III, *a*, 369.
Jésuites, accusés à tort du crime de Jean Châtel, I, *a*, 229. — Injustement chassés par le parlement, 239. — Henri IV ne les jugea point coupables, 240. — Rappelés, 245. — Fondés en 1534, II, *b*, 1187. — Nécessité de cet ordre à l'époque où il fut fondé, 1188. Leurs progrès, 1190. — Leur devise, 1191. — Leurs vœux, 1192. — Se consacrent aux missions étrangères, 1197. — Exercent le ministère, 1198. — S'adonnent à l'éducation, 1203. — Leur chute, 1207. — Reçus en France, plus tard que partout ailleurs, 1207. — Leur premier établissement à Paris, 1208. — Leur bibliothèque, 1213. — Passent pour avoir excité Louis XIV a user de rigueur envers les Jansénistes, IV, *a*, 177. — Leur noviciat, 277. — Curiosités de leur église, 278. — Déchaînement contre la société, IV, *b*, 314. — Leur splendeur, 315. — Poursuivis en Portugal, 318. — Pompadour est leur ennemie. — 321. — Le parlement et les Jansénistes la secondent, 323. — Ils sont compromis par les spéculations de Lavalette, 325. — Condamnés en justice avec ce père, 327. — Arguments de leurs ennemis, 328. — Le parlement fait examiner leurs constitutions, 330. — Leur triomphe devant les évêques, 332. — La Chalotais, 334. — Confondent leurs ennemis, 335. — Le parlement leur porte les derniers coups, 336. — L'archevêque de Paris les défend, 339. — Ils sont bannis, 340. — Poursuivis hors de France, 344. —
Détruits par le pape, 347, note. — Effets de leur suppression, 351.
Job, imposteur hongrois, I, *b*, 705. — A la tête des pastoureaux, 705. — A Paris, 706. — Sa mort, 707.
Joie-en-Val (hôtel de l'abbaye de), I, *b*, 655.
Joly, se prête au manœuvres de Gondi pour ressusciter la Fronde, III, *b*, 204.
Joseph (église Saint-), II, *a*, 228.
Joseran-de-Marcon poursuit Marcel, II, *a*, 58.
Josse (Saint-), I, *b*, 573. — Érigé en paroisse, 574. — Curiosités, et circonscription, 576.
Jours Gras (l'entreprise des), III, *a*, 217.
Joyeuse, tué à Coutras, III, *a*, 284.
Joyeuse (hôtel de), I, *b*, 826.
Jugement de Dieu, I, *a*, 351. — Se pratiquait dans la cour de l'évêché de Paris, 352.
Juges-Consuls, II, *b*, 678. — Maison consulaire et curiosités, 680.
Juifs, rappelés par le roi Jean, II, *a*, 64.
Juigné, archevêque de Paris, I, *a*, 355.
Julien, affectionnait Paris, I, *a*, disc. prél., 13.
Julien-des-Menestriers (Saint-), hospice, II, *b*, 680. — Ses fondateurs et pourquoi ainsi appelés, 681. — Église, 682.
Julien-le-Pauvre (Saint-), III, *b*, 341. — En quel temps cette église devint prieuré, 343.
Jupiter (autel de), découvert dans la Cité, 461.
Jurés-Crieurs (bureau des), II, *b*, 762.
Jury, institution blâmée, I, *b*, 511.
Jussienne (chapelle de la). *V.* Marie-Égyptienne.

L.

Labienus défait les Parisiens, I, *a*, 8.
Lafayette (le maréchal), gagne la bataille de Beaugé, II, *a*, 161.
Laillier (la femme), découvre une conspiration, II, *a*, 147.
Laillier (Michel), conspire pour le roi, est pris et s'évade, II, *a*, 374. — Conspire de nouveau en faveur du roi, 409.
Lally, jugé, IV, *b*, 309.
Lambert (hôtel), I, *a*, 416. — Intérieur et extérieur, 417.
Lamoignon (hôtel de), II, *b*, 1323.
Lancastre, proclamé roi d'Angleterre, II, *a*, 102.
Landri (Saint-), I, *a*, 276. — Paroissiale au 12e siècle, 278. — Curiosités, 279.
Landri (Saint-), est-il fondateur de l'Hôtel-Dieu? I, *a*, 367.
Langres (frère Simon), séditieux, II, *a*, 43.
Laon (le collège de), III, *a*, 600.
Larcher, se charge d'assassiner le duc de Guise, III, *a*, 314. — Sa mort, 375.
Larochefoucauld (hôtel de), IV, *b*, 476.
Launoy (de), a écrit sur les antiquités de Paris, I, *a*, v.
Laurent (Saint-), I, *a*, 83.
— (la foire Saint-), II, *a*, 553. — Détails sur cette foire, 554.
— (église Saint-), II, *b*, 735. — Paroisse, 744. — Rebâtie, augmentée, 745. — Curiosités, 746. — Chapelle, 747.
Laval (ancien hôtel), II, *a*, 332.
Lavalette, Jésuite, fait des spéculations de commerce, IV, *b*, 324.
Lazare (la maison de Saint-), ancien hospice, II, *a*, 532. — Son administration, 536. — Réformée, 539. — Réunie aux prêtres de la mission, 540. — Bâtiments et église, 544. — Curiosités, 545. — Cérémonies particulières, 546.
Law, se présente au régent, IV, *b*, 29. — Gâte son système, 47. — Compagnie d'Occident,

48. — Sa chute, 52. — Réduit à fuir, 55. — Résultats de son système, 56.

Lebeuf, son histoire du diocèse de Paris, I, *a*, x.

Leclerc, faisait imprimer des estampes représentant la pyramide de Jean Châtel, I, *a*, 249.

Lecoq (Robert), évêque de Laon, II, *a*, 31.

Legras (madame), fonde les filles de la Charité, II, *a*, 549.

Legris, accusé faussement se bat en duel et est tué, II, *a*, 165.

Lemaître, président du parlement, III, *a*, 12.

Lemoine (le cardinal), fonde un collège, I, *b*, 721.

Lemoine (collège du cardinal), III, *a*, 586. — Chapelle et curiosités, 589.

Lemot, sculpteur fameux, auteur de la nouvelle statue de Henri IV, I, *a*, 98, note.

Lenôtre, décorateur de jardins, I, *b*, 945. — Décore le jardin des Tuileries, 948. — Défaut reproché à son ouvrage, 952.

Léon X, obtient l'abolition de la pragmatique, II, *b*, 1027.

Léopold (l'empereur), se déclare contre Louis XIV, IV, *a*, 47. — Devient l'âme de la ligue formée contre Louis XIV, 146.

Lesdiguières (hôtel), II, *b*, 961.

Lesdiguières, maréchal-général des camps et armées, III, *b*, 46. — Connétable, 54.

Levachet (Jean-Antoine), un des fondateurs des Filles de l'Union-Chrétienne, II, *a*, 518.

Leu (Saint-) et Saint-Gilles, église, I, *b*, 588. — Succursale en 1611, 590. — Paroisse, 591. — Curiosités, *ib.* — Circonscription, 592. — Ancien usage, 593.

Leufroi (église Saint-), I, *b*, 530. — L'étalon des poids et mesures s'y conservoit, 537.

Leviel, vitrier, répare les vitraux peints de Notre-Dame, I, *a*, 308. — Compose un poême sur cette espèce de peinture, *ib.*

Ligue (la), III, *a*, 245. — Ses progrès, 245. — Assemblée des chefs, 259. — Approuvée par Grégoire VIII et Blâmée par Sixte V, 262. — Envahit presque toute la France, 323. — Serment des ligueurs, 348. — Leur procession dans Paris, 359. — Succès de Henri IV contre la ligue, 413. — Déconcertée par la conversion du roi, 414.

Lisle-Adam, introduit dans Paris, II, *a*, 153. — Y entre de nouveau par escalade, 411.

Lisieux (collège de), III, *b*, 500.

Lobineau, bénédictin, a écrit sur Paris, I, *a*, vii. — Loi romaine sur les donations faites aux églises, I, *a*, 199.

Loignac, se charge d'assassiner le duc de Guise, III, *a*, 314.

Lombards (collège des), III, *b*, 502.

Longueville (le duc de), ses démêlés avec le maréchal d'Ancre, III, *b*, 19. — Ses cabales, 23.

Longueville (duchesse de), exilée, III, *b*, 116.

Lorraine (hôtel de), II, *b*, 1320.

Lorraine (le cardinal de), au colloque de Poissy, III, *a*, 75.

Lorraine, réunie à la France, IV, *b*, 108.

Louis (église Saint-), en l'île, I, *a*, 412. — Paroisse, 413. — Détails sur ce monument, *ib.* — Curiosités, 415.

Louis-du-Louvre (Saint-). *Voyez* Saint-Nicolas-du-Louvre.

Louis (l'hôpital Saint-), II, *b*, 752. — Pourquoi ainsi nommé, 754. — Sa destination, *ib.* — Description, 757. — Augmenté, 789.

Louis (l'église Saint-), et la maison professe des Jésuites, II, *b*, 1208. — Curiosités, 1210.

Louis-le-Débonnaire, charge Amalarion de rédiger une règle pour les chanoines, I, *a*, 358.

Louis VI, dit le Gros. Ses démêlés avec le chapitre de Saint-Agnan, I, *a*, 282. — Embellit Paris, I, *b*, 494.

Louis-le-Jeune, n'augmenta point l'enceinte de Paris, I, *b*, 496. — Son mariage et son divorce, II, *a*, 13.

Louis VIII, sa mort et son testament, I, *b*, 693.

Louis IX, I, *b*, 693. — Devenu majeur, 701. — Part pour la croisade, 704. — Revient en France, 709. — Établit une bibliothèque publique, 713. — Fondations, *ib.* — Seconde croisade, 715. — Il meurt, 721.

Louis XI, réprime les grands vassaux, II, *b*, 601. — Ennemi de la pragmatique, 603. — Ne fut pas un tyran, *ib.* — Pourquoi il fut inquiet et soupçonneux, 606. — Entre à Paris, 607. — Sa duplicité, 609. — Ses démêlés avec le duc de Bretagne, 612. — Conspiration, 616. — Son habileté, 619. — Fond sur les États du duc de Bourbon, 621. — Sa conduite pusillanime à Montlhéry, 625. — Entre à Paris, 626. — Punit ceux qui avoient voulu traiter avec le comte de Charolais, 630. — Excite l'indignation publique contre le comte, 633. — Paix, 635. — Désunit les vassaux pour les affoiblir, 637. — Ses démêlés avec Charles, duc de Bourgogne, 639. — Ses succès, 646. — Est sauvé par l'ambition de Charles, 649. — Réunit la Bourgogne au domaine de la couronne, 652. — Réflexions sur son règne, 654. — Paris sous ce roi, 655.

Louis XII, II, *b*, 902. — Sa conduite envers l'Université, 903. — Exile le chef de cette assemblée séditieuse, 907. — Ses alliances en Italie, 908. — Conquête du Milanais, 909. — Conquête du royaume de Naples, *ib.* — Reste des événemens d'Italie, 910. — Éloge de ce prince, 914. — Sa mort, 915.

Louis XIII, considérations générales sur son règne, III, *b*, 1. — Troubles sous sa minorité, 3. — Sa majorité est déclarée, 14. — États-généraux, *ib.* — Se marie à Bordeaux, 20. — Conférences de Loudun, 22. — Détestoit Concini, 29. — Signe l'arrêt de mort de ce maréchal, 31. — Son gouvernement s'affoiblit, 35. — Guerre dans le midi, 47. — Nouvelle guerre contre les Huguenots, 51. — Confirme l'édit de Nantes, 54. — Se brouille avec sa mère, 73. — Veut gouverner par lui-même, 104. — Sa mort, 105. — Jugement sur ce prince, 107.

Louis XIV devient roi, III, *b*, 105. — Particularités de sa naissance, *ib*, note. — La Fronde, 112. — Embarras des finances, 125. — Troubles, 127. — Sa majorité, 264. — Son mariage, 311. — Son règne, IV, *a*, 1. — Se montre en roi après la mort de Mazarin, 8. — Laisse entrevoir ses principes de gouvernement, 10. — Prend pour ministres des hommes obscurs, 12. — Se perd souvent dans les menus détails, 20. — Ses désordres, 23. Sa haine pour les Jansénistes, 25. — Guerre de Flandre, 30. — Conquête de la Franche-Comté, 34. — Envahit la Lorraine, 39. — La Hollande, 40. — Accepte la médiation de la Suède, 45. — Menacé d'une guerre générale, 57. — Ligue de toute l'Europe, 58. — Succès et revers, 69. — Nouvelle campagne, 70. — Fait la paix avec les Hollandois, 77. — Ne perd pas la guerre de vue, 82. — Cherche mal à propos à humilier la puissance spirituelle, 84. — Querelles pour la régale, 85. — Démêlés avec le pape, 86. — Assemblée du clergé, 89. — Les quatre articles jugés, 92. — Querelle avec le pape au sujet des franchises, 95. — Recule devant le schisme, 101. — Révocation de l'édit de Nantes, 106. — Blocus de Luxembourg, 110. — Repasse le Rhin, 116. — Nouvelle ligue contre lui, 118. — Paix de Riswick, 124. — S'empare du Comtat, 130. — Accepte le testament du roi d'Espagne, 137. — Nouvelle guerre, *ib.* — Louis entre en Hollande, 138. — Les alliés se déclarent contre lui, 144. — Bataille d'Hocstet, 151. — De Ramilly, 154. — De Turin, 156. — Louis sait pourvoir à tout, 157. — Fautes, 159. — Déroute d'Oudenarde, 160. — Lille pris, *ib.* — Situation affreuse de la France, 161. — Paix d'Utrecht, 167. — Le quiétisme, 168. — Le cas de conscience, 169. — Bulles contre les Jansénistes, 170. — Mort de Louis, 185. — Réflexions sur son règne, *ib.* — Sa méfiance contre le pouvoir spirituel, 189. — Opérations de finances, 196. — Capital de la dette à sa mort, 206. — Quel prince il eût fallu à la France après lui, IV, *b*, 1. — Son testament, 4. — Cassé par le parlement, 6.

— A quoi se réduisent ses persécutions contre les Jansénistes, 152, note.

Louis XV à la mort du régent, IV, *b*, 86. — Sa maladie, 89. — Epouse Marie Leczinska, 90. — Défauts de son éducation, 92. — Coup d'œil sur l'Europe, 97. — Premières dissolutions du roi, 109. — Mauvais succès de ses armes, 122. — Etat de la France, 127. — Nouvelle guerre, 131. — Tombe malade à Metz, 133. — Surnommé le bien aimé, 135. — Succès en Italie, 138. — Guerre dans les Pays-Bas, 148. — Pertes sur mer, 150. — Congrès d'Aix-la-Chapelle, 151. — Désordre moral en France à cette époque, *ib.* — Les Jansénistes, 153. — Veut régner par lui-même à la mort de Fleury, 224. — Ses débauches au Parc-aux-Cerfs, 225, note. — Il porte atteinte aux immunités du clergé, 236. — Lutte contre le parlement, 262. — Est frappé par Damiens, 265. — Succès maritimes, 270. — Guerre, 287. — Revers, 291. — On penche vers la paix, 300. — Paix honteuse, 301. — Louis prévenu contre les Jésuites, 313. — Casse le parlement, 363.

Louis XVI. Coup d'œil sur son règne, IV, *b*, 368.

Louis, comte de Flandre et de Nevers, enfermé au Louvre, I, *b*, 771.

Louis-le-Grand (collége de), III, *b*, 525. — Aux Jésuites, 527.

Louis (collége Saint-), III, *b*, 752.

Louise de Lorraine, fondatrice des Capucines, II, *a*, 171.

Louvier (île), I, *a*, 423. — A quoi elle servoit, 424.

Louvois (ancien hôtel), II, *a*, 251.

Louvre (quartier du), I, *b*, 676.

Louvre (palais), I, *b*, 476. — Etymologie de ce nom, 763. — Avantages de sa position, 766. — Constructions anciennes, *ib.* — La grosse tour servoit de prison d'Etat, 770. — Tours diverses, 772. — Changements successifs, 774. — Trois époques dans les travaux du Louvre, 778. — Intérieur, extérieur, 781. — Façade, *ib.* — Achevée, 782. — Travaux exécutés sous Louis XIV, 784. — Plan de Perrault, 786. — Colonade, 793. — Evénements qui ont eu lieu au Louvre, 800. — Constructions récentes, 850.

Lullier, prévôt des marchands, III, *a*, 415.

Lutèce, voyez *Paris*.

Luynes (de), tout-puissant auprès de Louis XIII, III, *b*, 29. — Trame contre Concini, 30. — Tire le prince de Condé de sa prison, 39. — Orages contre lui, 40. — Veut humilier les protestants, 45. — Se fait nommer connétable, 46. — Echoue au siége de Montauban, 48. — Sa mort, 49.

Luxembourg (le duc de), ambassadeur de Henri IV à Rome, I, *a*, 243.

Luxembourg (Jean de), dévoué aux Anglois, II, a, 393.
Luxembourg (palais du), IV, a, 282. — Bâti par Marie de Médicis, 286. — Description, 288. — Curiosités, 293. — Tableaux, 295. — Petite et grande galerie, 296. — Jardin, 299. Palais de la chambre des pairs, 401, 402. — Statues, 405.
Luxembourg (quartier du), IV, a, 1.

M.

Mably, ennemi de la féodalité, I, a, 73.
Macé (Perrin), assassin de Jean Maillet, I, b, 552.
Machault, contrôleur-général des finances, IV, b, 235.
Magdeleine (la), I, a, 265. — Origine, 266. — Archipresbytérale, ib. — La grande confrérie des bourgeois, 267. — Curiosités, ib. — Circonscription, 268.
— antiquité de cette église, I, b, 1020. — Pourquoi dédiée à cette sainte, 1022. — Devient plus spacieuse, 1023. — Nouvelle église, 1025. — Changements faits au plan de cette nouvelle église avant la révolution, ib.
— (les filles de la), but de cette fondation, II, b, 709. — Accroissement de cette communauté, 711. — Trois classes de cette communauté, 714. — Eglise et maison, 715.
— de Trainel (les religieuses de la), II, b, 1284. — Curiosités, 1286.
— (la mère) arrive à Paris avec ses sœurs, IV, a, 228. — Règle et costume de ses religieuses, 229.
Magloire (Saint-), I, a, 252. — Reliques du saint, ib.
— (les religieuses de Saint-), I, b, 582. — Leur relâchement et leur réforme, 585. — Leurs statuts, 586. — Curiosités, ib. — Découvertes faites dans les jardins voisins de l'église, 587.
— (le séminaire Saint-), son origine, III, b, 428. — Curiosités, 432. — Bibliothèque, 433.
Mahaud, fille de Robert, deuxième comtesse d'Artois, II, a, 19.
Maillard empêche Marcel de livrer Paris à Charles-le-mauvais, II, a, 56.
Maillotins, I, a, 159. — II, a, 85-90.
Maine (le duc de), rendu suspect par Dubois, IV, b, 32. — Arrêté, 39.
Maintenon (madame de) remplace madame de Montespan, IV, a, 132. — Son crédit surpasse celui des reines de France, I, 41.
Maire. Officier qui présidait dans les anciennes cités, I, b, 518.
Maires du Palais, leurs usurpations, I, a, 67.
Maison Saint-Louis (la), III, a, 623.
Maisons (petites), IV, a, 250. — Fondation de l'hôpital tel qu'il est demeuré, 252.

Malborough (ses succès), IV, a, 148. — Vainqueur à Hocstet, 151. — S'oppose à la paix, 162.
Mallebranche (le père), oratorien célèbre, I, b, 117.
Mallet (Gilles) fait l'inventaire de la bibliothèque royale, II, a, 185.
Malesherbes. Philosophe, IV b, 354. Note. Ses remontrances au roi, 365.
Malplaquet (bataille de) IV a, 163.
Mans (collège du), IV, a, 359.
Mansfeld entre en France, à la tête d'une armée allemande, III, b, 52. — Echoue, 53.
Maquerelle (l'île) ou des Cygnes, IV, b, 487.
Marcel (église Saint-), origine, III, a, 516. Eglise, 522. — Bourg formé autour de cette église, 523.
— (Etienne), chef de la Jacquerie, I, a, 158.
— (Etienne), prévôt des marchands, II, a, 28. — Son entrevue avec des envoyés du Dauphin, 29. — Excite plusieurs soulèvements, 29-32. — Se montre lâche et vil, 35. — Appelle à son secours Charles-le-mauvais, 37. — Excite encore une sédition, 40. — Fait assassiner Regnault d'Acy, 45. — Couvre le Dauphin de son chaperon, 46. — Se concerte avec le roi de Navarre, 47. — Veut se défendre par la force, 50. — Offre le trône de France à Charles-le-mauvais, 56. — Veut livrer Paris à ce prince, 57. — Meurt, 59.
Marcel, prévôt, contribue à la Saint-Barthélemy, III, a, 182.
Marchand (Charles), capitaine de 300 arquebusiers de Paris, I, a, 87.
Marchand (le pont), détruit, I, a, 87.
Marche (collège de la), III, a, 595. — Bourses, 597. — Curiosités, ib.
Marché aux chevaux, III, a, 496-660.
Marguerite de Provence, épouse de Louis IX, I, b, 700.
Marguerite de Valois contribue à l'établissement des carmes déchaussés, II, a, 217. — Son inconstance à leur égard, ib.
Marguerite (église Sainte-), origine, II, b, 1290. — Eglise, 1292. — Circonscription, 1293. — Embellissements, 1369.
Marguerite de Navarre, protestante, III, a, 4.
Marguerite (hôtel de la reine), IV, b, 474.
Marie (le pont), I, a, 420.

Marie Egyptienne (chapelle Sainte-). Origine, II, a, 315. — Confrérie, 319.

Marie Thérèse. Ses malheurs, IV, b, 113-119. — Ses affaires se rétablissent, 121.

Marie (les filles de Sainte-), ou la visitation, IV, b, 428.

Marigny (Enguerrand de), enfermé au Louvre, I, b, 771.

Marillac (le maréchal de), condamné à mort, III, b, 73.

Marine (Sainte-), I, a, 283. — Origine, 284. — Etoit la paroisse archi-épiscopale, 284.

Marle (le chancelier de), I, b, 594.

Marolles (l'abbé de), auteur de la collection d'estampes à la bibliothèque royale, II, a, 201.

Martel (Charles), vainqueur des Sarrasins, I, b, 485.

Martial (Saint-), communauté de filles, I, a, 224. — Le désordre s'y introduit, 225. — Ce qu'elle devient, et son local, ib.

Marotille (François), établit en Calabre l'ordre des minimes, I, b, 1054.

Mars, adoré à Paris, I, a, 7. Note.

Martin des Champs (le prieuré royal de Saint-), II, b, 695. — Origine, 696. — Par qui administré, 705. — Eglise réparée, 706. — Réfectoire, 707. — Curiosités, 708. — Marché Saint-Martin, 790. — Fontaines, 791.

Martin (maison de la rue Saint-), II, b, 761.

Martin (l'église Saint-), III, a, 524. — Curiosités, 525.

Marthe (filles de Sainte-), II, b, 1280, III, b, 635.

Mathurins. Leur origine, III, b, 635. — S'établissent à Paris, 637. — Curiosités, 639. — Inscription remarquable, 640.

Massillon, oratorien célèbre, I, b, 817.

Maupertuis (bataille de), II, a, 25.

Maupeou, ministre, IV, b, 362. — Vise à éteindre graduellement les ordres religieux, 366.

Maximilien, déclare brusquement la guerre à la France, II, b, 393.

Mayenne (le duc de), III, a, 275. — Veut casser le conseil de l'union, 341. — Organise un gouvernement, 342. — Son habileté, 344. — Obtient des secours, 356. — Son crédit à Paris, 370. — Soupe au Louvre avec les seize, 378. — Négocie avec le roi, 364.

Mazarin, créé ministre, III, b, 104. — Accusé de rapports trop familiers avec la reine, 117. — La haine générale se prononce contre lui, 119. — Son caractère, 120. — Sa frayeur après les barricades, 153. — Soulève contre lui le parlement, 156. — Est déclaré ennemi de l'Etat, 168. — Ses biens sont vendus, 173. — Condé lui fait ombrage, 193. — Condé rompt avec lui, 199. — Il gagne le duc d'Orléans, 200. — Mazarin réussit à faire croire que les frondeurs ont voulu l'assassiner, 205. — Rappelle Gondi, 212. — Sa conduite envers les frondeurs après l'emprisonnement de Condé, 216. — Fait une paix feinte avec Gondi, 217. — Oppose Duplessis-Praslin à Turenne, 220. — Fait sortir le roi de Paris, et fait assiéger Bordeaux, 220. — Obtient la translation des princes au Havre, 227. — Part pour l'armée, 230. — Prise de Rhetel, 233. — Rentre triomphant à Paris, 235. — Se retire à Saint-Germain, 240. — Se retire à Bruyll, 243. — Gouverne encore la reine du fond de sa retraite, 251. — Lève une armée et rentre en France, 277. — Sa marche, 279. — Sort encore de France, 310. — Rentre à Paris, 319. — Reçoit une fête à l'Hôtel-de-Ville, 320. — En quel état il laisse l'Europe, 333. — Sa mort, IV, a, 6.

Mazarin (collége de), IV, b, 384. — Description, 386. — Curiosités de la chapelle, 388. — Bâtiments, 389. — Bibliothèque, 390. — Hôtel, IV, b, 477.

Médard (église Saint-), III, a, 508. — Origine et étymologie, 509. — Description, 510. — Curiosités, 511. — Circonscription, 512.

Médecine (école de), III, b, 494.

Médicis (Catherine de) commence les Tuileries, I, b, 917. — Interrompt à cause des prédictions d'un astrologue, 915. — Sa politique, III, a, 63. — Mécontente les chefs de la réforme, 72. — Fait alliance avec Condé et les Coligny, 81. — Convoque les notables, 82. — Abandonnée de tout le monde, 91. — Ouvre enfin les yeux sur les projets de la réforme, 104. — Devient maîtresse absolue des affaires, 116. — Ce qu'elle voulait, 128. — Sa part à la Saint-Barthélemy, 157. — A un entretien secret avec le roi, 168. — Sa mort, 317.

Médicis (Marie de), régente, III, b, 3. — Son conseil, ib. — Sages mesures, 5. — Sa situation à la retraite des princes, 12. — Veut opposer Condé au duc de Longueville, 23. — Fait arrêter Condé, 25. — Consignée dans son appartement après la mort de Concini, 33. — Exilée à Blois, ib. — S'échappe, 37. — Echoue dans la guerre contre son fils, 42. — Se déclare ennemie de Richelieu, 72. — Exilée à Compiègne, 74. — S'échappe, 75.

Meilleraye (le maréchal de), sa conduite à l'égard de Broussel, III, b, 144.

Ménars (ancien hôtel), II, a, 250.

Mense abbatiale, I, a, 213.

Menus plaisirs (hôtel des), II, a, 253.

Merci (religieux de la), dévouement de cet ordre, II, b, 994. — Ses succès, 995. — Introduits en France, 996. — Eglise, 997,

Merci (le collège de la), III, b, 439.
Mercier (Denis), son discours au parlement en faveur du duc d'Orléans, II, b, 884.
Merciers (galerie des), au palais de Justice, I, a, 169.
Mercure, le même que Pluton chez les Gaulois. I, a, disc. prél. 7.
Méri (Saint-), église collégiale et paroissiale, II, b, 666. — Origine, 667. — Etait une des filles de Notre-Dame, 670. — Par qui administrée, 671. — Chapitre, 673. — Curiosités, 674. — Circonscription, 676. — Reçoit un nouveau tableau, 789.
— (hospice Saint-), II, b, 678.
Mérovingiens, dégénérés, I, b, 487.
Mesmes (le président de) III, b, 184. — Se rend à la cour muni de passe-ports, 187. — Sa frayeur en contraste avec l'intrépidité de Molé, 194, Note.
— (hôtel de), II, b, 1005.
Meuniers (pont aux), I, a, 87.
Mezières (hôtel de), IV, a, 365.
Michel (petite église Saint-), près le palais de Justice, I, a. 168. — Pont, 395.
— (chapelle Saint-), III, b, 386.
— (les filles de Saint-), III, b. 445. — Place du pont Saint-Michel et quai, 753.
Michodière (hôtel de la), II, b, 1137.
Mignon (le collège de), III, b, 688.
Minéralogie (cabinet de), IV, b, 383.
Minimes de Chaillot, I, b, 1053. — Curiosités, 1056.
— de la place Royale, II, b, 1237. — Fondation, 1238. — Curiosités, 1240. — Refectoire, 1243.
Miracles des ardents, I, a, 289.
Miramiones (les), III, a, 443. — Leur règle, 446.
Missions étrangères (le séminaire des), IV, b, 422.
Mississipi (compagnie du), IV, b, 110.
Molay (Jacques), grand-maître des Templiers, I, a, 104.
Molé, III, a, 415. — Son portrait, 135. — Harangue la reine, 150. — Sa fermeté, 151-193.
Molinistes, IV, b, 215.
Monastères, leur origine, I, a, 198. — Veulent décliner la juridiction des évêques, I, a, 210. Services qu'ils ont rendus, 218.
Monnaies (hôtel des), IV, b, 374. — Généraux des monnaies, 375. — La cour des monnaies, 377. — Anciens hôtels, 378. Nouvel hôtel, 379. — Description et mérite de ce monument, 380.
Montagu surintendant, II, a, 116.
Montaigu (le collège), III, b, 441.
Montalembert (hôtel), II, b, 1335.
Monceau, de l'académie des maîtres, I, b, 964.
Montcontour (bataille de), III, a, 149.
Mont-Doré (Pierre de), gardien de la bibliothèque royale, II, a, 187.
Mont-de-Piété, II, b, 1011.
Montespan (madame de), se retire de la cour, IV, a, 132.
Montecuculli, opposé à Turenne, IV, a, 66. Entre en Alsace, 67.
Montesquieu, IV, b, 156.
Montfort (Jean de), II, a, 21.
Montigny (le maréchal de), III, b, 27.
Mont-Louis (maison de), b, 1336.
Montmartre, étymologie de ce nom, I, a, disc. prél., 7. Note. II, a, 165.
— (quartier), II, a, 165. — Rues et places, 262. — Rues nouvelles, 284. — Antiquités romaines, 286.
Mont-Luc (Blaise de), III, a, 101.
Mont-Parnasse (barrière de), IV, a, 408.
Montpensier (le duc de), III, a, 107. — La Duchesse, III, a, 313. — Accusée d'être complice de Jacques Clément, 330.
Montmorency (Mathieu), comte de Beaumont ; I, a, 274.
— le connétable achète Boulogne aux Anglais, III, a, 6, — Sa faveur, 6. — Harangue le parlement, 11, — Perd la bataille de Saint-Quentin, 17. — Essaie de former un parti contre les Guises, 38. — Favorable aux conspirateurs d'Amboise, 53. — Poursuit les réformés, 98. — Pris à Dreux, 108. — Mécontent, 121. — Sa mort, 141.
— (Charles de), parain du Dauphin, II, a, 71.
— (hôtel), II, a, 254.
— (petit hôtel), II, a, 254.
— (hôtel de), II, b, 760.
Montreuil (Eudes de), chargé de construire la Sainte-Chapelle, I, a, 112.
Montri (Robert), marchand, fondateur des Filles de la Magdeleine, II, b, 710.
Moyse (hôtel du grand), IV, a, 365.
Mystères, détails sur ces anciens spectacles, II, a, 495.
Munster (le congrès de), critiqué, IV, a, 3.

N.

Nacart (Alexandre), curé de Saint-Sauveur, II, a, 505.
Narbonne (collège de), III, b, 699.
Navarre (la reine de), Sa mort, III, a, 163.
— (collège de), III, a, 602. — Curiosités, 605.
— Bibliothèque, 606.

Nazareth (les pères de), leur maison, II, *b*, 1129. — Église, 1130.

Nemours (le duc de), à Meaux, III, *a*, 134. — Entre en France avec une armée espagnole et française, III, *b*, 280. — Tué en duel par Beaufort, 307.

— (duc de), son supplice, II, *b*, 658.

Neret, échevin, III, *a*, 415.

Nesle (hôtel de), IV, *b*, 471.

Nesmond (hôtel de), III, *a*, 625.

Nevers (le duc de), III, *b*, 53.

— (évêques de), leur hôtel), III, *b*, 571.

— (hôtel de), IV, *b*, 471.

Nicolaï, fait l'apologie des Templiers, II, *b*, 1102.

Nicolas-du-Louvre (Saint-), I, *b*, 862. — Son ancienneté, 862. — Avait quatre chanoines prêtres en 1192—864. — Contestation dans cette église, 864. — Collège, 865. — Evénement tragique arrivé dans Saint-Nicolas-du-Louvre, 867. — L'église reconstruite, change de nom, 868. — Nouvelle église, 869. — Curiosités, 871. — Nombre des paroissiens, 872.

Nicolas le Flamand, a la tête tranchée, II, *a*, 91.

Nicolas-des-Champs (Saint-), origine, II, *b*, 686. — Paroisse, 687. — Agrandie, 690. — Addition à la nef, 691. — De qui cette église dépendait, 692. — Confrérie de Notre-Dame de la Miséricorde, 693. — Usage singulier relatif aux enfants de chœur, 693. — Circonscription, 694. — Embellissements, 789.

Nicolas-du-Chardonnet (l'église Saint-), origine, III, *a*, 457. — Description, 459. — Portail, 460. — Curiosités, 460. — Circonscription, 463. — Seminaire, 590. — Lettres-patentes y relatives, 591. — Bibliothèque, 592. — embellissements, 658.

Nicolet (grands danseurs de), II, *b*, 1132.

Nivernais (hôtel de), IV, *a*, 366.

Noailles (le cardinal de), dans l'affaire du livre de Quesnel, IV, *a*, 174.

Noailles (le duc de), IV, *b*, 105.

Nobles, composoient à eux seuls toute la nation, II, *b*, 593. — Leur perfidie à Tours envers le roi Louis XI, 617.

Noblesse française, corrompue sous Louis XIV, IV, *a*, 192.

Nom de Jésus (hôpital du Saint-), II, *b*, 750. — Son but, 751. — Améliorations apportées par Saint-Vincent-de-Paule, 751 — Priviléges. 752.

Nordlingue (victoire de), III, *b*, 85.

Normandie (le maître de), brûlé dans l'île aux Bureaux, I, *a*, 104.

Notre-Dame des Ventes (confrérie de), I, *a*, 273.

Notre-Dame (l'église), I, *a*, 292. — Origine, 293. — Remonte à l'épiscopat de Prudentius, 297. — S'appeloit d'abord Saint-Etienne, 299. — Reçoit un don de Childebert, 301 — Époque où elle fut bâtie telle que nous la voyons, 303 — Description, 304. — Décorée par Louis XIV, 310. — Fouilles remarquables, 311. — Curiosités, 317. — Reliques et autres objets pieux, 326. — Chapitre, 355. — Sa réforme, 358. — Dignités et canonicats, 360. — Principale entrée du cloître, 361.

Notre-Dame de Lorette ou des Porcherons (la chapelle), II, *a*, 247. — Origine, *ib*. — Usage pour la chandeleur, 248.

Notre-Dame de Bonne-Nouvelle, II, *a*, 522. — Rebâtie et achevée, 523. — Circonscription, 524.

Notre-Dame du Bec-Hellouin (hôtel), II, *b*, 1011.

Notre-Dame de Bon-Secours (les religieuses), II, *b*, 1281. — Curiosités, 1283.

Notre-Dame des Vertus (les Filles), II, *b*, 1294.

Notre-Dame de la Victoire (les chanoinesses religieuses de), II, *b*, 1304. — Curiosités, 1305.

Notre-Dame de la Cuisine, III, *b*, 378.

Notre-Dame de la Miséricorde, III, *b*, 378.

Notre-Dame de la Charité (les Filles), III, *b*, 445.

Notre-Dame de Bayeux (collége de), III, *b*, 691.

Notre-Dame des dix-huit (collége), III, *b*, 706.

Notre-Dame de la Miséricorde (hôpital), III, *a*, 505. — Curiosités, 507.

Notre-Dame de la Miséricorde (religieuses de), IV, *a*, 227.

Notre-Dame des Prés (les religieuses de), IV, *a*, 265.

O.

Observatoire royal, III, *a*, 488. — Description, 491.

Odon de Châteauroux déploie l'oriflamme, I, *a*, 704.

Olier, fondateur des Sulpiciens, IV, *a*, 353.

Opéra (ancien théâtre de l'), II, *a*, 718. — Associations pour ce théâtre, 724. — Lulli l'administre, 725. — Réuni au département de la maison du roi, 729. Administré par la ville, *ib*. — Incendié, 730. — Nouvelle salle, nouvel incendie, 731. — Nouvelle salle, 732. — S'appelle aujourd'hui le théâtre de la Porte-Saint-Martin, 734. — Nouveau théâtre de l'Opéra, 292.

Opportune (quartier Sainte-), I, *a*, 616. — Église royale, collégiale, paroissiale, 641. — Époque de sa fondation, 642. — Composition primitive du chapitre de cette église, 647. — Changement, 648. — Constructions diverses, 649. — Reliques, 650. — Curiosités, 651. — Cette église a été détruite, 652.

Orange (le prince d') s'oppose à la paix, IV, *a*, 43. — Fait assassiner le grand pensionnaire, 44. — Conçoit le projet d'une ligue contre Louis XIV, 45. — Fait rejeter la paix, 46. — Battu par Luxembourg, 48. — Intrigue contre le roi de France, 113.

Oratoire de notre Seigneur Jésus-Christ (la congrégation de l'), I, *b*, 810. — Par qui fondée, *ib.* — Ses maisons en France, 816. — Bibliothèque, 817. IV, *a*, 343. — Prêtres, 345.

Oratoire (église de l'), I, *b*, 814. — Curiosités, 815.

Orgemont (le chancelier d'), I, *a*, 160.

Orléans (le duc d'), II, *a*, 100. — Son luxe et son avidité, 104. — Sa fuite, 105. — Lève des troupes, *ib.*

Orléans (le duc d') sous la minorité de Charles VIII, II, *a*, 880. — Veut enlever le jeune roi, 883. — Travaille à se faire un parti à Paris, 884. — S'adresse à l'Université, 888. — Fait prisonnier à Saint-Aubin, 894.

Orléans (hôtel du duc d'), II, *b*, 1317.

Orléans (le duc d') nommé régent, IV, *b*, 6. Appelle les grands au pouvoir, 7. — Son portrait, 8. — Sa conduite avec Stairs et Stanhope, 17. — Sacrifie le prétendant, *ib.* — Quadruple alliance, 18. — Le régent poursuit les traitants, 23. — Ses débauches, 26. — Law, 29. — Querelles du régent avec le parlement, 34. — Supprime les conseils d'administration, 35. — On conspire contre lui, 38. Fait marcher une armée contre les Pyrénées, 41. — Nuit au système de Law, 47. — Son attachement pour Dubois, 60. — Se réjouit de sa mort, 76. — Meurt, 77. — Réflexions sur sa régence, 78.

Ormesson (hôtel d'), II, *b*, 1332.

Orphelins du saint Enfant-Jésus, III, *a*, 440.

Orphelins de Saint-Sulpice, IV, *a*, 230.

Ossat (d') et Villeroy au sujet des Jésuites, I, *a*, 241.

Oursine (hôpital de l'). Auteur de cette institution, III, *a*, 513.

P.

Pairs, être jugé par ses pairs, I, *b*, 515.

Palais (île du), ce que c'étoit, I, *a*, 89.

— de justice, I, *a*, 124. — Son origine, 125. — État de ce palais sous Charles V, 129. — Sous François Ier, 130. — Comte palatin, 136. — Différentes espèces de conseillers, 137. — Juridiction de la cour de justice du roi, 138. — Charles V le quitte pour l'hôtel Saint-Paul, 158. — La grand'salle, 160. — Détruite par un incendie, 162. — Description des parties modernes de ce palais, 163. — Curiosités, 167. — Grand conseil, 170. — Chambre des comptes, 180. — Cour des aides, 185. — Bailliage du palais, 190. — Chancellerie du palais, 190. — Chambre du domaine et du trésor, *ib.* — La table de marbre, *ib.*

Palais-Royal, I, *b*, 872. — Bâti par Richelieu, 874. — Changements, 875. — Richelieu le cède à Louis XIII, 877. — Pourquoi il fut appelé *royal*, 878. — Agrandi, *ib.* — Galerie des hommes illustres, 879. — Description du Palais-Royal, 881. — Jardin, 883. — Galeries, 884. — Théâtre, 887. — Galeries de bois, 887. — Curiosités, 889. — Médailles et pierres gravées, 897. — Bibliothèque, 898. — Place, 901.

Palatine (la princesse) apparoît dans les intrigues de la fronde, III, *b*, 228.

Panorama dramatique, II, *b*, 1160.

Papes (les) exercent pendant le règne des premiers Capétiens une puissance absolue, II, *b*, 595. — Commencent à exciter la jalousie des rois, 596. — Première révolte des rois de France contre les papes, 597.

Paris. Son origine, Disc. prél., 4. Fables à ce sujet, 5. — L'une des plus anciennes villes des Gaules, 5. — Ses divers noms, *ib.* — Divinités adorées à Paris, 7. — César le fait rebâtir par les Gaulois, 9. — Y établit une garnison romaine, *ib.* — Paris mis au nombre des villes appelées *vectigales*, 11. — Affection de Julien l'apostat pour cette ville, 13. Paris, depuis Clovis jusqu'aux rois de la troisième race, 14. — Sa première enceinte sous Philippe-Auguste, 17. — Paris sous Philippe-le-Bel, 24. — Paris, depuis le règne de François Ier jusqu'à Louis XIV, 25. — Paris sous Louis XIV, I, *a*, 26, 28. IV, *a*, 195. — Fut toujours un des points principaux du royaume, I, *a*, 81. — Dévasté par les Normands, *ib.* — Plan de Paris sous Hugues Capet, I, *b*, 471. — Sous son fils Robert, 493. — Sous les rois suivants, 494. Sous Philippe-Auguste, 498.

Paris (le diacre), IV, 211. — Ses prétendus miracles, 212.

Parlement (le), long-temps complaisant pour les Anglais, fait la paix avec Charles VIII, II, *a*, 413. — Devient le centre d'action du parti populaire, II, *b*, 602. — Défend la pragmatique, 603. — Résiste à François Ier, 1031. — Sous le règne de Henri II. III, *a*, 13. — Fait des représentations, 14. — Refuse l'établissement de l'inquisition, 24. — Mandé au conseil d'état, 70. — Enregistre de force l'édit de janvier, 84. — Emprisonné par Bussy Leclerc, 321. — Opposé à Henri IV, 350. — Sa conduite à la mort de ce roi, III, *b*, 3. — Au commencement de la majorité de Louis XIII, 16. — Ses remontrances, 18. — Sous la minorité de Louis XIV, 122, 128. — Triomphe de la régente, 129. — Intérieur du parlement, 132. — Remontrances nouvelles, 139. — Se rend en corps au Palais-Royal le jour des barricades, 150. — Triomphe, 154. — Se proroge, 155. — Se soulève contre Mazarin, 156. — Enregistre l'arrêt de sûreté publique, 160. — Se divise en deux partis, 166. — Ses députés mal reçus à Saint-Germain, 168. — S'empare de l'administration, 173. — Disposé à la paix après la prise de Charenton, 178. — Reçoit un envoyé espagnol, 184. — Efforts du parti royaliste dans cette assemblée, 185. — Conférences avec la cour, 190. — Paix, 191. — Informe sur le prétendu assassinat de Condé, 207. — S'oppose au retour de Mazarin, 274. — Demande le renvoi de Mazarin, 239. — Nouvel arrêt contre Mazarin, 241. — Scènes entre Gondi et Condé, 260. — Le parlement transféré à Pontoise, 309. — Louis XIV lui fait enregistrer un édit par lequel il lui étoit interdit de se mêler des affaires de l'État, 317. — Le parlement force la Sorbonne à enregistrer les quatre articles, IV, *a*, 93. — Se prononce contre l'autorité du pape, 97. — Casse le testament de Louis XIV, IV, *b*, 6. — Se rend au lit de justice tenu par le régent, 33. — Chasse Alberoni, 44. — Dogmatise, 219. — Condamne les lettres de Voltaire, 230. — Se déchaine contre les gens d'église, 235. — Les philosophes se joignent à lui, 243. — Défend d'exiger les billets de confession, 244. — Résiste au roi, 247. — Exil des membres, 248. — Leur rappel, 249. — Porte atteinte à la souveraineté du roi, 261 — Compromis par Damiens, 267. — Fait examiner les constitutions des Jésuites, 330. — Leur porte les derniers coups, 336. — Condamne les mauvais livres, 360. Est cassé, 363.

Parloir des bourgeois, I, *b*, 595. III, *b*, 718.

Parvis Notre-Dame. — Pourquoi ainsi appelé, I, *a*, 380. — Fut agrandi en 1748, 381. — Ornements, 382. — L'évêque y avoit une échelle patibulaire, 383.

Pasteur (les filles du bon), IV, *a*, 253. — Leur fondatrice, 254. — Composition de cette maison, 255. — Église, 259.

Pastoureaux, I, *b*, 705.

Patriarche (maison du), III, *a*, 616.

Parme (le duc de) vient au secours de Mayenne, III, *a*, 357. — Ses manœuvres, 359.

Paul (église paroissiale), II, *b*, 926. — Fondateurs, 927. — Description, 928. — Curiosités, 930. — Circonscription, 932.

— (hôtel Saint-) ou de la Force, II, *b*, 13, 24.

— (hôtel Saint-), II, *b*, 957. — Maison royale, 958. — Détails sur les appartements du Roi, 958.

Paumier (Simon le), II, *a*, 59.

Pavilly (Eustache de) lit un mémoire contre les ministres, II, *a*, 128.

Pélagie (Sainte-), III, *a*, 498. — Curiosités de l'église, 500.

Pelletier (hôtel), II, *b*, 1318.

Pecquigny, gouverneur de l'Artois, délivre Charles le Mauvais, II, *a*, 35.

Penthemont (Notre-Dame de), abbaye, IV, *b*, 443.

Pénitents réformés du tiers ordre de saint François, II, *b*, 1306. — Église et curiosités, 1308.

Pénitentes (filles), I, *b*, 584.

Pepin voulut que l'église recouvrât les biens qu'elle avait perdus, I, *a*, 202.

Pepin, maire du palais, I, *b*, 485.

Perefixe, cité au sujet du crime de Jean Châtel, I, *a*, 228.

Perrin (l'abbé) compose une pastorale en cinq actes, II, *b*, 722.

Perrine (abbaye de Sainte-), I, *b*, 1044. — Administration de cette abbaye, 1045. — Église, *ib.*

Perinet Leclerc ouvre une porte aux partisans du duc de Bourgogne, II, *a*, 153.

Pernelle, femme de Nicolas Flamel, I, *b*, 550.

Perrier frères, habiles mécaniciens, construisent la pompe à feu, I, *b*, 1046.

Perron (du), cité pour prouver que Henri IV n'avait consenti qu'à regret au bannissement des Jésuites, 243.

Père Lachaise (cimetière du), II, *b*, 1371.

Perpétue (les filles de Sainte-), III, *b*, 442.

Pet-au-Diable (hôtel du), II, *a*, 852.

Peteau (Anne), femme d'un conseiller au parlement, fondatrice des filles de la Conception, I, *b*, 1006.

Pétersbourg (Saint-). Sa fondation, I, *a*, disc. prél., 2.

Petit (Jean) fait l'apologie du Tyrannicide, II, a, 112.

Petit-Musc (hôtel du), II, b, 1315.

Petits-Pères (les), ou Augustins réformés, II, a, 215. — Abandonnent le couvent, 220. — Achètent un terrain près du Mail, 221. — Pourquoi on les appelait Petits-Pères, 222. — Eglise, 221, 223. — Curiosités, 225. — Bibliothèque, 225. — Réparations, 289.

Petit-Pont (le), I, a, 400.

Pharmacie (collége de), III, b, 564. — Curiosités, 566.

Philippe du Roule (Saint-), I, b, 1029. — Détails sur la fondation de la première chapelle, ib. — Hôpital des monnoyers, 1029. — Paroisse, 1030. — Une église remplace la chapelle, 1031. — Description, 1032.

Philippe-Auguste embellit et agrandit Paris, I, b, 498.

Philippe-le-Bel appelle les communes à voter avec le clergé et la noblesse, II, a, 14.

— le Bon, duc de Bourgogne, se ligue avec les Anglais, II, a, 159. — Se brouille avec Glocester, 378. — Vainqueur, 379. — Maître de Paris, 396. — Continue de faire la guerre au roi, 400. — Se réconcilie, 406.

— de Valois. Ses démêlés avec Edouard III, II, a, 17.

— second, III, a, 76.

Philosophes. Leur triomphe à la destruction des Jésuites, IV, b, 353.

Philosophique (le parti). Sa naissance, IV, b, 155. — Ses progrès, 229. — Sa position en 1746, 230.

Picald, cordonnier séditieux, III, b, 26.

Picardie (collége de), III, b, 498.

Picpus, II, b, 1306.

Pierre (Saint-), église, IV, b, 530.

— aux Bœufs (Saint-). Origine, I, a, 285. — Cure modique, 286. — Portail, ib., note.

— de Chaillot (Saint-), église paroissiale, I, b, 1043. — Curiosités, 1044.

— et Saint-Louis (le séminaire Saint-), IV, a, 360. — Confirmé, 361. — Chapelle, 362.

Piganiol de la Force, compilateur ennuyeux sur Paris, I, a, Avert., x.

Pitié (hôpital de la), III, a, 486. — Curiosités de l'église, 487.

Place Royale. Par qui commencée, II, b, 1230. — Achevée, 1231. — Description, ib. — Statue de Louis XIII, 1233. — Inscription, ib., note.

Plaids généraux, I, a, 131. — Détails sur ces assemblées, ib. Chambre des plaids, 158.

Plessis-Sorbonne (collége du), III, b, 521.

Poids du roi (maison du), I, b, 595.

Poin-Lasne (Guillaume) fonde une chapelle à Saint-Eustache, II, a, 301.

Poisson (marché au), II, a, 478.

Poissi (colloque de), III, a, 79.

Pol (le comte de Saint-). Son supplice, II, b, 653.

Police de Paris. Ses progrès, II, b, 1174. — Police municipale, 1181.

Politiques (le parti des) sous Charles IX, III, a, 216.

Pollalion (madame de) forme l'association des filles de la Providence, II, a, 518.

Pombal, IV, b, 318.

Pomereux (la chapelle), II, a, 455.

Pompadour (la marquise de), IV, b, 227. — Feint de se convertir, 323. — Meurt, 342.

Pompe à feu. Emplacement et description, I, b, 1046. — Détails, ib.

Pomponne de Bellièvre. Ses libéralités envers l'Hôtel-Dieu, I, a, 378.

Ponce, abbé de Cluni, I, b, 546.

Ponthieu (hôtel du comte), I, b, 830.

Pont-Neuf, I, a, 85. — Ce qui le rendit nécessaire, 90.

Ponts et chaussées (école des), II, b, 1138.

Porte Saint-Denis (la). Où elle était sous Philippe-Auguste, II, a, 527. — A quelle occasion elle fut construite telle qu'elle est, ib. — Description, 528. — Inscription, 530, note.

Port-Royal (abbaye de), IV, a, 338. — Origine et translation, 339. — Port-Royal des champs, 340. — Supprimé, 341. — Curiosités, 342.

Potier, évêque de Beauvais, III, b, 110.

Pragmatique (sanction), II, b, 601. — Abolie, 1028.

Pré-aux-Clercs, I, b, 719.

Prêcheurs (les frères), III, b, 408. — Appelés aussi Jacobins, 410. — Bienfaits de Saint-Louis envers cet ordre, 411. — Enceinte du couvent, 413. — Curiosités de l'église, 414.

Prêchoir (le), II, a, 455.

Prémontrés réformés, IV, a, 239. — Eglise, 240. — Curiosités, 241. — Prémontrés, III, b, 647. — Eglise, 649.

Présentation de Notre-Dame (les religieuses), III, b, 443.

Presles (collége de), III, b, 210.

Prêtres de la mission, fondés par saint Vincent de Paule, II, a, 541. — Placés à Saint-Lazare, 543. — Bâtiments et églises, 544. — Curiosités, 545.

Prévôt de Paris. Siégeoit au Châtelet, I, b, 520. — Ses prérogatives, 522. — Commandoit la ville de Paris, 524.

Prévôts. Leur office, I, b, 519.

Prieuré de Notre-Dame de Consolation, IV, a, 244. — Eglise, 245.

Prince (hospice le), IV, b, 582.

Prouvaires (marché des), II, a, 366.

— (passage des), II, a, 366.

Protestantisme. Ses progrès en France, III, *a*, 4.

Providence (maison de la), II, *b*, 1272.
— (les filles de la), III, *b*, 459.

Prudentius, évêque de Paris, I, *a*, 297.

Pucelle d'Orléans (la), II, *a*, 387. — Ses promesses, 388. — Ses exploits, *ib.*

Pyramide de Jean Châtel, I, *a*, 228. — Ses inscriptions, 239. — Renversée par ordre de Henri IV, 248. — Estampes que l'on en fit, 249.

Q.

Quai d'Anjou, I, *a*, 461.
— de l'Archevêché, I, *a*, 468.
— (des Augustins, II, *b*, 750.
— des Balcons, I, *a*, 461.
— Saint-Bernard, III, *a*, 662.
— de Bourbon, I, *a*, 461.
— des Célestins, II, *b*, 974.
— de la Cité, I, *a*, 468.
— de la Conférence, I, *b*, 1094.
— Dauphin, I, *a*, 461.
— aux Fleurs, I, *a*, 468.
— des Galeries du Louvre, II, *b*, 1094.
— de Gesvres, I, *a*, 612.
— de l'Horloge, I, *a*, 459.
— de la Mégisserie, I, *b*, 674.
— des Morfondus, I, *a*, 459.
— des Orfèvres, I, *a*, 459.

Quai d'Orléans, I, *a*, 461.
— des Ormes, II, *b*, 974.
— Saint-Paul, II, *b*, 974.
— du port aux Pierres, I, *b*, 1094.
— de la Rapée, II, *b*, 1369.
— de la Savonnerie, I, *b*, 1094.
— des Tuileries, I, *b*, 1094.

Quesnel, son livre, IV, *a*, 171.

Quinze-Vingts (hôpital royal des), I, *b*, 904-906. — Sa dotation primitive, 907. — Accroissements, 908. — Paroisse pour ceux qui en habitaient l'enceinte, 909. — *Aveugles et Voyants, hommes et femmes*, 909. — Mariage qui se pouvaient faire, 910. — Ressources de cet hôpital, 911. — Par qui administré, II, *b*, 1267. — Église, 1268.

R.

Ragnemonde, évêque de Paris, I, *b*, 750.
Ramilly (bataille de), IV, *a*, 154.
Ramus, III, *a*, 572.
Ratabon, surintendant des bâtiments sous Louis XIV, I, *a*, 784.
Ravaillac, III, *a*, 435.
Récollets (couvent des), II, *b*, 747. Curiosités, 750.
Rédemption des captifs. Voyez *Merci.*
Réformés (les), écrivent à la reine en faveur de Dubourg, III, *a*, 44. — Menacent, 45. — Conspirent, 46. — Obtiennent l'édit de Romorantin, 56. — Se soulèvent en plusieurs provinces, 57. — Conspirent de nouveau, 60. — Édit de juillet, 72. — Colloque de Poissy, 73. — Leurs assemblées, 79. — Édit de janvier, 83. — Courent aux armes, 100. — Entrent en campagne, 103. — Bataille de Saint-Denis, 140. — La Saint-Barthélemy, 179. — Commencent la quatrième guerre civile, 223.
Régence (conseil de) sous Louis XV, IV, *b*, 5. — État des affaires de l'Europe au commencement de la régence, 10.
Régnaut d'Acy, avocat-général, assassiné par les ordres de Marcel, II, *a*, 45.
Reims (collège de), III, *b*, 537.
Reine (hôtel de la), II, *b*, 1316.

Renaud-de-Corbeil, I, *b*, 536.
Renaudie, chef de la conspiration d'Amboise, III, *a*, 47. — Son indiscrétion, 48. — Meurt en combattant, 50.
Reuilly (château de), II, *b*, 1317. — Jardin, 1338.
Révolution française, enseigne aux hommes toute vérité, I, *a.* Avert. XXIX.
Ribauds (les), ce que c'était que cette troupe, I, *b*, 506.
Richard Ier, détrôné, II, *a*, 102.
— jeune enfant que les juifs avaient, dit-on, crucifié à Pontoise, II, *a*, 442.
— moine, prêche à Paris, II, *a*, 446.
Richelieu (le cardinal de), bâtit le palais cardinal, I, *b*, 874. — Cède ce palais à Louis XIII, 877. — Apparaît sur la scène politique, III, *b*, 15. — Entre au conseil, 26. — Sa conduite prudente, 30. — Manière dont il juge la guerre que Marie de Médicis voulait faire à son fils, 42. — Progrès de sa fortune, 54. — Réflexions générales sur son administration, 66. — Son entrée triomphante dans Montauban, 71. — Journée des dupes, 72. — Richelieu, maître absolu, 75. — Se déclare pour les Suédois, 86. — Embrase l'Europe entière, 86. — Succès et revers de la France,

87. — Son antipathie pour la maison d'Autriche, 92. — N'a pas compris tout le mal qu'il faisait, 103.—Mort de Richelieu, 104.
— (le duc de), général, IV, *b*, 294.
— (hôtel), II, *a*, 254.
Richemont (le comte de), connétable, II, *a*, 379.—Sa conduite sévère envers les favoris du roi, 380. — Reçoit Lallier sur le pont Notre-Dame, 412.
Riparienne (troupe). Ce que c'était, I, *a*, 47.
Riperda, ambassadeur de Philippe V, IV, *b*, 99.
Robert-le-Fort, I, *b*, 491.
— comte de Dreux, I, *b*, 864.
— III, se porte pour héritier du comte d'Artois, II, *a*, 19.—On lui préfère Mahaud, 19.
— Va chercher un asile en Angleterre, 20.
— de Clermont, assassiné, II, *a*, 65.
Robertins (communauté des) IV, *a*, 356.
Roch (église Saint-), I, *b*, 959. — Quand elle fut achevée, 961. — Paroisse, 961. — Description, 962. — Curiosités, 966. — Circonscription, 968.
Rochechouard (abattoir), II, *a*, 295.
Rocheblond (la), auteur de la faction des Seize, III, *a*, 270.
Rochefoucauld (la), veut faire assassiner Gondy, III, *b*, 261.

— (le cardinal de la), son tombeau, III, *b*, 381.
Rochelle (le siége de la), III, *a*, 213.
Rocroy (bataille de), III, *b*, 115.
Rohan (le duc de), déclaré ennemi de l'État, III, *a*, 20.
Rohaud-Montbazon (hôtel de), I, *b*, 655.
Romorantin (édit de), III, *a*, 56.
Roses (baillée des), singulière coutume, I, *a*, 154.
Rouen (hôtel de l'archevêque de), III, *b*, 717.
Rousseau (J. J.), IV, *b*, 352.
Roussillon (hôtel de), IV, *a*, 364.
Royal (pont), IV, *b*, 439.
Royaumont (hôtel de), I, *b*, 655. — II, *a*, 333.
Royauté, héréditaire anciennement en France quant à la famille, élective quant aux individus, I, *a*, 63. — Pouvait être partagée à plusieurs ou donnée à un seul, 64. — 66. — 69, I, *b*, 472.
Rues de Paris, sont une matière très embrouillée, I, *a*, 425. — Leur état jusqu'au 15e siècle, 426. — Pavées par Philippe-Auguste, 426. — Combien il y en avait au temps du poète Guillot, 440. — Combien au temps de Corrozet, 441. — Rues par ordre alphabétique. (Voir la table particulière, page 575.

S.

Sachets (les), III, *b*, 605.
Sacrement (les filles du Saint-), II, *b*, 1086. — Église, 1087.
— (filles du Saint-), IV, *a*, 234. — But de cette institution, 235. — Anecdote sur leur établissement à Paris, 236. — Monastère rue Cassette, 238.
Sacy (le père de), s'attire la haine de Pompadour, IV, *b*, 321.
Salm (hôtel de), IV, *b*, 478.
Salpêtrière, origine de cet hôpital, III, *a*, 540. — Église, 543. — Curiosités, 546.
Samaritaine (la), I, *a*, 100.
Sang (les religieuses du précieux), IV, *a*, 273.
Sauval (Henri), a écrit sur les antiquités de Paris, I, *a*. Avert. vj.
Sauveur (les filles du), II, *b*, 1130.
— Église Saint-), II, *a*, 501. — Paroisse, 502. — Reconstruite, 503. — Description, 504. — Curiosités, *ib.* — La Cure, 505. — Circonscription, 506.
Savoie (hôtel de), III, *b*, 709.
Savoisi (Charles de), II, *a*, 163.
Savonnerie (manufacture royale de la), I, *b*, 1048. — Sa chapelle, 1050.
Savoyards (école des), III, *b*, 566.

Saxe (le comte de), IV, *b*, 130. — Devient maréchal, 131. — Ses campagnes dans les Pays-Bas, 136. — Victoire de Raucoux, 141.
Scipion (hôtel), III, *a*, 626.
Seez (collège de), III, *b*, 696.
Seguier (le président), devant le roi Henri II, III, *a*, 24. — Arrêté sur le quai de la Mégisserie, III, *b*, 148.
Seize (la faction des). Son but et ses progrès, III, *a*, 270. — Manœuvre de cette faction, 270. — Fomentent la haine publique contre le roi, 286. — Excitent les écoliers, 298. — Soulèvent Paris à la mort du duc de Guise, 319. — Désappointés, 342.
Séjour d'Orléans (le), III, *a*, 618.
— de la reine Blanche, III, *a*, 621.
Sens (hôtel de), II, *b*, 964.
Sergents d'Armes, institués par Philippe-Auguste, I, *b*, 506.
Sépulcre (église du Saint-), I, *b*, 577. — Achevée, 578. — Différends au sujet de la juridiction de cette église, 579. — Curiosités, 581. — Une des filles de Notre-Dame, 582.
— (les chanoinesses du Saint-), IV, *b*, 441.
Servandoni, bâtit le portail de Saint-Sulpice, IV, *a*, 215.

Severin (église Saint-), III, b, 627. — Origine, 628. — Curiosités, 631. — Circonscription, 633. — Embellissements, 751.

Sévigné (Mme de), II, b, 1327.

Shaftsbury, jugement sur cet homme, IV, a, 51. — Jure la perte des Stuarts, 53. — Ses intrigues pour le prince d'Orange et Monmouth, 115.

Sibylle, femme de Renold de Cherins, I, b, 818.

Sicile (hôtel de), II, b, 851.

Sigismond (l'empereur), à Paris, II, a, 146.

Silleri (le chancellier), III, b, 17. — Le roi lui retire les sceaux, 23.

Siméon Salus (communauté de Saint-), III, b, 738.

Six-Corps (les). Cette réunion attribuée à Philippe-Auguste, I, b, 630. — Leur constitution, 631. — Objet de cette association, 633. — Marchands de vin exclus, 633. — Drapiers, 634. — Epiciers, 635. — Merciers, 637. — Pelletiers, 638. — Bonnetiers, 639. — Orfèvres, 640.

Sixte V, et la ligue, III, a, 338.

Soanen, évêque de Senez, IV b, 193.

Société de la croix (les filles de la), II, b, 1241.

Soissons (hôtel de), II, a, 334. — Ses différents propriétaires, 335.

— (le comte de), III, b, 4. — Se retire de la cour avec le prince de Condé, 12.

Somptuaire (loi), sous Philippe-le-Bel, I, b, 441.

Sorbonne (la) rend un décret contre Henri III, a, 320. — Contre Henri IV, 347. — Fait sa soumission, 422. — Sa fondation, 675. — L'église, 678. — Description, 679. — Curiosités, 680. — Bibliothèque, 682. — Régime intérieur, 683. — Restaurée, 753.

Sorel (Agnès), II, a, 387.

Soubise (hôtel de), II, b, 1006.

— demande pardon à genoux, III, b, 47. — Dévaste le Poitou avec une armée de 6,000 hommes, 51.

Sourdiac (hôtel de), IV, a, 366.

Spifame (Raoul), fait rendre l'ordonnance qui oblige les libraires à fournir des exemplaires à la bibliothèque royale, II, a, 187.

Squelette de Germain Pilon, II, a, 455.

Stairs, ambassadeur d'Angleterre en France, IV, b, 15. — Fait la guerre à la France, 125.

Stanislas, roi de Pologne, IV, b, 104.

Stations agraires, ce que c'était, I, a, 46.

Strasbourg (hôtel de), II, b, 1010.

Suède (collège de), III, b, 691.

Suger, abbé de Saint-Denis, I, b, 496. — Et la note.

Sully (Maurice de), reçoit de Philippe-Auguste tous les édifices publics des Juifs, I, a, 266. — Fait construire le palais épiscopal, 328.

— (Eudes de) évêque de Paris, I, b, 818.

— (le duc de). Sa disgrace sous la régence, III b, 7. — Jugement sur ce personnage, 8. — Note.

Sulpice (église paroissiale de Saint-), IV, a, 208. — Agrandie, 212. — Nouvelle église, ib. — Travaux suspendus et repris, 213. — Portail, 215. — Construction des autres parties, 217. — Dédicace, 218. — Curiosités de l'église en 1789, 220. — Circonscription, 225. — Restaurée, 396. — Embellissement des chapelles, 396.

— (hospice de Saint-), IV, a, 262.

— (grand séminaire Saint-), IV, a, 353. — Curiosités de la chapelle, 354. — Petit séminaire, 355. — Nouveau séminaire, 400.

Symphorien (Saint-), ou chapelle Saint-Luc, I, a, 273. — Par qui desservie, 274. — Curiosités, 275.

— (chapelle Saint-), III, b, 425.

T.

Tabacs (manufacture des), IV, b, 532.

Tableau historique et pittoresque de Paris; plan qu'à suivi l'auteur, I, a. Avertissement xiv. — Sa première édition, 24. — Son atlas, 25. — La nouvelle édition, 26.

Tardif (Jean), sa mort, III, a, 376.

Tarif sous la régence, III, b, 126.

Tasseline (Jeanne), fonde une chapelle, II, b, 747.

Tellier (le père le), confesseur de Louis XIV, IV, a, 177. — Préventions contre lui, 178.

Théluson (hôtel), II, a, 257.

Temple (le), II, b, 1119. — Description, 1120. — Trois sortes d'habitants au Temple, 1121. — L'église, 1122. — Description, 1123. — Curiosités, 1124. — Marché du Temple, 1159.

Templiers (les) étaient coupables, I, a, 93.

— leur origine, II, b, 1094. — S'établissent à Paris, 1095. — Leur fin tragique, 1097. — Les nouveaux philosophes les prennent sous leur protection, 1098. — Leur culpabilité démontrée, 1104. — Leur apologie réfutée, 1112. — Clément V les supprime, 1118.

Tencin (l'abbé de), ses intrigues à Rome, IV, b, 69.

Tenneguy Duchâtel sauve le Dauphin, II, a, 154. — S'exile de la cour, 380.

Théatins (les), IV, b, 435.

Thècle (les filles de Sainte-), IV a, 267.

Thémines (le maréchal de); III, *b*, 27.
Thermes (palais des), son origine, disc. prél., xiv. — Description, III, *a*, 642. — Constructions souterraines, 645. — Réparation, 752.
Thomas (Saint-), contraire aux monomachies, I, *a*, 353.
— de Cantorbery (Saint-), église à Paris sous son invocation, I, *b*, 864. *Voyez* Saint-Nicolas du Louvre.
— d'Aquin (les filles Saint-), II, *a*, 230. —
— Par qui fondées, 230. — Leur monastère, 231.
— (les filles Saint-) de Villeneuve, IV, *a*, 247.
— d'Aquin (église Saint-), IV, *b*, 529.
— de Jésus (le père), II, *a*, 215.
Thou (Jacque de), historien, II, *a*, 187.
Thouars (hôtel), III, *b*, 713.
Tiercelin (Jean), maître-d'hôtel du Dauphin, I, *b*, 916.
Timbre royal, II, *a*, 294.
Tisserand (Jean), cordelier, I, *b*, 583.
Tombe Isouard (la), II, *a*, 458.
Toulouse (le comte de), sa pénitence publique, I, *b*, 699.
— (hôtel de), II, *a*, 345.
Tour de Notre-Dame des Bois (la), II, *a*, 454.
Treguier (collège de), III, *b*, 511.
Tremouille (la), II, *a*, 402.
— (hôtel de la), II, *b*, 1005.
Trente-Trois (le séminaire des), III, *a*, 607.
Trésor des chartres, ce que c'était, I, *a*, 123.
Trésorier (collège du), III, *b*, 704.
Tournay (le collège de), III, *a*, 610.
— (hôtel de), III, *a*, 615.
Tournelle (la), I, *a*, 151. — Pont de la Tournelle, 421.
Tournelle (château de la), rebâti, III, *a*, 441. — Etablissement qu'y forme Saint-Vincent de Paul, *ib*. — Détruit, 443.

— (la marquise de la), maîtresse de Louis XV, IV, *b*, 111.
Tournelles (le palais des), par qui construit, II, *b*, 1227. — Demeure du duc de Bedfort, 1228. — Description, 1229. — Détruit et remplacé par la place royale, 1230.
Tournon (le cardinal de), dispute contre Théodore de Beze, III, *a*, 75.
Tours (collège de), III, *b*, 690. — Hôtel, 716.
Trève du Seigneur sous Henri Ier, I, *b*, 687.
Trinité (hôpital de la), II, *a*, 491. — Son administration, 493. — Par qui desservi jusqu'en 1545, 495. — Les confrères de la passion y représentent la passion, 496. — Eglise, 500. — Filles de la Trinité, II, *b*, 1302.
Triumvirat, durant la minorité de Charles IX, III, *a*, 69. — Exilé, 86. — Délivre le roi à Fontainebleau, 97.
Tuileries (le palais des), origine de ce nom, I, *b*, 915. — Etat primitif de cet emplacement, 916. — Bâti par Catherine de Médicis, 917. — La prédiction d'un astrologue fait cesser les travaux, *ib*. — Ces travaux repris et achevés, 918. — Travaux sous Louis XIV, 920. — Décoration intérieure, 925. — Salle des machines, 928. — La chapelle, 930.
Turenne. Sa défection en faveur des frondeurs, III, *b*, 187. — Veut enlever les trois princes, 219. — Sauve l'armée royale, 284. — Chasse le duc de Lorraine, 290. — Engage un combat avec Condé aux portes de Paris, 296. — Triomphe à Dunes, IV *a*, 5. — Ses succès dans la guerre de Hollande, 48. — Entre en Allemagne, 56. — Marche contre les impériaux, 60. — Ses belles manœuvres sur le Rhin, 61. — Ses cruautés dans le Palatinat, 62. — Refuse de quitter l'Alsace, 63. — Sa belle défense, 64. — On lui oppose Montécuculli, 66. — Meurt au milieu de ses succès, 67.
Turgot (hôtel), II, *b*, 1330.

U.

Unigenitus (bulle), IV, *a*, 174. — Importance de cette bulle, IV, *b*, 164. — Nouvelles attaques contre elle, 254.
Union chrétienne (les filles de l'), II, *a*, 518. — But de cette institution, 519. — Lettres-patentes de Louis XIV, 519. — La petite union chrétienne, 525.
Université. Son établissement sous Louis le jeune, contribue à l'accroissement de Paris, I, *a*. Disc. prél., 23. — Conduite de Louis XII envers l'université, I, *b*, 903. — Croit à la souveraineté du peuple, 1037. — Ses querelles avec les Jacobins au sujet de l'immaculée conception, II, *a*, 95. — Se mêle moins des affaires publiques, 162. — Se soumet à Charles VII, 414. — Son origine, III, *a*, 546. — Ses progrès, 548. — Son lustre, 552. — Son état au XIIIe siècle, 557. — Ses premiers réglements, 558. — Messagers de l'université, 560. — Fondation des collèges, *ib*. — Faveurs des papes envers elle, 562. — Arrivée des dominicains et des franciscains, 565. — Ecole de théologie, 567. — L'université devient telle qu'elle est, 568. — Ses ressources, 569. — Son esprit républicain, 570. — Sa conduite pendant les troubles, *ib*. — Renaissance des lettres, 574. — Ramus s'élève contre Aristote, 578. —

Institution des divers colléges, 580. — Fait valoir son autorité à l'égard des religieux de l'abbaye Saint-Germain, IV, a, 347.

Ursins (la princesse des), IV, b, 11.
Ursulines (les religieuses), III, b, 449.
Utrecht (paix d'), IV, a, 167.
Uzès (hôtel d'), II, a, 258.

V.

Vaiguerie (la), président au parlement, II, b, 886. — Ses remontrances au roi, 901.
Vaillant (M.) recherche les médailles en Italie, II, a, 198.
Val-de-Grâce (abbaye royale du), II, b, 472. — Eglise, 474. — Description, 476. — Curiosités, 482.
Valentinien, habita Paris, disc. prél., xiii.
Valentinois (la duchesse de), son ascendant sur Henri, III, a, 35.
Valère (les Filles de sainte), IV, b, 448.
Valière (hôtel de la), II, a, 258.
Valois (de) sa dispute avec Delaunoy sur les anciennes églises de Paris, I, a, avert., v.
— (Adrien de). Lumières qu'il a répandues sur les antiquités de Paris I, a, avert., xiii.
Valteline (la), rendue aux Grisons par Richelieu, III, b, 78.
Vanden Bogaër (Voy. Desjardins).
Variétés (théâtre des), II, a, 293; b, 1134.
Varzy (Guillaume de), doyen de Saint-Germain, II, a, 300.
Vassaux (les grands), à la fin de la seconde race, II, a, 5. — Donnent la couronne à Hugues Capet, ib.
Vasselage, son origine, I, a, 59. — Ses effets, ib.
Vassy (prétendu massacre de), III, a, 92.
Veing d'Arbouze, supérieure des Bénédictines, leur fait embrasser une vie plus austère, I, b, 1027.
Vendôme (place), son origine, I, b, 975. — Description, 978. — Ancien monument, 980. — La colonne le remplace, 982. — Détails sur cette colonne, 1102.
— (le duc de) refuse le passage au duc de Bretagne, II, b, 628.
— (collége de), III, b, 690.
— (le duc de), ses succès, IV, a, 147. — En Espagne, 164.
— (hôtel de), IV, a, 366.
Ventadour (la duchesse de), I, b, 593.
Verneuil (bataille de), II, a, 376.
Viande (ancienne halle à la), II, a, 478.

Viarmes (de), prévôt des marchands, II, a, 324.
Vic (Henri de), horloger, I, a, 168.
Victoires (place des), II, a, 205. — Description, 206. — Statue de Louis XIV, 208. — Réparations, 289.
Victor (l'abbaye Saint-), III, a, 472. — Eglise, 474. — Le cloître, 479. — Curiosités, 480. — Bibliothèque, 481.
Villa, *villæ capitaneæ*, *mansionales*, ce que c'était, I, a, 80.
Villain (l'abbé), son histoire de Saint-Jacques de la Boucherie, I, b, 544.
Villars, IV, a, 147. — Remplacé par Marsin, 148. — Ses succès sur le Rhin, 157. — Gagne la bataille de Denain, 167. On Blâme le régent, IV, b, 17. Note.
Villeroi (M. de), sa lettre à d'Ossat, I, a, 241.
Villeroi (hôtel de), I, b, 654.
Villeroi (la chapelle de), II, a, 455.
Villeroi. Son impéritie, IV, a, 143. — Perd la bataille de Ramilly, 154.
Villevêque, I, a, 347.
Vincent de Paule (Saint-), établit les Enfants Trouvés, I, a, 387. — Engage les dames de la Charité à se charger des enfants trouvés, 388.
Vincent de Paule (église Saint-), II, a, 294.
Vineam domini Sabaoth, bulle de Clément XI, IV, a, 170.
Vintimille (madame de), maîtresse du roi, IV, b, 110.
Vintimille (M. de), archevêque de Paris, IV, b, 197. — Dans quel état il trouve cette église, 198. — Son zèle, 199. — Protestation contre son mandement, 200.
Visitation Sainte-Marie (les religieuses de la), II, b, 1249. — S'établissent à Paris, 1251. — Transférées, 1252. — Eglise, 1253. — Curiosités, 1254. III, b, 427.
Visitation de Chaillot (la), par qui fondée, I, b, 1051. — Augmentée, 1052. — Eglise, 1053.
Vitri (le baron de), III, b, 32.
Volaille (marché à la volaille), III, b, 751.
Voltaire, IV, b, 156-353-358.

Y.

Yves de Chartres. Contraire aux *monomachies*, I, a, 353.

Yves (Saint-), chapelle, II, a, 344.

Z.

Zamet, italien fort riche, chez qui mourut Gabrielle d'Estrées, I, *b*, 830.

Zone (hôtel), III, *a*, 622. — Dépendance de la commanderie de Saint-Jean de Latran, III, *b*, 355.

W.

Walpole, ambassadeur anglais, exploite la vanité de Fleury, IV, *b*, 99.
Walstein, général allemand, III, *b*, 80. — Reprend le commandement d'une armée après une disgrace, 84. — Ferdinand le fait assassiner, 85.
Westphalie (traité de). Ne reconnoît dans la société que des intérêts matériels, III, *b*, 332.

TABLE DES RUES DE PARIS.

A.

ABBATIALE, IV, *b*, 503.
Abbaye (Neuve-de-l'), IV, *b*, 534.
Abreuvoir (de l'), I, *a*, 442.
Abreuvoir-Popincourt (de l'), I, *b*, 660.
Acacias (des), IV, *b*, 534.
Aiguillerie (de l'), I, *b*, 661.
Albiac (d'), III, *a*, 632.
Aligre (d'), II, *b*, 1345.
Allouette (du Champ de l'), III, *a*, 632.
Amandiers (des), II, *b*, 1345; III, *b*, 574.
Amboise (d'), II, *a*, 262.
Amélie, IV, *b*, 534.
Amelot, II, *b*, 1345.
Anastase (Sainte-), II, *b*, 1141.
Anastase (Neuve Sainte-), II, *b*, 966.
André (Saint-), II, *b*, 1345.
André-des-Arcs (Saint-), III, *b*, 730.
André-des-Arcs (du Cimetière St-), III, *b*, 732.
Anges (des Deux), IV, *b*, 503.
Angevillers (d'), I, *b*, 839.
Anglade (d'), I, *b*, 1075.
Anglois (des), III, *b*, 574.
Angloises (des Filles), II, *b*, 632.
Angoulême (d'), I, *b*, 1075.
Angoulême (d'), II, *b*, 1141.
Anjou (d'), I, *b*, 1075.
Anjou (d'), II, *b*, 1141,
Anjou (d'), IV, *b*, 503.
Anne (Sainte), I, *a*, 442; *b*, 1075. II, *a*, 262.
Antin (d'), II, *a*, 262.
Antoine (Saint-), II, *b*, 1345,
— (du Faubourg), II, *b*, 1347.
— (des Fossés), II, *b*, 1347.
Apolline (Sainte-), II, *a*, 563.
Arbalète (de l'), III, *b*, 574.
Arbre-Sec (de l'), I, *b*, 839.
Arcade (de l'), I, *a*, 44; *b*, 1076.
Arche-Marion (de l'), I, *b*, 661.
Argenteuil (d'), I, *b*, 1076.
Arras (d'), III, *b*, 632.
Artois (d'), II, *a*, 263.
Assas (d'), IV, *a*, 408.
Astorg (d'), I, *b*, 1077-1106.
Aubry-le-Boucher, I, *b*, 597.
Augustin (Neuve-Saint), II, *a*, 263-284.
Augustins (des Vieux-), II, *a*, 348.
Augustins (des Grands-), III, *b*, 732.
Augustins (des Petits-), IV, *b*, 503.
Auvergne (de la Tour-d'), II, *a*, 264.
Aveugles (des), IV, *a*, 369.
Avignon (d'), I, *b*, 597.
Avoie (Sainte-), II, *b*, 1013.

B.

Babille, II, a, 348.
Babylone (de), IV, b, 215.
Bac (du), IV, a, 370, 215.
Bagneux (de), IV, a, 370.
Baillet, I, b, 842.
Bailleul, I, b, 842.
Baillif, II, a, 349.
Bailly, II, b, 766.
Ballets (des), II, b, 1347.
Banquier (du), III, a, 683, III, a, 662.
Barbe (Sainte-), II, a, 563.
Barbette, II, b, 1348.
Barillerie (de la), a, 443.
Barouillère, IV, a, 370.
Barre-du-Bec, II, b, 1013.
Barre (de la), III, a, 633.
Barrés (des), II, b, 966.
Barrière (de la), III, a, 633.
Barthélemy, IV, b, 534.
— (de Saint-), I, a, 443.
Batailles (des), I, b, 1077.
Battoir (du), III, a, 634.
Basfroi, II, b, 1348.
Basse-du-Rempart, II, a, 264.
Bassins (des), I, b, 1077.
Basville (de), I, a, 443.
Baudin, II, a, 265.
Bayard, IV, b, 535.
Beaubourg, II, b, 766.
Beauce (de), II, b, 1142.
Beaune (de), IV, b, 505.
Beaujolois (de), I, b, 1077, II, b, 1142.
Beauregard, II, a, 265, 563.
Beaurepaire, II, a, 563.
Beautreillis, II, b, 967.
Beauvais (de), I, b, 842.
Beauveau, II, b, 1348.
Belle-Chasse (de), IV, b, 505.
— Neuve, IV, b, 535.
Bellefond, I, a, 265.
Benoît (Saint-), II, b, 768, IV, b, 505.
— (du Cimetière), III, b, 575.
Bercy (de), II, b, 1348.
Bergère, II, a, 265.
Bernard (Saint-), II, b, 1349.
— (des Fossés), III, a, 635.
Bernardins (des), III, a, 634.
Berthoud, II, b, 792.
Bertin-Poiré, I, b, 662.
Berry (de), I, b, 1077, II, b, 1142.
Béthisi, I, b, 662.
Beurrière, IV, a, 371.
Biches (du Pont aux), III, a, 635.

Bienfaisance (de la), I, b, 1106.
Bièvre (de), III, a, 635.
Billettes (des), II, b, 1014.
Biron (de), III, b, 575.
Bissy, IV, a, 371.
Blanche, II, b, 1143.
— (de la Croix), II, a, 266.
Blanchisseuses (des), I, b, 1077.
Blancs-Manteaux, II, b, 1016.
Bleue, II, a, 266.
Bœuf (du Pied de), I, b, 598.
Bondi, II, b, 768.
Borda, II, b, 792.
Bordet, III, a, 635.
Bornes (des), II, b, 1143.
Boucher, I, b, 663.
Boucherat, II, b, 1143.
Boucheries (des), I, b, 1078, IV, a, 371.
— (au Gros-Caillou, IV, b, 524.
— (de la), II, b, 1373.
— de la Vieille-), III, b, 733.
Boulangers (des), III, a, 666.
Boulets (des), II, b, 1349.
Bouloy (du), II, a, 349.
Bourbe (de la), IV, a, 372.
Bourdonnaye (de la), IV, b, 535.
Bourbon (du Petit-), I, b, 843, IV, a, 372.
— IV, b, 506.
— le Château, IV, b, 506.
— II, a, 564.
Bourg-Thibout, II, b, 1017.
Bourg-l'Abbé, II, a, 564.
Bourgogne (de), II, b, 1143, IV, b, 506.
Bourguignons (des), III, b, 576.
Bout-de-Brie, III, b, 734.
Bout-du-Monde (du), II, a, 350.
Braque (de), II, b, 1017.
Brave (du), IV, a, 372.
Bretagne (de), II, b, 1144.
— (Neuve de), II, b, 1160.
Breteuil (de), II, b, 769, IV, b, 538.
Bretonnerie (de la Grande-), III, b, 576.
— (de la Petite-), III, b, 576.
Bretonvilliers (de), I, a, 460.
Brise-Miche, II, b, 769.
Brodeurs (des), IV, b, 506.
Brunette, I, b, 1078.
Bucherie (de la), III, b, 577.
Buci (de), IV, a, 372.
Buffault (de), II, a, 266.
Buffon, III, a, 662.
Buisson (Saint-Louis du), II, b, 792.
Buttes (des), II, b, 1349.

C.

Cassini, III, b, 597.

Cadet, II, a, 266.

Caille (de la), IV, a, 409.
Caillou (du Gros-), III, a, 636.
Caire (du), II, a, 585.
Calandre (de la), I, a, 443.
Calonne (de), II, a, 350.
— (place), III, b, 578.
Calvaire (Filles-du-), III, b, 1144.
Canettes (des), IV, a, 374.
Canettes (des Trois-), I, a, 444.
Canivet (du), IV, a, 374.
Capucins (des), III, b, 578.
Capucins (Neuve des), II, a, 266.
Capucines (des), II, a, 266.
Cardinale, IV, b, 507.
Carême-Prenant, II, b, 770.
Cargaisons (des), I, a, 445.
Carmes (des), III, b, 578.
Carneau (du), III, b, 578.
Caron, II, b, 1349.
Carpentier, IV, a, 374.
Carreau (du Petit-), II, a, 565.
Carrefour de la Croix-Rouge, IV, a, 377.
Carrousel (du), I, b, 1078.
Cassette, IV, a, 374.
Castiglione (de), I, b, 1106.
Catherine, (Sainte-), IV, a, 374.
— (de l'Egout-Sainte-), II, b, 1350.
— (Neuve Sainte-), II, b, 1350.
Caumartin, II, a, 267.
Cerisaie (de la), II, b, 967.
Chabanais (des), II, a, 267.
Chaillot (du Grand-), I, b, 1078.
— (Basse de), I, b, 1078.
Chaise (de la), IV, b, 507.
Champs (des), I, b, 1078.
Champs-Elysées (des), I, b, 1078.
Champs (Neuve des Petits-), II, a, 267.
Champ-de-l'Alouette (Petite r. du), II, a, 662.
Champs (des Petits-), II, b, 771.
Chandeliers (des Trois-), III, b, 735.
Chanoinesse, I, a, 445.
Chantereine, II, a, 267.
Chantier (du Grand-), II, b, 1144.
Chantiers (des), II, b, 1351.
Chantre (du), I, b, 843.
Chantres (des), I, a, 445.
Chanvrerie (de la), II, a, 466.
Chapelle (de la), II, a, 585.
Chapitre (du) ou Massillon, I, a, 445.
Chapon (du), II, b, 771.
Charbonniers (des), II, b, 1351.
Charbonniers (des), III, b, 579.
Charenton, (de), II, b, 1351.
Charité (de la), II, a, 585.
Charlot, II, b, 1144.
Charonne (de), II, b, 1352.
Chartière III, b, 579.
Chartres (de), I, b, 1079.
Château-Landon, II, a, 585.
Chat-qui-Pêche (du), III, b, 735.

Chauchat, II, a, 267.
Chaume (du), II, b, 1018.
Chaussée-d'Antin (de la), II, a, 268.
Chaussée (de la), II, b, 1373.
Chaudron (du), II, a, 585.
Chemin-Vert (du), I, b, 1079; II, b, 1352.
Chenet (du Gros-), II, a, 269.
Chevalier-du-Guet (du), I, b, 664.
Cheval-Vert (du), III, b, 579.
Cherche-Midi (du), IV, a, 375.
Chiens (des), III, b, 580.
Childebert IV, b, 507.
Choiseul (de), II, a, 269.
Cholets (des), III, b, 580.
Chopinette (de la), II, b, 792.
Christine, II, b, 736.
Christophe (Saint-), I, a, 445.
Censier, III, a, 636.
Ciseaux, IV, b, 508.
Claude (Saint-), II, a, 566.
Claude (Saint-), II, b, 1145.
Clef (de la), III, a, 637.
Clément, IV, a, 409.
Cléri (de), II, a, 269, 566.
Cloître Saint-Benoît, III, b, 753.
Cloître Saint-Benoît (du), III, b, 736.
Cloche-Perce, II, b, 1352.
Cloître Notre-Dame, I, a, 445.
Cloître Saint-Germain-l'Auxerrois, I, b, 846.
Clopin, III, a, 637.
Clos-Georgeau, I, b, 1079.
Clovis, III, a, 662.
Clichy (de), II, a, 270.
Cluni (de), III, b, 736.
Cocatrix, I, a, 446.
Cœur-Volant, IV, a, 376.
Colbert (de), II, a, 270.
Colombe, I, a, 446.
Colombier (Neuve du), II, b, 1353.
Colombier, IV, a, 508.
Colombier (du vieux), IV, a, 376.
Colysée, I, b, 1079.
Combat, II, b, 771.
Comète (de la), IV, b, 524.
Comtesse d'Artois, II, a, 467.
Condé (de), IV, a, 377.
Conté, II, b, 792.
Contrescarpe, II, b, 1353.
— III, b, 736.
Copeau, III, a, 638.
Coq (du), I, b, 843.
Coqhéron, II, a, 351.
Coquenart, II, a, 270.
Coquillière, II, a, 351.
Corderie (de la), II, b, 1145.
Corderie. V. de la Sourdière.
Cordeliers (des), III, b, 736.
Cordiers (des), III, b, 737.
Cordonnerie (de la), II, a, 468.
Corneille (de), IV, a, 377.

Corroyerie (de la), II, b, 772.
Cossonnerie (de la), II, a, 468.
Cotte (de), II, b, 1353.
Cour au Villain, II, b, 772.
Cour du More, II, b, 773.
Courcelle (de), I, b, 1079.
Couronnes, (des trois), III, a, 639.
Crébillon, IV, a, 377.
Creuse, III, a, 639.
Croix (de la), II, b, 773.
Croix (Sainte-), I, a, 446; II, a, 270.
Croix blanche (de la)II,, a, 271.
Croix-des-petits-Champs, II, a, 350.
Croix Blanche (de la), II, b, 1020.
Croix du Roule (de la), I, b, 1106.
Croix de la Bretonnerie (Sainte-), II, b, 1018.
Croissant (du), II, a, 270.
Croulebarbe, II, a, 639.
Crucifix Saint-Jacques (du), I, b, 598.
Culture Sainte-Catherine, II, b, 1349.
Cygne (du), II, a, 469.

D.

Daguesseau, I, b, 1080.
Dames (de la Tour des), II, a, 271.
Dauphin (du), I, b, 1080.
Dauphine (passage), IV, b, 535.
Dauphine, III, b, 737.
Daval, II, b, 1354.
Déchargeurs (des), I, b, 664.
Degrés (des), II, a, 568.
Degrés (des grands), III, a, 639.
Demi-Saint (du), I, b, 844.
Denis (Saint-), I, b, 599; II, a, 566.
Denis (du Faubourg Saint-), II, a. 568.
Denis (Neuve Saint-), II, a, 568.
Denis (Basse Saint-), II, ib.
Denis (du Chemin Saint-), II, b, 1146.
Dervillé, III, a, 641.
Deux écus (des), II, a, 352.
Diamans (des cinq), I, b, 599.
Dominique (Saint-) d'Enfer, IV, a, 378.
Dominique (Saint-), IV, b, 509.
Doyenné, (du), I, b, 1081.
Dragon (du), IV, b, 510.
Draperie (de la Vieille), I, a, 446.
Dugay-Trouin, IV, a, 469.
Duguesclin, IV, b, 635.
Duphot, I, b, 1106.
Dupleix, IV, b, 635.
Duras (de), I, b, 1081.

E.

Echarpe (de l'), III, b, 1354.
Echaudé (de l'), II, a, 469.
Echaudé (de l'), II, b, 1146.
Echaudé (de l'), IV, b, 510.
Echelle de l') I, b, 1081.
Echiquier (de l'), II, a, 569.
Ecole de médecine (de l'), II, b, 753.
Ecosse (d'), III, b, 580.
Ecouffes (des), II, b, 1354.
Ecrivains (des), I, b, 599.
Ecuries (des petites), II, a, 569.
Eglise (Neuve de l'), IV, b,
Egout (de l'), II, a, 271.
Egout (de l'), IV, b, 511.
Elisabeth (Neuve Sainte-) II, b, 792.
Eloi (Saint-), I, a, 447.
Enfants (des bons), II, a, 355.
Enfants (Neuve des Bons), II, a, 251.
Enfants rouges (des), II, b, 1146.
Enfer (d'), I, a, 447.
Enfer (d'), IV, a, 378.
Enfer (V. Bleue).
Enghien (d'), II, a, 569.
Epée de Bois (de l'), III, a, 640.
Eperon (de l'), III, b, 737.
Erfurt, v. Marguerite (petite Sainte-).
Ermites (des deux), I, a, 450.
Est (de l'), IV, a, 409.
Estrapade (vieille de l'), III, b, 581.
Etienne, I, b, 665.
Etienne (Neuve Saint-), II, a, 569.
Etienne (Neuve Saint-), III, a, 640.
Etienne des grés (Saint-), III, b, 580.
Etoile (de l'), II, b, 967.
Etuves (des vieilles), II, a, 355.
Etuves (des), II, b, 773.
Eustache (Neuve Saint-), II, a, 271.
Eustache (de la pointe Sainte-), III a, 469.
Evêque (l'), I, a, 448; b, 1081.

F.

Fauconnier, II, b, 968.
Favart, II, a, 271.
Fécan (de la Vallée), II, b, 1354.
Félibien, IV, a, 409.

DU TABLEAU DE PARIS. 579

Femme sans tête (de la), I, a, 460.
Fer (de), III, a, 641.
Fer à Moulin, III, a, 641.
Ferdinand, II, b, 1160.
Féronerie (de la), I, b, 665.
Férou, IV, a, 378.
Fers (aux), II, a, 469.
Feuillade (de la), II, a, 272.
Fèves (aux), I, a, 448.
Feydeau, II, a, 272.
Fiacre (Saint-) II, a, 272.
Fidélité (de la) II, a, 585.
Figuier (du), II, b, 968.
Filles-Dieu (des), II, a, 569.
Fleurus, IV, a, 409.
Fleury (de Champ-) I, b, 843.
Foi (Sainte-), II, a, 570.
Foin (du), II, b, 1354.
Foin (du), III, b, 738.
Foire (de la), IV, a, 378.
Folie Méricourt (de la), II, b, 1147.
Folie Regnaut, II, b, 1355.
Fontaine (de la), III, a, 641.
Fontaines (des), II, b, 774.
Fontaines du roi (des), II, b, 1147.
Fontenoy (place), IV, b, 535.
Forges (des), II, a, 585.
Forez (de), II, b, 1147.

Fossés Saint-Germain (des), I, b, 845.
Fossés Saint-Martin (des), II, a, 555.
Fossés Saint-Marcel (des hauts), III, a, 641.
Fossoyeurs (des), IV, a, 380.
Fouare (du), III, b, 581.
Four (du), II, a, 356.
Four (du), III, b, 582.
Four (du), IV, a, 381.
Four Basset (du), I, a, 449.
Fourcy, II, b, 968.
Fourcy, III, b, 581.
Fourneau (du), IV, a, 409.
Fourreurs (des), I, b, 666.
Française, II, a, 570.
Française, III, a, 642.
François (Neuve Saint-), II, b, 1147.
Francs Bourgeois, II, b, 1355.
Francs Bourgeois, III, a, 642.
Francs Bourgeois, IV, a, 381.
Frépillon, II, b, 774.
Frères (des Trois-), II, a, 273.
Froidmanteau, I, b, 845.
Fromagerie (de la), II, a, 470.
Fromentel, III, b, 582.
Friperie (de la), II, a, 470.
Fuseaux (des), I, b, 667.
Furstemberg, IV, b, 512.

G.

Galande, III, b, 583.
Gaillon (de), II, a, 273.
Garçons (des Mauvais-), IV, a, 382.
Garencière, IV, a, 382.
Gasté, I, b, 1106.
Gautier-Renauld, III, a, 643.
Geneviève (montagne Sainte-), III, a, 643.
Geneviève (carré Sainte-), III, b, 584.
Geneviève (place Sainte-), III, b, 584.
Geneviève (mont. Sainte-), III, b, 584.
Geoffroi-Langevin, II, b, 775.
Geoffroi-Lasnier, II, b, 968.
Georges (Saint-), II, a, 273.
Gerard-Boquet, II, b, 969.
Germain-l'Auxerrois (Saint-), I, b, 667.
Germain-des-Prés (place Saint-), IV, b, 535.
Germain-des-Prés, IV, b, 535.
Germain (des Fossés-Saint), IV, a, 383.
Gervais (culture Saint-), II, b, 1147.
Gervais (Saint-), II, b, 1147.
Gervais (des hospitalières Saint-), II, b, 1373.
Gervais-Laurent, I, a, 449.
Gèvres (de), I, b, 600.
Gilles (Saint-), II, b, 1147.
Gilles (Neuve-Saint-), II, b, 1147.

Gilles-Cœur, III, b, 738.
Gindre (du), IV, a, 383.
Glatigny, I, a, 450.
Gloriette (cul-de-sac de la), III, b, 585.
Gobelins (des), III, a, 643.
Gourdes (des), I, b, 1106.
Grammont (de), II, a, 273.
Grange-aux-Belles, II, b, 775.
Grange-Batelière, II, a, 273.
Gracieuse, III, a, 643.
Graviliers (des), II, b, 776.
Grenelle (de), II, a, 357.
Grenelle (de), IV, b, 512.
Greneta, II, a, 550.
Grenier-Saint-Lazare, II, b, 776.
Gresillons (des), I, b, 1106.
Gretri (de), II, a, 275.
Gril (du), III, a, 644.
Guenegaud, IV, b, 512.
Guerin-Boisseau, II, a, 571.
Guillaume, I, a, 460.
Guillemin (Neuve-), IV, a, 384.
Guillaume (Saint-), IV, b, 513.
Guizarde, IV, a, 385.
Gunzbourg, voy. Cardinale.

H.

Hanovre (de), II, a, 275.
Harangerie (de la), I, b, 668.

Harlay (de), II, b, 1147.
Harlay (de), I, a, 450.
Harpe (de la), III, b, 738.
Haudriettes (des Vieilles-), II, b, 1149.
Hautefeuille, III, b, 739.
Hauteville, II, a, 571.
Heaumerie (de la), I, b, 600.
Helder (du), II, a, 284.
Henri, II, b, 776.
Hilaire (du mont Saint-), III, b, 685.
Hillerin-Bertin, IV, b, 513.
Hippolyte (Saint-), III, a, 644.

Hirondelle (de l'), III, b, 737.
Homme-Armé (de l'), II, b, 1020.
Honoré (Saint-), I, b. 668—846.
Honoré-Chevalier, IV, a, 386.
Houssaye (de la), II, a, 275.
Huchette (de la), III, b, 737.
Hugues (Saint-), II, b, 776.
Hurepoix (de) III, b, 737.
Hurleur (du Grand-), II, a, 571.
Hurleur (du Petit-), II, a, 572.
Hyacinthe (Saint-), I, b, 1106.
Hyacinthe (Saint-), IV, a, 385.

J.

Jacinthe, III, b, 586.
Jacob, IV, b, 513.
Jacques-de-la-Boucherie (Saint-), I, b. 601.
Jacques (Saint-), III, b, 586.
Jacques (du-Faubourg-Saint-), III, b, 586.
Jacques (des Fossés-Saint-) III, b, 587.
Jardin-du-Roi (du), III, a, 644.
Jardinet (du), III, b, 742.
Jardiniers (des), II, b, 1373.
Jardins (des), II, b, 970.
Jarentes, II, b, 1350.
Jean-Lantier, I, b, 669.
Jean-Saint-Denis, I, b, 847.
Jean-Baptiste (Saint-), I, b, 1106.
Jean-de-Beaune, II, a, 471.
Jean-Beausire, II, b, 1356.
Jean-de-Beauvais, III, b, 588.
Jean-de-Latran (Saint-), III, b. 589.

Jean-Bart, IV, a, 409.
Jean-Robert, II, b, 776.
Jean-Hubert, III, b, 597.
Jean (Saint-), ou des Cygnes, IV, b, 524.
Jérôme (Saint-), I, b. 602.
Jeûneurs (des), II, a, 275.
Jouaillerie (de la), I, b, 602.
Jocquelet, II, a, 275.
Joseph (Saint-), II, a, 275.
Joubert, II, a, 276.
Jour (du), II, a, 357.
Jouy (de), II, b, 970.
Judas, III, b, 589.
Juifs (des), II, b, 1356.
Juiverie (de la), I, a, 451.
Jules (Saint-), II, b, 1373.
Julien-le-Pauvre, III, b, 589.
Jussienne, II, a, 357.

K.

Kléber, IV, b, 536.

L.

Lancry, II, b, 777.
Landri (Saint-), I, a, 451.
Landri (du cheval Saint-), I, a, 452,
Lanterne (de la), I, a, 452,
Lanterne (de la Vieille), I, b, 603.
Lard (au), II, a, 471.
Lappe (de), II, b, 1357.
Laurent (Saint-), II, a, 573.
Laurent (Neuve-Saint-), II, b, 777.
Laurent (du Faubourg-Saint-), II b, 777.
Laval (de), II, a, 284.
Lavandières (des), I, b, 669.
Lavandières (des) III, b, 589.
Lazare (Saint-), II, a, 276.
Lazare (du Faubourg-Saint-) II, a, 573.
Leclerc, III, b, 975.
Lesdiguières II, b, 971.
Leufroi (Saint-), I, b, 603.

Licorne (de la), I, a, 452.
Limace (de la), I, b, 664.
Limoges (de), II, b, 1150.
Lingerie (de la), II, a, 472.
Lion (du Petit-), II, a, 574.
Lionnais (des), III, b, 790.
Lions (des), II, b, 931.
Lombards (des), I, b, 603.
Longue-Allée (de la), II, a, 574.
Louis (Saint-), I, a, 453.
Louis (Saint-) I, a, 460
Louis-le-Grand, II, a, 276.
Louis (Saint-), II, b, 1358.
Louis (de l'Hôpital-Saint-) II, b, 777.
Louis (Saint-), II, b, 1150.
Lourcine (de), III, a, 645.
Louvois, II, a, 284.
Lubeck (de), I, b, 1084.

Lulli, II, a, 285.
Lune (de la), II, a, 574.

Luxembourg (Neuve de), I, b, 1084-1106.

M.

Mabillon, IV. a, 409.
Maçons (des), III, b, 742.
Mâcon (de l'abreuvoir), III, b, 742.
Mâcon (de) III, b, 742.
Magdebourg, I. b, 1084.
Magdeleine (de la), I, b, 1085.
Magloire (Saint-), I, b. 604.
Mail (du), II, a, 276.
Maillet, III, b, 590.
Maillet, IV, a. 386.
Maire (au), II, b, 777.
Maisons-Neuves (des), I, b, 1107.
Maquignon, III, a, 646.
Marais (du Faubourg-St-Martin), II, b, 780.
Marais (des), IV, b, 514.
Marc (Saint-), II, a, 276.
Marc (Neuve-Saint-), II, a, 277.
Marceau (Saint-), II, b, 778.
Marcel (Saint-), III, a, 662.
Marche (de la), II, b, 1150.
Marché-Neuf (du), I, a, 453.
Marché-Palu (du), I, a, 453.
Marché (du), I, b, 1084.
Marché-Saint-Honoré (du), 1106.
Marguerite (Sainte-), IV, b, 514.
Marguerite (petite Sainte-), IV, b, 514.
Marguerite (Sainte-), II, b, 1358.
Marie (de Sainte-), I, b, 1084.
Marie (ruelle de Sainte-), I, b, 1084.
Marie (Sainte-), IV, b, 515.
Marie (des Trois-), I, b, 484.
Marigny (de), I, b, 1085.
Marivaux (de), I, b, 604.
Marivaux (de) II, a, 277.
Marmouzets (des), I, a, 454 ; III, a, 646.
Martel, II, a, 574.
Marthe (Sainte-), IV, b, 515.
Martin (Saint-), II, b, 778.
Martin (du Faubourg-Saint-), II, b, 778.
Martin (du Marché-Saint-), II, b, 779.
Martin (Neuve-Saint-), II, b, 779.
Martyrs (des), II, a, 277.
Massillon, voy. Chapitre.
Mathurins (Neuve-des-), II, a, 277.
Mathurins (de la Ferme-des), II, a, 277.
Mathurins (des), III, b, 743.
Matignon (première de), I, b, 1085.
Matignon (deuxième de), I, b, 1085.
Maubert (de la place), III, a, 646.
Maubert (du Pavé de la place), III, a, 647.
Maubuée, II, b, 780.
Mauconseil, II, a, 575.
Maur (Saint-), IV, a, 387.
Maur (Saint-), II, b, 780.

Maures (des Trois), I, b, 605.
Mazarine, IV, b, 515.
Mazure (de la), II, b, 971.
Médard (Neuve-Saint-), III, a, 647.
Méchin, III, b, 597.
Menars (de), II, a, 278.
Ménétriers (des), II, b, 781.
Mercier, II, a, 358.
Meri (du Cloître-Saint-), II, b, 781.
Meri (Neuve-Saint-(, II, b, 782.
Meslai, II, b, 782.
Mesnil-Montant (de), II, b, 1150.
Mesnil-Montant (Neuve), II, b, 1160.
Messageries (des), II, a, 585.
Mézières, IV, a, 387.
Michel (Saint-), I, b, 1107.
Michel-le-Comte, II, b, 783.
Michodière (de la), II, a, 278.
Mignon, III, b, 744.
Milan (de), I, b, 1085.
Minimes (des), II, b, 1358.
Minimes (de la Chaussée des), II, b, 1358.
Miromesnil, I, b, 1085.
Moine (du Petit), III, a, 648.
Moineaux (des), I, b, 1085.
Molière, IV, a, 387.
Mondétour, II, a, 472.
Mondovi, I, b, 1107.
Mongallet, II, b, 1358.
Montgolfier (de), II, b, 792.
Monnoie (de la Vieille-), I, b, 605.
Monnoie (de la), I, b, 848.
Montaigne, I, b, 1107.
Montfaucon, IV, a, 410.
Mont-Thabor, I, b, 1107.
Montholon, II, a, 278.
Montigny, III, a, 648.
Montmartre, II, a, 278 ; II, a, 358.
Montmartre (du Faubourg), II, a, 279.
Montmartre (des Fossés), II, a, 280.
Montmorenci, II, b, 783.
Montorgueil, II, a, 575.
Montpensier (de), I, b, 1086.
Montreuil, II, b, 1358.
Monsieur, IV, b, 516.
Moreau, II, b, 1359.
Mortellerie (de la), II, b, 971.
Morts (des), II, b, 784.
Morts (des), b, 1374.
Mouceaux (de), I, b, 1086.
Mouffetard, III, a. 648.
Moulin (du Haut-), I, a, 455.
Moulins (des), I, b, 1086.
Moulins (des), II, b, 1150.

Moulins (des), II, b, 784.
Moulins (des), II, b, 1374.
Moussy (de), II, b, 120.
Muette (de la), II, b, 1359; III, a, 649.
Malar, IV, b, 536.

Mule (du Pas-de-la-), II, b, 1359.
Mulets (des), I, b, 1086.
Mûrier (du), III, a, 649.
Musc (du Petit), II, b, 972.

N.

Nazareth (de), I, a, 455.
Necker, II, b, 1360.
Nevers (de), IV, b, 516.
Nicaise (Saint-), I, b, 1086.
Nicolas (Saint-), II, b, 1360.
Nicolas (Saint-), III, a, 650.
Nicolas (de Saint-), II, a, 280.
Nicolas (du Cimetière-Saint-), II, b, 784.
Nicolas (Neuve-Saint-), II, b, 784.
Noir (le), II, a, 473.
Noir (le), II, b, 1360.

Noir (du), III, a, 650.
Nonandières (des), II, b, 972.
Normandie (de), II, b, 1151.
Notre-Dame (Neuve-), I, a, 456.
Notre-Dame-de-Grâce, I, b, 1107.
Notre-Dame (vieille), III, a, 651.
Notre-Dame-des-Champs, IV, a, 387.
Notre-Dame-de-Bonne-Nouvelle, II, a, 575.
Notre-Dame-de-Recouvrance, II, a, 576.
Notre-Dame-de-Nazareth, II, b, 784.
Noyers (des), III, b, 590.

O.

Observance (de l'), III, b, 744.
Observatoire (de l'), III, b, 590.
Oblin, II, a, 358.
Odéon (de l'), IV, a, 388.
Ogniard, I, b, 605.
Oiseaux (des), II, b, 151.
Olivet (d'), IV, b, 517.
Orangerie (de l'), III, a, 651.
Oratoire (de l'), I, b, 848.
Oratoire (de l'), I, b, 1086.
Orfèvres (des), I, b, 670.

Orléans (d'), II, a, 358.
Orléans (Neuve d'), II, a, 770.
Orléans (d'), II, b, 1152.
Orléans (d'), III, a, 651.
Ormeaux (des), II, b, 1374.
Ormesson (d') II, b, 1360.
Orties (première r. des), I, b, 1086.
Orties (deuxième r. des), I, b, 1086.
Oseille (de l'), II, b, 1152.
Ouest (de l'), IV, a, 410.
Ours (aux), II, a, 576.

P.

Pagevin, II, a, 359.
Paillassons (des), IV, b, 536.
Paix (de la), II, a, 285.
Palais (place du), I, a, 456.
Palatine, IV, a, 388.
Pantin (du chemin de), II, b, 792.
Paon, III, a, 651.
Paon (du), III, b, 744.
Paon blanc (du), II, b, 973.
Papillon, II, a, 280.
Paradis, II, a, 577.
Paradis (de), II, b, 1021.
Parc royal (du), II, b, 1152.
Parcheminerie (de la), III, b, 744.
Paroles (des mauvaises), I, b, 670.
Paul (Saint-), II, b, 973.
Paul (neuve Saint-), II, b, 974.
Pavée, II, a, 578.
Pavée, II, b, 1360.
Pavée Saint-André, II, b, 745.
Pavillons (des trois), II, b, 1360.
Paxant (Saint-), II, b, 784.

Payenne, II, b, 1361.
Pélican, II, a, 359.
Pelleterie (de la), I, a, 456.
Pelletier, II, a, 280.
Pépinière (de la), I, b, 1087.
Percée, II, b, 974.
Percée, III, b, 745.
Perche (du), II, b, 1153.
Perdue, III, a, 652.
Père (Saint-), IV, b, 517.
Petits Pères, II, a, 280.
Pérignon, IV, b, 536.
Périgueux (de), II, b, 1153.
Perle (de la), II, b, 1153.
Perpignan, I, a, 457.
Perrin Gosselin, I, b, 670.
Petit-Lion (du), IV, a, 386.
Petrelle, II, a, 280.
Philipeaux, II, b, 785.
Philippe (Saint-), II, a, 578.
Picpus (de), II, b, 1362.
Pierre (Saint-), II, a, 280.

Pierre Aulard, II, b, 785.
Pierre aux bœufs (Saint-) I, a, 458.
Pierre aux poissons, I, b, 605.
Pierre Sarrasin, III, b, 745.
Pierre Lombard, III, a, 662.
Pierre (Saint ou neuve Saint-), III, b, 1154.
Pierre d'Assis, III, a, 652.
Pierre (Saint-), II, b, 1362.
Pierre (petite r. Saint-), II, b, 1362.
Pigalle, II, a, 280.
Pinon, II, a, 285.
Pirouette, II, a, 473.
Pistolets (des trois), II, b, 974.
Placide (Sainte-), IV a, 388.
Planche (de la), IV, b, 518.
Planchette (première r. de la), II, b, 1363.
Planchette (deuxième r. de la), II, b, 1363.
Plat d'étain (du), I, b, 671.
Plâtre (du), III, b, 1021.
Plâtre (du), III, b, 591.
Platrière, II, a, 359.
Plumet, IV, b, 518; I, b, 1087.
Poirées (des), III, b, 745.
Poirier (du), II, b, 787.
Poitevins (des) III, b, 746.
Poitiers (de), I, b, 1087.
Poitiers, IV, b, 518.
Poitou (de), II, b, 1154.
Poissonnière, II, a, 579.
Poissonnière (du faubourg), II, a, 579.
Poissy (de), III, a, 652.
Poliveau, III, a, 652.
Ponceau, II, a, 580.
Pont (du), I, b, 1087.
Pont de Lodi (du), III, b, 753.
Pont Saint-Michel (du), III, b, 753.

Pont Saint-Michel (du), III, b, 746.
Pont (du Petit-), III, b, 591.
Pont aux choux, II, b, 1154.
Pont aux biches (du), II, b, 786.
Ponts (des deux), I, a, 460.
Popincout, II, b, 1363.
Popincourt (du bas), II, b, 1364.
Ponthieu (de), I, b, 1087-1107.
Pontoise (de), III, a, 652.
Port Mahon (du), II, a, 285.
Port aux œufs (du), I, a, 458.
Porte-Foin, II, b, 1155.
Portes (des deux), II, a, 581; III, b, 746.
Portes (des douze), II, b, 1156.
Portes (des), II, a, 281; III, b, 591-592.
Pot-de-Fer (du), IV, a, 389.
Pot-de-Fer (du), III, b, 593.
Poterie (de la), II, a, 473.
Potiers d'étains (des), II, a, 473.
Poulletier, I. a. 460.
Poules (des), III, b, 593.
Poulies (des), I, b, 849.
Prêcheurs (des), II, a, 474.
Prêtres (des), III, b, 593.
Prêtres Saint-Germain-l'Auxerrois, I, b, 846.
Prince (des Fossés M. le), IV, a, 390.
Princesse, IV, a, 389.
Projetée, II, a, 281.
Prouvaires (des), II, a, 360.
Provence (de), II, a, 281.
Puits (du) II, b, 1021.
Puits de la Ville (du), III, b, 591.
Puits qui parle (du), III, b. 593.
Puits de l'Ermite (du), III, a, 653.
Puits (du bas), III, a, 653.

Q.

Quatre-Fils (des), II, b, 1146.
Quatremère, I, b, 1087.
Quatre-Vents (des), IV, a, 394.

Quenouilles (des), I, b, 671.
Quincampoix, I, b, 606.

R.

Racine, IV, a, 390.
Rambouillet, II, b, 1364.
Rameau, II, a, 285.
Rapée (de la), b, II, 1364.
Rats (des), II, b, 1364.
Rats (des), III, b, 594.
Réale (de la), II, a, 474.
Récollets (des), II, b, 786.
Regard (du), IV, a, 390.
Regnard (de), IV, a, 390.
Regrattier, I, a, 461.
Reims (de), III, b, 594.
Reine Blanche (de la), III. a, 654.

Rempart (du), I, b, 1088.
— (du Chemin du), I, b, 1088.
Renard (du), II, b, 786.
Renard (du), II, a, 581.
Reposoir (du), II, a, 361.
Reuilly (de), II, b, 1365.
— (du Bas-), II, b, 1365.
Ribouté, II, a, 281.
Richelieu (Neuve-), III, b, 747.
Richelieu, II, a, 281.
Richelieu (de), I, b, 1088.
Richepanse, I, b, 1107.
Richer, II, a, 282.

Rivoli (de), I, b, 1107.
Roch (Saint-), II, a, 281.
Roch (Neuve-Saint-), I, b, 1088.
Rochechouart, II, a, 281.
Rochefoucauld (de la), II, a, 281.
Rocher (du), I, b, 1088.
Rohan (de), I, b, 1089.
Roi de Sicile (du), II, b, 1365.
Roi doré (du), II, b, 1156.
Romain (Saint-), IV, a, 390.
Roquépine, I, b, 1089.
Roquette (de la), II, b, 1365.
— (des Murs de la), II, b, 1364.

Rosiers (des), II, b, 1364.
Rosiers (des), IV, b, 518.
Rotonde (de la), II, b, 1169.
Roule (du), I, b, 849.
Roule (du), I, b, 1089.
Roulette (de la), II, b, 1156.
Rousselet, I, b, 1089.
Rousselet, IV, b, 519.
Royale (première), I, b, 1089.
Royale (deuxième), I, b, 1089.
Royale, II, a, 282.
Royale, II, b, 786.
Royale, II, b, 1367.

S.

Sabot (du), IV, b, 519.
Saintonge (de), II, b, 1156.
Salle-au-Comte, I, b, 607.
Sanson, II, b, 786.
Santé (de la), III, b, 594.
Sartine, II, a, 361.
Sartine (de), III, a, 654.
Saunerie (de la), I, b, 671.
Saussaies (des), I, b, 1090.
Sauveur (Saint-), II, a, 581.
— (Neuve Saint-), II, a, 581.
Savoie (de), III, b, 747.
Savonnerie (de la), I, b, 607.
Sébastien (Saint-), II, b, 1367.
Seine (de), III, a, 654.
Seine, IV, b, 519.

— (Neuve de), IV, a, 410.
Sentier (du), II, a, 282.
Sept-Voies (des), III, b, 594.
Sépulcre (du), voy. Dragon.
Serpente, III, b, 747.
Servandoni, IV, a, 391.
Severin (Saint-), III, b, 747.
— (des Prêtres-Saint), III, b, 748.
Sèvres (de), IV, a, 391.
Simon-le-Franc, II, b, 786.
Singes (des), II, b, 1021.
Soly, II, a, 362.
Sorbonne (de), III, b, 748.
Sourdière (de la), I, b, 1090.
Spire (Saint-), II, a, 582.
Surène (de), I, b, 1091.

T.

Tabléterie, I, b, 672.
Taitbout, II, a, 282.
Taillepain, II, b, 787.
Tannerie (de la Vieille-), I, b, 608.
Taranne (Grande), IV, b, 520.
— (Petite), IV, b, 520.
Temple (du), II, b, 1156-1157.
— (Vieille du), II, b, 1367.
— (du Faubourg du), II, b, 1157.
— (des Fossés du), II, b, 1158.
— (des Marais du), b, 1158.
Terres Fortes (des), II, b, 1367.
Théâtre-Français (du), IV, a, 391.
Thérèse, I, b, 1091.
Thévenot, II, a, 582.
Thibaut-aux-Dés, I, b, 672.
Tireboudin, II, a, 583.
Tirechappe, I, b, 672.
Thiroux, II, a, 282.
Thomas (des Filles Saint-), II, a, 282.
Thomas-d'Aquin (Saint-), IV, b, 530.
Thomas-du-Louvre (Saint-), I, b, 1091.
Thomas (Saint-), IV, a, 391.

Thorigny, II, b, 1158.
Tiquetonne, II, a, 362.
Tiron, II, b, 1368.
Tirouanne, II, a, 475.
Tison (Jean), I, b, 848.
Tonnellerie (de la), II, a, 475.
Touraine (de), II, b, 1158.
Touraine (de), III, b, 748.
Tournelle (de la), III, a, 655.
Tournelles (des), II, b, 1368.
Tournon (de), IV, a, 392.
Toustain, IV, a, 410.
Tracy, II, a, 583.
Trainée, II, a, 362.
Transnonain, II, b, 787.
Traverse (de), IV, b, 521.
Traversière, I, b, 1091.
Traversière, II, b, 1368.
Traversine, III, a, 655.
Treille (de la), IV, a, 393.
Triperie (de la), I, b, 608.
Triplet, III, a, 655.
Trognon, I, b, 608.

Trône (du), II, *b*, 136.
Trop-va-qui-dure, I, *b*, 609.
Trousse-Vache, I, *b*, 609.
Trouvée, II, *b*, 1369.

Tuanderie (de la Grande-), II, *a*, 476.
— (Petite), II, *a*, 477.
Tuerie (de la), I, *b*, 610.
Tuileries (des Vieilles-), IV, *a*, 392.

U.

Ulm (d'), III, *b*, 597.
Université (de l'), IV, *b*, 521.

Ursins, (Haute, basse et du milieu des), I, *a*, 458.— I, *b*, 1093.
Ursulines (des), III, *b*, 598.

V.

Val-de-Grâce (de), III, *b*, 598.
— IV, *a*, 410.
Valois (de), I, *b*, 1092.
Vannes (de), II, *a*, 362.
Varennes (de), IV, *b*, 521.
Varennes II. *a*, 362.
Vaucanson, II, *b*, 792.
Vaugirard (de), IV, *a*, 393.
— (du Petit-), IV, *a*, 394.
Vendôme (de la Place-), II, *a*, 283.
Vendôme (de), II, *b*, 1158.
Venise (de), I, *b*, 611.
Ventadour, I, *b*, 1092.
Verdelet, II, *a*, 363.
— II, *a*, 477.
Verneuil, IV, *b*, 521.
Verrerie (de la), II, *b*, 787, 1021.
Versailles (de), III, *a*, 656.
Vertbois (du), II, *b*, 788.
Verte, I, *b*, 1092.
Vertus (des), II, *b*, 788.

Veuves (des), I, *b*, 1092.
Viarmes (de), II, *a*, 362.
Victoires (Notre-Dame des), II, *a*, 283.
Victor (Saint-); III; *a*, 656.
— (du Faubourg Saint-), III, *a*, 656.
— (des Fossés Saint-), III, *a*, 657.
Vide-Gousset, II, *a*, 283.
Vieille-Place aux Veaux (de la), I, *b*, 610.
Vierge (de la), IV, *b*, 524.
Vignes (des), I, *b*, 1093. — III, *a*, 662.
Villedot, I; *b*, 1092.
Ville-l'Evêque (de la), I, *b*, 1093.
Vinaigriers (des), II, *b*, 788.
Vincent de Paule (Saint-), IV, *b*, 536.
Visages (des Trois-), I, *b*, 674.
Voltaire, IV, *a*, 395.
Voyerie (de la Grande-), I, *b*, 1107.
— (Petite-), 1108.
Vrillerie (de la), II, *a*, 363.
— (Petite de la), II, *a*, 363.

Z.

Zacharie, III, *b*, 748

W.

Wertingen. *Voyez* Furstemberg.

FIN DE LA TABLE GÉNÉRALE DES MATIÈRES.

ERRATA.

TOME PREMIER. — PREMIÈRE PARTIE.

Page. Note. Ligne.

35	(1)	1	quelque temps avant la révolution, *lisez* en 1777.
33	(4)	1	1672, *lisez* 1673.
104	...	21	1314, *lisez* 1313.
160	...	11	1314, *lisez* 1313.
272	(1)	2	1743, *lisez* 1643.
289	...	28	1139, *lisez* 1129.
291	...	25	Flanel, *lisez* Flamel.
298	(1)	5	1407, *lisez* 1467.
391	...	7	1631, *lisez* 1621.
400	...	12	1390, *lisez* 1590.
411	...	15	1714, *lisez* 1614.
427	...	18	1148, *lisez* 1184.
444	(1)	9	de la Cité, *lisez* de la Juiverie.

TOME PREMIER. — DEUXIÈME PARTIE.

501	...	17	Saint-Nicolas des Champs (à supprimer).
502	(1)	2	Hanselin, *lisez* Hamelin.
630	...	21	c'est par cette raison « que le prévôt des marchands est nommé *chef de l'Hôtel-de-Ville*, *lisez* « que le chef de l'Hôtel-de-Ville est nommé *prévôt des marchands*.
525	(2)	3	Louis XI, *lisez* Louis XII.
660	(2)	5	rue des Deux-Visages, *lisez* rue des Trois-Visages.
673	...	8	Audet, *lisez* Odet.
686	(2)	1	1041, *lisez* 1241.
724	...	12	donne à ce prince, *lisez* au roi.
819	...	18	de l'archevêché, *lisez* de l'évêché.
828	...	24	1378, *lisez* 1578.
830	(1)	...	d'Angeviller, *lisez* d'Angivilliers.
832	...	12	Idem.
Id.	...	10	rue Baillet, *lisez* rue Bailleul.
839	...	1	d'Angeviller, *lisez* d'Angivilliers.

ERRATA

Page. Note. Ligne.

854	... 28	d'Angeviller, *lisez* d'Angivilliers.
940	(2) ...	*Idem.*
942	... 25	Louis XIII, *lisez* Louis XIV.
960	... 16	1377, *lisez* 1577.
1054	... 7	1346, *lisez* 1436.
1077	... ...	Radziville, *lisez* Radziwil.
1092	... ...	*Idem.*
1096	... ...	*Idem.*

TOME II. — PREMIÈRE PARTIE.

64	(1) 2	le Rouergue, le pays de Tarbes, l'Angoumois, etc.; *lisez* le Rouergue, l'Angoumois, etc.
65	... 2	Gavre, *lisez* Gaure.
66	... 1	1563, *lisez* 1363.
83	... 1	1581, *lisez* 1381.
103	... 7	La, *lisez* Le.
116	(1) 3	les éminents, *lisez* les plus éminents.
254	... 9	Croisi, *lisez* Croissi.
255	... 7	Tresme, *lisez* Tresmes.
259	... ...	Saint-Chamant, *lisez* Saint-Chamans.
Id.	... 3	d'Inécourt, *lisez* d'Imécourt.
278	... 15	Monthalon, *lisez* Montholon.
283	... ...	Les trois dernières lignes à supprimer.
294	... 21	Monthalon, *lisez* Montholon.
297	... ...	sur la ligne de la rue des Fossés-Montmartre, des rues Montmartre, de Bourbon, etc; *lisez* sur la ligne de la rue des Fossés-Montmartre, des rues Neuve-Saint-Eustache, de Bourbon, etc.
302	... 10	Gausainville, *lisez* Goussainville.
324	... 16	Vingt pieds, *lisez* vingt toises.
410	... 22	le vendredi 15 avril 1436, *lisez* le vendredi 13, etc.
419	... 14	1350, *lisez* 1450.
449	... 13	Clovis, sainte Clotilde, sa fille, etc.; *lisez* Clovis, sainte Clotilde, sa femme, leur fille Clotilde, etc.
487	(1) ...	Varengeville, *lisez* Varangéville.
504	... ...	ces trois personnages, etc.; *lisez* ces quatre personnages, etc.
527	... 4	Charles IX, *lisez* Charles VII.
530	... 4	on lisoit, etc., *lisez* on lit, etc.

Page.	Note.	Ligne.	
542		24	1542, *lisez* 1532.
567		2	cul-de-sac des Peintres ; *lisez* cul-de-sac de la Porte-aux-Peintres.

TOME II. — DEUXIÈME PARTIE.

613		13	1363, *lisez* 1463.
693		1	de Brief, *lisez* de la Briffe.
682		10	1638, *lisez* 1658.
683		9	1677, *lisez* 1617.
700		1	dès le dix-huitième siècle, *lisez* dès le huitième, etc.
720		11	Vaudemont, *lisez* Vaudémont.
721		5	Voit l'a, *lisez* l'avoit.
725		11	Lully, *lisez* Lulli.
727		1	*Idem.*
733		13	*Idem.*
731		23	21 juin, *lisez* 8 juin.
777		33	Aumaire, *lisez* Aumer.
799		13	Clément XI, *lisez* Urbain VI.
814		4	Ainsi qu'une statue de bronze, représentant Louis XIV, celle-ci étoit pédestre, etc. ; *lisez* une autre statue de bronze, pédestre, de ronde bosse, et représentant Louis XIV, étoit placée, etc.
816		6	Biaod, *lisez* Biard.
819		10	grand hôtel, *lisez* grand autel.
822	(1)	6	enlevée, *lisez* élevée.
916		13	suivant toutes les apparences (à supprimer).
917		9	Pendant plusieurs siècles, *lisez* pendant un siècle et demi.
919		21	inégale, *lisez* illégale.
930		20	Bouthilier, *lisez* Bouthillier.
935		12	Célestin VI, *lisez* Célestin V.
939		9	Clément VII, *lisez* Urbin VI.
953		22	Charles VII, *lisez* Charles VI.
975		23	Delaunay, *lisez* Delannoy.
995		20	1250, *lisez* 1230.
1007		3	Babon, *lisez* Babou.
1011		15	Bar-du-Bec, *lisez* Barre-du-Bec.
1216		7	Honorius, *lisez* Honoré III.
1228		10	1423, *lisez* 1425.

Page.	Note.	Ligne.	
1252	...	19	On travailla de suite, etc.; *lisez* on travailla aussitôt, etc.
1260	(3)	...	127, *lisez* 125.
1319	...	7	Hôtel d'Argenson, même rue; *lisez* Vieille-rue-du-Temple.
1317	...	14	1568, *lisez* 1558.
1358	(2)	...	Folie-Regnau, *lisez* Folie-Regnaut.

TOME III. — PREMIÈRE PARTIE.

54	...	11	l'orage qui se préparoit, *lisez* l'orage prêt à éclater.
134	...	18	Fiffer; *lisez* Pfiffer.
139	...	2	qu'il, *lisez* qu'ils.
204	(1)	2	trente ans après lui, *lisez* trente ans avant lui.
205	(2)	5	Le Forets, *lisez* Le Forez.
Id.	...	16	Montmarsan, *lisez* Mont-de-Marsan.
223	...	4	Le duc d'Anjou, *lisez* le duc d'Alençon.
256	(1)	1	1775, *lisez* 1575, ligne 2; Vaudemont, *lisez* Vaudémont.
271	(1)	3	Deffiat, *lisez* D'Effiat.
282	...	4	étoit résolu, *lisez* étoit décidé.
295	...	2	Saint-Avoie, *lisez* Sainte-Avoie.
317	...	5	de celui-ci, *lisez* du cardinal.
429	(1)	1	au dessus de sa dignité, *lisez* au dessous de sa dignité, etc.
491	...	7	1739, *lisez* 1738.
496	...	13	1659, *lisez* 1639.
509	(1)	12	1372, *lisez* 1272.
511	...	...	L'Ourcine et L'Oursine, *lisez* Lourcine.
512	...	...	*Idem.*
513	...	...	*Idem.*
525	...	...	*Idem.*
545	...	9	Charles VIII, *lisez* Charles VII.
561	...	24	protégea des lettres, *lisez* protégea les lettres.
692	...	...	Les notes (1) et (2) transposées.
619	...	19	de Mêsme, *lisez* de Mesmes.
622	...	15	Lourcines, *lisez* Lourcine.
623	...	2	*Idem.*
637	...	1	rue Sans-Clef, *lisez* rue Sans-Chef.
646	...	19	en allemand *Groot*, *lisez* en hollandois *Groot*.

Page. Note. Ligne.

TOME III. — DEUXIÈME PARTIE.

81 (1)	2	Vallenstein, *lisez* Wallenstein.
85 (1)	1	Oxenstirn, *lisez* Oxenstiern.
89 (1)	4	Wesphalie, *lisez* Westphalie.
114 (1)	2	qu'il, *lisez* qu'ils.
124 ...	15	Charigni, *lisez* Chavigni.
185 ...	27	de Mesme, *lisez* de Mesmes.
187 (1)	5	Veymariens, *lisez* Weymariens.
267 ...	13	il ne pourroit, *lisez* il ne pouvoit.
319 (1)	15	qui charmoient, *lisez* que charmoient.
330 ...	7	Brisac, *lisez* Brisack.
336 ...	19	De Quesnoi, *lisez* Du Quesnoi.
361 ...	22	Oppenor, *lisez* Oppenord.
384 ...	14	Saint-Geneviève, *lisez* Sainte-Geneviève.
390 ...	16	Urbain III, *lisez* Innocent III.
460 ...	1	Polallion, *lisez* Pollalion.
483 ...	8	Saint-Agnan, *lisez* Saint-Aignan.
490 (1)	...	*Voyez* pl. 166, *lisez* 167.
510 ...	16	1588, *lisez* 1688.
641 (1)	8	Sainte-Foix, *lisez* Saint-Foix.
652 ...	14	Bouthilier, *lisez* Bouthillier.
737 ...	23	1672, *lisez* 1673.
625 ...	2	1637, *lisez* 1698.
665 ...	10	Philippe-le-Hardi, *lisez* Philippe-le-Bel.
703 ...	12	1646, *lisez* 1636.
743 ...	26	Le reconnoître, *lisez* La reconnoître.
745 ...	15	la rue des Cordiers, *lisez* des Cordeliers.

TOME IV. — PREMIÈRE PARTIE.

57 ...	18	Furstemberg, *lisez* Furstenberg.
61 ...	18	Seintzheim, *lisez* Sintzheim.
74 ...	19	Eisenak, *lisez* Eisenach.
75 ...	7	Kokerberg, *lisez* Kochersberg.
99 ...	22	Furstemberg, *lisez* Furstenberg.
100 ...	8	*Idem.*
109 (1)	11	Brisac, *lisez* Brisack.
113 (1)	2	*Idem.*
114 ...	7	Ausbourg, *lisez* Augsbourg.
115 ...	1	Montmouth, *lisez* Monmouth.

ERRATA

Page. Note. Ligne.

116	...	11	Ausbourg, *lisez* Augsbourg.
Id.	(1)	...	Keiserloutre, *lisez* Kaiserslautern.
128	...	16	Furstemberg, *lisez* Furstenberg.
Id.	...	8	contre, *lisez* entre.
Id.	...	20	Augsbourg, *lisez* Augsbourg.
131	(2)	3	à peu, *lisez* à peu près.
147	...	27	Hocstet, *lisez* Hochstet.
148	...	11	Brisac, *lisez* Brisack.
151	...	20	Hocstet, *lisez* Hochstet.
152	...	15	*Idem.*
155	...	29	Ramilli, *lisez* Ramillies.
156	...	20	Hocstet, *lisez* Hochstet.
Id.	(8)	23	Ramilli, *lisez* Ramillies.
159	(1)	4	cette fantaisie de, *lisez* cette fantaisie de vouloir.
162	...	29	Gertruydemberg, *lisez* Gertruydenberg.
180	(1)	24	la Bastille se remplit une seconde fois de Jansénistes, qui, etc. ; *lisez* quelques Jansénistes furent encore renfermés à la Bastille, et, etc.
184	...	8	le duc de Toulouse, *lisez* le comte de Toulouse.
234	...	15	Saint-Michel, *lisez* Saint-Mihiel.
235	...	10	*Idem.*
238	(1)	1	la mer Catherine, *lisez* la mère, etc.
251	...	13	le Maladrerie, *lisez* la Maladrerie.
409	...	16	auquelle, *lisez* auquel.

TOME IV. — DEUXIÈME PARTIE.

18	(1)	4	la maîtresse des postes, *lisez* la maîtresse de poste.
19	...	7	d'autre but, *lisez* d'autre objet.
90	(2)	...	Leczinsky, *lisez* Leczinski.
105	...	13	Philisbourg, *lisez* Philipsbourg.
110	(1)	4	Flavacour, *lisez* Flavacourt.
128	...	26	Ausbourg, *lisez* Augsbourg.
141	...	7	Raucoux, *lisez* Rocoux.
Id.	...	27	Lichstenstein, *lisez* Lichtenstein.
146	(1)	...	à la porte, *lisez* à la poste.
148	...	18	Lowendalh, *lisez* Lowendal.
150	...	3	duc d'Enville, *lisez* d'Anville.
175	...	14	et leur faisoient expier, *lisez* et ils leur faisoient expier.
273	...	5	qu'il avoit, *lisez* qu'ils avoient.
291	...	14	Hildbourghaussen, *lisez* Hildbourghausen.

Page.	Note.	Ligne.	
302	...	23	Fillingshaussen, *lisez* Fillingshausen.
338	(3)	3	à Rouen, 20 contre 13, *lisez* à Rouen, 20 contre 15.
Id.	(2)	...	les parlements de Douai, de Besançon et d'Alsace, *lisez* les parlements de Douai, de Besançon, et le conseil supérieur d'Alsace.
356	(2)	5	après ces mots : « à peu près tombée dans l'oubli depuis près d'un demi-siècle, » etc., *ajoutez* « bien que l'esprit n'eût point cessé d'en être vivant à la cour comme dans le parlement, » etc.
494	...	2	barrière de l'Observatoire, *lisez* des Paillassons.
357	(1)	13	les arrêter en une entreprise, *lisez* les arrêter est un entreprise.
388	...	29	manificence, *lisez* magnificence.
415	...	7	Childebert, mort en 551, *lisez* mort en 558.
420	...	18	Chartier, *lisez* Chartrier.
443	...	18	Martel, *lisez* Matel.
444	...	5	*Idem*.
454	...	8	L'Oursine, *lisez* Lourcine.
480	...	...	hôtel de Bois-Geslin, *lisez* de Boisgelin.
481	...	...	hôtel de Galiffet, *lisez* de Gallifet.
482	...	...	hôtel de Saumery, *lisez* de Sommery.
498	(1)	6	l'Ourcine, *lisez* Lorcine.
512	...	8	rue de Fustenberg, *lisez* de Furstenberg.
516	...	29	1412, *lisez* 1312.
521	...	15	Saint-Cermain, *lisez* Saint-Germain.
524	(2)	...	rue de la Pombe, *lisez* de la Pompe.
529	...	26	1723, 1719, *lisez* 1823, 1819.

FIN.

IMPRIMERIE ET FONDERIE DE J. PINARD,
RUE D'ANJOU-DAUPHINE, N° 8.